Heimat-Jahrbuch 1996

des Landkreises Bad Dürkheim
14. Jahrgang

Herausgegeben vom Landkreis Bad Dürkheim

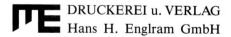

Redaktionsausschuß:	Manfred Letzelter (Leitung), Wolfgang Heiss, Karl-Heinz Himmler, Hermann Michael Kaufmann, Dr. Fritz Schumann, Oskar Sommer, Claus-Peter Westrich, Dr. Bernhard Wiemer.
Umschlagbild:	Szenen und Motive aus Partnerschaften von Orten des Landkreises Bad Dürkheim.
Kalendarium:	Brunnen im Landkreis Bad Dürkheim; Tuschezeichnungen von Hans Rolf Peter.
Rückseite:	Idee: Achim Heursch, Wachenheim

© 1995 Druckerei u. Verlag H. Englram GmbH, 67454 Haßloch/Pfalz
Alle Rechte vorbehalten
Gesamtherstellung: Druckerei H. Englram GmbH, 67454 Haßloch/Pfalz
Printed in Germany 1995

ISBN: 3-926775-13-0

Inhaltsverzeichnis

Verzeichnis der Mitarbeiter und Mitarbeiterinnen dieses Buches	6
Zum Geleit / Landrat Georg Kalbfuß	7
Kalendarium mit den wichtigsten Festen im Landkreis und mit zwölf Zeichnungen des Malers Hans-Rolf Peter von Brunnen im Landkreis Bad Dürkheim	8
Mitglieder des Kreistages Bad Dürkheim 1995/96	304

Landkreis Bad Dürkheim

Maler, Senioren und Kindertheater - Kreispartnerschaft mit der Südtiroler Weinstraße / von Manfred Letzelter	40
Die Villenlandschaft am Starnberger See / von Gerhard Schober	59
Wein und Bier die Klammern - Große Feste prägen Beziehungen der Kreise Bad Dürkheim und Starnberg / von Manfred Letzelter	62
Zuerst nur ein Ritterkennzeichen - Die Wappen der 7 Gemeinden an der Südtiroler Weinstraße / von Dieter Merkel	80
Spontane Idee des Oberkirchenrats - Kreispartnerschaft mit Stadtroda auf Saale-Holzland-Kreis ausgedehnt / von Manfred Letzelter	87
Im südlichen Saale-Holzland-Kreis - DÜW-Delegation in der Thüringer Partnerregion / von Sieglinde Mörtel	146
Gewürztraminer weltweit - Tramin: Gründungsort der Weinstraßen-Partnerschaft / von Dieter Merkel	161
Visitenkarte des Weinbaus der Pfalz - »Haus der Deutschen Weinstraße« in Bockenheim eröffnet / von Manfred Letzelter	200
150 Jahre Pfälzer Gesangvereine / von K. H. Himmler und W. Heiss	228
Schrittmacherdienste im ÖPNV - Bahnlinien reaktiviert / von Werner Schreiner	233
De Keschelausfluuch / von Karl-Jörg Walter	272
Girlanden der Freundschaft - »Blauregen« von der Pfalz nach Südtirol / von Oskar Sommer	277
Fürsorge für die Bevölkerung - Anfänge der Verwaltung nach Kriegsende / von Claudia Klemm	283
Fünfzehn Pfennig für Wasser - Partnerfund bei Parkplatzsuche / von Christel Hartmann	293
Erste Friedensweihnacht 1945 - Deidesheimer bei US-Bataillon in Bayern / von R. Rössler	299
Richtigstellung (zu Beiträgen im Heimatjahrbuch 1995) / von Dr. Kurt Lembach	302
Register für Heimatjahrbücher entsteht / von Manfred Letzelter	303

Verbandsgemeinde Lambrecht

Tenbury Wells und die drei Thuit - Frankenecker Beziehungen nach England und Frankreich / von Willi Job	51
Spenden im Staffettenlauf - Partnerschaft Lambrecht-Blainville / von Karl Heinz Himmler	98
Der »Gäsbock« brachte Eheglück - Eine Hochzeit zwischen Lambrecht und Blainville / von Heiko Himmler	121
Flucht aus dem Bergdorf - Weidenthal im Pfälzerwald und in Rumänien - Beziehungen nach Guteneck / von Manfred Letzelter	138
Weißrussische Kinder im Pfälzerwald - Lambrechter Naturfreunde betreuen Tschernobyl-Kinder / von Karl Heinz Himmler	166
Ein Ehrenhain ist geblieben - Freie Turnerschaft Lambrecht 90 Jahre / von K. H. Himmler	215
Einer sang sieben Jahrzehnte - 150 Jahre Gesangsverein Lambrecht / von K. H. Himmler	228
Iggelbacher Glocke für Kamerun / von K. H. Himmler	251

Verbandsgemeinde Deidesheim

Die Hauptschule stand Pate - Ruppertsberg und Courpiére in der Auvergne / von Raymund Rössler, Theo Berchtold und Hans-Dieter Fiene	47
Ein Dorf sammelt für die Mission - Drei Ordensschwestern aus Niederkirchen in Afrika / von Gisela Kaulisch	68
Ostereierschützen eingeladen - Ruppertsberger in Raisting am Ammersee / von R. Rössler	76
Über 50 Jahre »geschlafen« - Weinpatenschaft Ruppertsberg-Höchstädt / von R. Rössler	112
Deidesheim als Weinpatenkind - 1936 zu Celle, Kaiserslautern, Merzig und Moers / von Berthold Schnabel	168
Zum Stadtjubiläum Briefe und Siegel - Deidesheimer Beziehungen nach Frankreich, Thüringen und in die Schweiz / von Helmut Herold	174
Der Brunnen der Bürgermeister - Meckenheim pflegt Partnerschaft nach Lugny in Burgund / von Eugen Braun und Edwin Ettinger	208
Vor 150 Jahren ausgewandert - Ruppertsberger Familie Strehl in Brasilien / von R. Rössler	260
Das Mirrheloch von Forst - Vom Müllplatz zur Recycling-Anlage / von Walter Lucas	261
Wurzeln in byzantinischer Kultur? - Der Hansel Fingerhut aus Forst in neuer Deutung / von K. H. Himmler	280

Stadt Bad Dürkheim

An der Basilika der Mönche von Cluny - Städtepartnerschaft Bad Dürkheim und Paray-le-Monial /
von Georg Feldmann 70
»Do owwe sin lewendische Römermonster« - Die Römer vom Ungsteiner Weilberg und
die I. Roemercohorte Opladen / von Dr. Fritz Schumann 100
Hallo Tausendfüßler - Kontakte der »3.-Welt-AG« nach Südafrika / von Waltraud Meißner und Werner Talarek 123
In Burgund englische Freunde gefunden - Bad Dürkheims Städtepartnerschaft mit Wells in England /
von Manfred Letzelter 185
In Thüringen, Allgäu, Odenwald und USA - Bad Dürkheimer Freunde überall / von Manfred Letzelter 253
Sarkastisch satirischer Humor - Heinrich Böll gewinnt in Bad Dürkheim Preis der Gruppe 47 /
von Georg Feldmann 264
Stiftung von König Dagobert? - Zum Kapellenbau auf dem Michelsberg /
von Georg Feldmann und K. H. Himmler 290

Stadt Grünstadt

Elektrischer Funke der Entwicklungshilfe - Grünstadter Handwerksmeister hilft in Burkina Faso /
von Martin G. Nickol 55
Champignon-Königin und Weingräfin - Partnerschaft Grünstadt-Carrières / von W. Lampert 93
Blumenbindekunst mitgebracht - Blumenhaus Mappes in Grünstadt schließt nach 98 Jahren /
von Martin G. Nickol 118
Suche nach immer neuen Wegen - Karl Unverzagt 80 Jahre / von Dr. Joseph Rüttger 129
Anna Franziska Riotte - Portraitmalerin und Schriftstellerin / von Martin G. Nickol 164
Gymnasien bauen am neuen Deutschland - Schulen in Grünstadt und Hermsdorf arbeiten gemeinsam /
von Eberhard Lüdeke 180
Fahnen erzählen Geschichte - 150 Jahre Liederkranz Sausenheim / von Albert Kohl 230
Eine Hochzeit im gräflichen Hause - Städtepartnerschaft Grünstadt-Westerburg / von Walter Lampert 247
Weingräfin und Tomato-Queen - Von Grünstadt nach Bonita Springs in Florida /
von Gerhard Laubersheimer 273

Gemeinde Haßloch

Älteste Partnerschaft im Kreis DÜW - Seit 35 Jahren Jumelage Haßloch-Viroflay / von Carmen Letzelter 20
Freunde über den Gräbern von Verdun - Haßlocher Heimkehrer und die Groupe Entente aus Viroflay /
von Jutta Meyer 31
Kinder aus Shitkowitschi - Haßlocher helfen für »Leben nach Tschernobyl« / von Carmen Letzelter 57
»Einheit in Köpfen und Herzen erreichen« - Partnerschaft Gebesee-Haßloch im Zeitraffer /
von Carmen Letzelter 105
Die Maschinen sind alt, aber gepflegt - Haßlochs Thüringer Partnerstadt Gebesee / von Carmen Letzelter 111
Für die Frauen in Ruanda - Haßlocher Frauen-Union und DRK in Afrika / von Carmen Letzelter 126
Haßlocher helfen Bosnien-Herzegowina / von Carmen Letzelter 128
Im Jahr 2000 die ersten Abiturienten - Haßlocher Gymnasium und sein Direktor Eduard Seger / von Ernst Lintz 140
Der »Kapitän« bleibt Viroflay - Haßlocher Engagement mit der französischen Partnerstadt in Mali /
von Carmen Letzelter 143
Textile Werbegeschenke aus Haßloch - Raquet's Handelsbeziehungen nach Brasilien und Pakistan /
von Ernst Lintz 191
Heimatmuseum Haßloch 100 Jahre / von Ernst Lintz 238

Verbandsgemeinde Freinsheim

Eine Art »Kleinst-Europa« - Kurzbetrachtung zu Weisenheim am Berg mit Plaus in Südtirol /
von Manfred Letzelter 44
Die letzte Ostmark begraben - Partnerschaft von Erpolzheim ins thüringische Guthmannshausen /
von Wolfgang Heiss 103
Hahnenfest und Truthahnfest - Freinsheim und das mittelalterliche Marcigny / von Roland Fischer 133
Die Windschutzscheibe / »Ach Gott, die Hinkel« - Anekdoten aus der Partnerschaft mit Marcigny /
von Roland Fischer 133/135
Musik verbindet Pfälzer und Tschechen - Kulturelle Partnerschaft zwischen Pardubice, Weisenheim am Berg
und Heisenberg-Gymnasium / von K. G. Ruppersberger 182
900 Thüringer Würstchen gegrillt - Freinsheimer 1990 in Buttstädt / von Roland Fischer 212
Historischer Friedhof Buttstädt - Freinsheims Thüringer Partner / von Elfriede Brücker 213
Über Generationen und Grenzen - Familie Rings aus Weisenheim am Berg / von K. G. Ruppersberger 258
Wo die närrischen Sandhasen hoppeln - 22 Jahre Fastnachtsumzug Weisenheim am Sand / von R. Fischer 269

Verbandsgemeinde Hettenleidelheim

Zerstörte Hoffnung - Der Filmregisseur Phil Jutzi aus Altleiningen / von Michael Wendel 33
Gemeinsamer Kultur verpflichtet - Altleiningen und Oberbronn im Elsaß / von Manfred Letzelter 39
Bei den »Eierbettlern« an der Saale - Carlsberg schloß Partnerschaft zu Leißling / von Christian Winnewisser . 193
Spielmann wurde Ehrenbürger - Partnerschaft Hettenleidelheim und Blanzy in Burgund /
   von Manfred Stumpf und Wolfgang Heiss 221
Vereine sind die Säulen - Bis zu 200 Personen reisen jährlich zwischen Hettenleidelheim und Blanzy /
   von Manfred Stumpf 224

Verbandsgemeinde Wachenheim

Wasyl - »en Russ« - Wiedersehen mit zwangsverschlepptem Ostarbeiter / von Paul Tremmel 42
Helfen und beraten - Partnerschaften der Orte der VG Wachenheim nach Osten und Bayern /
   von Manfred Letzelter 114
Vorstand aus sieben Nationen - Freundeskreis Wachenheim-Cuisery / von Manfred Letzelter 141
Schulen in Ruanda finanziert - Junger Wachenheimer Verein / von Walter Brändlein 241

Verbandsgemeinde Grünstadt-Land

Der Sieben-Mühlen-Kulturverein - Internationale Kunst in Großkarlbach / von Marren Felle 45
Restaurant und Tanzsaal - 95 Jahre »Rosengarten« in Obrigheim / von Wolfgang Heiss 66
So ganz »en famille« - Partnerschaft Obrigheim und Crêvecoeur / von Jacqueline Fuchs 77
Im »Ruhestand« - Partnerschaft zwischen Bockenheim und Margreid/Südtirol schlummert / von W. M. Schmitt 101
Kinder in Not - Was Dirmstein mit den Philippinen verbindet / von Albert H. Keil 136
Weinland und Waterkant - Dirmsteins Partnerschaft zum Schnellboot »Luchs« / von Albert H. Keil 158
Konzert bringt Partner - Bockenheim und Grandvilliers / von Emil Wagner 219
Im Urlaub in den Vinschgau verliebt - 25 Jahre Partnerschaft Kleinkarlbach mit Partschins /
   von Wolfgang Niederhöfer 226
Wein und Bier, das lob ich mir - Dirmsteins Beziehung zu Neuötting / von Albert H. Keil 246
»Freunde nennen mich Stani« - Eine »Eheanbahnung« zwischen Dirmstein und Stettin in Polen /
   von Albert H. Keil 250
Frisch, fromm, fröhlich, frei - TSV Neuleiningen 100 Jahre / von Bernhard Freyland 266
Die ehrsame Bau- und Hammerzunft - Vor 270 Jahren in der Grafschaft Leiningen gegründet / von W. Heiss .. 286
Der große Durst des Bischofs von Straßburg - Vor 325 Jahren in Gerolsheim / von W. Heiss 291
Unser Dorfbach, der Eckbach - Kirchheim vom Schmutz befreit / von Willi Jakobs 295
Absturz über Laumersheim - Schicksal einer Bomberbesatzung geklärt / von Peter Menges 296

Gedichte

Spiel im Mai / von Wilhelm Neureuther 46
Moi Zeit bin isch / von Christel Hartmann 67
Eine wunderschöne Zeit mit Sylvie / von Ingeborg Heiss 79
Im Woi liggt Wohret / von Otmar Fischer 99
Wenn wir nicht / von Christel Hartmann 122
Magische Wetter / von Wilhelm Neureuther 137
Das Sträußchen / von Otmar Fischer 139
Verkehrsberuichung / von Albert H. Keil 157
Malerwinkel / von Otmar Fischer 159
Iwwerläwenskinschtler / von Albert H. Keil 165
Dichtung un Neizeit / von Adele Herzog 167
En Daach fer Afrika / von Waltraud Meißner 184
Die Weinhauskontrolleure / von August Mattern 207
Muddermillich / von Otmar Fischer 211
Stadtmauerfest / von Roland Fischer 214
Der Mann für alle Fälle / von Otmar Fischer 220
Dod un Erwe / von Albert H. Keil 232
Palmberg-Rezept / von Albert H. Keil 249
Herbstbeginn / von Wilhelm Neureuther 252
Verlorni Zunft / von Albert H. Keil 279
Gestörte Muse / von Wilhelm Neureuther 282
August / von Roland Fischer 289
Betrachtung im März / von Wilhelm Neureuther 294
Heimat / von Roland Fischer 298
Weihnacht / von Roland Fischer 301
Lichtbegierde / von Otmar Fischer 302

Verzeichnis der Mitarbeiter dieses Buches

Amberg Alexander, Journalist, Haßloch
Berchtold Theo, Rektor i.R., Ruppertsberg
Brändlein Walter, Dipl.-Kaufmann, Wachenheim
Braun Eugen, Chemiker, Meckenheim
Brücker Elfriede, Hausfrau, Freinsheim
Ettinger Edwin, Beamter i.R., Meckenheim
Feldmann Georg, Stadtamtmann a.D., Bad Dürkheim
Felle Marren, Übersetzerin, Frankenthal
Fiene Hans-Dieter, Kaufmann, Ruppertsberg
Fischer Otmar, Pfarrer, Weisenheim am Berg
Fischer Roland, Bezirksleiter, Freinsheim
Freyland Bernhard, techn. Angestellter, Neuleiningen
Frien Hartmut, Fotograf, Freinsheim
Fuchs Jacqueline, Hausfrau, Obrigheim
Hartmann Christel, Hausfrau, Obrigheim
Heiss Ingeborg, Hausfrau, Obrigheim/Pfalz
Heiss Wolfgang, Verwaltungsamtmann, Obrigheim/Pfalz
Herold Helmut, Oberst a.D., Deidesheim
Herzog Adele, Hausfrau, Grünstadt
Himmler Heiko, Dipl.-Georgraph, Landau
Himmler Karl-Heinz, Industriekaufmann, Lambrecht
Jakobs Willi, Verwaltungsbeamter i.R., Kirchheim/Weinstraße
Job Willi, Rektor, Frankeneck
Kaulisch Gisela, Redaktionssekretärin, Niederkirchen
Keil Albert H., Controller, Dirmstein
Klemm Claudia, Studentin, Lambrecht
Kohl Albert, Winzer, Grünstadt-Sausenheim
Lampert Walter, Stadtamtsrat a.D., Grünstadt
Laubersheimer Gerhard, Stadtamtsrat, Grünstadt
Letzelter Carmen, Journalistin, Haßloch
Letzelter Manfred, Medienreferent, Haßloch
Lintz Ernst, Rektor i.R., Haßloch/Bad Dürkheim
Lucas Walter, Beamter i.R., Forst
Lüdeke Eberhard, Schulleiter, Hermsdorf/Th.
Mattern August, Oberamtsrat i.R., Bockenheim
Meißner Waltraud, Hausfrau, Bad Dürkheim
Menges Peter, Rentner, Ludwigshafen
Merkel Dieter, VG-Amtsrat, Bad Dürkheim
Meyer Jutta, Journalistin, Haßloch
Mörtel Sieglinde, Journalistin, Hummelshain/Th.
Morczynzyk Gabriele, Fotografin, Grünstadt
Neureuther Wilhelm, Dipl.-Handelslehrer, Datteln
Nickol Martin G., Dipl.-Biologe, Grünstadt
Niederhöfer Wolfgang, Rentner, Kleinkarlbach
Peter Hans-Rolf, Maler, Neustadt a.d. Weinstraße
Preuß Inge, Hausfrau, Bad Dürkheim
Rössler Raymund P., Kaufmann, Ruppertsberg
Rüttger Dr. Joseph, Rechtsanwalt, Grünstadt
Ruppersberger Karl Georg, Chemiker, Weisenheim am Berg
Schnabel Berthold, Lehrer, Deidesheim
Schober Gerhard, Kreisheimatpfleger, Starnberg
Schmitt Wolfgang M., Lehrer, Kindenheim
Schreiner Werner, Studiendirektor, Neustadt a.d. Weinstraße
Schumann Dr. Fritz, Lt. Landwirtschaftsdirektor, Bad Dürkheim
Sommer Oskar, Buchdruckermeister, Grünstadt
Stumpf Manfred, Rentner, Hettenleidelheim
Talarek Werner, Dipl.-Ing., Bad Dürkheim
Tremmel Paul, Kaufmann/Schriftsteller, Forst
Wagner Emil, Rentner, Bockenheim
Walter Karl-Jörg, Lehrer, Neustadt-Geinsheim
Wendel Michael, Redakteur, Wachenheim
Winnewisser Christian, Student, Carlsberg

Die Autoren sind auf Anfrage gerne bereit, interessierten Lesern die Quellen ihrer Aufsätze mitzuteilen, sie verantworten die Richtigkeit der Inhalte selbst. Für Inhalt und Form der Artikel zeichnen allein die Autoren verantwortlich. Die Kreisverwaltung Bad Dürkheim prüft als Herausgeber nicht die sachliche Richtigkeit der einzelnen Beiträge und urheberrechtliche Fragen. Für unverlangt eingesandte Manuskripte keine Abdruck- oder Rückgabe-Garantie.

Zum Geleit

*Liebe Mitbürgerinnen und Mitbürger
im Landkreis Bad Dürkheim!
Verehrte Leser des Heimatjahrbuches!*

Der vor Ihnen liegende 14. Band in der Reihe der Heimatjahrbücher des Landkreises Bad Dürkheim möchte in gewisser Weise an den Vorgängerband anschließen. Hatten wir uns vor einem Jahr schwerpunktmäßig mit dem Ende des Krieges vor 50 Jahren in unserer Region befaßt, so sollen im neuen Buch die Partnerschaften im Mittelpunkt stehen.

Die zahlreichen Verbindungen, die Gemeinden schon wenige Jahre nach dem verheerenden Krieg mit den Ländern der ehemaligen Feinde knüpften, waren notwendige Voraussetzung für Frieden. Nur dadurch konnten die Wunden verheilen, daß sich die Menschen begegneten, indem sie Brücken schlugen, indem aus Gegnern Freunde wurden. Kriege werden unwahrscheinlicher, je besser man sich kennt. Zuerst kam der Brückenschlag nach Frankreich, erste Gemeinde im Landkreis (damals noch Neustadt), die auch als erste die Europa-Fahne verliehen bekam, war das Großdorf Haßloch mit seiner jetzt 35jährigen Beziehung zu Viroflay. Viele Orte folgten diesem Beispiel. Aber auch England war ein Ziel der neuen Verständigung unter den Menschen.

Je mehr wir alle von den Verhältnissen in der sogenannten 3. Welt erfuhren, umso mehr Menschen kümmerten sich auch in unserem Landkreis um Hilfe in Afrika oder Südamerika. Lobenswertes Engagement, das mithilft, daß die lange von der Zivilisation vernachlässigten Völker sich in ihren Stammländer weiterentwickeln können.

Als 1989 in Deutschland die Mauer zwischen Ost und West fiel, da nahmen viele Gemeinden die Aufgabe an, Verwaltung und demokratische Strukturen in den Gebieten der ehemaligen DDR mit aufbauen zu helfen. Es entstanden deutsch-deutsche Partnerschaften, die das vereinte Deutschland erst wirklich möglich machten und die hoffentlich dazu beitragen, die nach fünf Jahren immer noch bestehenden Mauern in unseren Köpfen endlich einzureißen durch Kennenlernen und Verständnis füreinander.

Eine neue Aufgabe für die Westeuropäer wird die Hinwendung zu den Staaten des ehemaligen Ostblocks sein. Erste Beziehungen gibt es; dieses Pflänzchen der weiteren Verständigung und der Hilfe an die wirtschaftlich schwächeren Regionen muß gepflegt werden. Gräben, auch wirtschaftlicher Art, müssen zugeschüttet und überwunden werden, wenn Europa den Frieden bewahren will.

Es ist überraschend zu lesen, wieviele Orte und Vereine sowie Initiativen sich dieser Aufgabe der Partnerschaften und Völkerverständigung unterziehen. Der Redaktion und allen Mitarbeitern ist zu danken, daß sie dies für den Landkreis Bad Dürkheim in kürzester Zeit fast vollständig aufgearbeitet haben.

Von den hier in diesem Buch vorgestellten Paten- und Partnerschaften, Freundschaften und losen Beziehungen können wir alle lernen. Ich wünsche mir, daß alle Leserinnen und Leser des Heimatjahrbuches 1996 nicht nur Freude oder viel Information, sondern auch Anregung zum Aufgreifen des einen oder anderen Beispiels finden.

Ihr

(Georg Kalbfuß) Landrat des Landkreises Bad Dürkheim

JANUAR: *Gönnheim: Brunnen mit dem Ortswappen in Sandstein im Zentrum*

1 Mo	16 Di
2 Di	17 Mi
3 Mi	18 Do
4 Do	19 Fr
5 Fr	20 Sa
6 Sa Haßloch: Gardetreffen;	21 So Grünstadt: Leininger Matinee;
7 So Haßloch: Neujahrsempfang; Grünstadt: Neujahrsempfang;	22 Mo
8 Mo	23 Di
9 Di	24 Mi
10 Mi	25 Do
11 Do	26 Fr Haßloch: Faschingskonzert der Musikschule;
12 Fr	27 Sa
13 Sa Haßloch: Ball der Sängervereinigung;	28 So Haßloch: Ehrungen der Gemeinden;
14 So Bad Dürkheim: Salierhalle, »Der Vogelhändler«;	29 Mo
15 Mo	30 Di
	31 Mi

FEBRUAR: *Dackenheim: Der Liebesbrunnen*

1 Do	15 Do
2 Fr Grünstadt: Prunksitzung;	16 Fr
3 Sa Grünstadt: Prunksitzung; Altleiningen: Prunksitzung »Gogljodler«; Haßloch: HCV-Seniorenprunksitzung;	17 Sa Haßloch: Kinderprunksitzung, Fischpaprikasch der Donaudeutschen;
4 So Grünstadt: DRK-Senioren-Prunksitzung;	18 So Hettenleidelheim: Fastnachtsumzug; Weisenheim am Sand: Fastnachtsumzug; Haßloch: Kindermaskenfest;
5 Mo	19 Mo Haßloch: Kinderkostümfest und Rosenmontagsball des HCV;
6 Di Grünstadt: Theaterabend im Leininger Gymnasium;	20 Di Grünstadt: Fastnachtsumzug;
7 Mi	21 Mi
8 Do Bad Dürkheim: Liederabend »Piaf, der Stern von Paris« in der Salierhalle;	22 Do
9 Fr	23 Fr
10 Sa Grünstadt: Prunksitzung; Altleiningen: Prunksitzung »Gogljodler«; Haßloch: Kinderfasching im »Blaubär«, HCV-Prunksitzung, Fasching der Landfrauen;	24 Sa
11 So	25 So
12 Mo	26 Mo
13 Di	27 Di
14 Mi	28 Mi
	29 Do

MÄRZ: *Haßloch: vor der Kreissparkasse in der Bahnhofstraße*

1 Fr	16 Sa Haßloch: Frühlingstanz des Obst- und Gartnebauvereins, Vorderpfälz. Waldlaufmeisterschaften; Wachenheim: Ostereierausstellung;
2 Sa	17 So Forst, Hansel-Fingerhut-Spiel; Wachenheim: Ostereierausstellung; Wattenheim: Stabausfest; Bissersheim: Frühlingsfest; Neuleiningen: Stabausfest;
3 So	18 Mo
4 Mo	19 Di
5 Di	20 Mi Bad Dürkheim: Kabarett »Chez nous«;
6 Mi	21 Do
7 Do	22 Fr
8 Fr	23 Sa Haßloch: Familienfest der Naturfreunde;
9 Sa Grünstadt: Märzmarkt mit Winterverbrennung und Umzug;	24 So Grünstadt: Leininger Matinee;
10 So Haßloch: Sommertagsumzug;	25 Mo
11 Mo	26 Di
12 Di	27 Mi
13 Mi	28 Do
14 Do	29 Fr
15 Fr	30 Sa Ruppertsberg: Ostereierschießen; Weisenheim am Sand: Portugieser-Wettstreit; Gerolsheim: Ostereierschießen (-8.4.);
	31 So Ruppertsberg: Ostereierschießen;

APRIL: *Esthal*

1 Mo	16 Di
2 Di	17 Mi
3 Mi	18 Do
4 Do	19 Fr Freinsheim: Blütenfest (-21.);
5 Fr	20 Sa Wachenheim: Georgimarkt (-22.), Pferde- und Kutschenmarkt (+21.); Bad Dürkheim: Theater in der Salierhalle (»Manche mögens heiß«);
6 Sa Ruppertsberg: Ostereierschießen (-8.); Bad Dürkheim: Ostermarkt;	21 So Haßloch: Rad-Straßenrennen des ARC »Pfeil«, CDU-Familientag
7 So Bad Dürkheim: Ostermarkt;	22 Mo
8 Mo Bad Dürkheim: Ostermarkt;	23 Di Grünstadt: Leininger Gymnasium, Lichtbildervortrag »Gotik und Renaissance«
9 Di	24 Mi
10 Mi	25 Do
11 Do	26 Fr Weisenheim am Sand: Blütenfest (-29.); Kallstadt: Fest der 100 Weine (-28.);
12 Fr	27 Sa
13 Sa Haßloch: Volkslauf des LCH, Frühjahrskonzert des Musikvereins; Lambrecht: Leistungsschau des Gewerbevereins;	28 So
14 So Lambrecht: Leistungsschau des Gewerbevereins;	29 Mo
15 Mo	30 Di Weisenheim am Berg: Partnerschafts-, Wein- und Heimatfest mit Dialektpredigt (-1.5.); Haßloch: Tanz in den Mai beim Skiclub;

MAI: *Wachenheim: an der Ortseinfahrt von Norden (Weinstraße)*

1 Mi	Haßloch: DGB-Maikundgebung;
2 Do	
3 Fr	Bad Dürkheim-Grethen: Kirchweih (-7.);
4 Sa	Bockenheim: Mundarttage; Haßloch: Frühjahrskerwe (-7.), Ball der Vereine;
5 So	Bockenheim: Mundarttage; Grünstadt: Leininger Matinee;
6 Mo	
7 Di	
8 Mi	
9 Do	
10 Fr	
11 Sa	Lambrecht: Kulturabend; Grünstadt: Siedler-Jubiläum (60 Jahre); Haßloch: Ball der Vereine, Konzert für Senioren;
12 So	
13 Mo	
14 Di	Bad Dürkheim: Theater in der Salierhalle (»Wenn du Geld hast«);
15 Mi	Ellerstadt: Weinfest (-19.);
16 Do	DÜW: Käskönig- u. Stadtf. (-19.); Weisenh./Bg.: Partnersch.-, Wein- und Heimatf. (-19.) m. Dialektpredigt; Wattenh.: Vatertagswaldf.; Altleing.: Vatert. a.d. Burg; Haßl.: Galopprennen;
17 Fr	Erpolzheim: Spargelfest (-19.);
18 Sa	
19 So	Altleiningen: Konzert des MGV in der Burg;
20 Mo	
21 Di	
22 Mi	
23 Do	
24 Fr	Meckenheim: Gässelweinkerwe (-27.); Haßloch: Internationale Schachtage (-27.);
25 Sa	DÜW: Käskönigf. u. Pfingstmarkt (-27.); Deidesh.: Pfingstmarkt (-28.); Erpolzh.: Spargelf. (-27.); Dackenh.: Frühlingsf. (-27.); Friedelsh.: Burgweiherf. (-27.); Haßl.: Bahn-Radrennen;
26 So	
27 Mo	Hettenleidelheim: Waldfest im Birkenschlag;
28 Di	Deidesheim: Geißbockversteigerung;
29 Mi	
30 Do	
31 Fr	Herxheim am Berg: Pfaffenhoffest (-2.6.); Freinsheim: Altstadtfest (-2.6.);

JUNI: *Lambrecht*

1 Sa	Altleing.-Höning.: Kerwe m. Umzug (-3.); Haßl.: 100 J. Heimatmuseum, Duwakschoppfeschd HCV (+2.), Flugplatzfest (+2.); Deidesh.« Pfälz. Mineralienbörse (+2.);		16 So	
2 So	Haßloch: Jugend-Kart-Slalom; Weidenthal: Wandertag;		17 Mo	
3 Mo			18 Di	
4 Di			19 Mi	
5 Mi	Wachenheim: Burg- und Weinfest (-9.);		20 Do	
6 Do	Obersülzen: Spargelfest;		21 Fr	Haßloch: Freilichttheater im Ältesten Haus, Fischerfest (-23.);
7 Fr			22 Sa	Altleiningen: Burgspiele; Haßloch: Freilichttheater im Ältesten Haus; Bad Dürkheim-Hardenburg: Kirchweih (-25.);
8 Sa	Haßloch: Jugend-Radrenntag, Bordfest der Marinekameradschaft (+9.); Elmstein-Appenthal: Kerwe (-11.);		23 So	
9 So	Haßloch: Radtourenfahrt des ARC »Pfeil«, Duwakschoppfeschd der HLL;		24 Mo	Obrigheim: Häwwelcheskerwe in Colgenstein-Heidesheim (-28.);
10 Mo			25 Di	
11 Di			26 Mi	
12 Mi			27 Do	
13 Do			28 Fr	Obersülzen: Blaschderstraßenfest (-30); Erpolzheim: Giwickefest (30.); Haßloch: Freilichttheater im Ältesten Haus, Sandbuckelfest (-30); Niederkirchen: Fest um den Wein (-1.7.);
14 Fr	Kirchheim: Rebblütenfest (-17.); Wachenheim: Burg- und Weinfest (-16.); Weisenheim am Sand: Weinfest unter den Linden (-17.);		29 Sa	Grünstadt: Internationale Volkswandertage und 25 km Radfahren (+30.); Altleiningen: Burgspiele; Bobenheim/Berg: Musik- und Brunnenfest; Haßloch: Freilichttheater im Ältesten Haus;
15 Sa	Carlsberg: Sommernachtsfest im Sängerheim; Altleiningen: Burgspiele; Haßloch: Sommerfest des HSV (+16.);		30 So	Grünstadt: Seifenkistenrennen; Haßloch: Sommerserenade des Volkschors;

JULI: *Bad Dürkheim: am Römerplatz*

1 Mo	Niederkirchen: Fest um den Wein;
2 Di	
3 Mi	
4 Do	
5 Fr	Haßloch: Freilichttheater im Ältesten Haus, Waldfest des Musikvereins (+6.); Gönnheim: Weintage (-8.); Kirchheim: Marktweinkerwe (-9.);
6 Sa	Altleiningen: Burgspiele; Haßloch: Freilichttheater im Ältesten Haus; Wattenheim: Kirchweih mit Umzug (-9.); Gerolsheim: Gockelfest (+7.); Großkarlbach: Wingertsfest (+7.);
7 So	
8 Mo	
9 Di	
10 Mi	
11 Do	
12 Fr	Elmstein: Kerwe (-16.); Haßloch: Freilichttheater im Ältesten Haus; Ellerstadt: Fischerfest (-14.); Battenberg: Kirchweih (-15.); Ebertsheim-Rodenbach: Kirchweih (-15.);
13 Sa	Altleiningen: Burgspiele; Haßloch: Freilichttheater im Ältesten Haus, Sommerfest des Volkschors, Modellflugtag (+14.); Carlsberg: Kirchweih mit Umzug (-16.);
14 So	Haßloch: Musikschule (Tag der offenen Tür), Konzert des Volkschors und Kinderfest;
15 Mo	Haßloch: Sportwoche des FV 21 (-19.);
16 Di	
17 Mi	
18 Do	
19 Fr	Bad Dürkheim-Seebach: Kirchweih (-23.); Freinsheim: Stadtmauerfest (-22.); Quirnheim: Erbsenkerwe (-21.);
20 Sa	Altlein.: Burgspiele, Kirchw. m. Umzug (23.); Weidenth.: Waldf. d. Musikvereins (-22.); Haßl.: Jubiläum FV 21, Sommerf. d. Schäferhundevereins (+21); Hettenleidelh.: Vizinalstraßenfest;
21 So	Haßloch: Familiennachmittag des PWV;
22 Mo	
23 Di	
24 Mi	
25 Do	
26 Fr	Haßloch: Parkfest der Vogelfreunde (-28); Gerolsheim: Brunnenfest (+27.); Großkarlbach: Kändelgassenfest (-28); Grünstadt: Weinwettstreit am Jakobimarkt (-29.);
27 Sa	Altlein.: Burgsp., Reit- u. Springturnier (+28.); Haßl.: Sommerf. d. Tierschutzver. (+28.); Dackenh.: Liebesbrunnenf. (-29.); Wachenh.: Waldf. a.d. Aybach (+28.);
28 So	27.: Wachenh.: Kulinar. Hofkonzert; Hettenleidelh.: Fischerf.; 27.: Carlsb.-Hertlingsh · Sauhäuschen Kerwe (+28.);
29 Mo	
30 Di	
31 Mi	

AUGUST: *Grünstadt: Der Römerbrunnen*

1 Do	
2 Fr	Obrigheim: Weinkerwe (-6.); Herxheim am Berg: Weinkerwe (-6.); Forst: Weinkarussell am Ungeheuer (-5.); Bad Dürkheim-Trift: Kirchweih (-6.);
3 Sa	Altleiningen: Burgspiele; Haßloch: Waldfest der Naturfreunde (+4.); Carlsberg-Hertlingshausen: Kirchweih mit Umzug (-6.); Lambrecht: Kerwe (-6.);
4 So	
5 Mo	Wachenheim: Deutsche Weinstraßefahrt für Veteranenfahrzeuge;
6 Di	
7 Mi	Haßloch: Sommerfest der Landfrauen;
8 Do	
9 Fr	Bissersh.: Weink. (-13.); Wachenh.: Sommerf. a.d. »villa rustica« (-11.); Bobenh./Bg.: Dorfk. (-13.); Weisenh./Sd.: Weink. (-13.); Deidesh.: Weink. (-13.); DÜW-Ungst.: Kirchweih (-13.);
10 Sa	Altleining.: Burgspiele; Haßl.: Sommerf. d. Obst- u. Gartenbauvereins, Waldf. d. Sängervereinigung (+11.); Elmst.-Speyerbrunn: Kerwe (-13.); Frankeneck: Kerwe (-13.);
11 So	
12 Mo	
13 Di	Deidesheim: Weinraritätenversteigerung;
14 Mi	
15 Do	
16 Fr	Grünst.-Asselh.: Kerwe u. Weintage (-20.); Friedelsh.: Weinkerwe (-20.); Weisenh./Bg.: Dorfkerwe m. Dialektpredigt (-20.); Erpolzh.: Weinkerwe (-20.); Deidesh.: Weinkerwe (-20.);
17 Sa	Altleiningen: Burgspiele; Tiefenthal: Kirchweih mit Umzug (-20.); Weisenheim am Sand: Dreschmaschinenfest (+18.); Esthal: Kerwe (-20.); Neidenfels: Kerwe (-20.);
18 So	Haßloch: Sommerfest der SPD;
19 Mo	
20 Di	
21 Mi	
22 Do	
23 Fr	Bockenh. (-26.) u. Laumersh. (-27.): Weink.; Wachenh.: Burgf. (-25.); Gönnh.: Martinsk. (-27.); Freinsh.: Markt (-27.); Ruppertsbg.: Weink. (-26.); DÜW-Leistadt: Kirchweih (-27.);
24 Sa	Altleiningen: Burgspiele; Haßloch: Galopprennen; Hettenleidelheim: Kirchweih (-27.); Lindenberg: Kerwe (-27.);
25 So	Erlebnistag Deutsche Weinstraße; Leiningerland-Fahrrad-Rallye;
26 Mo	
27 Di	
28 Mi	
29 Do	
30 Fr	Weinkerwe: Kindenh. (-2.9.); Obersülz. (-3.9.); Obrigh.-Mühl.h. (-3.9.); Kleinkarlb.: (-3.9.); Ellerst.: (-3.9.); Kallst.: Saumagenkerwe (-2.9.); Meckenh.: Kirchweih (-2.9.);
31 Sa	Haßloch: 100 Jahre Heimatmuseum Altestes Haus (Benefizveranstaltung); Friedelsh.: Fischerfest (-1.9.); Weidenthal: Schützenturnier, Kerwe (-3.9.);

SEPTEMBER: *Deidesheim: Der Andreasbrunnen*

1 So	Weidenth.: Kerwe (-3.); Meckenh.: Kirchweih (+2.); Kallst.: Saumagenkerwe (+2.); Ellerst.: Weinkerwe (-3.); Friedelsh.: Fischerfest; Altleiningen-Höningen: Torbogenfest;
2 Mo	
3 Di	
4 Mi	
5 Do	
6 Fr	Bad Dürkheim: Wurstmarkt (-10.); Dirmstein: Weinkerwe (-10.); Ebertsheim: Kirchweih (-9.);
7 Sa	Elmst.-Iggelbach: Kerwe (-10.); Haßloch: Hähnchenpaprikasch d. Donaudeutschen, Wein- u. Liederabend d. Sängervereinigung; Haßl.-Pfalzmühle: Reitturnier (+8.);
8 So	
9 Mo	
10 Di	
11 Mi	
12 Do	
13 Fr	Bad Dürkheim: Wurstmarkt (-16.); Großkarlbach: Weinkerwe (-16.); Grünstadt-Sausenheim: Kerwe und Weintage (-17.)
14 Sa	Elmstein-Schwarzbach: Kerwe (-17.); Mertesheim: Kirchweih (-17.);
15 So	
16 Mo	
17 Di	
18 Mi	
19 Do	Haßloch: Andechser Bierfest (Theaterabend);
20 Fr	Friedelsh.: Herbstf. d. Wachenh. VG-Landjugend; Gerolsh.: Weinkerwe (-24.); Obrigh.-Albsh.: Kirchweih (-24.); Haßl.: Andechser Bierf. u. Jubiläumsf »35 J. Partnerschaft m. Viroflay«;
21 Sa	(+22.): Freinsh.: Kulinar. Weinwanderg., Federweißenf.; Weisenh./S.: Federweißenf.; Wachenh.: Wanderg. durch das Rebenmeer; Neuleining.: Kirchweih (-23.);
22 So	21.: Haßloch: Andechser Bier- u. Straßenf. d. Gewerbevereins; 22.: Grünstadt: Jugend-Kart-Slalom; Haßloch: Andechser Bierfest mit Straßenfest und verkaufsoffenen Sonntag;
23 Mo	
24 Di	
25 Mi	
26 Do	
27 Fr	Weisenheim am Sand: Federweißen-Fest (-29.); Haßloch: Bürgerempfang;
28 Sa	Freinsheim: Fedreweißenfest (+29) Quirnheim: Kirchweih (-1.10.); Grünstadt-Asselheim: Bitzlerfest (+29).
29 So	
30 Mo	

OKTOBER: *Kallstadt: Der Bacchusbrunnen*

1 Di Quirnheim: Kirchweih;	16 Mi
2 Mi	17 Do
3 Do Haßloch-Pfalzmühle: Fuchsjagd; Haßloch: Galopprennen; Erpolzheim: Federweißen-Fest;	18 Fr Bockenheim: Winzerfest (-21.);
4 Fr	19 Sa
5 Sa Haßloch: Gemeinde-Seniorennachmittag, Erntedank des Obst- und Gartenbauvereins; Erpolzheim: Federweißen-Fest (+6.); Freinsheim: Federweißen-Fest (+6.);	20 So
6 So	21 Mo
7 Mo	22 Di
8 Di	23 Mi
9 Mi	24 Do
10 Do	25 Fr Haßloch: Leistungsschau des Gewerbevereins (-27.);
11 Fr Weisenheim am Sand: Federweißen-Fest mit historischer Ernte (-13.);	26 Sa Haßloch: Spätjahreskerwe (-29.); Hettenleidelheim: Herbstkonzert des Sängerbundes »Frohsinn«; Kindenh.: Bitzlerfest (-27.);
12 Sa Wattenheim: Internationale Volkswanderung (+13.);	27 So
13 So	28 Mo
14 Mo	29 Di
15 Di	30 Mi
	31 Do

NOVEMBER: *Freinsheim: Der Eichbrunnen*

1 Fr	16 Sa Haßloch: Frauenkulturtage, Fischerball;
2 Sa Deidesheim: Kunsthandwerkertage;	17 So Haßloch: Jubiläumsschau des Geflügelzuchtvereins;
3 So Deidesheim: Kunsthandwerkertage; Haßl.: Musizierwettbewerb;	18 Mo
4 Mo Haßloch: Frauenkulturtage (-16.);	19 Di
5 Di Haßloch: Frauenkulturtage;	20 Mi
6 Mi	21 Do
7 Do Dirmstein: Weihnachtsmarkt (+8.); Haßloch: Frauenkulturtage;	22 Fr Deidesheim: Pfälz. Gemüsebautag;
8 Fr Haßloch: Frauenkulturtage;	23 Sa
9 Sa Weisenheim am Berg: Stutzenfest (+10.); Haßloch: Konzert der Sängervereinigung;	24 So Deidesheim: Kino- und Fotobörse;
10 So Haßloch: Frauenkulturtage, Int. Schäferhunde Sonderschau;	25 Mo
11 Mo Haßloch: Frauenkulturtage;	26 Di
12 Di Haßloch: Frauenkulturtage;	27 Mi
13 Mi Haßloch: Frauenkulturtage;	28 Do
14 Do Dirmstein: Weihnachtsmarkt (+15.); Haßl.: Frauenkulturtage;	29 Fr Deidesheim: Weihnachtsmarkt (-1.12.); Bad Dürkheim: Weihnachtsmarkt (-22.12.); Haßloch: Weihnachtsmarkt (-1.12.);
15 Fr Haßloch: Frauenkulturtage;	30 Sa (-1.12.): Bobenh./Bg.: Belzenickelm.; Freinsh., Ebertsh., Dirmst., Kirchh., Neuleining., Grünst.-Asselh.: Weihnachtsmarkt; Bockenh.: Adventsbasar; Haßl.: Brieftaubenausstellg.;

DEZEMBER: *Bobenheim am Berg*

1 So — Haßl.: Brieftaubenausstellg.; Dirmst., Kirchh., Neuleining., Freinsh., Deidesh.: Weihnachtsmarkt; Bockenh.: Adventsbasar; Bobenh./Bg.: Belzenickelmarkt;	16 Mo
2 Mo	17 Di
3 Di	18 Mi
4 Mi	19 Do
5 Do	20 Fr — Haßloch, Deidesheim: Weihnachtsmarkt (-22.);
6 Fr — Grünst.: Weihnachtsmarkt (-8.); Hettenleidelh.: Barbara-Markt des Heimatmuseums (-8.); Weisenheim am Sand: Weihnachtsmarkt (-8.); Deidesheim: Weihnachtsmarkt (-8.);	21 Sa
7 Sa — Haßloch: Nikolaus-Volkslauf; Kleinkarlbach, Carlsberg, Dirmstein, Neuleiningen, Freinsheim: Weihnachtsmarkt (+8.);	22 So
8 So — Haßloch: Weihnachtskonzert des Musikvereins; Großkarlbach: Nikolausmarkt mit Umzug;	23 Mo
9 Mo	24 Di
10 Di	25 Mi
11 Mi	26 Do
12 Do	27 Fr
13 Fr — Haßloch, Weisenheim am Sand, Deidesheim: Weihnachtsmarkt (-15.);	28 Sa
14 Sa — Obrigheim, Dirmstein, Grünstadt, Freinsheim: Weihnachtsmarkt (+15.);	29 So
15 So — Haßloch: Weihnachtskonzert des ev. Kirchenchors, Weihnachtsschauturnen der TSG;	30 Mo
	31 Di — Haßloch: Silvesterparty der Donaudeutschen;

Die älteste Partnerschaft im Kreis DÜW

Haßloch und Viroflay seit 35 Jahren verschwistert

von Carmen Letzelter

Die Versöhnung zwischen Deutschen und Franzosen erscheint uns längst als eine Selbstverständlichkeit, die fast keiner besonderen Erwähnung mehr bedarf. Und doch:»Als das alles begann«, war die Geschichte längst nicht so einfach zu erleben, wie sie heute erzählt werden kann. Da waren die Ressentiments der älteren Bürger nach den schrecklichen Ereignissen und es gab das traurige Schicksal eines Bürgermeisters, der auf dem Weg zur Versöhnung mit den Nachbarn sein Leben verlor. Am 17. Februar 1959 richtete Haßlochs Bürgermeister Emil Schneider die Bitte um Benennung einer französischen Patenstadt an den Rat der Gemeinden Europas in Paris, knapp ein Jahr später, am 11. Januar 1960, verunglückte er auf der Rückfahrt aus Frankreich schwer. Er war damals in eine Stadt an der Pariser Peripherie gereist, um Vorgespräche zu einer kommunalen Verschwisterung zu führen. In der Zeit seines Krankenlagers fiel die Entscheidung für die Partnerschaft und noch im selben Monat kam eine offizielle französische Delegation zur Beerdigung Schneiders in die Pfalz - der Bürgermeister war im März 1960 seinen Verletzungen erlegen. Gewachsen ist in jenen Tagen die älteste Partnerschaft, die es 1996 im Landkreis Bad Dürkheim gibt: Viroflay und Haßloch sind seit 35 Jahren ein kommunales Paar. Und in all den Jahren wurden die Verdienste von Emil Schneider nicht vergessen, seine Frau Ruth ist Ehrenbürgerin von Viroflay.

Austausch auf allen Gebieten

»Die ständigen Bande zwischen den Stadtverwaltungen unserer Städte zu bewahren, auf allen Gebieten den Austausch ihrer Einwohner zu unterstützen« - dazu verpflichteten sich 1961 die Bürgermeister per Eid und Urkunde. Beiderseits der Grenze galt fortan die Verpflichtung zur *»besseren gegenseitigen Verständigung«*. Gleichzeitig wurde der Wunsch *»das wache Gefühl der europäischen Brüderlichkeit zu fördern; unser Bestreben zu vereinigen, um mit allen uns zur Verfügung stehenden Mitteln zum Erfolg dieses notwendigen Werkes des Friedens und des Wohlstandes beizutragen, zur europäischen Einheit«* der Partnerschaft aufs Papier geschrieben. Die Bürgermeister Pierre Chedel und Kurt Flockert unterzeichneten das »Serment de Jumelage«, den Verbrüderungseid - am 20. Mai 1961 in Haßloch waren 220 Bürger aus Viroflay dabei und am 17. Juni des gleichen Jahres in Viroflay womöglich noch mehr Haßlocher.

Als die Partnerschaft zwischen Haßloch und Viroflay 1981 ihren 20. Geburtstag hatte, schrieb Emil Schneiders Nachfolger als Bürgermeister, Kurt Flockert: *»Die Verschwisterung der Gemeinde Haßloch mit der französischen Stadt Viroflay im Jahre 1961 war zweifellos Höhepunkt unseres Bemühens um Verständigung und Versöhnung zwischen beiden Völkern. Wir können heute wohl mit Befriedigung feststellen, daß es nicht bei dem damaligen feierlichen Gelöbnis geblieben ist. Zahlreiche freundschaftliche Bande konnten zwischenzeitlich geknüpft werden. Haßloch und Viroflay fühlen sich eng verbunden. Die Idee der Verständigung und Freundschaft hat im Herzen der Bevölkerung beider Gemeinden einen festen Platz gefunden.«* - Mehr über die erfolgreichen Jahre aus dem Beginn dieser französisch-pfälzischen Partnerschaft können Sie im Heimatjahrbuch von 1986 lesen. Dort hieß die Überschrift »25 Jahre Partnerschaft Haßloch-Viroflay«.

Die erste deutsch-französische Hochzeit

Die erste deutsch-französische Hochzeit in Haßloch hatten 1984 Aline Cherruault und Dieter Schmitt gefeiert, drei Kinder hat das Paar mittlerweile: Nicolas, Liselotte und Caroline. Alle

Ehrungen zum 20. Jubiläum der Partnerschaft Haßloch-Viroflay (von links): Dr. Bindel, Ruth Schneider, Hans Seiberth, Kurt Müller, Karl Heinz Wolf, Maire Gérard Martin und Bürgermeister Kurt Flockert.

drei fahren gerne zu den Großeltern nach Frankreich und alle drei sind zweisprachig aufgewachsen. Es ist noch gar nicht lange her, da fragte der Enkel einmal: »*Hat im Krieg mein Großvater auch auf meinen Grandpère geschossen?*« Der Junge hatte Gespräche von Erwachsenen verfolgt und seine eigenen Schlüsse gezogen...

Bei der offiziellen Feier zum 30. Partnerschaftsgeburtstag sprach auch Bürgermeister Hanns-Uwe Gebhardt diesen leidvollen Teil gemeinsamer Geschichte an: Er war »froh und glücklich« darüber, daß der »Erbfeind« für die Partnerschaft von Viroflay und Haßloch nur noch eine »historische Dimension» habe. Das war bekanntlich zwischen Franzosen und Deutschen nicht immer so. Kluge Leute haben errechnet, daß seit der Thronbesteigung Karls V. 1519 Deutsche und Franzosen 27 große Kriege gegeneinander geführt haben. Es waren mit Sicherheit die drei jüngsten Kriege, die ein über lange Zeit latent vorhandenes Mißtrauen zum kurzsichtigen, gegenseitigen Haß werden ließen. Bürgermeister Gebhardt war der Blick »*auf die lange kriegerische Tradition wichtig, um zu verdeutlichen, in welchem Umfeld Pierre Chedel und Emil Schneider sich 1960 dran gewagt haben, erste zaghafte Schritte in Richtung Partnerschaft zu gehen.*«

Im Oktober 1991 wurde von den Franzosen einmal mehr eindrucksvoll dokumentiert: »*Unsere Partnerschaft lebt!*« Mehr als 200 Gäste aus Viroflay reisten zum 30. Jumelage-Jubiläum nach Haßloch. Beim Festabend in der Pfalzhalle sah Bürgermeister Hanns-Uwe Gebhardt darin »*ein starkes Indiz dafür, wie breit und stabil die Fundamente unserer Partnerschaft im Laufe der Jahre und Jahrzehnte geworden sind!*« Auch Viroflays Bürgermeister Martin war es »*eine Freude, einige Worte über unsere Partnerschaft zu sprechen, wo diese große, festliche Versammlung ein Beweis ist, daß die Hoffnung ihrer Gründer sich verwirklicht hat, und daß wirkliche Bande und rege Verbindungen zwischen Haßloch und Viroflay bestehen.«* Gebhardt sagte, daß der ungeheure Wandel, der sich in den letzten drei Jahrzehnten vollzogen hat, oft nur noch für die Älteren richtig nachvollziehbar sei; die Geschichte stelle immer neue Fragen. Auch Martin betonte: »*Die Welt, in der sich unsere Partnerschaft entwickelt, hat sich ganz bedeutend verändert: Wir schulden der Bewegung in Leipzig Ehre und Dank, denn sie war der Auslöser dieser Ereignisse.«*

Im Sinne von Adenauer und De Gaulle

Die zwölf Kernländer Europas hätten wichtige Leistungen zu vollbringen, fuhr der Gast aus Frankreich fort: »*Wir müssen energisch an der Entwicklung der wirtschaftlich schwächeren Länder arbeiten, deren Einwohner in der Hoffnung auf ein besseres Leben in unsere Länder kommen.«* Durch massenhafte Einreisen wäre nichts gelöst, ganz im Gegenteil. Europa müsse sich in den Heimatländern für Berufsbildung und technische Ausbildung einsetzen. Die Staaten Europas müßten dafür sorgen, daß die Einheimischen an Ort und Stelle essen, bauen, sich bilden und pflegen und bald die Verantwortung dafür selbst übernehmen können.

Maire Martin weiter: »*Und dies betrifft für Euch, deutsche Freunde, speziell die Bevölkerung Osteuropas, deren Existenzbedingungen prekär sind und für uns Franzosen die Afrikaner, deren Länder durch Unterentwicklung und Versteppung bedroht sind.«* Die zwei Gemeinden müßten wenigstens ihre Partnerschaften verstärken, die Beziehungen zwischen Haßloch, Viroflay, Bracciano, Kolokani und Gebesee. Auf Landesebene müsse die Eintracht zwischen Frankreich und Deutschland weitergeführt werden, im Sinne der beiden großen Anreger Konrad Adenauer und General De Gaulle: »*Die Probleme unserer Zeit können nur gemeinsam gelöst werden, denn es geht nicht nur um ein Problem der Großzügigkeit sondern um das Fortbestehen,«* mahnte Martin. Wenn keine für alle erträgliche Lösung gefunden werde, »*könnte unser Los dasjenige des alten, dekadent gewordenen Roms sein.«*

Gebhardt: »Ziel ist ein offenes Europa«

Der Fall der Mauer und die deutsche Einheit hätten zu einer Identitätskrise fast aller Akteure in Europa geführt, sagte Gebhardt. Im Westen gehe es vor allem darum, die Europäische Gemeinschaft zu stärken »*und mit ihr unseren gemeinsame Beitrag für die Entwicklung des ganzen europäischen Kontinents zu leisten«.* Ein offenes Europa sei das Ziel. Ein Europa, das seine nationalistischen Irrwege und Bürgerkriege hinter sich lasse und stattdessen seine Talente und Fähigkeiten für die großen Aufgaben einer zusammenwachsenden Menschheit einzusetzen weiß. »*Ein solches Europa kann uns helfen, unsere eigene Vergangenheit klarer zu sehen. Dann wird diese Vergangenheit, mit der wir ja weiter leben, nicht trennend zwischen unseren Nationen stehen,«* sagte Gebhardt und versprach: »*Wir Deutschen wollen und werden die Empfindungen unserer Nachbarn, mit denen sie die Entwicklung unserer Nation nach der Einigung begleiten, ganz ernst nehmen; wir wollen unsere Schritte durch engen Kontakt mit unseren Freunden verständlich machen.«* Deshalb hielt er es für richtig und gut, daß am Tag nach der großen Partnerschaftsfeier eine französich-deutsche Reisegruppe nach Gebesee fuhr, um Haßlochs neue Partnerstadt und deren geschichtsträchtige Umgebung anzuschauen.

Es sei ein Glücksfall gewesen, daß sein Vorgänger, Kurt Flockert, das zarte Pflänzchen Partnerschaft von Anfang an zu seiner ureigenen Sache gemacht habe, sagte Gebhardt. »*Über 25 Jahre als Bürgermeister und als Privatmann bis zum heutigen Tag«* habe sich Flockert immer wieder für die deutsch-französische Freundschaft engagiert: »*Er war und ist ein Motor dieser Partnerschaft!«* Weiter erinnerte Haßlochs Bürgermeister 1991 in einer kleinen partnerschaftlichen Bestandsaufnahme an den Juni in Viroflay: »*Es kann kein Zufall sein, daß ich auch noch Wochen später immer wieder auf diese wunderbar gelungenen Tage angesprochen wor-*

Festabend 1991 in der Pfalzhalle. Geehrt wurden durch Bürgermeister Hanns-Uwe Gebhardt (rechts) Freunde aus Viroflay und aus dem Gemeinderat und Verwaltung von Haßloch (von links): René Strauch, Annick Martin, Marie Thérèse Gorge, Hans Hauck, Gaby Bouyssou, Hans Seiberth, Günter Schmitt, Altbürgermeister Kurt Flockert, Helma Schmitt, Anton Schlaefke, Ruth Schneider. Foto: Lintz

den bin.« Die freundschaftliche Selbstverständlichkeit des Aufeinanderzugehens sei dabei immer wieder als besonders wichtiges Moment hervorgehoben worden. Und diese Einschätzung sei oft genug von Leuten gekommen, die vorher keinerlei Kontakte zu Menschen nach Viroflay hatten.

Rund 1000 Personen pro Jahr begegnen sich

Ein zweiter Aspekt könne beispielhaft an diesen Juni-Tagen 1991 von Viroflay (aber nicht nur an ihnen) festgemacht werden: die Vielseitigkeit der Kontakte zwischen den Gemeinden. Die Hochrechnung, daß alles in allem rund 1000 Personen pro Jahr in irgendeiner Form an den Begegnungen in Haßloch und Viroflay beteiligt seien, hörte Gebhardt aus Viroflay. Ob es tatsächlich so viele seien oder doch ein paar weniger, darauf komme es erst in zweiter Linie an. Klar ist nach Gebhardt auf jeden Fall: »*Wir können von einer Partnerschaft sprechen, die in einem Maße von Einzelpersonen, Gruppen und Vereinen getragen wird, die Gedanken an den andernorts ab und zu beklagten »Kommunaltourismus« von Politikern garnicht erst aufkommen läßt.*« Diese Linie sollten die beiden Partner auf jeden Fall beibehalten.

Tennis-Spieler halten älteste Sportler-Freundschaft

Die Dokumentation der ältesten Sportler-Freundschaft zwischen Haßloch und Viroflay füllt zwischenzeitlich mehrere Ordner. Die gutnachbarlichen Beziehungen der Tennisspieler sind im besten Sinn des Wortes in die Jahre gekommen: 1995 gab es ihre 33. offizielle Begegnung. Bereits ein Jahr nach dem Start der deutsch-französischen Kommunal-Partnerschaft hatte der TC sein Interesse an freundschaftlichen Beziehungen zum Tennisclub Viroflay bekundet. Es folgten genau 13 Tage voller Arbeit für emsige Briefschreiber in Amtsstuben und Vereinsheimen. Die Partnerschaft der Sportvereine war Verantwortlichen in Viroflay so wichtig, daß ein Teil ihrer Schreiben mit dem amtlichen Siegel versehen wurde. Nach vier Briefen aus Viroflay stand fest: zu Pfingsten 1962 kommen erstmals Tennisspieler aus der Nachbarstadt von Versailles ins pfälzische Haßloch.

Seitdem gibt es die regelmäßigen Treffen zwischen Mitgliedern beider Vereine. Sinn und Zweck der Begegnungen war und ist neben dem Tennisturnier um den von den Gemeinden gestifteten Pokal, die Schaffung und Vertiefung menschlicher Beziehungen. Entsprechend dem übergeordneten Ziel der Begegnungen, persönliche Kontakte zu knüpfen, werden dabei sowohl in Viroflay als auch in Haßloch die Gäste grundsätzlich privat untergebracht. Die dabei gewachsenen und zum großen Teil jahrelangen familiären Beziehungen finden auch Ausdruck in regelmäßigen Briefkontakten und gegenseitigen Besuchen zwischen dem traditionellen offiziellen Termin beider Vereine zu Pfingsten - immer dann, wenn gute Freunde einen Anlaß zum Wiedersehen haben, bei Familienfesten genauso wie im gemeinsamen Urlaub.

Ursprung dieser inzwischen enorm ausgebauten Beziehungen war ein Zusammensein des Gründers, ersten Vorsitzenden und späteren Ehrenvorsitzenden des Haßlocher Clubs, Fritz Brauch, mit dem damaligen Bürgermeister von Viroflay, Pierre Chedel. Der Vereinsvertreter fragte bei dieser Gelegenheit den Mann aus der Verwaltung nach Möglichkeiten für einen deutsch-französischen Tennistreff. Dem Bürgermeister gefiel die Idee so gut, daß er sich nach seiner Heimkehr unverzüglich an den damaligen Vorsitzenden des Tennisclubs von Viroflay wandte. Monsieur Guenard, der auch im Stadtrat der französischen Stadt Sitz und Stimme hatte, signalisierte umgehend Interesse nach Haßloch.

Und schon wenige Wochen später beteiligten sich sechs französische und neun deutsche Familien an der ersten Tennisbegegnung. Die Erwachsenen wurden von nicht weniger als sieben

Gemeindewerke Haßloch 1994 in Zahlen

Eigenbetrieb der Gemeinde Haßloch seit 1902
Betriebszweige Strom, Gas, Wasser, Badepark und Abwasser

Allgemeine Zahlen:			
Umsatzerlöse	43,7 Mio DM	Investitionen	4,9 Mio DM
Bilanzsumme	96,3 Mio DM	Beschäftigte	99
Eigenkapital	29,2 Mio DM	davon Auszubildende	4
Stromversorgung:	Bezug von Pfalzwerke AG und Eigenerzeugung über BHKW		
Versorgte Einwohner	20 836	Stromabgabe	87,69 MWh
Eingebaute Zähler	9 703	Jahreshöchstlast	14,54 MW
Gasversorgung:	Bezug bis 30.09. von Saarferngas AG, ab 01.10. von WINGAS		
Versorgte Einwohner	20 836	Gasabgabe	256,56 MWh
Eingebaute Zähler	6 066	Jahreshöchstlast	73,82 MW
Wasserversorgung:	Wasserwerk mit 6 Tiefbrunnen		
Unmittelbar versorgte Einwohner	27 946	Wasserabgabe	1,78 Mio m^3
Eingebaute Zähler	9 298	davon an Weiterverteiler	0,18 Mio m^3
Speicherbehälter	6 750 m^3	höchste Tagesabgabe	7 926 m^3
Badepark:	Wasserfläche 630 m^3 Hallenbad und 1 000 m^2 Freibad		
Besucher:	206 150, davon 29 201 Saunagäste		
BHKW:	3 Module mit je 490 kW therm. und 288 kW elektr. Leistung		
Abwasserbeseitigung:	Mechanisch-biologische Kläranlage für 34 000 EGW		
BHKW:	2 Module mit je 80 kW therm. und 44 kW elektr. Leistung		

Deutsch-französisches Tennisturnier auf der Haßlocher Anlage im Süden des Großdorfs.

Kindern begleitet. Die erste Reise nach Haßloch wurde im eigenen Auto oder mit dem Zug angetreten. Im Laufe der Zeit erhöhte sich die Zahl der Teilnehmer auf beiden Seiten. Durchschnittlich reisten bald jeweils um 50 Personen. In zwei Jahren war die Reiselust besonders groß: 1977 kamen 72 Franzosen nach Haßloch und 1988 verstärkte die TC Big Band die deutsche Gruppe - damals reisten 92 Pfälzer.

Nur einmal in all den vielen Jahren fiel das traditionelle Treffen aus und das war im unruhigen Jahr 1968. Damals bereiteten sich die Haßlocher auf den Besuch aus der Partnerstadt vor, doch die Viroflayer sahen keine Möglichkeit zum Reisen. Die Freunde im Großdorf wollten deshalb ihre Gäste abholen lassen, doch sie fanden auch kein Busunternehmen, das das Risiko einer Fahrt durch das Zentrum der französischen Unruhen auf sich nehmen wollte. Allein die Bundesbahn wäre gefahren. Doch der Zubringerdienst von Viroflay zum Bahnhof Paris war nicht zu organisieren. Also wurde das Zusammensein »vertagt« auf Pfingsten 1969.

Nach Fritz Brauch, der den Vorsitz im Tennisclub 1967 abgab, pflegte Dr. Otto Bindel als sein Nachfolger die Beziehungen verantwortlich weiter. Von der Gemeinde Viroflay wurde Bindel 1978 für seinen engagierten Einsatz in Sachen Partnerschaft die Ehrenbürgerschaft verliehen. Die Verantwortung für Partnerschaftsangelegenheiten behielt er auch bei, als ihm 1979 Emil Steidel und seit Frühjahr 1993 Heinrich Müller im Vorsitz des Tennisclubs folgten. Auch diese beiden Männer standen und stehen positiv zu der Freundschaft mit Viroflay und haben sie stets unterstützt. Das gleiche gilt für den gesamten TC-Vorstand und ganz besonders für Sportwart Hermann Gramlich. Er hat über Jahrzehnte den sportlichen Teil der Begegnungen ausgerichtet und war so stets ein Motor der Beziehungen.

Die französischen Freunde überschlugen sich in all den Jahren förmlich, den Aufenthalt für ihre Gäste aus der Pfalz so angenehm und abwechslungsreich als möglich zu gestalten. Dabei kam ihnen die Nähe von Paris (20 Minuten mit dem Vorortzug, eine Viertel Stunde per Auto) natürlich zugute. Obwohl Haßloch vergleichsweise wenig zu bieten hat, kommen die Freunde auch immer wieder gerne in die Pfalz. Was waren sie begeistert, als es vor einigen Jahren eine Rheinfahrt gab! Gewiß, für die Gastgeber gibt es immer eine Menge zu tun, zumal wenn man bedenkt, daß der weit überwiegende Teil der Gäste privat untergebracht wird. Gleichwohl wird die Mühe immer wieder gern übernommen - wegen der engen Freundschaft lautet dafür die stets wiederkehrende Erklärung.

mit der Zeit haben sich auch die Voraussetzungen für die Tennis-Partnerschaft geändert. Die Generationen, die noch den Krieg mitgemacht hatten und deshalb an einer Völkerverständigung in besonderem Maße interessiert waren, wurden naturgemäß immer kleiner. Die Jüngeren aber haben kein besonderes Bedürfnis nach gegenseitigem Verstehen zu bestimmten Terminen. Sie kennen es nicht anders; Franzosen und Deutsche kennen sich. Junge Leute, sehen die deutsch-französische Freundschaft als selbstverständlich und gegeben an, zumal in einer Europäischen Union.

Dr. Bindel: »*Hinzu kommt, daß heutzutage viel früher und in weit größerem Maße Gelegenheit geboten wird, die Nachbarn kennenzulernen. Man denke beispielsweise nur an die Schulen und ihre Verbindungen über Grenzen - fast schon regelmäßig besteht für Jugendliche, die Französisch büffeln, die Möglichkeit zur Begegnung. In Familien oder Feriencamps lernen sie französische Lebensart kennen und verstehen - vielleicht sind derartige Jugendbegegnungen für jüngere Leute unbeschwerter und deshalb schöner.*«

Trotz und gerade wegen dieser Entwicklung sollte der Gedanke der Partnerschaft vor allem unter den Sportlern nicht erlahmen: »*Wird etwas erst zur Gewohnheit, dann verliert sich oft die*

Haßloch

Eine grüne Welt umgibt die gastliche pfälzische Gemeinde Haßloch. Der Deutschen Weinstraße und dem Pfälzer Bergland etwas nähergerückt als der Rheinstrom, liegt der stattliche Ort zwischen der Domstadt Speyer und der Weinstadt Neustadt an der Weinstraße in der vorderpfälzischen Rheinebene.

Fast die Hälfte von Haßlochs Gemarkung — nämlich rund 1600 Hektar — nimmt der zauberhafte Niederungswald ein, von vielen Kilometern ebenen Spazier- und (Rad-, Reit-) Wanderwegen erschlossen. Neben Wald und Wiesen zählen Sportanlagen, so die herrlich gelegene Pferderennbahn, ein unmittelbar an der Gemarkungsgrenze liegender 18-Loch Golfplatz zur grünen Umwelt. Reizvolle Parks runden das schöne Ortsbild ab. Tiere, Spiele, Sport — das sind die Magneten Haßlochs. Der Holiday-Park mit Delphinarium und der einzigen Wasserski-Show Europas, ein reizender Vogelschutzpark mit einheimischen Tieren, Ponyfarm, Reitställe und Reitanlagen sind beliebte Ziele. Das moderne Freizeit- und Familienbad, Badepark-Haßloch, ist ganzjährig geöffnet. In einem der ältesten Fachwerkhäuser der Region befindet sich das hiesige Heimatmuseum.

In Sportkreisen ist der gastliche Ort vor allem durch die Pfalzhalle — Fassungsvermögen 2800 Personen — als Handballhochburg bekannt. Alle Sportarten haben ihre eigenen Pflegestätten.

Auch das musische Element kommt nicht zu kurz. Die örtliche Laienspielgruppe verfügt über eine eigene Freilichtbühne, im Hof des Heimatmuseums finden Theaterveranstaltungen und Konzerte statt.

Wachsamkeit gegen Regungen, die der Freundschaft entgegenwirken könnten«, mahnt der Haßlocher. Der Sport sei schon immer ein Motor der Völkerverständigung gewesen. Deshalb wünscht sich Dr. Bindel: *»Möge die freundschaftliche Partnerschaft zwischen den beiden Tennisclubs im Rahmen der Verschwisterung von Haßloch und Viroflay auch weiterhin von beiden Seiten mit Elan und Sorgfalt betrieben werden!«*

Leichtathleten: In 55 Stunden nach Viroflay gelaufen

670 Kilometer mißt die Distanz zwischen Haßloch und Viroflay auf verkehrsarmen Nebenstraßen. Wenn durchschnittlich in 50 Minuten zehn Kilometer geschafft werden, dann bedeutet dies, daß die französische Partnerstadt im Non-Stop-Etappen-Lauf in 55 Stunden erreicht werden kann. Daß das tatsächlich funktioniert, haben Haßlocher Läuferinnen und Läufer zwischenzeitlich nicht weniger als dreimal bewiesen. Über ihren Verein können Sie lesen im Heimatjahrbuch 1987, der Artikel hieß »Im blau-gelben Trikot über die Straßen«.

Im Jahr 1980 wuchs beim Leichtathletik-Club in Haßloch der Wunsch, sich im folgenden Jahr an der Jumelage-Feier zu beteiligen. Wenn Viroflay und das pfälzische Großdorf feiern, weil ihre Freundschaft über Grenzen hinweg seit 20 Jahren besteht, wollten die Läufer nicht länger abseits stehen. Die Idee für einen Non-Stop-Etappen-Lauf wurde geboren. Werner Dreger leistete in seiner Freizeit Generalstabsarbeit. Es dauerte nur 14 Tage bis der Streckenplan und die gesamte Organisation standen. Daß es sich dabei um eine echte Meisterleistung handelte, merkte später jeder: die gesamte Strecke konnte problemlos und ohne einen einzigen Blick auf eine »echte« Karte bewältigt werden.

Am 15. Mai 1981 gab LCH-Vorsitzender Albert Sachs um 4 Uhr an der Christuskirche den Startschuß. In den frühen Morgenstunden war es problemlos, die Südpfalz zu durchlaufen. Die Frage war nur: *»Kommen wir schnell über die Grenze bei Schönau oder stellt man uns dort auf den Kopf?«* Das würde den Zeitplan ganz gehörig durcheinander bringen. Die Sorgen waren unbegründet. Die Zöllner machten keine Schwierigkeiten. Sie ließen es schon damals zu,

Zum zweiten Male zu Fuß auf dem Weg in die Partnerstadt Viroflay: Läufer des Leichtathletikclubs (LC) Haßloch.

Hambacher Schloß

Denkmal der Deutschen Demokratie
Eigentum des Landkreises Bad Dürkheim

Exklusive Tagungsstätte

Kapazitäten:
Festsaal (je nach Bestuhlung): bis zu 275 Personen
Nebensäle: von 20 bis 100 Personen

Auskünfte und Buchungen über:
KREISVERWALTUNG BAD DÜRKHEIM
Geschäftsführer Reinhard Hechel

Philipp-Fauth-Straße 11 · 67098 Bad Dürkheim
Telefon 06322/961-328 oder 06321/30881 (Schloß)

Besuchen Sie auch unser Restaurant »Schloß-Schänke«

daß Hannelore Müller »ungeprüft« und in vollem Tempo unter der halbgeöffneten Grenzschranke hindurchlief. Am Samstag, 17. Juli 1981, empfing der Haßlocher Musikverein am »Marche« von Viroflay die Truppe und geleitete die Vertreter von Sport und Kultur. Angeschlossen haben sich diesem Zug auch viele Haßlocher. Als Vertreter der »Rheinpfalz« war damals Redakteur Manfred Letzelter vor Ort. Komplettiert wurde der fröhliche Zug von den Feuerwehren beider Partnergemeinden.

Fünf Jahre später trug man von Viroflayer Seite höchst offiziell den Wunsch vor, den Staffellauf neu aufzulegen. In Haßloch starteten 23 pfälzische und ein französischer Läufer. Alain Barbé war nach Haßloch gefahren, um gemeinsam mit den Haßlochern nach Hause laufen zu können. Beim Festakt im »Gymnase Gaillon« überbrachte Richard Füßer die Grüße des Haßlocher Sports. Er erzählt der Festversammlung von Erlebnissen und Empfindungen während des Laufs. Auch für die Sportler war es erhebend den ehemaligen Bürgermeister von Viroflay, Pierre Chedel, zu erleben. Der 85jährige ließ es sich nicht nehmen, die Gäste zu bitten, an der Verwirklichung des europäischen Gedankens weiter mitzuwirken.

Auch vor dem 30jährigen Partnerschaftsjubiläum waren die Langläuferinnen und Langläufer des LCH einhellig der Meinung: »*Wir wollen wieder einen sportlichen Beitrag leisten.*« Nicht zuletzt auch wegen der längst freundschaftlichen Beziehungen zu den Sportlern aus Viroflay. Am 15. Juni 1991 auf dem Haßlocher Rathausvorplatz rief LCH-Vorsitzender Albert Sachs in Erinnerung, daß beim ersten Staffellauf vor zehn Jahren Hans-Jürgen Brandenburger das Staffelholz als Erster trug und kündigte an, daß diesmal sein Sohn Christophé den Start übernehmen würde. Der Empfang in der Partnerstadt war wieder überaus herzlich und ein Teilnehmer sprach aus, was die meisten dachten: »*Irgendwie fühlen wir uns hier schon zuhause.*« Richard Füßer brachte die Beziehungen auf den Punkt: »*Beim 20jährigen Jubiläum, waren wir, die Sportler des LCH, im wahrsten Sinne des Wortes Anfänger in Sachen Partnerschaft. Ein wenig beklommen waren wir damals, ein wenig nervös. Wenn wir heute in Ihre Stadt kommen, sind wir ungezwungen, fühlen uns wohl, so wohl, wie man sich unter Freunden eben fühlt...*«

Mehr Informationen über die sportlichen Beiträge (von Judo bis Segel- und Modellflieger sowie von Fußball bis Schwimmen und Turnen) zur Partnerschaft zwischen Haßloch und Viroflay gibt es in einem Buch, daß zum 35. Jumelage-Jubiläum erscheinen soll und das die unterschiedlichsten Facetten dieser kommunalen Partnerschaft aus Vereinssicht beleuchten will. Die Arbeitsgemeinschaft Haßlocher Sportvereine (ARGE) hatte die Idee dazu.

So wichtig die Begegnungen von Sportlern für jede Partnerschaft sind, sie sind längst nicht alles. Es gibt beispielsweise regelmäßig auch Austausch-Programme der Realschule mit Schülern aus Viroflay. Die »Groupe Entente« beteiligt sich seit Jahren an den Gedenkfeiern zum Volkstrauertag. Seit mehr als 30 Jahren gibt es Kontakte zwischen Haßlochs Katholischem Kirchenchor und dem Chor »La Clé des Chants« in Viroflay. Der

Gastgeschenk: einen zweisprachigen Bildband übergibt Hanns-Uwe Gebhardt seinem Kollegen Gérard Martin. Foto: Lintz

Gewerbeverein engagiert sich unter anderem mit großen Straßenfesten (die mittlerweile Zehntausende nach Haßloch bringen - den Erfolg solcher Veranstaltungen konnten die Verantwortlichen auch bei den Kollegen in Viroflay studieren) und bringt nun auch Viroflayer Weinfreunden das Großdorf und die Region Deutsche Weinstraße nahe. Delegationen der Parti Socialiste besuchen die Sozialdemokraten und umgekehrt. Beide Partnergemeinden haben sich der gemeinsamen Hilfe für Mali verschrieben - mehr darüber lesen Sie in einem eigenen Bericht in diesem Buch.

Das alles macht deutlich: In nunmehr 35 Jumelage-Jahren wurde das Partnerschaftsziel vom »Vorbehalte abbauen« erreicht. So verständlich die ursprünglichen Ressentiments der älteren Bürger in beiden Gemeinden waren nach den schrecklichen Kriegsereignissen: Die Jugend kannte keine Barrieren, begegnete sich neugierig-offen. Und die noch Jüngeren kennen es gar nicht anders: Franzosen und Deutsche verstehen sich. Deshalb sehen sie die deutsch-französische Freundschaft als selbstverständlich und nehmen sie als gegeben an. Längst nicht mehr nur zu festen Begegnungsterminen, sie besuchen sich gern und oft, zu jeder Jahreszeit.

Findst Du Dich mit allem ab,
Machst im Leben seltner schlapp.
Ertrage nur, was Du auch kannst,
Eh Du dich total verrannst.

Otmar Fischer

auf den Sie sich verlassen können

PFÄLZISCHE PENSIONS ANSTALT

VERSICHERUNGEN

Individuelle Absicherung in allen Lebenslagen.
Als fairer Partner beraten wir Sie gerne,
für Sie unverbindlich. Rufen Sie einfach an:

ppa-Zentrale
Sonnenwendstraße 2
67098 Bad Dürkheim
Telefon: 06322/936-0
Telefax: 06322/936-297

ppa-Servicebüros in der Pfalz: Bad Dürkheim · Frankenthal · Germersheim · Grünstadt · Kaiserslautern · Kusel · Landau · Ludwigshafen · Neustadt · Pirmasens · Rockenhausen · Speyer · Zweibrücken

Freunde über den Gräbern von Verdun

Haßlocher Heimkehrer und die Groupe Entente aus Viroflay

von Jutta Meyer

Aus Feinden wurden Freunde. Es dauerte nur ein Weilchen. Den ersten Brief schrieb am 22. November 1983 Jean Viger, Präsident einer Frontkämpfervereinigung in Viroflay, an den Vorsitzenden des Haßlocher Ortsverbandes der Heimkehrer, Otto Freudenberger. *»Ich war begeistert von der Idee, freundschaftliche Bande zu knüpfen. Einige Mitglieder unseres Ortsverbandes waren sofort bereit, der Bitte von Jean Viger nachzukommen, ein Treffen zu organisieren mit den ehemaligen Kriegsteilnehmern.«*

In Viroflay schaltete sich auch der Präsident einer weiteren Frontkämpfervereinigung, Paul Bauer, mit ein. Es kam dort zur Gründung der Groupe Entente, welche die Verschwisterung betreiben wollte. Ehe es jedoch zu einem Treffen kam, folgten noch mehrere Briefwechsel.

Endlich war es soweit: am 27. Mai 1984 fuhren einige Franzosen mit der Haßlocher Volkshochschule nach Wien. *»Bei ihrem Zwischenaufenthalt in Haßloch nahm ich sofort Kontakt mit dem Präsidenten Viger auf. Gleich bei der ersten Zusammenkunft spürten wir Sympathie,«* erzählt Otto Freudenberger, der selbst Kriegsteilnehmer und bis April 1949 in russischer Gefangenschaft war.

Eine zweite Begegnung zwischen Freudenberger und den ehemaligen Gegnern fand am 19. Januar 1985 in Viroflay statt, als er mit Bürgermeister Kurt Flockert anläßlich der Besprechung

Treffen in Verdun: Walter Weintz, ehemaliger Vorsitzender der Marinekameradschaft Haßloch, General Jean Godde und Otto Freudenberger (von links) an der Gedenkstätte.

über das Jahresprogramm 1986 erstmalig die Partnerstadt besuchte. Bei dem Treffen wurde schließlich ein Besuch am 23. März 1985 in Verdun festgelegt, erinnert sich Otto Freudenberger.

Nach einiger Zeit hatte ein Präsidentenwechsel bei der Groupe Entente stattgefunden. Raymond Tanet übernahm die Präsidentschaft der Frontkämpfer, ihm folgte Ende 1988 General Jean Godde, der bis heute die Präsidentschaft innehat. Etwa 60 Haßlocher nahmen an diesem Treffen teil, Mitglieder des Verbandes der Heimkehrer, der Marinekameradschaft und des VdK. Mit Kranzniederlegungen auf den französischen und deutschen Soldatenfriedhöfen sowie bei der Gedenkstätte Douanmont bei Verdun, gedachten die Teilnehmer der Toten beider Weltkriege. Nach der Kranzniederlegung, an der 25 Mitglieder der Groupe Entente teilnahmen, besiegelten die Vertreter des Ortsverbandes der Heimkehrer und der Groupe Entente ihren Freundschaftsbund.

Der Freundschaftsgedanke und das Ziel eines gemeinsamen Europa standen im Mittelpunkt der Reden. Bei allen nachfolgenden Treffen wurden diese Bekundungen erneuert. Seit dieser Zeit treffen sich Mitglieder der Viroflayer und der Haßlocher Gruppe jährlich zweimal. Die Haßlocher besuchen ihre französischen Freunde im März, die Franzosen fahren ins Großdorf, um an der Feier des Volkstrauertages teilzunehmen. Seit zehn Jahren hält der Präsident Jean Godde die Gedenkrede. Stets werden die Delegationen im jeweiligen Rathaus von den Bürgermeistern empfangen.

Zahlreiche Freundschaften sind im Laufe der Jahre entstanden. Der Friedenswunsch steht bei jeder Begegnung im Mittelpunkt. *»Ein besonderes Erlebnis war für mich, einen Anruf von General Jean Godde nach dem Fall der Mauer zu erhalten. Er freute sich sehr über diese Entwicklung und beglückwünschte die Deutschen zu ihrer langersehnten Einheit. Meine Familie und ich waren über diese Anteilnahme am deutschen Schicksal sehr gerührt,«* erzählt Otto Freudenberger.

Mit der Groupe Entente werden stets bei deren Aufenthalten in Haßloch Ausflüge an geschichtsträchtige Orte unternommen. So stand neben anderen Sehenswürdigkeiten die Besichtigung des Hambacher und Heidelberger Schlosses bereits auf dem Programm. Die Viroflayer wiederum zeigen ihren deutschen Freunden Schlösser, Kathedralen und andere historische Bauten. In einem dicken Album sind die Augenblicke auf zahlreichen Bildern festgehalten, die das freundschaftliche Verhältnis zum Nachbarn zeigen. General Jean Godde war nach dem Zweiten Weltkrieg bei der französischen Luftwaffe in Andernach stationiert. *»Bei unseren Treffen sind immer Madame Renee und Monsieur Rene Strauch als Übersetzer zugegen. Sie haben sich um diese partnerschaftliche Verbindung besonders verdient gemacht,«* meint Otto Freudenberger, dessen Vorfahre im 18. Jahrhundert vorübergehend in Paris lebte.

Altleiningen erinnert an Phil Jutzi

Der pfälzische Filmregisseur Phil Jutzi würde am 22. Juli 1996 hundert Jahre alt. Aus diesem Anlaß will Altleiningen, die Heimatgemeinde des Künstlers, mit einer »Geburtstags-Revue« und mit einer kleinen Ausstellung an den Mann erinnern, der Ende der 20er Jahre mit seinen beiden Filmen »Mutter Krausens Fahrt ins Glück« sowie »Berlin Alexanderplatz« für kurze Zeit Weltruhm erlangte.

Die Neffen und der Enkel Phil Jutzis tragen mit einigen Erinnerungsstücken zu der Ausstellung bei. Wer möglicherweise noch Fotos, Filmprogramme, Schriftstücke oder Dokumente zu Leben und Arbeiten Phil Jutzis aufbewahrt hat und sie für die Schau leihweise zur Verfügung stellen möchte, kann sich mit Michael Wendel (Telefon 06322/4625) in Verbindung setzen. (siehe auch nächste Seite)

Zerstörte Hoffnung

Der Film-Regisseur Phil Jutzi aus Altleiningen (1896 - 1946)
von Michael Wendel

Ein Russe muß das ja wohl sein, so meinten die Filmkritiker, der da so souverän die Stilmittel des »Russenfilms« zu handhaben versteht. Allein der Name, wie der schon klingt: Jutzi. Piel Jutzi. Das muß ja wohl ein Russe sein... Es bedurfte damals, an der Schwelle zu den 30er Jahren, als der Stummfilm »Mutter Krausens Fahrt ins Glück« nicht nur bei der Uraufführung in Berlin ein gewaltiges Echo hervorrief, des Hinweises eines zeitgenössischen Kino-Kundigen, daß der offenbar nicht nur dem breiten Publikum unbekannte Regisseur keineswegs aus dem rauhen Ural stammte, sondern »aus dem Lande des mildesten Pfälzer-Weins«.

Altleiningen bei Grünstadt ist der Heimatort Philipp Jutzis; dort, im Haus Hauptstraße 30, wurde er am 22. Juli 1896 als zweitältestes von acht Kindern in eine Schneidermeister-Familie hineingeboren. (Seinen abgekürzten Rufnamen mußte er wegen einer Klage des Draufgänger-Idols im deutschen Kommerzfilm der 20er Jahre, Harry Piel, in Phil ändern).

Der kleinwüchsige Pfälzer, teils als Pionier des proletarischen Films gefeiert, teils als Plagiator verdächtigt, hat sich einen Platz in der Filmgeschichte erworben, trotz seiner merkwürdigen, ja: tragischen Karriere. Siegfried Kracauer nannte ihn einst in der liberalen Frankfurter Zeitung »eine Hoffnung«. Phil Jutzis Biographie ist das Muster einer zerstörten Hoffnung, die Tragödie eines während der Nazi-Diktatur zwischen Angst und Anpassung zerriebenen Kino-Talents.

Mit Indianern, Cowboys, Detektiven und Bösewichten beginnt die Karriere des späteren »Pro-

In Altleiningen, Hauptstraße 30, steht das Geburtshaus von Phil Jutzi. Foto: W.M. Schmitt

Phil (Piel) Jutzi.
Foto: Stiftung Deutsche Kinemathek, Berlin

tagonisten des proletarisch-realistischen Film«. Auf dem Höhepunkt seines Erfolgs, im März 1930, erzählt Jutzi in einem Interview für den »Berliner Morgen« seine Version der Geschichte, wie er zum Film kam.

»Ich war zuerst Kunstmaler und trieb mich im Jahre 1916 im Schwarzwald herum und malte. Zu verdienen gab es damals nichts, bis ich einmal dort in einem kleinen Städtchen sah, daß die Kinos keine Plakate hatten... Ich ging zu einem kleinen Kinobesitzer heran und fragte ihn, ob ich ihm die Plakate nicht malen dürfte. Er bejahte das und ich hatte 'ne Zeitlang zu tun. Das war nun tatsächlich mein erster Schritt zum Film. Denn mein Chef, der Kinobesitzer, kaufte sich bei Gelegenheit eine Kamera, die ich mit dem Geiger des Kinos bald zu ein paar Versuchsaufnahmen benutzte. Ich entsinne mich noch, wie wir mächtig stolz waren, als ein auf dem Dorfteich schwimmender Schwan sich richtig auf unseren Bildern bewegte«.

Die Hemshof-Indianer

An seine Kintopp-Zeit in Heidelberg und in Ludwigshafen wollte sich Jutzi später allerdings nicht mehr so gern erinnern lassen. Sein Regie-Debüt hatte er 1919 im Heidelberger »Glashaus am Neckar«. So hieß das lichtdurchflutete Studiogebäude an der Schlierbacher Landstraße, das 1912 nach den Plänen des Bad Dürkheimer Architekten Robert Stahl errichtet worden war. Dort, in den Ateliers der Internationalen Film-Industrie GmbH, dreht Jutzi triviale Detektiv-Geschichten (»Das blinkende Fenster«, »Der maskierte Schrecken«) und Wildwest-Melodramen (»Bull Arizona, der Wüstenadler«, »Red Bull, der letzte Apache«).

Der »Wüstenadler« ist übrigens eine von nur noch zwei erhaltenen Kopien aus der Heidelberger Film-Produktion; als verschollen gilt zum Beispiel auch eine auf Zelluloid festgehaltene Freilichtaufführung von Schillers »Fiesko« in Heidelberg, bei der nicht nur der junge Schauspieler - und spätere Hollywood-Regisseur - Wilhelm/William Dieterle aus Ludwigshafen das erste Mal vor der Kamera gestanden hat, vielmehr soll dabei auch Jutzi gemeinsam mit Carl Hoffmann Regie geführt haben - was mit Blick auf seine Jugend und seine eigenen Erzählungen eher unwahrscheinlich erscheint.

Die Figur des »Bull Arizona« hat Hermann Basler (1896 - 1982) erdacht und dargestellt. Ihm gehörte die 1920 gegründete Chateau-Film-GmbH Heidelberg, deren Sitz er 1922 nach Ludwigshafen verlegte. In dem Treiben der Filmer haben sicherlich die Erzählungen ihren realen Hintergrund, die von den »als Trapper und Indianer angestrichenen Hemshöfern« berichten.

Für die Chateau-Film dreht Jutzi im Jahre 1922 auf dem Rhein und an der Ostsee die Außenaufnahmen für den Streifen »Der graue Hund/Greyhound«. Die Story skizziert der Filmkritiker des »Mannheimer Tagblatts« folgendermaßen: *»Der graue Hund ist der Name eines Schiffes, auf dem sich die überaus spannende Handlung entwickelt. Es wird geliebt, intrigiert,* *gekämpft und gerungen und das Leben und die Leidenschaft erscheinen konzentrierter, weil das Ganze der Rahmen des Schiffes umspannt...«.*

Der Held aus Maikammer

Für diesen maritimen Reißer steht erstmals ein Mann vor der Kamera, den Phil Jutzi später noch oft auf seine Besetzungslisten nimmt: Holmes Zimmermann aus Maikammer an der Weinstraße. Mit dem Laiendarsteller verbinden den pfälzischen Landsmann nicht nur berufliche, sondern auch verwandtschaftliche Verhältnisse. Johannes Zimmermann ist der Bruder von Jutzis Ehefrau Emmi. Sie, die als Komparsin beschäftigte »Wildwest-Marie«, hatte der Regisseur bei Dreharbeiten kennengelernt. Die Karriere Zimmermanns endet, als dem Stummfilm das Sprechen beigebracht war: Wegen seines Pfälzer Dialekts werden ihm keine Rollen mehr angeboten. Der Schauspieler aus Maikammer arbeitet fortan als Leiter einer Filmkleberei. Zimmermann stirbt 1957 in Berlin.

Schon zu jener Zeit, als »Der graue Hund« entsteht, hat Jutzi Erfahrungen im Umgang mit der Kamera gesammelt, die für die Entwicklung der stilistischen Eigenarten in seinen berühmten Filmen sicherlich nicht unwesentlich sind; er verwendet die Kamera als Werkzeug der Dokumentation. Von einem der ersten Versuche dieser Art zeugt nur noch eine Notiz in der »Pfälzischen Post« (Ludwigshafen) vom 31. Oktober 1921, die auf die Aufführung eines Werbe-Dokumentarfilms zugunsten der Opfer des verheerenden Explosionsunglücks in der BASF hinweist.

Sowjetische Filme bearbeitet und mitgedreht

Zu Beginn der zwanziger Jahre kommt Phil Jutzi in Kontakt mit der Internationalen Arbeiterhilfe (I.A.H.) in Berlin. Diese war 1921 von dem kommunistischen Reichstagsabgeordneten Willi Münzenberg gegründet worden, ebenso wie fünf Jahre später die Prometheus Film-Verleih und Vertriebs GmbH, nach eigenem Verständnis mit dem Zweck, den Film für die Arbeiterbewegung als Waffe im Klassenkampf zu nutzen. Einen der ersten von der Prometheus produzierten Filme inszeniert Jutzi nach einem von ihm geschriebenen Drehbuch und in von ihm entworfenen Dekorationen: »Kladd und Datsch die Pechvögel«, mit Holmes Zimmermann in einer Hauptrolle.

Im gleichen Jahr, 1926, beginnt Jutzi damit, sowjetische Filme für den deutschen Verleih zu bearbeiten, unter anderem Eisensteins «Panzerkreuzer Potemkin«. Als Kameramann ist er 1928 an zwei russisch-deutschen Co-Produktionen beteiligt, nämlich »Salamandra« von Grigorij Rosal und »Shiwoi trup/Der lebende Leichnam« von Fedor Ozep. Kein Zweifel, daß sich in der Zusammenarbeit mit russischen Regisseuren nicht nur Jutzis Bild-Sprache ausprägt, sondern auch sein Blick für die soziale Realität zur Zeit der Weimarer Republik schärft.

Soziales Elend im Focus

»Hunger in Waldenburg« - so heißt der 1928/29 gedrehte Film, in dem Jutzi thematisch, vorallem aber stilistisch neue Wege beschreitet. Er montiert eine Spielhandlung mit dokumentarischen Aufnahmen, um das Elend der hungernden Arbeiter im schlesischen Kohlenrevier eindringlich darzustellen. Der Film entsteht an Originalschauplätzen, mit den Arbeitern und ihren Familien; der einzige »Profi« unter den Darstellern ist Holmes Zimmermann als junger Weber. Die Produktionspartner kommen von außerhalb der Filmbranche, nämlich der 1928 gegründete Volksverband für Filmkunst, dem unter anderem Heinrich Mann, Käthe Kollwitz und Erwin Piscator angehören, sowie das Weltfilm-Kartell, eine der Zweigorganisationen der I.A.H. Die Zensur gab den sozial-kritischen Film nur unter verstümmelnden Auflagen frei. So

NATURFREUNDEHÄUSER IM LANDKREIS

Naturfreundehaus Elmstein

Eigentum der Ortsgruppe Ludwigshafen.

Ganzjährig geöffnet, voll bewirtschaftet. 67471 Elmstein, Harzofen, Telefon (06328) 229.
Mitten im Naturpark Pfälzer Wald.

TV »Die Naturfreunde«
Ortsgruppe 6700 Oppau-Edigheim

Oppauer Haus im Pferchtal bei Wachenheim

Ganzjährig geöffnet (Donnerstag Ruhetag). 67157 Wachenheim, Telefon (06322) 1288.

NATURFREUNDE LAMBRECHT

Lambrechter Naturfreundehaus im Kohlbachtal.

Durchgehend geöffnet vom 1. Juni bis 30. Sept., sonst an allen Wochenenden, Feiertagen und auf Anfrage.
Telefon (06366) 666 — (06325) 306.

Naturfreundehaus Neustadt
Ortsgruppe Neustadt/Weinstraße

Ganzjährig geöffnet (Montag Ruhetag). 67433 Neustadt, Heidenbrunnerweg 100, Tel. (06321) 88169. B 39 über die Siedlerstraße ins Heidenbrunnertal.

Touristenverein
»DIE NATURFREUNDE«

Ortsgruppe Haßloch

Ganzjährig geöffnet, voll bewirtschaftet (Donnerstag Ruhetag).
67454 Haßloch, Am Eichelgarten, Tel. (06324) 5733.

Naturfreunde Haus »Groß-Eppental«
Ortsgruppe Grethen eV.

Gegr. 1921

Ganzjährig geöffnet (Dienstag Ruhetag). 67098 Bad Dürkheim/Grethen, Groß-Eppental 212, Telefon (06322) 2380.
Über die B 37, Abfahrt: Hausen.

NATURFREUNDEHAUS
„RAHNENHOF"
Im Leininger-Land

Ortsgruppe Frankental.
Ganzjährig geöffnet, voll bewirtschaftet. 67316 Hertlingshausen, Telefon (06356) 281.
Anerkanntes Familienerholungs- und Wanderheim im Naturpark Pfälzer Wald.

deckung einer Kopie des Films in einem dänischen Zensur-Archiv, eine zwiespältige Kritik. Zwar gilt er den Filmhistorikern - und nicht nur jenen, die dem höheren Ruhme der Arbeiterklasse und ihrer Partei verpflichtet waren - als »Klassiker des proletarischen Films in den 20er Jahren«.

Doch gerade jene Sequenz, die dem Film diese Charakterisierung eingetragen hat, die Bildfolge nämlich, in der sich die Tochter der Titelfigur in einen unter roten Fahnen marschierenden Demonstrationszug von Arbeitern einreiht, wird einmal sogar als »unbeholfene Zufallsdramaturgie« in einem ansonsten naturalistischen Melodram bemängelt. Die mindeste Kritik zielt darauf ab, daß »politische Bewußtseinsbildung« selbst zum sentimentalen Gegenstand würde, statt dem Zuschauer zu politischen Einsichten zu verhelfen.

Biberkopfs Berlin

Die zeitgenössische Filmkritik, auch in bürgerlichen Blättern, urteilt wohlwollender. Ernst Jäger schrieb 1931: »*Man wünscht, Phil Jutzi würde Döblins 'Alexanderplatz' inszenierne*«. Der Wunsch geht noch im gleichen Jahr in Erfüllung. Nach mehreren gescheiterten Projekten für die mittlerweile marode gewordene Prometheus dreht Jutzi bei der Allianz-Produktionsgesellschaft den Film zum Buch. »Berlin Alexanderplatz« ist einer der ersten Tonfilme jener Zeit, die durch Wirtschaftskrise und erstarkenden Nazismus geprägt ist. Die Rolle des Franz Biberkopf spielt Heinrich George, in einer weiteren Hauptrolle ist der junge Bernhard Minetti zu sehen. Die inszenatorische Kraft dieser Literaturverfilmung, die expressive Kraft der Bilder, (wieder) kombiniert aus Spielszenen und atmosphärisch dichten Aufnahmen aus dem alten Berlin, steht auch heute noch außer Zweifel. Mit dem Abstand von mehr als sechzig Jahren kommen moderne Filmkritiker zu dem nüchternen Urteil, daß Jutzis filmische Döblin-Adaption der Neutralität der »Neuen Sachlichkeit« verhaftet bleibt und nicht mehr aussagt als: So ist das Leben.

Der Berlin-Film markiert einen Gipfelpunkt im Schaffen Phil Jutzis. In den folgenden zehn Jahren belichtet der Cineast aus der Pfalz weit mehr Meter Zelluloid als in den fünfzehn Jahren zuvor. Doch die knapp fünfzig Kurztonfilme und zwei langen Spielfilme, bei denen Jutzi während des »Dritten Reiches« Regie führte, sind Dokumente eines künstlerischen Niedergangs. Am 1. April 1933 wird der »Pionier des proletarischen Films« Mitglied der NSDAP - wenige Tage zuvor haben die gerade an die Macht gebrachten Nazis seinen Film »Hunger in Waldenburg« verboten, wenige Tage danach läßt Goebbels' Reichspropagandaministerium sämtliche verfügbaren Kopien von »Mutter Krausens Fahrt ins Glück« vernichten.

In den Jahren 1932 bis 1939 inszeniert Phil Jutzi im Fließbandverfahren kurze Lustspiele und einige (bei den Nazis allerdings weniger beliebte, weil im Kabarett wurzelnde) Grotesken mit Titeln wie »Ein fideles Büro«, »Die

Jutzi's Grab befindet sich auf dem Friedhof in Neustadt an der Weinstraße. Foto: Lintz

mußte zum Beispiel ein Vergleich der Vermögensverhältnisse des Fürsten Pless mit den elenden Löhnen und Wohnbedingungen von Arbeitern herausgeschnitten werden. Für Jugendliche war der Film verboten.

Nach ähnlichen Methoden der Bildkomposition und der Montage verfährt der Regisseur aus der Pfalz in dem Film, der ihm nicht nur in Deutschland Ruhm verschafft: »Mutter Krausens Fahrt ins Glück«. Bei der Premiere am vorletzten Tag des Jahres 1929 im Berliner Alhambra - Jutzi war gerade zu der auf Stalins Kurs gebrachten KPD auf Distanz gegangen - wirbt das Kino mit dem Signet »Zille-Gedenk-Film«. Der Maler des »Milljöh« war am 9. August gestorben. Das Protektorat bei den Dreharbeiten hatten der Zille-Freund Otto Nagel, Hans Baluschek und Käthe Kollwitz übernommen.

Schauplatz ist »Zille sein Milljöh«, die armseligen Mietskasernen und Hinterhöfe im Berliner Wedding. Binnen weniger Wochen und mit einem lächerlich geringen Budget setzt Jutzi das Sozialdrama in Szene - nicht im Studio-Dekor, sondern draußen, in den Kneipen und Lumpenstampen, auf dem Rummelplatz und in Pfandleihen dreht das Aufnahme-Kollektiv einen »Zille-Film«, in dem das elende Milieu einmal nicht nur die Folie für eine rührselig-romantische Geschichte abgibt. »*Wer sich für den süßlichen verschrobenen Unsinn bekennt, in dem sich auf der Leinwand so oft das Leben unserer Tage malt*«, so formuliert Jutzi schon einige Monate vor Beginn der Dreharbeiten unter der Überschrift »Zeitgeist im Kino« sein künstlerisches Credo, »*der mißversteht die eigentliche Mission des Films: nämlich der kulturellen Entwicklung der Menschheit zu dienen*«.

Mutter Krause und die Kritik

Die Geschichte von Mutter Krause, die in ihrer Verzweiflung über die vom Mietherrn angedrohte Kündigung ihrer Wohnung den Gashahn öffnet, findet heute, nach der Wiederent-

Die Szene aus Jutzi's Film »Mutter Krausen's Fahrt ins Glück«. Foto: Kinemathek, Berlin

einsame Villa«, »Ich tanke, Herr Franke« oder »Frauen wollen betrogen sein«; dabei arbeitete er unter anderem auch mit dem Kabarettisten Werner Finck und mit Theo Lingen. Gegen Ende der dreißiger Jahre ist Jutzi als Kameramann bei der Reichspost-Fernseh-Gesellschaft tätig. Im Jahre 1939, als das Hitler-Regime mit dem Überfall auf Polen den zweiten Weltkrieg in diesem Jahrhundert vom Zaun bricht, gibt er die Regie-Arbeit auf, er führt lediglich noch die Kamera in Propagandafilmen wie »Wir marschieren mit« und »Das Gewehr über!«. Ein anderer »Zeitgeist« weht und hat Phil Jutzi eingeholt...

Das tragische Ende

Dem einst so berühmten Regisseur geht es zusehends nicht nur gesundheitlich, sondern auch materiell schlecht, so daß die NSDAP-Ortsgruppe Berlin-Wilmersdorf, wo Jutzi mit Frau und Tochter Gisela in einer Zweieinhalb-Zimmer-Wohnung lebt, eine Unterstützung aus dem Goebbelsschen Spendenfond »Künstlerdank« befürwortet. Der Pfälzer in Berlin wird immer seltener für Filmproduktionen verpflichtet; ab 1942 zwingt Jutzi ein Krebsleiden dazu, mit der Kamera-Arbeit aufzuhören. Im April 1945, als die Truppen der Roten Armee schon in den Berliner Außenbezirken kämpfen, gelingt es Jutzi, die zerbombte Reichshauptstadt zu verlassen. Er fährt zunächst nach Altleiningen zu den Eltern; Frau und Tochter waren schon einige Wochen zuvor vor dem Bombenterror nach Deidesheim geflüchtet. Im April 1946 wird der Todkranke ins Krankenhaus in Neustadt an der Weinstraße gebracht. Dort stirbt Phil Jutzi am 1. Mai 1946, dort ist er auch bestattet. Zur Emigration fehlte Phil Jutzi der Mut, zur geschmeidigen Anpassung an die totalen Zwänge des Hitler-Regimes die Biegsamkeit des Gewissens. Über diesen Zwiespalt hat Phil Jutzi nicht nur sein künstlerisches Ingenium eingebüßt, er ist daran zerbrochen.

Gemeinsamer Kultur verpflichtet
Altleiningen pflegt Beziehungen zu Oberbronn im Elsaß
von Manfred Letzelter

Anlaß war am 26. Oktober 1980 ein Besuch des Gemeinderats von Oberbronn-Zinswiller, der zu Gast in Altleiningen war. In einer gemeinsamen Ratssitzung wird der Beschluß gefaßt, daß beide Gemeinden eine Partnerschaft eingehen wollen. Genau ein Jahr später, am 29. Oktober 1981 fährt der Gemeinderat Altleiningen zum Gegenbesuch in die zukünftige Partnergemeinde. Es findet in Oberbronn-Zinswiller eine gemeinsame Ratssitzung statt, in der von allen Ratsmitgliedern beider Gemeinden bekundet wird, diese Partnerschaft anzustreben.

Partnerschaftsfeier in Oberbronn-Zinswiller mit Unterzeichnung der Urkunden ist am 20. Juni 1982. Es folgt am 3. Oktober 1982 die Partnerschaftsbesiegelung in Altleiningen, ebenfalls mit Unterzeichnung der Urkunden. Anläßlich der offiziellen Partnerschaftsbesiegelung erhält die Grünanlage gegenüber dem Rathaus Altleiningen den Namen »Oberbronner Garten«.

Im Text der Partnerschaftsurkunde »*bekräftigen die gesetzlichen und in freier Wahl von ihren Mitbürgern gewählten Vertreter dieser beiden Gemeinden, im Geiste der Freiheit und Freundschaft durch die Pflege enger persönlicher Verbindungen zwischen ihren Bürgern und ihrer Jugend einer friedlichen Zusammenarbeit zwischen Frankreich und Deutschland zu dienen und damit zur Sicherung einer glücklichen Zukunft in einem geeinten Europa beizutragen. Im Bewußtsein, daß die beiden Gemeinden auf uraltem Boden gemeinsamer Kultur liegen*«, verpflichten sie sich feierlich zu dieser Partnerschaft.

Quelle: nach Informationen der Verbandsgemeindeverwaltung Hettenleidelheim.

Maler, Senioren und Kindertheater
Kreis-Partnerschaft mit der Südtiroler Weinstraße
von Manfred Letzelter

Erste Kontakte durch Dr. Hermann Scherer als Landrat von Ludwigshafen gab es bereits 1962 (zum Vinschgau), der diese Kontakte zu Südtirol auf Initiative eines Dr. Gerlach ab Mitte 1969 nach Gründung des Landkreises Bad Dürkheim mit Unterstüzung der Kreisdeputierten Karl Ritter und Peter Dick von hier weiter betrieb, jetzt mit der Südtiroler Weinstraße. Die Verbindung zur Südtiroler Weinstraße entstand noch im ehemaligen Landkreis Neustadt, Dr. Scherer hatte dies mit Landrat Walter Unckrich besprochen; Kreisdeputierter Karl Ritter besiegelte die neue Partnerschaft *zunächst mit den drei Gemeinden Kurtatsch* (Bürgermeister war damals Virgil Peer, Sohn Kurt Peer ist heute als Vizebürgermeister im Komitee), *Kaltern* (Bürgermeister damals Oswald Oberhofer) *und Tramin* (damals Bürgermeister Artz) im August 1968.

Zunächst Stärkung des Deutschtums
Über Jahre hinweg folgte ein reger Austausch zwischen dem Landkreis Bad Dürkheim und den drei Gemeinden. Die Vertreter der Deutschen Weinstraße sahen ihr Engagement zunächst in der *ideellen Stärkung des Deutschtums* und waren auch *finanziell* mit *Hilfe* zur Stelle, z.B. Sammlung von einigen tausend Mark für den Kindergarten in Margreid (offiziell noch Partnerschaft zu Bockenheim, derzeit »eingeschlafen«), Kulturhaus Kurtatsch und Unterstützung des Kulturwerks für Südtirol. Die jährliche Partnerschaftsfahrt nach Südtirol war häufig mit dem Betriebsausflug der Kreisverwaltung Bad Dürkheim verknüpft. Der Partnerschaftsgedanke schlief gegen Ende der 70er Jahre auf beiden Seiten etwas ein.

Ab 1981 alle sieben Weinstraßengemeinden dabei
Landrat Hermann Josef Deutsch (ab 1978) setzte sich erfolgreich für die Wiederbelebung der Partnerschaft ein. 1981 traten auch *die übrigen vier Weinstraßen-Gemeinden* bei: *Eppan* als größte Gemeinde mit dem damaligen rührigen Bürgermeister Dr. Walcher übernahm eine Art Führerschaft, *Margreid* (Bürgermeistrer Arnold Stimpfl), *Kurtinig* (Bürgermeister Franz Stimpfl, verstorben) und *Salurn* (Bürgermeister Tessadri) schlossen sich an. Mit Direktor Konrad Dissertori im Verkehrsamt Eppan fand sich ein ausgezeichneter Organisator, ebenso mit dem damaligen Präsidenten des Werbekomitees Südtiroler Weinstraße, dem Eppaner Gemeindesekretär Heinrich Sparber.

Jugend und Künstler
Zug um Zug wurde bei den offiziellen Besuchen von touristischen Programmen auf *kulturelle Begegnungen* umgestellt, wofür sich auch das neu geschaffene Komitee unter dem Eppaner Gastronomen Rudi Christof später vehement einsetzte, nachdem auch die »Bedürftigkeit« inzwischen weggefallen war und sich mit dem »Südtirol-Paket« in der UNO eine Lösung für die Autonomiebestrebungen abzeichnete. Der Jugendaustausch wurde in Gang gebracht, Musikkapellen fuhren mit, Südtiroler Heimatabende an der Deutschen Weinstraße fanden im Gegenzug in Grünstadt, Freinsheim und Haßloch statt. Begegnungen von Künstlern und Ausstellungen wurden in Südtirol und in der Pfalz eingeleitet und gezeigt (z.B. Ausstellung Prof. Robert Scherer im Hambacher Schloß, Karl Unverzagt im Schloß Gandegg, Bockenheimer Mundarttage), Vereine und Verbände tauschten sich aus (Landjugend, Schachclub, Handball - Abteilung des TV Freinsheim), Teilnahme mit Festwagen zum Weinstraßen-Jubiläum beim Deutschen Weinlesefest in Neustadt; zum 20jährigen Bestehen der Partner-

schaft gab es eine Literatur-Ausstellung im Kreishaus und Teilnahme einer großen Südtiroler Delegation am Erlebnistag Deutsche Weinstraße mit Musikkapelle, es gab sogar eine Südtiroler Spezialitätenwoche im Deidesheimer Hof.

Seit 1982 fand jährlich ein kommunalpolitisches Gespräch statt (Themen u.a. Abfallbeseitigung, Landwirtschaft und Weinbau, Tourismus, Denkmalschutz). Gegen Ende des 2. Partnerschafts-Jahrzehnts gab es neue Ermüdungserscheinungen, hinzu kamen politische Probleme in Italien, so daß 1993 das 25jährige Bestehen ohne Jubiläumsfeier verging. Landrat Georg Kalbfuß bekräftigte 1990 in Eppan mit dem Komitee den Willen, die Partnerschaft fortzusetzen. Ende 1993 konnte dann das Südtiroler Komitee in den Kreis Bad Dürkheim kommen. Bei einer Besprechung zwischen den Gästen und dem Kreisausschuß in Haßloch wurden neue Konzepte erarbeitet, die ab 1994 zum Tragen kamen (Jugend-Theaterfreizeit, Besuch der Landfrauen, Hobbymaler, Schäferhundefreunde, Seniorenfahrt).

Peppi Ranigler neuer Präsident

Neuer Präsident des »Komitees zur Pflege der Partnerschaft zur Deutschen Weinstraße« in Südtirol wurde 1995 Josef Ranigler aus Margreid. Er löste den Eppaner Gastronomen Rudi Christof ab, der nach über zehn Jahren sein Amt niedergelegt hatte. Landrat Georg Kalbfuß gratulierte dem neuen Präsidenten und drückte die Hoffnung aus, daß mit dem »langjährigsten und treuesten Mann dieser Partnerschaft« (»Peppi« Ranigler ist seit 1968 in der Partnerschaft aktiv) die Beziehungen weiter gut gepflegt würden.

Das Komitee setzt sich aus gewählten Vertretern der Räte aller sieben Gemeinden an der Südtiroler Weinstraße zusammen. Stellvertretender Präsident ist wie bisher Horst Geier (Tramin). Weiter sind dabei: Artur Haller (Eppan), Sighard Rainer (Kaltern), Kurt Peer (Kurtatsch), Bürgermeister Walter Giacomozzi (Kurting) und Vizebürgermeister Dr. Walter Christofoletti (Salurn).

Josef Ranigler bei einer Ansprache im August 1995 in Bockenheim. Foto: Schmitt

SCHWIMM MIT, BLEIB FIT

UNSER ANGEBOT FÜR SIE:
Hallen-Freibad mit Wasser in allen Variationen,
Sauna, Dampfbad, Sonneninsel, Solarien, Cafeteria und ...

Öffnungszeiten:
Montag, Dienstag, Donnerstag und Freitag von: 9.00 - 22.00 Uhr
Samstag, Sonntag und Feiertage von: 9.00 - 19.00 Uhr

Mittwoch Frühbadetag
6.45 - 22.00 Uhr
1. Mai Freibaderöffnung
Info unter: 0 63 22 - 6 67 27

Wasyl - »en Russ'«

Das Wiedersehen mit einem zwangsverschleppten Ostarbeiter
von Paul Tremmel

Ich lernte Wasyl im Jahre 1942 kennen. Es war »en Russ'«, einer benachbarten Familie als sogenannter Ostarbeiter zugeteilt, weil der Vater der Familie zur Wehrmacht eingezogen war. Karola - die 13 jährige Tochter unserer Nachbarsfamilie, mit mir im gleichen Alter und etwa zehn Jahre jünger als Wasyl, brachte ihm schnell etwas Deutsch bei, und das erste, was Wasyl richtig stellte, war, daß er gar kein »Russ'« war, sondern ein Ukrainer. Er konnte auch nicht Russisch, sondern sprach ukrainisch, eine Tatsache, die damals wohl kaum jemanden bei uns bekannt war.

Schnell hatten wir Dreizehnjährige mit dem etwa Dreiundzwanzigjährigen Freundschaft geschlossen, was zwar nicht im Sinne unserer Erzieher, aber auch kein Problem war. Und Wasyl war nicht nur ein sehr fleißiger Landarbeiter, er war auch in allen Dingen äußerst begabt und deshalb bei seiner Gastgeberfamilie sehr beliebt.

Für uns Buben war er einer, der praktisch »alles gekönnt hott«. Er fühlte sich wohl und verbrachte seine wenige Freizeit lieber mit uns als mit anderen zwangsverpflichteten Ostarbeitern. Sein Schicksal berührte uns wenig, schließlich wurde er täglich satt und war ja auch nur »ein Russ'«, obwohl er keiner war und nie einer sein wollte. Auch seine Schwester war nach Deutschland deportiert worden, kam irgendwo nach Bayern, und Wasyl durfte sie einmal besuchen.

Daß dies offiziell möglich und erlaubt war, zeigt eigentlich, welchen guten Ruf er bei uns genoß, denn allgemein durften sich die mit einem Schild OST gekennzeichneten Zwangsverpflichteten nicht aus der Gemeinde entfernen, der sie zugeteilt waren. Obwohl sie im Gegensatz zu den mit P gekennzeichneten Polen ja keine Kriegsgefangenen waren. Er war - samt seiner Schwester - einfach aus seiner Heimat geholt worden, um bei uns zu arbeiten, was er auch gut, zuverlässig und zur Zufriedenheit seiner Gastgeber tat. Und da er ordentlich behandelt und für die damalige Zeit auch gut ernährt wurde, war er mit seinem Schicksal zufrieden.

Er war wirklich sehr geschickt, wußte die besten Materialien für Pfeile und Bogen zu finden und half nach dem Bombenangriff auf Wachenheim, am Palmsonntag 1945, auch fleißig mit, Verschüttete zu bergen. Drei Tage später wurde er von den Amerikanern »befreit«. Damit geriet mir Wasyl aus den Augen. Es wurde ab und zu von ihm erzählt, der befreite Wasyl war in seine Heimat zurückgekehrt. Was doch sicher gut war.

Daß Wasyl lieber bei uns geblieben wäre, das wußten wir zwar auch, aber schließlich lebte seine Mutter noch, und wen wundert's, daß es ihn in seine Heimat zurückzog. Nun mag Wasyl kein Russe, sondern ein Ukrainer gewesen sein, wen kümmerte dies, jedenfalls war er in die Weiten der Sowjet-Union zurückgekehrt und diese Sowjet-Union wurde halt umgangssprachlich Rußland genannt.

Und dieses Rußland ist groß und weit, von Wasyl werden wir nie mehr etwas hören. Punktum, war die damalige Meinung. Aber weit gefehlt.

Anfangs der achtziger Jahre erreichte mich ein Anruf meiner Schulkameradin: »*Du glaabscht 's net - awwer de Wasyl hott g'schriwwe.*« Ich mußte es glauben. Ein Brief in feinstem Gastarbeiterdeutsch, das heißt eigentlich mehr im Gastarbeiterpfälzisch, aber leserlich und durchaus verständlich war unumstößlicher Beweis. Ein nicht gerade reger, aber andauernder Briefwechsel entstand mit Karola, die er schon früher liebevoll seine Schwester nannte. Alle, die Wasyl kannten, schickten liebe Grüße mit, mehr war gar nicht möglich, denn die damals noch sehr strengen russischen Herren über den unrussischen Ukrainer erlaubten keine Liebesgaben.

Doch bald darauf kam Gorbatschow und sein Perestroika. Wasyl nahm den Kampf um eine Besuchererlaubnis auf und schaffte es tatsächlich im Juni 1989 - übrigens fünf Tage vor dem Besuch Gorbatschows in Deutschland -, in Wachenheim vor der Haustür meiner Schulkameradin zu stehen.

Wie ein verlorener Sohn wurde er begrüßt und gefeiert. Er war der Beweis, daß wir alle gute Menschen waren, die auch mit Fremden gut umgehen konnten. Aber um der Wahrheit die Ehre zu geben, muß gesagt werden: Seine Schwester, die mit ihm 1942 verschleppt wurde und - wie berichtet - nach Bayern kam, hatte sich vor einer »glücklichen Rückverbindung« drücken können, war mit einem Landsmann nach England gegangen und hatte sich dort eine Existenz aufgebaut. Um seine Schwester wiederzusehen, hatte Wasyl all die vielen Mühen und Kosten auf sich genommen, die in einem gut verwalteten Reich sozialistischer Prägung nun mal nötig sind, wenn man es - sei es auch nur für kurze Zeit - verlassen will.

Die Schwester kam aus England angereist, und wer die Szene des Wiedersehens erlebt hat, der wird sie sicher nicht mehr vergessen.

Doch Wasyl war auch in seiner kurzzeitigen Zwangsheimat - wo er nach eigenen Angaben seine schönste Zeit verbracht hatte - sehr glücklich. Er fand sich zwar nur noch schwer in den von ihm dereinst gepflegten »Wingert« zurecht, die Flurbereinigung hatte ihnen längst neue Standorte gegeben, aber er fand vieles auch noch so, wie er es vierzig Jahre vorher angetroffen hatte. Und er liebte uns noch alle genau so wie früher. Seine Gastgeberfamilie, soweit sie noch lebte, uns Nachbarsjungen, alle die ihn, der als Arbeitstier importiert worden war, als Mensch aufgenommen hatten.

Ich hatte wenige Tage später vor dem Deidesheimer Hof Gelegenheit, »Gorbi« die Hand zu drücken. Ich drückte sie ihm herzlich und mit Tränen in den Augen. Er war gerührt, schüttelte meine Hand mehrmals und wird aber trotzdem nie erfahren, warum ich nasse Augen hatte. Bei allen wichtigen und hochpolitischen Entscheidungen, die Herr Gorbatschow bewegte, ist Wasyl wohl doch nicht so wichtig.

Aber für mich war das Wiedersehen mit dem so ungleichen Freund samt den glücklichen Umständen, daß er seine Schwester nach über vierzig Jahren wieder sehen konnte, wichtiger als alles andere.

Wasyl ist wieder zu Hause. Zu Hause in der Ukraine, von der mittlerweile jeder weiß, daß sie nicht Rußland ist (auch nie sein wollte). Er machte sich auf die umständliche und dreiundzwanzigstündige Fahrt, mit drei Koffern, zwei Umhängetaschen, zwei Rucksäcken, wovon einer Brustsack heißen müßte, den er trug den zweiten ja aus verständlichen Gründen auf die Brust geschnallt. Er kam gut nach Hause, hauptsächlich, weil er von Geldern, die wir ihm gespendet hatten, den diensttuenden Zöllnern »freiwillig« etwas abgab.

Da er aber immer sehr fromm war und sich eine überzeugende Frömmigkeit bis heute bewahrt hat, wird er auch das Gleichnis kennen, in dem vom armen Zöllner die Rede ist.

Er hat versprochen wiederzukommen; ob er es nochmals schafft?

Jetzt - wo ich weiß, daß man es schaffen kann - will ich hoffen. Und dann wird ein HEIMATJAHRBUCH in der Ukraine sicher einen Ehrenplatz erhalten.

Eine Art »Kleinst-Europa«

Kurzbetrachtung zu Weisenheim/Berg und seiner Beziehung zu Plaus
von Manfred Letzelter

Vom kleinen Weinfest ausgehend feiert die Gemeinde Weisenheim am Berg jetzt jährlich ein Wein-, Heimat- und Partnerschaftsfest. Immerhin sind es vier nationale und internationale Beziehungen, die von dem kleinen Weinort unterhalten werden. Die erste Partnerschaft wurde 1972 mit dem Bergdorf Plaus in Südtirol eingegangen, neun Kilometer von Meran im Vinschgau gelegen. Besondere Verdienste um diese Beziehung erwarb sich der ehemalige Beigeordnete Karlheinz Keller.

Den Begriff vom »Kleinst-Europa« prägte im Mai 1992 zum 20jährigen Bestehen der Beziehungen zu Plaus Weisenheims damaliger Bürgermeister und Pfarrer Otmar Fischer, der auch seinen Bürgermeisterkollegen Arnold Schuler begrüßte. Otmar Fischer wies auch auf die anderen Verbindungen hin, deren Bürgermeister auch anwesend waren: zu St. Gengoux-Le-National in Burgund/Frankreich (Albert Ruste), zu Niederdorla in Thüringen (Ludwig Schönfeld) und zu Pardubice im heutigen Tschechien, die der Kirchenchor und die Leiningische Hauskapelle unterhalten (siehe auch Seite 182).

Weisenheim am Berg werde so zu einer »*kleinen Insel der Völkerverständigung, die Freundschaft zwischen Menschen verschiedener Kulturen und Geschichte, verschiedener Heimatländer mitten im Herzen Europas*«. Nach Otmar Fischer zeigt sich hier ein »*Kleinst-Europa in den Grenzen seiner dörflichen Welt, mit dem weiten Herzen und dem offenen Blick der Achtung*«.

Bald 25 Jahre

Im Jahr 1997 werden Weisenheim am Berg und Plaus das 25jährige Bestehen ihrer Partnerschaft feiern. Im kommenden Heimatjahrbuch des Landkreises Bad Dürkheim wird deshalb eine ausführliche Abhandlung zu dieser Beziehung erscheinen. Außerdem soll dann auch über die Partnergemeinde St. Gengoux berichtet werden.

Partnerschaften seien eine »*goldene Brücke, die uns über die Grenzen führt*«. Jahr um Jahr gingen die Weisenheimer mit gleicher Begeisterung in das »Mekka der Apfelbäume«, nach Plaus in den Vinschgau. Vereine und Privatleute schlossen Freundschaften. »*Die Menschen aus dem Land der Reben geben sich jährlich ein fröhliches Stelldichein mit den Freunden aus dem Land der Apfelbäume*«, formulierte Fischer. »*Zwei urige Volksstämme sind sich da begegnet und haben sich gut ergänzt und verstanden*«.

Wandern und erholen im Leininger Land

Verbandsgemeinde Hettenleidelheim

mit den Ortsgemeinden Altleiningen, Carlsberg, Hettenleidelheim, Wattenheim und Tiefenthal.
Naturpark Pfälzer Wald - urwüchsige Wälder - stille Täler - Bergwanderungen auf gut markierten Wanderwegen bis 500 m ü.M., interessante Sehenswürdigkeiten.
Ob Urlaub, Freizeit, Naherholung, wir freuen uns über jeden Besucher.

**Verbandsgemeindeverwaltung 67310 Hettenleidelheim
Hauptstr. 45, Telefon 0 63 51 / 40 50, Telefax 0 63 51 / 4 05-89**

Der Sieben-Mühlen-Kulturverein
Internationale Musik und Kunst in Großkarlbach
von Marren Felle

Kennen Sie Großkarlbach? Wie ein Verbindungspunkt liegt das kleine, pittoreske Winzerdorf zwischen Bad Dürkheim, Grünstadt und Frankenthal. Derartige Verbindungspunkte gebe es viele? Der Satz stimmt nur, wenn das »derartige« wegbleibt, und darauf soll hier näher eingegangen werden.

Im Februar 1990 fiel Großkarlbachern angesichts des Schleswig-Holstein-Festivals auf, daß - mal abgesehen von den Jazz-Konzerten - kulturell nichts los sei im Dorf. Sie beschlossen, dies zu ändern. Zwei Monate später wurde der Sieben-Mühlen Kunst- und Kulturverein, 27 Mitglieder stark, gegründet. Sieben Mühlen wurden einst vom Wasser des Eckbachs getrieben, sie mahlten Getreide, produzierten Papier und Öl. daran erinnert der Verein, wann immer über ihn gesprochen oder geschrieben wird.

Kulturfest 1990 die Initialzündung

Als Initialzündung wirkte das erste Kulturfest im August 1990. Getreu dem Grundsatz, Kultur ins Dorf zu holen, die Menschen mit ihren Facetten bekannt, vertraut zu machen, wurde Malerei und Plastik ausgestellt, Musik unterschiedlichster Richtungen präsentiert, gezaubert, getanzt und - alle Jahre wieder - dafür gesorgt, daß die Kinder auf ihre Kosten kamen. Kulinarisch setzten die Damen des Vereins eine Meßlatte, die selbst strenger Kritik standhält. Eintritt zum Fest wurde nicht erhoben, die Preise waren (und sind) moderat. Ein Winzer sprach für alle anderen: »*das war das schönste Weinfest überhaupt*«.

Im zweiten Jahr des Vereins sang einer in der evangelischen Kirche, der jetzt zum Ensemble der Semper-Oper Dresden zählt, der Bariton Eberhard Treskin. Polnische Kulturwochen wurden auch im Rückblick zum menschlich tiefstgehenden Erlebnis. 1992 gab es etwas neues: die Martini-Vernissagen, bei denen zeitgenössische Künstler einen Tag lang ausstellen und die Gäste in »Kneipenbetrieb« und bei live Musik zusammen sitzen, über Kunst und anderes diskutieren, wurden eingeführt. Das Jahr 1993 brachte Förderung im Rahmen des Kultursommers Rheinland-Pfalz, Labsal für den Verein, der keinerlei kommunale oder regionale Förderung kannte. Außerdem kam eine neue Saite auf die Leier: das Folk-Festival, das Menschen verbindet, Freundschaften fördert, entstand. Es ist inzwischen zur festen Einrichtung geworden.

1994 wurde das Großkarlbacher Bürgerhaus, an dessen Umbau Vereinsglieder sich tatkräftig beteiligten, festiggestellt. Scott Hamilton und sein Tenor-Saxophon boten eines der ersten Konzerte im großen Saal. Der Verein schloß sich den Jazz-Wochenenden des »Fördervereins für Großkarlbacher und Laumersheimer Kinder und Jugendliche« an und übernahm die Gestaltung der Freitag-Abende.

Der Kultur fürs Dorf verschrieben

Die rührigen Idealisten haben ihre Probleme mit der Förderung, die Sportlern, ihnen jedoch nicht, auf kommunaler Ebene gewährt wird. Gagen und zum Beispiel Klaviertransporte müssen bezahlt werden. Die Gagen für die Künstler der Sommerfeste verdienen sie sich auf dem beliebten Kändelgassenfest mit selbst gebruzzelten Schlemmereien, die ihren Preis wert sind und schnell ihre Genießer finden. Sie arbeiten in verschiedenen Berufen, haben große oder kleine Familien, sind jünger oder älter und finden Freizeit genauso gut wie jeder andere - nur fällt sie, was die Aktiven angeht, eher unter die Raritäten. Sie haben sich der Kultur fürs Dorf verschrieben, und wenn sie nicht geholt werden kann, organisieren sie Fahrten zu ihr, besuchen gemeinsam Ausstellungen, folgen Einladungen von Künstlern. Per dato gibt es über 160 Mitglieder, im Raum zwischen Hamburg, München und Wien daheim, und fürs Dorf gilt »Tendenz steigend«.

Im Februar 1995 feierten sie voll berechtigten Stolzes aufs Erreichte ihren fünften Geburtstag mit einem phantastischen, rauschenden Fest. Nach Wünschen gefragt, kommt's rasch: eine Bleibe suchen sie, so gern sie Gäste in Kirchen, Winzerhöfen und Gewölbekellern sind. Gut' Ding will - das zeigt sich immer wieder - Weile haben. Mit breitgefächertem Angebot, inzwischen erweitert um Lesungen, Märchen- und Theaterabende, machen sie weiter, bemühen sich, die neuen Bundesländer einzubinden.

Der Verein, sich der Geschichte, des Lokalkolorits des Dorfes wohl bewußt, betreut und verlegt die heitere Dorfchronik des Großkarlbachers Erwin Martin, die dieser aus eigenen Erinnerungen und dem, was nach einem Aufruf im Amtsblatt zusammengekommen ist, baut. Erinnerungen sind Teil der Geschichte - wie leicht, wei schnell geht wertvolles Gut verloren.

Die einzelnen Künstler und Gruppen, die bisher in Großkarlbach auftraten, stammen aus Rußland und Polen, Frankreich, Irland und England, Spanien und Italien, kamen aus den USA, Brasilien und Kuba, aus Ägypten, dem Iran und dem Irak und natürlich aus vielen Teilen Deutschlands.

Vier Personen bilden den geschäftsführenden Vorstand: da ist Udo Wanders, dem Rudolf Walther »assistiert«. Heike Behrend ist Schriftführerin, Ursula Budde rechnet den anderen Finanzielles vor.

Wenn Sie bis hierher gelesen haben und Großkarlbach, das klingende, heitere Weindorf, noch nicht kannten, ist wohl Ihr Interesse geweckt und wenn Sie's schon kennen, um so beser. Schauen und hören Sie sich mal an, was dort kulturell geboten wird! Dann gehören auch Sie sicherlich bald zu den Freunden und Bewunderern des Sieben-Mühlen Kunst- und Kulturvereins.

Spiel im Mai

von Wilhelm Neureuther

Verspielter Wind am Heckensaum!
Beherzte Lindenzweige nickten,
und Wolken trieben, Flaum bei Flaum:
ein Pilgerzug von Zeit-Entrückten.

Erregte Taubenleiber huschten
durch überlentzen Blätterschwall
zum Ast, dem dunkel hingetuschten -
dem Schlupf auch einer Nachtigall?

Die hält wohl sorgsam noch umhüllt
die Sehnsuchtsweisen ihrer Kehle,
bis sich die hoheZeit erfüllt,
daß nicht ein Wohllaut mehr ihr fehle.

Die Hauptschule stand Pate

Ruppertsberg und Courpière in der Auvergne/Frankreich

von Raymund Rössler, Hans-Dieter Fiene und Theo Berchtold

Im Zeichen aufgeschlossener Freundschaft- und Völkerverständigung, haben nach 14 Jahren loser freundschaftlicher Beziehungen, am 30. Mai 1992 nach einem Festgottesdienst in der Pfarrkirche und anschließendem Festakt auf dem Dorfplatz, für die Gemeinden Ruppertsberg und Courpière in der Auvergne (ca. 6000 Einwohner) deren Bürgermeister Hans-Dieter Fiene und Pierre Peyronny die lang ersehnte Partnerschaft mit ihrer Unterschrift offiziell besiegelt. Eine Gedenktafel in der Gemeinde Courpière und Schilder am Ortseingang und am Dorfplatz von Ruppertsberg sind äußere Zeichen dieser erfreulichen Ereignisse. Dabei würdigten die beiden Bürgermeister die eigentlichen Baumeister dieser Partnerschaft, Jean-Claude Perol und Père Monier wie Ruppertsbergs Ex-Bürgermeister Theo Berchtold.

Da war in den siebziger Jahren ein junger, aufgeschlossener Mann als französischer Soldat in Neustadt stationiert. Der junge Franzose aus der Gegend von Clermont Ferrand mit Namen Jean-Claude Perol, lernte bald Pfälzer Bräuche und Pfälzer Mentalität kennen und lieben. Diese Liebe ging schließlich so weit, daß er ein Pfälzer Mädchen als Ehefrau in die Auvergne mitnahm: Gerlinde Metz aus Meckenheim.

Jean-Claude Perol ist Lehrer und unterrichtete nach seiner Militärzeit im Institut St. Pierre in Courpière, wo er auch heute noch tätig ist. Bei einem Besuch in der Pfalz 1978 traf das Ehepaar Perol durch Vermittlung eines Beamten der Verbandsgemeindeverwaltung Deidesheim mit dem damaligen Leiter der Hauptschule, Rektor Theo Berchtold, zusammen und nach einem kurzen Gespräch war der Weg zu einer Schulpartnerschaft zwischen der Hauptschule Deidesheim und dem Institut St. Pierre in Courpière geebnet.

Der Leiter der französischen Schule, Père Antoine Monier, unterstützte tatkräftig die junge deutsch-französische Schulfreundschaft, die in den folgenden Jahren durch vielfältigen Schüleraustausch gefestigt und vertieft wurde.

Bürgermeister und Rektor

Rektor Theo Berchtold, seinerzeit auch Bürgermeister von Ruppertsberg, lernte bei einem Schulbesuch in Courpière den dortigen Bürgermeister, Pierre Peyronny, kennen. Aus diesem Kennenlernen wurde eine herzliche Freundschaft, die zur Partnerschaft zwischen den beiden Gemeinden führte. Die Schulpartnerschaft zwischen der Hauptschule Deidesheim und dem Institut St. Pierre in Courpière hatte sich so zu einer Jumelage zwischen Ruppertsberg und Courpière erweitert, die diesseits und jenseits der Grenze große Zustimmung fand. Anfängliche Sprachprobleme wurden bald durch Gesten und Blicke gelöst, und heute zeigen sich bei Besuchen rundum zufriedene Mienen. Im schlimmsten Falle

---

Ruppertsberger Freunde in Frankreich, Bayern, Brasilien

Lange Zeit nichts - dann plötzlich überall, so könnte man die Freund- und Partnerschaften von Ruppertsberg umschreiben. Während die eine Partnerschaft schon bestand, aber erst wieder entdeckt werden mußte (im schwäbischen Höchstädt), knüpften in Bayern lebende Pfälzer in Raisting am Ammersee die Verbindung zum Weindorf. Für die französische Partnerschaft in Courpière waren Schüler der Hauptschule Deidesheim verantwortlich. Schließlich waren es noch Deutschbrasilianer, welche vor Jahren die Heimat ihrer Vorfahren in Erfahrung brachten (siehe auch Seiten 76, 112 und 260). rr

hilft auf der einen Seite »zum Wohle« und auf der anderen Seite »Santé«.

Die tiefen Freundschaften, die sich über vierzehn Jahren hinweg auf ein weites Feld - von und über die Schulen, zu den Eltern und schließlich auf die Ortsvereine - ausgedehnten, waren die Garanten für eine übergreifende Partnerschaft. *»Wenn sich dadurch auch eine Völkerverständigung auf unterer Ebene verwirkliche, sei auch dies ein Baustein zum geeinten Europa«*, würdigte Bürgermeister Hans-Dieter Fiene die Taten der Initiatoren.

Besuche und Gegenbesuche bis 1992

Juni 1989: Besuch des Gemeinderates Ruppertsberg auf Einladung der Stadt Courpière. Unterkunft in privaten Quartieren. Teilnahme am »Fest der Rosenkönigin«.

Juni 1990: 53 Jungen und Mädchen der Gymnastikgruppe »Avant Garde« besuchen Ruppertsberg unter der Leitung von Jean Chevalier. Gymnastische Auftritte in der Turnhalle des TVR, Besuch des Heidelberger Schlosses und eine Neckarfahrt sind im Programm. Krönender Abschluß im Gewölbekeller des Anwesens Ernst Rau in der Schloßstraße.

August 1990: Die Folklore-Gruppe »Courta Petra« zu Besuch auf der Ruppertsberger Weinkerwe. Teilnahme am Festumzug und Auftritte in der »Kerwegass«.

Mai 1991: Der Männergesangverein »Liederkranz« zu Besuch in Courpière. Auf der Hinreise Übernachtung in Macon, der Partnerstadt von Neustadt, Besuch im »Haus des Gastes« mit Kurzauftritt. Konzert in der Kirche »Saint Martin« in Courpière, Besuch der Stadt Thière (das Solingen Frankreichs). Fahrt nach dem 40 km entfernten Amert (Partnerstadt Annweiler), Empfang im Rathaus durch den Bürgermeister und Besuch des Technik-Museums. Rückfahrt nach Courpière mit einem Doppelstock-Triebwagen aus dem Eisenbahnmuseum Ambert.

August 1991: Besuch von Gästen aus Courpière zur »Weinkerwe 1991« auf privater Ebene.

Zeuge des offiziellen Partnerschaftsgelöbnisses waren auch Landrat und Bürgermeister der Partnerstadt, Pierre Peyronny mit Gattin, nebst Stadträten, dem Partnerschaftskomitee, Vereinsvertreter, insgesamt hundert Gäste aus Courpiere. Unter den Delegationen beider Ortsvertreter, befand auch Bürgermeister Kornmann, von der weiteren Ruppertsberger Patenschaftsgemeinde Höchstädt/Donau.

Während der Unterzeichnung der Partnerschaftsurkunde durch die beiden Bürgermeister, sich die Ratsmitglieder und Vertreter der Ortsvereine in einem von dem früheren Staatspräsidenten Valery Giscard d'Estaing mit einer persönlichen Widmung versehenen Goldenen Buch verewigten, trafen vier Ma-

Auf die deutsch-französische Paten- und Partnerschaft weist am Ruppertsberger Dorfplatz dieses von Ortsbürgermeister Hans-Dieter Fiene selbst gemalte und gefertigte Schild hin. Foto: Fiene

Im Zeichen auch der Freundschaft zwischen Kindern und Jugendlichen stand die Jubiläumsfeier der Ruppertsberger Partnerschaft 1993 im französischen Courpière. Foto: Privat

rathonläufer aus der Partnerstadt und vier Sportler aus Ruppertsberg mit der Europa-Fahne aus Straßburg kommend auf dem Dorfplatz ein. Die Schützengesellschaft schoß Mörser-Salut. Zu den Klängen vom MGV »Liederkranz« gesungenen »Brüder reicht die Hand zum Bunde« wurden ein Gingko-Baum aus Frankreich gepflanzt, das Partnerschaftsschild enthüllt. Die feierliche Freundschafts- und Partnerbesiegelung erlebte ihren Höhepunkt mit dem Abspielen beider National-Hymnen. Seit diesem Festtag wehen in Courpière wie in Ruppertsberg die Europa- und beide Ortsfahnen.

Seit diesem 30. Mai 1992 ist im Ratssaal des Bürgerhauses von Ruppertsberg die Partnerschafts-Urkunde mit folgendem Wortlaut zu lesen: *Die Gemeinde Ruppertsberg und die Stadt Courpière, vertreten durch ihre frei gewählten Bürgermeister, übernahmen am heutigen Tag die feierliche Verpflichtung, im Geiste der Freiheit miteinander dauerhafte Verbindung zu halten, den gegenseitigen Austausch auf allen Gebieten zu fördern, die freundschaftliche Verbindung zu vertiefen und zu festigen und durch ihre Zusammenarbeit dem Frieden und Fortschritt der Völker zu dienen.*

Der Gegenbesuch in Courpière 1993

Schon während der Feierlichkeiten in Ruppertsberg, im Mai 1992, wurde angekündigt: Partnerschaftsfeier in Courpère am 22. Mai 1993! Die Ruppertsberger hatten also genügend Zeit, sich auf dieses Datum einzustellen.

Es waren 106 Ruppertsberger, die am 20. Mai 1993 mit zwei Bussen die Reise in Richtung Auvergne antraten, darunter drei Akteure, die nicht per Bus, sondern per Fahrrad eine Woche früher auf die 750 km-Reise gingen: Ratsmitglied Karl-Josef Kohlmann mit Sohn Jochen und

Ratsmitglied Wolfgang Theis. In ihrem Gepäck hatten sie die Europa-Fahne, die am Tag der Feierlichkeiten an Bürgermeister Peyronny überreicht wurde.

Gerne erinnert man sich an die Fahrt zum höchsten Berg der Auvergne, dem Puy de Dôme, jenem 1500 m hohen Vulkanberg, und an die Stadtbesichtigung von Clermont Ferrand, unter der Führung von Gerlinde Perol, die mit Familie ganz nahe der Stadt wohnt. Ebenso interessant die Besichtigung alter Weinkeller aus dem 19. Jahrhundert in Aubière. Köstlich die Weinprobe, die unter improvisiertem Gesang mit Pfälzer Weinliedern in tiefem Kellergewölbe stattfand. Schöne Erinnerung ist auch an die Fahrt zum »See von Aubusson« geblieben. Eine »Gaudi« war das vom örtlichen Boule-Verein organisierte Boccia-Spiel am Ufer des Sees, das souverän von Horst Hick gewonnen wurde. Nicht unerwähnt soll das reichhaltige Mittagessen am See bleiben, wo erneut gesangliche Einlagen des Ruppertsberger »Mini-Chors« mit Applaus honoriert wurden.

Die Mehrzweckhalle war samstags, nach der Partnerschaftsfeier, Austragungsort eines gemischten französisch/deutschen Programms. Schüler der »école primaire« gestalteten an beiden Abenden überwiegend das Programm. Ergänzt und untermalt wurde dies durch eine vorzüglich gestaltete DIA-Schau mit Motiven aus beiden Gemeinden. Die örtliche Feuerwehr, ein Männerballett, das Akkordeon-Orchester, ein Guitarren-Ensemble, die Folklore-Gruppe und die örtliche Musik-Kapelle sorgten für ein respektables Non-Stop-Programm.

Von Ruppertsberger Seite hatten zur Programmbereicherung beigetragen: Die TVR-Blaskapelle, Tanzmariechen Petra Faß von den »Fröhlichen Zechern« und Christian Wippel mit Partnerin mit lateinamerikanischen Tanzeinlagen.

Wieviel Engagement in Sachen »Partnerschaft« besonders von den Schulen zu verspüren war, zeigte sich nicht nur in dem zu Herzen gehenden Bühnenprogramm. Nahezu 200 Zeichnungen von Schülern bestätigten in ihren Motiven die Verbundenheit zu Ruppertsberg und den Willen zu Brüderlichkeit. Diese Zeichnungen wurden Bürgermeister Fiene zur Erinnerung überreicht.

Einen deutsch/französischen Gottesdienst in der Kirche »St. Martin« zelebrierten als Auftakt zu den Feierlichkeiten Pfarrer Ludwig aus Ruppertsberg und sein französischer Amtskollege gemeinsam. Wie ernst man den Sinn einer solchen Partnerschaft auch in Frankreich nimmt, bestätigte der Besuch zahlreicher Politiker aus der Region und insbesondere vom Europa-Parlament aus Straßburg.

Musikalisch wurde die Partnerschaftsfeier von der Blaskapelle des Turnvereins mitgestaltet. Erwähnenswert am Rande dieses musikalischen Einsatzes: Da die Ruppertsberger keinen Schlagzeuger aus eigenen Reihen zur Verfügung hatten, löste sich der Schlagzeuger der Courpièrer Musik-Kapelle aus den Reihen seiner Kameraden und fügte sich harmonsich in die Ruppertsberger Reihen ein, um beide National-Hymnen rhythmisch zu unterstützen.

Der Philatelisten-Verein von Courpière überraschte mit einer eigens für dieses Ereignis organisierten Ausstellung und einem Post-Sonder-Stempel. Zur Erinnerung an diesen Tag wurde ein 3-l-Weinrömer mit den eingravierten Wappen beider Gemeinden und Europas überreicht. Im Stadthaus von Courpière hängt seit dem 22. Mai 1993 ein Wappenschild mit gleichen Motiven. Am »Platz von Ruppertsberg« wurden fünf Weinreben gepflanzt.

Als Gärtnermeister betätigten sich neben den beiden Bürgermeistern auch die Pfarrer beider Gemeinden und Jean-Claude Perol, der Mitbegründer dieser Partnerschaft. Ruppertsberger Ehrengäste, die Eheleute Adam aus Neustadt, verdienten sich ebenfalls als Rebengärtner. Die musikalischen Parts zu zahlreichen Anlässen innerhalb dieser drei Tage lagen in der Verantwortung der Blaskapelle des Turnverein unter der Leitung von Friedrich Braun und Dirigent Ernst Rau.

Frankenecks Ortsbürgermeister Erwin Flockerzi nimmt die Europa-Fahne in Empfang.

Tenbury Wells und die drei Thuits

Frankenecker Partnerschaften in England und Frankreich

von Willi Job

Am Eingang des Elmsteiner Tales liegt das Papiermacherdorf Frankeneck. Es ist das kleinste Dorf der Verbandsgemeinde Lambrecht und auch das jüngste im Tal. Seit gerade mal 200 Jahren gibt es diesen Ort. Seine Existenz verdankt es dem Waldreichtum der ehemaligen Frankenweide und dem Wasser des Speyerbaches, dessen Qualität sich zum Papiermachen bestens eignet.

In Frankeneck spielte sich nie große Geschichte ab. Heimatfeste mit historischem Bezug, wie etwa im benachbarten Lambrecht, haben hier keine Grundlage. Es gibt keine althergebrachte Traditionen - man zog nach Frankeneck, um einen Arbeitsplatz in der Papierfabrik anzunehmen - oder man verließ den Ort, wenn die Konjunktur nachließ.

Es gibt hier keine alteingesessene Bevölkerung, wie etwa in den anderen Taldörfern. Dies ist auch leicht daran zu erkennen, daß es

keine vorherrschenden Familiennamen gibt. Dieses Kommen und Gehen gab dem Ort ein offenes, vorurteilsfreies Gepräge. Wer neu kommt, wird leicht akzeptiert und integriert, wenn er nur will.

Diese Offenheit mag auch mit von Beduetung gewesen sein, daß sich hier in den sechziger Jahren gleich zwei Partnerschaften ins europäische Ausland anbahnten, die bis heute Bestand haben und immer noch gedeihen.

Englische Partnerschaft

Bereits 1966 wurde durch Vermittlung des Europarates die Partnerschaft zu Tenbury Wells in England geknüpft. Seither finden im zweijährigem Wechsel Austauschprogramme statt, durchweg getragen und finanziert von den Teilnehmern.

Mit der Wahl des Städtchens an der walisischen Grenze hatte man Glück, denn von Anbeginn an stimmte die »Chemie«. Das mehr landwirtschaftlich geprägte Tenbury trägt mit Stolz den ihm von Königin Viktoria verliehenen Beinamen »Städtchen im Obstgarten« (town in the orchard). Fast scheint es, als versinke der Ort in der hügeligen Landschaft mit den lebenden Hecken um die Felder. Der Zusatz »Wells« beduetet soviel wie »Bad«; denn früher war es ein kleines Kurstädtchen

Die Frankenecker Gruppe im Juli '94 bei der königlichen Porzellan-Manufaktur in Worcester.

mit einer Heilquelle. Einige Gebäude der Kuranlagen sind zwar noch vorhanden, doch der Zahn der Zeit hat kräftig an ihnen genagt. Man ist derzeit bemüht, Mittel aufzutreiben, um die Quelle wieder zu aktivieren. Man hofft so, an die alte Tradition anschließen zu können.

Besser in Schuß ist das Hallenbad im Sportzentrum Tenbury Wells. Ja, und das wurde geplant, nachdem man das einstmals schöne Hallenbad in Frankeneck gesehen hatte und es den deutschen Partnern gleichtun wollte. Aber kaum hatten die Engländer ihr Bad gebaut, mußte das Frankenecker Vorbild auch schon aus wirtschaftlichen Gründen geschlossen werden. Es bleibt zu hoffen, daß dieses traurige Ende in England keine Nachahmung findet; denn so können die Frankenecker wenigstens alle vier Jahre beim Partnerschaftsbesuch in dem Bad schwimmen, das dem eigenen nachempfunden wurde.

Tenbury Wells, unweit von Birmingham zu Füßen der Clee Hills, liegt heute etwas abseits der großen Verkehrsströme. Der Kanal, auf dem die Kohlenschiffe verkehrten, ist längst zugeschüttet worden. Die auf der gleichen Trasse später installierte Eisenbahnlinie ist ebenfalls längst stillgelegt und demontiert worden, was heute allgemein bedauert wird, zumal neueste Untersuchungen ergeben haben, daß unter weiten Teilen der Gemarkung riesige Kohlevorkommen lagern. Sie zu erschließen lohnt derzeit nicht, weswegen die Idylle des kleinen Städtchens wohl erhalten bleibt. Diese Beschaulichkeit hat aber auch ihre Kehrseite: Arbeitsplätze sind rar, viele junge Menschen sind gezwungen abzuwandern.

Französische Partnerschaft

1967, ein Jahr nach der englischen Partnerschaft wurden zu den Thuits, mit Namen Thuit-Anger-, Signol und -Simer, in der Normandie ebenfalls feste Beziehungen aufgenommen. Mit Letzterem sind sie inzwischen erlahmt. Diese einst kleinen Pendlerorte auf dem linken Seine-

Die Moris-Dancers nahmen 1976 am Winzerumzug in Neustadt teil.

Ufer bei Elbeuf, unweit von Rouen, haben inzwischen eine stürmische Entwicklung durchlaufen und ihre Einwohnerzahl mehr als verdoppelt. Neben Thuit-Anger hat sich insbesondere Thuit-Signol stark vergrößert.

Mitte der 70er Jahre wurde diese Partnerschaft vom Sport annektiert und kräftig belebt. Die Fußballer des Turnvereins nahmen sich damals der etwas still gewordenen Partnerschaft an und führten sie wieder zu großen Aktivitäten. Die ehemals längerdauernden Austauschprogramme wurden gestrafft und auf ein verlängertes Wochenende gekürzt, mit dem Sport (Fußball, Tischtennis) als Mittelpunkt.

Jeweils zu Himmelfahrt geht die Post ab, sei es im »Salle des Fêtes« in Thuit-Signol oder in der »Alten Turnhalle« in Frankeneck. Für diese vier Tage rückt man in den Familien etwas zusammen, so daß es keine Probleme macht, jeweils über 100 Gäste zu beherbergen. Das soll was heißen in einem Dorf mit gerade mal 900 Einwohnern! Improvisation, nicht zuletzt bei den Franzosen abgeschaut, ist angesagt.

Der Calvados und der Cidre, aus normannischen Äpfeln hergestellte alkoholische Getränke, haben es den Frankeneckern angetan; vom Pfalzwein schwärmen die Franzosen. Nach einigen Gläsern dieser »Seligmacher« verschwinden alle sprachlichen Verständigungsprobleme.

Die Partner kennen sich meist über eine lange Zeit und wissen so um die gegenseitigen Vorlieben. Gerade die etwas leichtere Lebensart der Franzosen färbt bei den Treffs deutlich auf die deutsche Seite ab: anstelle aufwendiger Büfetts verköstigt man sich kurzerhand aus dem mitgebrachten Korb und tauscht dabei gerne die eine oder andere Spezialität mit dem Nachbarn; das schafft Nähe und Kommunikation.

Zum 25. Jubiläum der Partnerschaft verstärkte sich die deutsche Gruppe mit der Esthaler Blaskapelle, die dann in der Normandie groß aufspielte. Für die ehemaligen Kriegsgefangenen auf beiden Seiten, die von Anbeginn an zu den größten Förderern gehören, war dieses Auftreten der Musiker ein besonders erhebendes Erlebnis. Die Kirche in Thuit-Signol war überfüllt, und so mancher Zuhörer konnte seine tiefe Rührung nicht verbergen!

Beziehungen über die Orte hinaus

Beide Partnerschaften im Ort sind voller Leben; sie stören sich nicht, im Gegenteil, sie ergänzen sich. Man hilft sich aus, so gut es eben geht, sei es mit Quartieren oder mit wohlgemeinten Tips zur Programmgestaltung. Beide Partnerschaften sind auch längst über das Dorf hinausgewachsen und haben Anhänger in den umliegenden Orten. Das ist auch gut so, denn es gilt nicht nur, Grenzen nach außen zu überwinden, sondern auch im engeren Nahbereich!

Im Ortsbild von Frankeneck hat die Partnerschaft einige markante Spuren hinterlassen: Unterhalb des Sportplatzes beim Englischen Eck fällt sofort die dunkelrote Original-Telefonbox aus Tenbury Wells ins Auge. Das größte Problem dabei war nicht der Transport der schweren gußeisernen Zelle nach Frankeneck, sondern der Behördenkrieg, ob denn eine solche Zelle von der Bundespost angeschlossen werden könne; nach zähem Ringen konnte man!

Ein normannisches Bauernpaar, lebensgroß in der Tracht des 16. Jahrhunderts, ist eines der auffallendsten Exponate im Papiermacher- und Heimatmuseum. Weitere Gastgeschenke der Partner mußten wegen Platzmangels in den Gemeinderatssaal ausgelagert werden.

Dieses nicht alltägliche Engagement für die europäische Verständigung fand denn auch öffentliche Anerkennung: im Jahr 1974 wurde dem kleinen Papiermacherdorf im Tal feierlich die Europafahne verliehen. Und Jahr für Jahr ist man seither bemüht, sich dieser Auszeichnung würdig zu erweisen.

Elektrischer Funke in Entwicklungshilfe
Horst Wageck aus Grünstadt hilft in Burkina Faso
von Martin G. Nickol

Eine ungewöhnliche Art der Entwicklungshilfe hat Elektromeister Horst Wageck aus Grünstadt eingeschlagen: Er stellt sein Fachwissen und seine Arbeitskraft in Afrika zur Verfügung. Dort hilft er durch sein Eingreifen in die elektrischen Schaltwege und Leitungssysteme eines kirchlichen Krankenhauses die medizinische Versorgung der Bevölkerung sicherzustellen. Zweimal hat er sich in Burkina Faso, dem früher Obervolta genannten Staat in der Sahelzone, aufgehalten. Ungezählte Stunden hat er auch in Deutschland mit Vorbereitungen und Hilfsaktionen zugebracht.

Am Anfang stand der Wunsch zu helfen, und zwar so, »*daß die Spende auch ankommt*«, sagt Horst Wageck. Er dachte an eine handwerkliche Leistung für ein Land der Dritten Welt. Aber die um Unterstützung gebetene Bezirksregierung konnte ihn weder an Projekte im rheinland-pfälzischen Partnerland Rwanda noch in anderen Ländern heranführen; auch kirchlichen Institutionen war diese Art der Hilfe zu fremd, um sie aufgreifen zu können.

Konsul Dr. Spieß aus Kleinkarlbach hilft

Erst der Kontakt mit dem in Kleinkarlbach wirkenden Honorarkonsul von Burkina Faso, Dr. Dieter Spieß, brachte Wageck der Konkretisierung seiner Pläne näher. Dr. Spieß machte Horst Wageck mit dem Chefarzt des Centre Medical Paul VI. in der Hauptstadt Quagadougou bekannt, als dieser zu Besuch in der Pfalz weilte. Dr. Etienne Kaboré lebte während seiner Ausbildung lange Zeit in Heidelberg. Er schickte Wageck die Gebäudepläne zu, die freilich mit den bundesrepublikanischen Aufrissen wenig gemeinsam hatten. Wageck nahm sie als Unterlage für eine Aufstellung der notwendigen Elektroarbeiten für den Gesundheitsfürsorgetrakt, für das Behindertenzentrum, die Handwäscherei, die Küche, für die Toilettenanlagen, die Operationsräume, die Apotheke und die Arztbüros. Für das gesamte Zentrum fertigte Wageck einen Stromlaufplan an, machte sich Gedanken über die benötigten Materialien und ihre Beschaffung.

Er bemühte sich schließlich, für Februar 1991 einen Flug in das dünn besiedelte Agrarland in Afrika zu erhalten, den er ebenso wie Unterkunft und Verpflegung aus eigener Tasche bezahlte. Wageck setzte sich bewußt vielerlei Unwägbarkeiten aus: Zahlreiche Impfungen waren erforderlich, er spricht die Verkehrssprache Burkina Fasos nicht - und daß nicht alle Materialien vor Ort beschafft werden konnten, hatte ihm der Koordinator des Krankenhausprojektes bereits schriftlich mitgeteilt. Mit viel Mut zur Improvisation machte sich Wageck auf nach Westafrika. Im Bauch des Flugzeuges begleitete ihn eine zwei Zentner schwere Werkzeugkiste mit einem umfangreichen Elektrowerkzeugkoffer, mit Bohrhammer und Bohrmaschine, mit Schlagwerkzeugen für Schlitze und den famosen Dübeln, die auch in Afrika manches verankern sollten, mit Fehlerstromschutzschaltern für die OPs und einem Notstromaggregat. Es war keine Fahrt ins Blaue!

Schon im März berichtete Wageck in einem Brief an die Grünstadter Zeitung von seinen Erfolgen: »*Meine private Entwicklungshelfer-Reise hat sich als absolut brauchbar, ja sogar als notwendig erwiesen.*« Bis zu 300 Patienten mußten zur damaligen Zeit am Tag versorgt werden. Dr. Kaboré war der einzige Arzt des medizinischen Zentrums, das im Gegensatz zur Stadt auf die hygienischen Verhältnisse achtete. »*In der Stadtmitte türmen sich Abfallhaufen*« - die Wageck an einen Streik der Müllabfuhr in einer europäischen Großstadt erinnerten. Bei alledem fand er die Bevölkerung sehr freundlich und tolerant, obgleich sich in dem Land allerlei christliche, heidnische und ethnische Vorstellungen mischten.

Medizinisches Gerät für Westafrika

Als er im März 1991 zurück nach Grünstadt kam, wartete weitere Arbeit auf ihn. Er hatte auf Grund der Berichte über seine Aktionen medizinisches Gerät - darunter auch eines von fünf in dem westafrikanischen Land mittlerweile verfügbaren Ultraschalluntersuchungsgeräten, Medikamenten und Kleidung erhalten, die er wohlverpackt über Bremen nach Burkina Faso verschiffen mußte. Außerdem saß er schon wieder über Plänen des Erweiterungsbaues mit Laboratorien. Schon im Mai 1991 befaßte er sich gedanklich mit den dazu nötigen Elektroinstallationen.

Um sich mit der Technik der Ultraschalluntersuchung vertraut zu machen, kam Dr. Etienne Kaboré im Juli 1991 in die Pfalz. Er berichtete, daß in seinem Zentrum besonders Bedarf an Medikamenten bestehe. Außerdem fehle es an Geld: Jede Beratung koste umgerechnet 70 Pfennige - für viele Patienten ist auch das viel zu teuer.

Horst Wageck zog sich nach seinem ersten Besuch in Burkina Faso nicht zurück. Er fand in Issoufou Tapsoba einen einheimischen Berufsschullehrer, der in Quagadougou Elektrotechnik an der Berufsschule unterrichtet, und nun - gegen Bezahlung durch Wageck - im Krankenhaus weitere Arbeiten ausführen und auch auf die Einhaltung europäischer Sicherheitsvorschriften bei der Stromversorgung hinwirken sollte. Eine Herausforderung für Wageck in dieser Zeit war die Beschaffung und Installation einer Lichtrufanlage für die Entbindungsstation der Klinik.

Im Oktober 1991 ging eine zweite Kiste mit medizinischem Gerät per Schiff nach Afrika: zwei fahrbare Röntgengeräte, ein tragbarer Brutkasten, ein Computertomograph und ein Sterilisiergerät standen auf dem Inhaltsverzeichnis.

Tombolaerlös vom Weihnachtsmarkt und Spenden der Grünstadter

Im Januar 1992 erhielt Wageck für seine private Initiative den Erlös der Tombola am Grünstadter Weihnachtsmarkt überwiesen; auch Spenden aus der Bevölkerung waren eingegangen. Der Erwerb der Schwesternrufanlage für die 70 Meter lange Entbindungsstation in Quagadougou rückte näher. Bei 150 Entbindungen pro Monat ein wichtiges Hilfsmittel, das Wageck in einfachster wartungsfreier Ausführung anschaffen wollte. Sein Arbeitsaufenthalt im Frühjahr 1993 war geplant.

Diesmal nahm er einen Lehrling mit: der 18jährige Stefan Thiel flog mit Wageck am 14. Januar 1993 nach Westafrika. Das Material für die Lichtrufanlage reiste im Flugzeug mit: darunter 650 Meter Kabel und 350 Meter Kabelkanäle. 150 Kilogramm brachten die Werkzeugkisten auf die Waage. Sein Geschäft in Grünstadt lief auch in der Zeit der Entwicklungshilfe mit der übrigen Belegschaft normal weiter - aber sein Einsatz wirkte sich durchaus negativ auf den Geschäftsgang aus: die Kundschaft wähnte Wageck überwiegend in Afrika und nicht mehr zuständig für die Installationen im Leiningerland.

In Afrika sah Wageck, daß die Hauptverteilung, die er zwei Jahre zuvor schon nach Afrika geschickt hatte, noch immer nicht verlegt war - es kam also zusätzlich Arbeit auf ihn und seinen Lehrling zu. Rund vier Wochen dauerte ihr Einsatz in der Klinik. Die Bevölkerung hatte seit seinem letzten Aufenthalt um eine Million Menschen zugenommen; um so wichtiger war das reibungslose Funktionieren der ärztlichen Hilfeleistungen.

Honorarkonsul Dr. Dieter Spieß überreichte Horst Wageck für seine Hilfe eine Ehrenurkunde der Republik Burkina Faso. Es sei ihm in der ganzen Bundesrepublik kein Fall bekannt, in dem ein Elektromeister auf eigene Kosten nach Afrika gegangen sei, um dort private Entwicklungshilfe zu leisten, sagte der Konsul bei der Übergabe der Urkunde. Horst Wageck sieht es weiter als eine lohnende Aufgabe, den Menschen in Burkina Faso zu helfen, »*auch wenn es nur einen Tropfen auf einen heißen Stein bedeute. Denn von der eigenen Arbeitskraft können die Menschen und ihr Staat nicht leben.*«

Im Frühjahr 1995 wandte sich Horst Wageck an verschiedene pharmazeutische Betriebe, um Medikamente für Burkina Faso zu erbitten, erhielt aber keine Zusagen, da man sich nicht mit zu vielen Spenden verzetteln wolle, wie man ihm sagte. Er hat mit Hilfe des Lionsclubs, des Bundesministeriums für Wirtschaft und privater Geldgeber wieder einen finanziellen Grundstock angesammelt, den er jetzt in den Bau einer Schule in Burkina Faso investieren möchte.

Kinder aus Shitkowitschi

Haßlocher Familien, Vereine, Firmen helfen für »Leben nach Tschernobyl«
von Carmen Letzelter

Aus seiner ganz persönlichen Betrachtung heraus, hat Haßlochs Bürgermeister Hanns-Uwe Gebhardt »*mit am stärksten die Erkenntnis beeindruckt, daß sich hinter all diesen Dingen eine globale Schizophrenie verbirgt. Die Tatsache nämlich, daß erst große Unfälle und viele Opfer nötig sind, bis der Mensch beginnt, Feindbilder abzubauen, um zu erkennen, daß jenseits nationaler Grenzen Menschen leben wie Du und ich.*«

Der Gemeindechef formulierte solche Gedanken bei einem Abschiedsfest für Kinder aus Weißrußland. Mit Kinderferien in der Vorder- und Südpfalz - und dabei auch regelmäßig über acht Sommerwochen bei Gasteltern in Haßloch - hat die Arbeit des Vereins »Kinder aus Shitkowitschi - Leben nach Tschernobyl« vor Jahren begonnen. Seine Mitglieder und Sympathisanten wollten ursprünglich Mädchen und Buben aus Weißrußland Möglichkeiten eröffnen, sich nach dem schweren Reaktorunglück von Tschernobyl zu erholen.

Spendentransporte nach Weißrußland

Es folgten auch hier bereits mehrere Spendentransporte in die Region mit Lebensmitteln, Arzneien, Kleidung. Später lief die technische Hilfe für Ärzte und Landwirte im Gebiet von Shitkowitschi an. Kranke sollten vor Ort behandelt werden können, die Erträge in der Landwirtschaft auf nicht verseuchten Böden gesteigert werden.

»Nadeshda« verheißt Hoffnung, Nadeshda II ist ein Erholungsheim auf unverseuchtem weißrussischen Gebiet, das eingerichtet wurde, um der Bevölkerung und vor allem den Kindern an Ort und Stelle helfen zu können.

Neben etlichen Haßlocher Familien, Vereinen und Firmen hat sich auch der Lionsclub in diese Aktivitäten mit eingebracht. Noch einmal Gebhardt: »*Die Erkenntnis, daß jenseits nationaler Grenzen Menschen leben wie Du und ich, löst eben auch emotional bedingt spontane Hilfsaktionen aus, und dies ist das eigentlich Positive.*«

Und bei jedem Besuch in Haßloch betonen erwachsene Begleiter wieder: »*Für unsere Kinder ist es eine unvergeßliche Zeit, die sie hier in Haßloch erleben dürfen. Die Gasteltern sind wunderbare Menschen, die Herzlichkeit und Menschlichkeit haben uns sehr gerührt.*«

Landkreis Bad Dürkheim
Urlaubsgebiet Deutsche Weinstraße - Pfälzer Wald

Unsere Anti-Streß-Formel:

**Wein
+ Wald
+ Sonne
+ Aktivurlaub**

Lebendige Vergangenheit – ein Grund für uns. Berühmte Burgen und Ruinen wie Burg Altleiningen, Kloster Limburg, Neuleiningen und das Hambacher Schloß, die "Wiege der Deutschen Demokratie", laden zum Entdecken und Verweilen ein.

Wir informieren Sie gern: Kreisverkehrsamt
67089 Bad Dürkheim, Postfach, Tel. 06322/961-102

Die Villenlandschaft am Starnberger See
Berühmte Adelige, Politiker, Literaten, Wissenschaftler bauten hier
von Gerhard Schober

Das Land um den Starnberger See gehört seit jeher zu den beliebtesten Landschaften im Umkreis der Stadt München. Schon im 15. Jahrhundert entstanden hier die ersten Herrensitze wohlhabender Münchner Patrizier, die später zu Hofmarken ausgebaut wurden. Es lockten schon damals die heiteren Sommermonate draußen in frischer Landluft, das fischreiche Wasser und die Jagd in den Wäldern. Wie ein Perlenkranz legten sich die Hofmarksschlösser um den See: Starnberg, Possenhofen, Garatshausen, Tutzing, Ammerland, Allmannshausen, Berg und Kempfenhausen. Ihre hell aus den Ufern heraustretenden Gebäude inmitten ausgedehnter englischer Parkanlagen haben diese Landschaft so nachhaltig geprägt wie an keinem anderen der süddeutschen Seen mehr. Sie bestimmen noch heute, trotz der inzwischen dichten Bebauung der Ufer, das Gesicht des Sees.

Als man im späten 18. Jahrhundert wieder die Welt außerhalb der Stadtmauern zu entdecken begann, gehörte der Starnberger See zu den ersten Landschaften, die man sich eroberte. Waren es zuerst nur ein paar Wanderer und Schriftsteller, die Geologen und Botaniker gewesen, - noch vor der Wende ins 19. Jahrhundert folgten ihnen in Scharen die Maler, denen die Natur und die unverfälschte Landschaft der Heimat zur Offenbarung wurden. Bald erfaßte die Sehnsucht nach dem Leben draußen auf dem Land auch die Bürger, und wer es sich leisten konnte, baute sich sein Sommerhaus im Isartal oder am Starnberger See.

Zuerst sind es ein paar wenige Adelige und einige höhere Hofbeamte, die sich hier ansiedeln: Staatskassier v. Ertl. etwa, der sich auf dem Georgsbichl über Starnberg ein kleines Landhaus errichtet, welches dann Prinz Carl, der Bruder König Ludwigs I., 1832 durch eine repräsentative, ganz »italienisch« empfundene Villa, das heutige Almeida-Palais, ersetzen läßt.

Drüben in Berg baut sich Staatsrat v. Krenner eine kleine Villa mit einem prächtigen Säulenportikus. Er vermacht sie später dem Hofopernsänger Giuseppe Leoni, und die Villa entwickelt sich zum beliebten Treffpunkt der Münchner Künstler und zum späteren Seehotel Leoni.

1827 folgt etwas weiter südlich Baurat Ulrich Himbsel mit seinem kleinen biedermeierlichen Landhaus. Er gehört zu den frühen Unternehmern des 19. Jahrhunderts. Er beteiligt sich nicht nur an der regen Bautätigkeit in München, er baut auch die Eisenbahn nach Augsburg und - auf eigene Kosten - nach Starnberg, um die Münchner zu seinem neuen Dampfer »Maximilian« zu bringen. 1848 baut er sich neben dem ersten Haus ein neues, viel größeres Landhaus, mit dem er sehr früh schon das Beispiel des alpenländischen Bauernhauses aufgreift und damit, lange bevor es

Landhaus Himbsel in Leoni.

Villa des Erzgießers Ferdinand von Miller in Niederpöcking.

andere tun, die Forderung nach bodenständigem Bauen verwirklicht.

Er läßt sich sein neues Haus nach alter oberbayerischer Tradition von Wilhelm von Kaulbach mit Lüftlmalerei schmücken. Und weil er ein großzügiger Gastgeber für die Münchner Künstler ist, malen sie ihm das Stiegenhaus mit wunderbaren, leuchtenden Fresken aus. Sie sind heute noch in ungeschmälerter Schönheit erhalten, und sie sind einmalig innerhalb der bayerischen Denkmälerlandschaft, vielleicht sogar einmalig in einem deutschen Bürgerhaus.

Auch in die Schlösser, um die es im späten 18. Jahrhundert ein wenig still geworden war, kehrt wieder neues Leben ein. 1834 erwirbt Herzog Max, der Vater der Sissy, der späteren Kaiserin Elisabeth von Österreich, Possenhofen und Garatshausen und macht sie zum gesellschaftlichen Mittelpunkt am See. 1841 zieht Graf Pocci, der berühmte Kasperl-Graf und Schöpfer des Kasperl Larifari, im Ammerland ein, und um 1850 kehrt mit König Max II. auch der Hof wieder nach Berg und an den Starnberger See zurück. Das zieht unmittelbar auch das Bürgertum an den See, die Maler zuerst, dann die Herren Professoren, Advokaten, Kaufleute, Rentiers und Partikuliers. Eine Villa reiht sich bald an die andere, und um 1870 reicht die Zeile schon von Starnberg bis nach Niederpöcking hinauf.

Auch in den anderen Uferorten wird gebaut, besonders in Leoni oder am oberen See in Tutzing, in Ammerland und Ambach. Ein, zwei Jahrzehnte später, als die Beamten und die Mittelständler nachziehen, reicht es in Starnberg schon nur noch zu einem Platz in der zweiten oder dritten Reihe. Man baut immer weiter hinauf, die Hänge werden besetzt wie die Plätze im Theater. Am Anfang war das Leben am See trotzdem noch lange ruhig und gemütlich. Man kannte sich untereinander, besuchte sich per Chaise oder per Boot, veranstaltete gemeinsame Sommerfeste. Da gab es Maskeraden und Umzüge im Stil der berühmten MünchenerKünstlerfeste, Kahnpartien, Illuminationen und fröhliche Abende im Freien. Mit den Jahren freilich wurden die Uferorte überlaufen. Das Starnberg der Jahrhundertwende glich in den Sommermonaten einem turbulenten Seebad, wo man mehr Sommerfrischler antraf als Einheimische. Um 1890 schon fuhren drei prächtige Salondampfer fast eine halbe Million Besucher um den See.

Die Reihe der Villen spiegelt natürlich die Baugeschichte des 19. Jahrhunderts wider. Die ersten sind noch ganz vom späten Klassizismus geprägt. Daneben gibt es unabhängige Formen, etwa die Villa im italienischen Stil, abgeleitet vom Landhaus der Toskana, mit dem charakteristischen Belevedereturm. Mit fortschreitendem Historismus treten dann andere Formen auf, die Neugotik zum Beispiel oder solche, welche die mittelalterliche Burg zum Vorbild haben. Breiten Raum nehmen am Starnberger See die Villen im sogenannten Maximilian-Stil ein, einem aus der englischen Gotik hergeleiteten, von König Max II. favorisierten und in München sehr viel verwendeten Baustil. Später kommt es zu Bauten im Stil der Neurenaissance, des Barock oder des Rokoko, bis sich schließlich nach der Jahrhundertwende ein neues Bauen, etwa mit Häusern von Richard Riemerschmid, und eine Hinwendung zu schlichteren, zurückhaltenderen Formen durchsetzen. Aber auch jetzt noch werden unter dem Eindruck des Neoklassizismus ganz hochherrschaftliche repräsentative Villen geplant.

Am Bau dieser Villen waren fast alle bedeutenden Münchner Architekten beteiligt wie Gabriel und Emanuel Seidl, Friedrich Thiersch, Leonhard Romeis, Arnold Zenetti oder Ernst Haiger, um nur ein paar Namen zu nennen. Aber auch namhafte auswärtige Architekten wurden herangezogen, vor allem von Bauherren, die nicht aus München kamen.

Mit dem Bau dieser Landhäuser und Villen versammelte sich eine illustre Gesellschaft am See. Bankdirektoren, Fabrikbesitzer, Kommerzienräte, Professoren, Diplomaten und andere, die zu viel Geld gekommen waren. Manche Villen blieben lange in Familienbesitz, die meisten gingen schnell in andere Hände über, wurden dann auch verändert und umgebaut. Die Bauherren kamen nicht nur aus München, sehr viele aus dem Raum Stuttgart waren darunter, viele aus dem Rheinland, auch aus der Pfalz (besonders Mannheim, Ludwigshafen), viele auch aus Sachsen und aus dem Großraum Berlin.

Es gab sogar Villenbesitzer aus Amerika oder aus Rußland, wie der steinreiche Fürst Alexander Bariatinsky, der in Kempfenhausen ein ganz großes Haus führte, oder der Direktor des Petersburger Lloyd, Gustav Tschernikow, der sich in Feldafing eine riesige Villa bauen ließ.

Natürlich fehlte nicht, wer im München des ausgehenden 19. Jahrhunderts Rang und Namen hatte, der berühmte Erzgießer und Schöpfer der Bavaria auf der Münchner Theresienwiese, Ferdinand von Miller, etwa, oder sein großer Sohn, der Pionier der Elektrotechnik und Gründer des Deutschen Museums, Oskar von Miller. Die Besitzer der Münchner Großbrauereien,

Villa des Kommerzienrats Siegmund Bergmann aus Berlin in Feldafing.

die Pschorr, Sedlmayr oder Knorr, der Fabrikbesitzer Hugo von Maffei oder Kommerzienrat Max Kustermann.

Auch aus anderen Teilen Deutschlands kamen bedeutende Namen der Gründerzeit wie Sigmund von Bergmann, der Gründer der Bergmann-Elektrizitätswerke in Berlin oder Kommerzienrat Gustav Siegle aus Stuttgart. Berühmte Künstler hatten hier ihre Villen, der große Maler Moritz von Schwind zum Beispiel, der Maler Ferdinand Keller aus Karlsruhe, die Maler Gabriel Max und Ferdinand Piloty, um nur einige zu nennen.

Wissenschaftler wie der berühmte Hygieniker Max Pettenkofer, der Ägyptologe und Schriftsteller Georg Ebers, die berühmten Chemiker Ludwig Knorr und Adolph von Baeyer ließen sich nieder. Auch Dichter und Schriftsteller wie Gustav Meyrink, der Schöpfer des »Golem«, Thomas Mann, Ina Seidel oder Waldemar Bonsels, der Dichter der »Biene Maja«.

Berühmte Musiker haben hier gewohnt oder Urlaub gemacht, Richard Wagner natürlich, Engelbert Humperdinck, Max Reger oder Johannes Brahms, der im Seepavillon des Wagnersängers Vogl in Tutzing an seinen Haydn-Variationen geschrieben hat.

Heute ist diese einmalige Kulturlandschaft, die einmal zu den bedeutendsten Villensiedlungen in Deutschland zählte, massiv gefährdet. Bei Erbauseinandersetzungen kommt es angesichts der immens teuren Seegrundstücke fast immer zu Teilungen und Parzellierungen. Die wunderbaren Parkanlagen, deren Pflege sich heute niemand mehr leisten kann, werden vereinfacht, auf rationelle Bearbeitung umgestellt, zerstückelt und bebaut. Die Villen werden jeweils nach der neuesten Mode umgebaut und erweitert. Das Schwimmbad muß sein, möglichst mit direktem Zugang aus dem Untergeschoß, weiße Marmorfußböden müssen verlegt werden, wo schöne Parkettböden oder Riemenböden die Wärme und die Schlichtheit des Landlebens vermittelten, bei jedem Besitzerwechsel werden die Bäder und die Küchen vollständig erneuert. Während man den Wert der alten malerischen Stadtensembles früh erkannt hat, ist dieser Kulturlandschaft bis heute fast schutzlos den Veränderungen durch wechselnde Eigentümer und dem starken Wandel der Bautechnik wie der Baumoden ausgeliefert.

Wein und Bier die Klammern
Feste prägen Beziehung zwischen Bad Dürkheim und Starnberg
von Manfred Letzelter

Die Initiative zu den »freundschaftlichen Beziehungen« zwischen den Landkreisen Bad Dürkheim und Starnberg ging 1981 von Bayern aus. Im Freistaat hatte man nach Kriegsende einige Zeit »getrauert«, daß im Zuge der Neuordnung der Bundesländer die Pfalz nicht wieder bayrisch wurde. *»Doch bald ersetzte der Wunsch nach brüderlichem Nebeneinander eingedenk gemeinsamer Historie das nicht mehr erfüllbare Wiedervereinigungsstreben«*, analysierte Starnbergs Pfalzreferent Fritz David im Heimatjahrbuch 1986 des Landkreises Bad Dürkheim.

Pfalzreferenten gab es in den meisten bayrischen Städten und Landkreisen. Ihre Aufgabe: Die historischen Beziehungen lebendig zu erhalten. Manche kümmerten sich um diesen Auftrag, viele nicht. 1981 wurde Oberamtsrat Fritz David von Landrat Dr. Rudolf Widmann mit dieser Ehrenaufgabe betraut. Pflichtbewußt stellte sich der hauptberufliche Leiter der Ordnungsverwaltung die Frage, was zu tun sei. Über den Bund der Pfalzfreunde in München (viele wohnen in Starnberg) führte die Recherche zur Münchener Komturei der Weinbruderschaft der Pfalz

Faßanstich zum Andechser Bierfest 1995 (von links): Schankkellner Georg Schuhmacher, 3. Kreisbeigeordnete Carola Kreis-Raquet, Pfalzreferent Fritz David, Frater Valentin vom Kloster Andechs und Bürgermeister Hanns-Uwe Gebhardt.   Foto: Amberg

und von dort direkt zu Ordensmeister Dr. Theo Becker in Deidesheim. Um Rat gefragt, welchen pfälzischen Landkreis sich die Starnberger denn suchen sollten, war für Dr. Becker klar: *»Na meiner, der, in dem ich lebe, der Landkreis Bad Dürkheim«* und er gab den Wunsch an Landrat Hermann-Josef Deutsch weiter.

Zur Starnberger Wirtschaftswoche 1981 fuhren Vertreter der Kreisverwaltung und der Kreissparkasse Bad Dürkheim nach Bayern. Nachdem die »Chemie« stimmte begannen beide Verwaltungen mit dem Aufbau einer Partnerschaft, die zu Weihnachten 1982 - die Bad Dürkheimer Verwaltung war kurz zuvor in die Kurstadt ins neue Gebäude gezogen - in einer Kreistagssitzung regelrecht »begossen« wurde. Die Kreistage in Starnberg und Bad Dürkheim einigten sich auf die Formulierung zur »Aufnahme freundschaftlicher Beziehungen«. Ein Faß vom dunklen Andechser Bier wurde auf die neue Freundschaft in Bad Dürkheim geleert, in Starnberg gab es ein Faß Dürkheimer Riesling für den Starnberger Kreisausschuß einige Monate später.

Ein halbes Jahr später öffnete das erste Pfälzer Weinfest auf dem Starnberger Kirchplatz seine Pforten, mit sechs Winzern bzw. Genossenschaften aus dem Landkreis Bad Dürkheim. Die Idee von Manfred Letzelter, Medien- und Partnerschaftsreferent in der Kreisverwaltung Bad Dürkheim, hatte in der Weinwerbung beim »Verein Mittelhaardt-Deutsche Weinstraße« Anklang gefunden, der damalige Geschäftsführer Klesman ging zusammen mit dem Kreis in die Umsetzung. In einer denkwürdigen Sitzung im Weingut Konrad Armbrust in Grünstadt-Sausenheim fanden sich sechs Wagemutige mit Schubkarchständen; das Konzept hieß nämlich »Mini-Wurstmarkt«.

Auch Fritz David in Starnberg griff die Idee auf und half vor Ort mit. Im ersten Jahr mußte nachts noch Wein nachgeholt werden. Trotz wirtschaftlicher Probleme in den nächsten Jahren (Weltmeisterschaften und schlechtes Wetter ließen den Zuspruch zeitweilig zurückgehen) setzte sich das Fest doch durch. Vor allem die Geschäftsführer Walter Schnur, Kuno Lorenz und Gunter Steuer sowie Inga Maria Säftel stützten dieses Fundament der Partnerschaft. Von den Winzern, die das Wagnis 1982 auf sich genommen hatten, sind auch 1995 noch drei dabei (ein Zeichen, daß sich mit Engagement vor Ort auch mit einer so verwähnten Kundschaft wie in Starnberg etwas bewegen läßt): Weingut Franz Nippgen (Neuleiningen), Weingut Emil Hoffmann (Herxheim am Berg) und Weingut Stritzinger (Inh. A. Bonnet, Friedelsheim).

Unterstützt von den Verwaltungen nahmen auch Vereine die Kontakte nach Bayern auf: Kreisjugendring und Feuerwehr, um nur zwei Beispiele zu nennen. Zusätzlich wurde für die offizielle Delegation des Bad Dürkheimer Kreistags, die jährlich zur Eröffnung des Weinfestes fuhr, ein kommunalpolitisches Gespräch eingeführt. Die Themen waren bunt wie der kommunale Alltag, sie reichten vom Ausländerbeirat über Abfallbeseitigung und Frauengleichstellung bis zu Sozialfragen. Auf der Fraktionsebene hielt am besten die Freundschaft zwischen CDU und CSU, die jedes Jahr abwechselnd die Partner besuchen. Guten Anklang fanden die gegenseitigen Kunstausstellungen.

Schon beim ersten Weinfest in Starnberg, bei dem an der Eröffnung auf dem Kirchplatz auch Pater Daniel, der Prior vom Kloster und Gesellschafter der Brauerei Andechs, teilnahm, kam zwischen Manfred Letzelter und Fritz David die Idee nach einem Bierfest mit dem Getränk vom »Heiligen Berg Bayerns« auf. Leider wollte Pater Daniel, ein älterer Herr, darauf nicht eingehen. Doch drei Jahre später saß als Nachfolger des Priors der studierte Wirtschaftler Pater Anselm mit am Weinfesttisch - und er war hell begeistert von der Idee. Bei den Winzern in Bad Dürkheim allerdings stieß der Plan, ein Bierfest bei der Klosterruine Limburg aufzuziehen, auf Widerstand: Bier an der Deutschen Weinstraße? Igitt!

Da in Haßloch gerade der neue Bürgermeister Hanns-Uwe Gebhardt sein Amt aufgenommen hatte, wurde er mit der Frage konfrontiert. Und Gebhardt sah die Chance und griff zu, holte das »Andechser Bierfest« ins Großdorf. Der Faßanstich mit Pater Anselm oder Fratern des Klosters, mit dem Schankkellner Georg Schumacher sowie den Landräten lockte schon freitags tausende ins Festzelt. Der Frühjahrstermin setzte sich letztlich wegen verschiedener Gründe nicht durch. Der Gewerbeverein Haßloch schaltete sich mit ein, organisierte Straßenfest und verkaufsoffenen Sonntag - und jetzt kommen schon seit 1993 jeweils rund 30.000 Besucher an den vier Tagen im September nach Haßloch. Die Kapelle aus Bachhausen begann, dann aber eroberten die Burschen und Madeln von der Kapelle aus dem Andechser Ortsteil Frieding (neuerdings mit Bürgermeister Rauscher an der Tuba) die Herzen der Haßlocher und ihrer Gäste aus dem Rhein-Neckar-Raum. Knapp 200 Hektoliter »Andechser« wurden 1994 und 1995 getrunken.

Andechs ist sowieso die heimliche Hauptstadt des Kreises Starnberg. Neben der weltberühmten Brauerei, die seit 1455 besteht, verweist der Ort auf viele kulturelle Werte. So hat zum Beispiel der Komponist Carl Orff seine letzte Ruhe in der Klosterkirche gefunden. Aber auch der Kult um König Ludwig II., der im Starnberger See 1886 den Tod fand, lockt immer wieder Gäste auch aus der Pfalz an die »Badewanne der Münchener«. Und auf dem See fährt heuer zum dritten Male die »Seeshaupt« mit einigen hundert frohgelaunten Gästen zur »Weindegustation« drei Stunden spazieren, während die Winzer am Vorabend des Weinfestes ihre Proben kredenzen.

TRADITION...

*Seit mehr als 500 Jahren
ist Kloster Andechs
ein bedeutendes Zentrum
bayerischer Frömmigkeit,
Kultur
und Lebensart.*

..IST DIE BRÜCKE..

*Die berühmte Wallfahrt und
ein breit gefächertes Kulturprogramm,
die bekannt hohe Braukunst und
die benediktinische Gastfreundschaft
sind Voraussetzungen dazu.*

...IN DIE ZUKUNFT.

*Damit der Andechser »Heilige Berg«
auch morgen ein selbstverständlicher
Mittelpunkt des Lebens
in Bayern sein wird.*

Klosterbrauerei Andechs · Bergstraße 2 · 82346 Andechs
Telefon: 08152/3760 · Fax: 08152/376260

Restaurant und Tanzsaal

Seit 95 Jahren »Rosengarten« in Obrigheim
von Wolfgang Heiss

Seit 95 Jahren besteht im Leiningerland eine weit bekannte Gaststätte, die »gute Stube« der Gemeinde Obrigheim. Kommt man von Westen, aus der Richtung des Ortsteiles Mühlheim, so liegt nur rund 150 Meter hinter dem Ortsschuld, auf der linken Seite der Straße, das Restaurant »Rosengarten«. Zu ihm gehört ein großer Saalbau, der ca. 350 Sitzplätze aufweist.

Am 18. März 1901 richtete der Küfer und Wirt Christof Mann, an das »verehrliche Bürgermeisteramt Obrigheim« ein Gesuch um *Erlaubnis zum Betriebe einer Schankwirtschaft mit Tanzsaal«*. Darin betont er, daß er im Anschluß an seine bereits vorhandene Gastwirtschaft »Zum Römer«, Haus Nr. 85, einen Tanzsaal in seinem angrenzenden Garten errichten möchte. Dazu führte er aus: *»Die günstige Lage und gute Frequenz des bisherigen Wirtschaftsanwesens, sowie die Tatsache, daß von den beiden hier vorhandenen Sälen nur einer die nötige Größe und Höhe besitzt, dürfte sein Gesuch um gütige Bewirkung der Erlaubnis genügend begründen«*.

Vom Bürgermeisteramt Obrigheim ging das Gesuch an das königlich bayerische Bezirksamt Frnakenthal zur weiteren Genehmigung. Dort wollte man selbstverständlich Genaueres über das Vorhaben wissen und so sandte im Auftrag des Antragstellers der Diplom-Ingenieur Dilg von Frankenthal am 12. April 1901 eine ausführliche Beschreibung des Bauvorhabens an das Bezirksamt Frankenthal. Daraus entnehmen wir die nachfolgenden interessanten Passagen *»Beschreibung zu einem neuzuerrichtenden Tanzsaal bei der Wirtschaft »Zum Römer«, Haus Nr. 85 von Chr. Mann in Obrigheim. Dem Mangel eines langgefühlten Bedürfnisses für Obrigheim abzuhelfen brachte den Gesuchsteller auf den Gedanken einen größeren Saal zur Ausführung zu bringen, welcher den Anforderungen unserer heutigen Zeit entspricht und in welchem größere Versammlungen und Tanzvergnügen abgehalten werden können.*

Behufs dessen erstand er sich einen Güterschuppen beim Abbruch des Bahnhofsanwesens Rosengarten um die Materialien hiervon für diesen Neubau zu verwenden... Der Saal erhält im

Die gute Stube der Gemeinde Obrigheim: der »Rosengarten«. Foto: W.M. Schmitt

Lichten eine Länge von 20 m, eine Breite von 12 m und eine Höhe von 7 m... Für die Musik ist im Inneren eine Empore mit 5,50 m Länge und 2,00 m Breite und 2,80 m Höhe vom Fußboden angeordnet und dieselbe wird mit einer 80 cm breiten Treppe mit dem Fußboden verbunden. Der Fußboden des Saalen wird ca. in 60 cm Höhe über dem Terrain angelegt und mit Kiefernrimen hergestellt.« Soweit das Gesuch.

Es wurde nach einigem Schriftwechsel zwischen den Beteiligten genehmigt und so erhielt die Gemeinde Obrigheim einen für die damaligen Verhältnisse überproportionalen Saal, der dem dörflichen Gemeinschaftsleben dienen konnte. Sehr interessant in diesem Gesuch ist der Hinweis auf den ursprünglichen Standort des Saalbaus. Bei dem Bahnhofsanwesen »Rosengarten« handelt es sich um einen Ortsteil der hessischen Gemeinde Lampertheim. Fährt man in Worms über die Nibelungenbrücke in das Rechtsrheinische, stößt man dort auf diesen Ortsteil.

Lange Jahrzehnte diente der »Rosengarten« den Obrigheimern für ihre Tanz- und Veranstaltungsvergnügungen. Doch nach dem 2. Weltkrieg zeigte sich, daß eine Erneuerung notwendig war. Die Besitzerin, Frau Mann, war damit einverstanden, das Anwesen, Wohnhaus mit Stallungen, Saal und Garten zum Preis von 85.000,— DM an die Gemeinde zu verkaufen. Einstimmig beschloß der Gemeinderat zuzugreifen. Kurze Zeit später im Jahr 1957 entschloß sich die Gemeinde den »Rosengarten« aus- bzw. umzubauen. Den Zuschlag für den Umbau erhielt der Architekt Weiß aus Grünstadt. Die Kosten für diese Baumaßnahme beliefen sich auf 150.000,— DM. Eine für die damalige Zeit erheblicheSumme. Die Einweihung des renovierten Hauses konnte am 1. August 1958 gefeiert werden.

In der Folgezeit entwickelte sich der »Rosengarten« zu einem beliebten Treffpunkt, der weit über das Leiningerland hinaus bekannt war. Vor allem im Fasching fanden große Bälle statt, die die Besucher von weit her anzogen. In den siebziger und achtziger Jahren wurde es dann ruhiger um den »Rosengarten«. Die großen Bälle hatten ihre Anzugskraft als gesellschaftliche Ereignisse verloren.

Die Wende kam erst, als im Jahr 1991 zunächst die Deutsche Seniorenförderung und Krankenhilfe-Sozialdienste, die das Seniorenzentrum in Obrigheim gebaut hatte, den »Rosengarten« pachtete. Das Restaurant fand wieder regen Zuspruch. Im Jubiläumsjahr wird es von H. J. Blessing, einem Koch aus dem Hessischen betrieben. Er und seine Mitarbeiter haben sich auf Familienfeiern spezialisiert, wozu sich die unterschiedliche Größe der Räumlichkeiten geradezu ideal anbieten. Doch auch in dem liebevoll ausgestaltetem Restaurant serviert man eine gepflegte gut bürgerliche Küche, welche freitags und sonntags immer etwas besonderes bietet: sei es »Essen satt« oder Menüs mi Büffet. In den Sommermonaten lädt eine großzügig angelegte Terrasse zu gekühlten Getränken und Pfälzer Weinen aus den Ortsteilen Obrigheims ein.

Moi Zeit bin isch

von Christel Hartmann

Moi Freundin,
die Zeit
formt misch,
is verschwiege,
kennt die Zukunft,
loßt misch mache
was isch will:
Isch bin moi Zeit
un moi Zukunft.

Ein Dorf sammelt für die Mission
Drei Ordensschwestern aus Niederkirchen in Afrika
von Gisela Kaulisch

»Es waren einmal drei Schwestern, die zogen hinaus in die weite Welt.« So könnte ein Märchen anfangen. Was aber in Wirklichkeit geschehen ist, gestaltete sich keineswegs als ein solches, sondern wurde zu einem selbstlosen, tätigen Leben dreier Ordensschwestern für die Menschen auf dem afrikanischen Kontinent.

Luise Schneider, 1917 geboren, ihre zehn Jahre jüngere Schwester Martha, und als dritte im Bunde Hildegard Scheuermann, Jahrgang 1938, leben und wirken seit Jahrzehnten in Afrika als Lehrerinnen.

Alle drei wuchsen in Niederkirchen auf und traten nacheinander in den Missionsorden der Dominikanerinnen in Schlehdorf am Kochelsee ein. Luise nahm nach der Zeit als Novizin den Namen »Schwester Blanda« an. Martha, die schon in der Schule ein fleißiges, begabtes Mädchen gewesen war, machte ihr Abitur nach, was in damaligen Zeiten - zumal auf dem Lande - noch recht ungewöhnlich war und eine Niederkirchenerin bis dahin noch nie getan hatte. 1950 legte sie die letzten Gelübde ab und wurde feierlich eingekleidet. Sie nahm den Namen ihres im Kriege gefallenen Bruders an und heißt seitdem Schwester Stephen. Hildegard Scheuermann nennt sich seit ihrer Einkleidung im Jahre 1963 »Schwester Bernhilde«.

Obwohl die drei Schwestern aus dem gleichen Ort kommen und dem selben Orden angehören, arbeiteten sie an ganz verschiedenen Orten. Blanda unterrichtete an einer Taubstummenschule in Johannesburg. Ihre leibliche Schwester Martha Schneider und Hildegard Scheuermann kamen an Schulen in den »Homelands«, den für die schwarze Bevölkerung bestimmten Gebiete Südafrikas, in denen weiße und dunkelhäutige Schüler gemeinsam unterrichtet werden.

Vor wenigen Jahren bekam Hildegard Unterrichtsverbot, weil sie sich nicht an die ungeschrie-

Die drei Niederkirchener Schwestern, die in Südafrika als Lehrerinnen wirken.

benen strengen Apartheits-Gepflogenheiten hielt. Sie wurde dann für ein Jahr nach Australien gesandt, um sich dort als Krankenhaus-Seelsorgerin ausbilden zu lassen und arbeitet seit ihrer Rückkehr im Krankenhaus von Eastlondon.

Daß es für die drei Ordensfrauen allein mit dem Unterrichten nicht getan war, versteht sich in diesem armen Land von selbst. So schrieb Martha (Schwester Stephen) im März 1995: »*Seit Neujahr ist unsere Suppenküche nicht bloß zwei Tage in der Woche offen, sondern jeden Morgen für ungefähr zwei Stunden. Dann kommen dünne, schmutzige, hungrige Kinder aus allen Richtungen und stellen sich in eine Reihe und warten, bis die Tür aufgeht. Mit großen gierigen Augen beobachten sie das Schüsselchen oder den Becher, der ihnen gegeben wird. 'Voll? Oder nur 3/4 voll? Ist das Stück Brot auch dick?' Gute Frauen (und manchmal auch Männer) aus der Pfarrei helfen uns beim Austeilen, denn da kann es auch leicht zum Streiten und Raufen kommen.*«

Häufig Kontakt in die Heimat

Die Verbindung nach Hause riß nie ab. Briefe wandern hin und her, und sehr oft klingelt auch das Telefon in Afrika oder Niederkirchen. So erkundigt sich Blanda, die schon immer sehr naturverbunden war, wie es im Wingert aussieht und wie die Ernte ausgefallen ist, und Martha erkundigt sich nach ihren ehemaligen Schulgefährten.

Nicht nur die Verwandten und Freunde stehen in Kontakt mit den drei Ordensschwestern, sondern das ganze Dorf nimmt Anteil an ihrem Geschick. Die Katholische Frauengemeinschaft schickt das bei der Weinkerwe und dem Basar eingegangene Geld, und der Verwandte Alfred Heil bat bei seinem Geburtstag statt Geschenken um Spenden. Pfarrer Klaus Herrmann berichtet, daß seit zwanzig Jahren der Erlös vom »Fest um den Wein« an die als Schatzmeisterin fungierende Martha geht, ebenso die Spenden der Meßdiener beim Sternsingen.

Im August 1995 veranstalteten die sieben Gemeinden des Pfarrverbands eine »Solidartour« per Fahrrad nach dem Muster der Hungermärsche, und die dabei zusammenkommenden Beträge gingen zu gleichen Teilen an die Schwestern und einen jungen Niederkirchener, der in Chile arbeitet. »*Wir helfen lieber gezielt, als in einen großen Topf zu spenden*«, sagt Pfarrer Herrmann. Das motiviere die Spender viel mehr, auch weil die Schwestern genau berichteten, was mit dem Geld gemacht wurde.

Frühes »Christkind« für Südafrika

Im Dezember 1994 berichtete Schwester Martha aus Cambridge in Südafrika der Frauengemeinschaft: »*Das Niederkirchener Christkind ist dieses Jahr früh gekommen. Es ist noch nicht Weihnachten, und das Geld von Ihnen, 2000 Mark, wurde schon von der Bank an uns überwiesen. Dafür danke ich Ihnen allen von Herzen. Ich sage ein inniges: Vergelt's Gott! Gestern saß Schwester Hildegard Scheuremann bei uns, und so saßen wir drei Niederkirchener, mit den großen Kuverten und der Geldüberweisung auf dem Schoß, beisammen und sprachen von den guten Frauen daheim, die übers Jahr bei mehreren Gelegenheiten so fest für uns drei in der Mission arbeiten. Wir wissen, daß das Geld nicht auf den Bäumen wächst, sondern irgendwie verdient oder erarbeitet werden muß. Wenn wir nur unsere Freude darüber in ein Paket packen und an Sie zurückschicken könnten!*«

Und Blanda schreibt an die Frauen: »*Schön ist es schon, wenn man nichts hat, Armut gelobt hat und doch den Ärmsten der Armen geben kann. Das habe ich Euch guten und fleißigen Niederkirchener Frauengemeinschaft zu verdanken. Der liebe Gott, der alles weiß und dem wohl nichts entgeht, schmunzelt und meint: 'Was Ihr den Armen getan habt, das habt Ihr mir getan', und er belohnt Euch dafür. Beten tun wir immer für unsere Wohltäter, und ein Missionar liest eine Hl. Messe für Euch.*«

Die Basilika der Mönche von Cluny

Bad Dürkheim - Paray-le-Monial: eine selbstverständliche Sache
von Georg Feldmann

Unter den ausländischen Städtepartnerschaften, die Bad Dürkheim unterhält, ist die älteste diejenige mit der französischen Stadt Paray-le-Monial in Burgund. Wie kam es dazu? Zu dieser Frage müssen wir kurz auf die Vorgeschichte eingehen. Am 5. September 1956 wurde in Mainz der Freundschaftskreis »Rheinland-Pfalz - Burgund« gegründet. Als Zweck dieses Zusammenschlusses wurde die Annäherung der beiden Länder als Beitrag zur deutsch-französischen Aussöhnung genannt. Hierzu Worte des legendären Canonicus Felix Kir - eines hochverdienten Mannes um die deutsch-französische Freundschaft: »*Il faut tourner la page dans le livre de l'histoire des nos deux peuples*« (Karl Heinz als Motto in der Festschrift zum 10jährigen Jubiläum der Partnerschaft).

Die entsprechende französische Vereinigung wurde am 25. Februar 1957 in Dijon unter dem Vorsitz des eben genannten Felix Kir gegründet. Sie erhielt den Namen »Amicale Rhenanie - Palatinat«.

Ein Freundschaftstreffen pfälzischer Bürgermeister, darunter auch des damaligen Bad Dürkheimer Bürgermeisters Ludwig Schön, in Dijon am 22. Juli 1963, sollte Gelegenheit bieten, mit Bürgermeistern aus burgundischen Gemeinden ins Gespräch zu kommen. Hier traf sich Schön

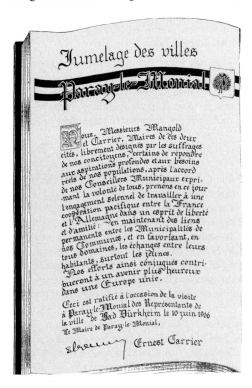
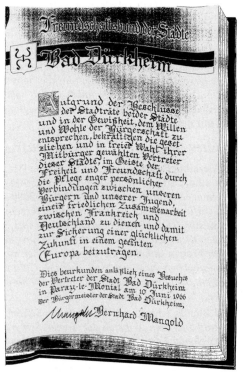

Die Urkunden zur Verschwisterung von Bad Dürkheim und Paray-le-Monial in Burgund.

mit dem damaligen Bürgermeister von Paray-le-Monial, Monsieur Mouterde. Dies war die erste gegenseitige Kontaktaufnahme mit Paray. Ein Gegenbesuch von Mitgliedern des Stadtrates von Paray erfolge dann im Juni 1964. Im Oktober des gleichen Jahres beschloß der Rat von Paray, daß die offizielle Partnerschaft aufgenommen werden soll und am 24. Juni 1965 reiste eine Bad Dürkheimer Delegation nach Paray-le-Monial, wo man gegenseitig Wesen und Charakter der beiden Städte vorstellte. Der Bad Dürkheimer Stadtrat beschloß dann einstimmig am 22. Juli 1965, mit der Stadt Paray-le-Monial in Frankreich eine Städtepartnerschaft zu bilden. Die feierliche Beurkundung der Partnerschaft im deutschen und französischen Text geschah am 7. Juni 1966.

Am 7. Juni 1966 unterzeichneten im Kurhaus von Bad Dürkheim in einer öffentlichen feierlichen Sondersitzung des Stadtrates die damaligen Bürgermeister Bernhard Mangold auf der deutschen Seite und Ernest Carrier auf der französischen Seite in feierlicher Form die Partnerschaftsurkunde, in der sich beide Städte verpflichteten, einer friedlichen Zusammenarbeit zwischen Frankreich und Deutschland zu dienen und damit zur Sicherung einer glücklichen Zukunft in einem geeinten Europa beizutragen.

Am 10. Juni 1966 folgten in öffentlicher Stadtratssitzung in Paray-le-Monial in Gegenwart des Präfekten der Gegenbesuch und die Unterzeichnung des Freundschaftsbundes beider Städte.

Die Partnerschaft zwischen Bad Dürkheim und Paray wurde in den folgenden Jahren zu einer »selbstverständlichen Sache«. Eine tragende Säule in den Beziehungen war der Gewerbeverein Bad Dürkheim, der von 1970 an in regelmäßigen Abständen deutsch-französische Tage, später auch unter Beteiligung der englischen Partnerstadt Wells, in Bad Dürkheim veranstaltete. Diese Freundschaftstage werden seit 1992 im Rahmen des Stadtfestes veranstaltet.

In gleicher Weise beteiligte sich Bad Dürkheim an den in Paray-le-Monial regelmäßig stattfindenden Gewerbeveranstaltungen und Messen. Schüleraustausch, Besuche von Feuerwehr, DRK, Sport- und Schwimmvereinen, Stadtkapelle und anderen halfen mit, die Freundschaft zu festigen. Die Begegnung der Jugend wurde 1977 durch die Gründung einer Schulpartnerschaft zwischen dem heutigen Werner-Heisenberg-Gymnasium und dem C.E.S. in Paray-le-Monial gefestigt und ausgebaut. Lehrerdelegationen besuchten sich gegenseitig. Seit dieser Zeit finden jährliche Schüleraustauschbegegnungen statt. Zum 10jährigen Partnerschaftsjubiläum im Jahre 1976 erhielten die damaligen Bürgermeister von Bad Dürkheim, Georg Kalbfuß und von Paray-le-Monial, Dr. Drapier, das silberne Ehrenzeichen des Freundschaftskreises Rheinland-Pfalz - Burgund für ihre Verdienste um die Völkerfreundschaft.

Im Juni 1986 feierte man in der Salierhalle in einem Festakt das 20jährige Partnerschaftsjubiläum, wobei Bürgermeister Georg Kalb-

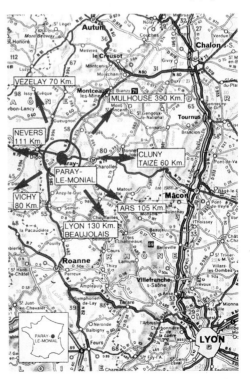

Im Herzen Burgunds liegt die Bad Dürkheimer Partnerstadt.

Fröhlichkeit gehört bei Besuchen der Partner dazu.   Foto: I. Preuß

fuß seinem Amtskollegen Dr. Drapier einen handgeschnitzten Schild mit Motiven der Limburg und der Basilika von Paray überreichte. Ein Bürger von Paray, »Monsieur Charlie« (Charles Clerque), der seit 17 Jahren alljährlich nach Bad Dürkheim kam und zu den Stammgästen der Freundschaftstage und des Wurstmarkts gehörte, bekam von Bürgermeister Kalbfuß eine Ehrenplakette überreicht.

Umgekehrt kamen die Dürkheimer im Juni 1987 mit 70 Gästen zur Partnerschaftsfeier in Paray, die mit einer Leistungsschau des »Salon du pays Chraollais« verbunden war. Bürgermeister Dr. Drapier überreichte Bürgermeister Kalbfuß eine Keramiktafel mit Motiven beider Städte.

Im Jahre 1978 wurden beide Städte durch das deutsch-französische Kulturinstitut im Palais Luxembourg in Paris für gute Partnerschaftsarbeit mit einer Medaille ausgezeichnet.

Im Jahre 1983 wurde der Partnerschaftsverein gegründet, der viele Bürger Bad Dürkheims an die Partnerstadt herangeführt und die Städtefreundschaft in die Familien hineingetragen hat. Gruppen von Bürgern aus beiden Städten besuchten die Partnerstadt und lernten auf diese Weise Land und Leute kennen.

An den Hauptzufahrten nach Paray-le-Monial sowie nach Bad Dürkheim wurden Schilder an-

Kinder beschäftigen sich künstlerisch mit den Partnerstädten.   Foto: I. Preuß

gebracht, die auf die Städtepartnerschaft hinweisen. In Bad Dürkheim gibt es eine Paray-le-Monial-Straße, die am 10. Juni 1978 im Rahmen der 1200-Jahrfeier im damaligen Bebauungsplangebiet »Altenbach« eingeweiht wurde.

Eine besondere Ehre wurde der Stadt Bad Dürkheim durch die Verleihung der Europafahne des Europarates am 6. November 1987 zuteil.

Der Ausschuß für Umwelt, Raumordnung und Kommunalfragen der Parlamentarischen Versammlung des Europarates, dessen Präsident Peter Hardy im November 1987 die Europafahne persönlich überreichte, hatte in seiner Sitzung vom 3. April 1987 beschlossen, die Ehrenfahne des Europarates an die Stadt zu verleihen. Damit wurden die besonderen Verdienste um die Verbreitung des europäischen Gedankens gewürdigt.

Im Juni 1990 feierte man in Bad Dürkheim auf dem Bahnhofsplatz die »Bad Dürkheimer Freundschaftstage« (wobei neben den Gästen aus Paray auch eine Abordnung der englischen Partnerstadt Wells vertreten war). Hierbei erklärte Bürgermeister Horst Sülzle, er sei froh, daß die Partnerschaften in der Zwischenzeit nicht mehr in erster Linie zwischen den Räten und Verwaltungen beständen, sondern immer mehr Bürger Interesse zeigten und mitmachten. Daß die Welt dazu immer »kleiner« werde, belege eine im Januar 1990 zwischen Bad Dürkheim und dem amerikanischen Emmaus ausgetauschte Freundschaftsurkunde. Bürgermeister Sülzle dankte auch den Vereinen, die sich um die Städtepartnerschaft verdient gemacht haben, so dem Partnerschaftsverein, dem Gewerbeverein, der Offenen Werkstatt, dem Kunstverein etc., aber auch den Mitarbeitern der Verwaltung, sowie dem »langjährigen Motor der Beziehungen zu Paray-le-Monial«, Rudi Reber.

Die 25jährige Freundschaft feierte man im Mai 1991 in Paray im Rahmen des »Salon du Pays Charollais«, einer regionalen Gewerbeausstellung. Hierbei würdigte Bürgermeister Sülzle die geglückte langjährige Freundschaft zwischen beiden Städten. Er lobte auch die 20 Bad Dürkheimer Vereine, die in diesen 25 Jahren die Beziehungen im sportlichen, kulturellen und sozialen Bereich vertieft hätten, sowie besondners den Gewerbeverein »als tragende Säule von Anfang an«. Diesem Lob schlossen sich auch die Vorsitzenden der beiden Partnerschaftsvereine, Prof. Hermann Koch und Jean Pierre Martinroche an. Für die Dürkheimer Michaelskapelle übergab der dortige Partnerschaftsverein eine alte Steinplastik des Hl. Paulus, die in einem Pfarrhof in der Nähe von Paray gefunden wurde. Prof. Koch betonte, man sei sich bewußt, daß es damals für die Franzosen eine historische Tat war, die Türen zu öffnen und dafür seien wir dankbar. Auch die Dürkheimer Feuerwehr weilte mit 32 Leuten in Paray, wobei Wehrleiter Egon Schmitt seinem französischen Kollegen ein kupfergetriebenes Stadtwappen von Bad Dürkheim übergab.

Nicht zu vergessen sind die alljährlichen Be-

Der Stein von St. Pierre für die Bad Dürkheimer Michaelskapelle im Mai 1991, gestiftet von Paray; das Maßwerk kam aus der englischen Partnerstadt Wells, die Glocke aus Bad Berka in Thüringen.   Foto: I. Preuß

gegnungen zum Dürkheimer Wurstmarkt. Etlichen Bad Dürkheimer wurde die Ehre zuteil, zum Mitglied der Bruderschaft »Francs Cacous«, der Vereinigung französischer Feinschmecker in Paray-le-Monial, berufen zu werden.

Eine besondere persönliche Verbindung entstand, als im Jahre 1978 zwei junge Menschen, nämlich Horst Keller aus Bad Dürkheim und Annick Veillerot aus Paray-le-Monial den Bund fürs Leben schlossen.

Auch eine sportlich bekannte Persönlichkeit kommt aus Paray-le-Monial. Bernard Thevenet gewann 1975 und 1977 die Tour de France, das wohl schwerste Radrennen der Welt.

Auch Papst Johannes Paul II. besuchte Paray-le-Monial und zelebrierte am 5. Oktober 1986 eine Messe.

Zum Abschluß unseres Berichtes interessiert uns nun noch, etwas über unsere Partnerstadt und ihre Kunstschätze in Erfahrung zu bringen. Ich wüßte im Augenblick keinen besseren Interpreten, als den Germanisten Dr. Walther Klein (1984), der seiner Begeisterung über die Partnerstadt und ihre Kunstwerke von Paray beredten Ausdruck verlieh. Er schreibt u.a. (Rheinpfalz vom 16.03.1972): »...*Glückliches Paray! Allein diese einzigartige Kirche lohnt eine Fahrt nach Paray ... Vor fast 1000 Jahren haben Mönche von Cluny, getrieben und getragen von einer Gesinnung, die eine Welt in die Schranken forderte, die Basilika von Paray erbaut. Sie gilt als das reinste Beispiel Cluniazensischer Architektur. Die großartige Majestät dieses Bauwerks ist mit Worten nicht zu beschreiben. Man steht still davor, unfähig, die Pracht der architektonischen Unermeßlichkeiten zu verstehen, bewundert sie jedoch aus natürlichem Instinkt. ... Und dann das Innere. Wir betreten zunächst das von zwei romanischen Türmen flankierte Paradies. Zwei Säulenbündel mit reichem Kapitellschmuck tragen das Tonnengewölbe. Die Kapitelle des einen zeigen üppigzarte, feingliedrige Blatt- und Rankenornamentik, die wie eine Vegetation, wie eine Art landschaftlichen Hintergrund wirkt, die Kapitelle des anderen - welch wunderbarer Gegensatz - figürliche Plastik: Gesichter zwergenhafter Proportionen. Mit 'großem Blick' verfolgen sie den Beschauer, der nur zögernd das Innere betritt. ... Der Stein belebt sich und vergeistigt sich unter der brennenden und strengen Hand des Künstlers. Es ist unmöglich, sich der Magie dieses Wunders zu entziehen, besonders wenn das Licht in dem Halbdunkel aufflammt, die drei Schiffe überflutet und sich an den Wänden und dem Chorumgang und schließlich noch an dem Rot und Blau der Fenster bricht...*

Neben dem Ruhm der Basilika verblaßt leicht der Glanz anderer bedeutender Bauwerke: Das Rathaus, inmitten der Stadt, ein einmaliges Prunkstück der Renaissance, geboren und gebaut aus einer ganz anderen Gesin-

Die Basilika von Paray-le-Monial.

nung als die Basilika, strahlt Würde und Repräsentanz aus. Wir ahnen die Pracht der großen französischen Renaissancebauten und -schlösser an der Loire: Chambord, Blois, Amboise.

Der Turm St. Nicolas, einziges Überbleibsel der alten Kirche gleichen Namens, ist ein 'Akzent', unübersehbar im Stadtbild.

Genug! Eines der großen, beglückenden Erlebnisse, jedem Burgundfahrer unvergeßlich, ist das erste Aufsteigen der Stadt Paray-le-Monial aus dem fruchtbaren Ackerboden am Ufer der Bourbince, eines Nebenflusses der Loire. ... Erst wenn der weither Gereiste, erst recht der Dürkheimer, die große Kunst Parays sich aus diesem ländlichen Hintergrund erheben sieht, wird der Wuchs und Werk der Stadt verstehen, tief eintauchen in Geist und Kultur seiner Partnerstadt, sie nie vergessen und Freundschaft mit ihr halten.«

Maire Jean Marc Nesme.   *Fotos: I. Preuß*

Beide Städte haben auch eine gemeinsame englische Partnerstadt: Wells. Im Jahre 1979 begründete Paray-le-Monial eine Städtepartnerschaft mit der südenglischen Stadt Wells, bei der Vertreter Bad Dürkheims anwesend waren. Im Jahre 1983 kam es zur offiziellen Begründung der Städtepartnerschaft zwischen Bad Dürkheim und Wells, für die unsere französischen Freunde Pate gestanden hatten. Es war auch für Bad Dürkheim eine Ehre, bei der Begründung der Städtepartnerschaft zwischen Paray-le-Monial und der schweizerischen Stadt Payerne (1985) dabei sein zu dürfen.

Drei Bürgermeister halten (Pfingsten 1983) die Partnerschaft hoch (von links): Georg Kalbfuß (Bad Dürkheim), Steven Fowler (Wells) und Maire Dr. Drapier (Paray-le-Monial).

Die Ostereierschützen eingeladen

Seit 1977 pflegen Ruppertsberg und Raisting/Obb. Beziehungen

von Raymund Rössler

Die Ruppertsberger Patenschaft zu Raisting am Ammersee basiert auf sportlich-gesellschaftlicher Ebene zwischen den beiden »SGR«, den Schützengesellschaften von Raisting und Ruppertsberg, griff aber durch die beidseitige große Gastfreundschaft, die sich über viele Freundeskreise immer weiter auffächerte, auf die Einwohner beider Dörfer über. Heute sind die beiden Ortsnamen - hier wie dort - ein Begriff.

Diese echte Patenschaft - urkundlich 1977 während einem großen Festabend in Raistings vollzogen, - dem »Ohr zur Welt«, wie das Ammerseedorf (im Kreis Landsberg, unmittelbar an dem Bad Dürkheimer Partnerkreis Starnberg anschließend) durch seine weltbekannte Erdefunkstelle genannt wird, - , wurde dank dem Bekanntheitsgrad der Ruppertsberger Ostereierschützen herbeigeführt. Als man in Raistings den Wunsch hegte, sich mit einem Verein aus einem anderen Landesverband zu befreunden, war es eine dort wohnende Deidesheimerin, die Ruppertsberg vorschlug. Ihr 1975 erfolgter Besuch in der alten Heimat hatte nicht nur Erfolg, sondern ließ sofort eine große Bayernfahrt folgen.

Seit diesem Start folgen alljährlich Gegenbesuche, - wobei die weit über hundert Gäste stets in privaten Quartieren, bei Freunden, unterkommen -, besteht gleichzeitig auch eine herzliche Verbindung mit der Raistinger Jugendblaskapelle, der heutigen Raistinger Blasmusik, die in Ruppertsberg genauso bekannt ist, wie in Raisting die vielen Ruppertsberger, Mundartdichter Paul Tremmel, oder Komponist Oksar Frey, wie alle bisherigen Ruppertsberger Bürgermeister und die Geistlichkeiten. So hat Oskar Frey beiden Schützengesellschaften zu Ehren, nicht nur ein Schützenlied sondern auch einen Bayerisch-Pfälzischen Schützenmarsch komponiert. Und was täglich in Raising an Ruppertsberg erinnert, ist der »Ruppertsberger« auf den dortigen Getränkekarten steht und in drei Verkaufsstellen Absatz findet.

Bayerns Ministerpräsident a.D. Alfons Goppel, Ehrenschütze der SG Ruppertsberg, mit den jüngsten Mitgliedern beider Schützengesellschaften; links Annemie Glas (Raisting), rechts Christina Wagner (Ruppertsberg). Foto: Rössler

Für die Patenschützen beider Vereine war der 1. Oktober 1985 ein besonderer gesellschaftlicher Höhepunkt, der hauptsächlich Ruppertsberg mit besonderem Stolz erfüllt. Als der Ruppertsberger Ehrenschütze, der ehemalige bayerische Landesvater, Ministerpräsident a.D. Dr. Alfons Goppel, seinen 80. Geburtstag feierte, lud sein Nachfolger, Ministerpräsident Dr. Franz Josef Strauß, Abordungen beider Vereine zum Festakt der Bayerischen Staatsregierung in die Residenz zu München ein.

Wie tief die Verbundenheit beider Vereine griff, wurde auf der Ruppertsberger Vereinsfahne verewigt: Neben dem Wappen der Heimatgemeinde ziert auch das Wappen der Gemeinde Raisting das Fahnenbild.

So ganz »en famille«

Zur Partnerschaft Obrigheim mit Crevecoeur le Grand in der Picardie
von Jacqueline Fuchs

Unsere Partnerschaft mit der nordfranzösischen Gemeinde Crèvecoeur le Grand, das 100 km nordwestlich von Paris, zwischen Beauvais und Amiens liegt, ist ein lebendiges Beispiel für das, was erreicht werden kann. Es handelt sich dabei nur um ein Steinchen in dem großen »Europuzzle«, aber - wie jede andere Partnerschaft auch - stellt sie ein wichtiges Stückchen zum Aufbau eines vereinten Europas dar. Freundschaft ist der beste Schutz gegen Haß und Krieg. Menschen, die sich kennenlernen, lernen sich auch zu verstehen, sich zu mögen. Die Partnerschaften sind der Beitrag des kleinen Mannes zur Gestaltung des Friedens.

Unsere Partnerschaft wurde 1988 besiegelt, und 1993 durften wir alle zusammen das 5jährige Jubiläum unserer Freundschaft feiern. Mit zwei Bussen und einigen Pkw's fuhren Gastfamilien und Gäste aus Frankreich nach Mainz, wo uns am frühen Nachmittag ein hübsches Schiff erwartete; ein Schiff für uns ganz allein, so ganz »en famille«, wie man in Frankreich sagt. Es entwickelte sich ein richtiges Familienfest mit Kaffee und Kuchen, Abendessen, Musik, Fröhlichkeit und guter Laune. Es wurde getanzt und gesungen, mit deutschem Wein auf die herzlichen Kontakte zwischen den Familien angstoßen. Die romantische Kulisse mit dem ruhig fließenden Rhein und den berühmten Burgen trug dazu bei, die ganze Atmosphäre in ein euphorisches Licht zu rücken. Wir fuhren fast bis Koblenz und zurück. Gegen Mitternacht waren wir wieder in Mainz, alle müde, aber glücklich und zufrieden. Beim Gegenbesuch in Crevecoeur le Grand wurden an alle Anwesenden kleine Souvenirs anläßlich des Jubiläums verteilt.

Die meisten Familien haben »ihre« festen Gäste. Es gibt zwei offizielle Fahrten im Jahr, einmal

Bei der 1000-Jahr-Feier der Gemeinde Obrigheim 1991 waren auch die Vertreter der französischen Partnergemeinde Crèvecoeur-le-Grand anwesend (von links): Beigeordneter Oskar Fuchs, Maire Varlet, Bürgermeister Wolfgang Nitsche und Erich Hoffmann (Vorsitzender des Partnerschaftsausschusses in Obrigheim). Foto: Heiss

fahren wir nach Frankreich, einmal kommen unsere französischen Freunde zu uns. Erfreulich ist, daß außer diesen Gruppenfahrten private Besuche zu Geburtstagen, Familienfesten usw. stattfinden. Die Partnerschaft ist schon den Kinderschuhen entwachsen, sie läuft alleine. Man muß sich immer wieder wundern, daß Menschen, die der Sprache des anderen nicht oder kaum kundig sind, miteinander so gut zurechtkommen und sich verstehen.

Seit etwas mehr als einem Jahr beteiligt sich nun die Partnerschaft auch an den verschiedenen Festlichkeiten der Gemeinde Obrigheim (Weihnachtsmarkt, Kerwe) in den verschiedenen Ortsteilen und verkauft französische Spezialitäten, um ihre Kasse etwas aufzubessern. Mit dem Erlös werden die Fahrten für Kinder und Jugendliche verbilligt, Besichtigungen von Museen und sonstigen Sehenswürdigkeiten bezahlt, so daß die Partnerschaft nicht nur auf menschlicher, sondern auch auf kultureller Ebene ihren Beitrag leistet.

Sylvie, aus der Nähe von Crèvecoeur, als Au-Pair-Mädchen in Obrigheim; hier bei einer Schiffahrt. Foto: Heiss

---

Erfreulich ist es, daß es im Zuge der Partnerschaft möglich ist, jungen Menschen, die eigene Wochen zu einem Praktikum kommen möchten, private und kostenlose Unterkunft zu bieten. Über einen solchen Aufenthalt eines jungen Mädchens aus der Nähe von Crèvecoeur le Grand berichtet das nebenstehende Gedicht:

Das Schloß von Crèvecoeur-le-Grand, der Obrigheimer Partnerstadt.

Eine wunderschöne Zeit mit Sylvie
(vom 08. Mai bis 15. Juni 1994)

von Ingeborg Heiss

Von Frau Fuchs hatten wir die Nachricht vernommen,
es soll ein Mädchen aus Frankreich kommen,
es macht ein Praktikum bei der Zuckerfabrik hier
und sucht bei einer deutschen Familie Quartier.

Wir haben uns kurz untereinander besprochen
und dann entschieden, wir nehmen das Mädchen für diese 6 Wochen.

Am 8. Mai - einem Sonntag - wurde Sylvie von ihren Eltern gebracht.
Sie blieben auch bei uns für eine Nacht
und fuhren am nächsten Tag wieder heim.
Für Sylvie mußte es wahrscheinlich ein schwerer Abschied sein.
Für so eine lange Zeit allein in der Ferne,
wir hatten sie vom ersten Augenblick an sehr gerne.
Auch für die Eltern empfanden wir gleich Sympathie,
und wir glauben, das fühlten auch sie.

Wir haben Sylvie zu Anfang gleich mitgeteilt,
daß sie unsere Tochter ist, so lange sie hier weilt.
So haben wir es dann auch die ganze Zeit gehalten,
sie gehörte zur Familie, gern tat sie in der Küche walten.

Mit Regina hat sie unser Dorf und die nähere Umgebung kennengelernt,
auch Worms, Bad Dürkheim, Mannheim, Speyer und der Kurpfalz-Park sind ihr nicht mehr fremd.
Nach Thüringen nahmen wie sie über Pfingsten,
es gab keine Probleme, nicht die geringsten.
Dort hat sie viel erlebt und gesehen
und auch mitbekommen, was vor der Wende ist alles geschehen.
In Mörsdorf hat man sie auch gleich lieb gewonnen,
im Dorf sprach es sich herum, daß eine Französin ist mitgekommen.

Unser Dorffest konnte sie miterleben,
es hat für sie und uns viel Abwechslung gegeben.
Auch fuhren wir mit ihr an den Rhein,
dies sollte ein schöner Abschluß ihres Aufenthaltes sein.

Leider ist die schöne Zeit nun aus,
Sylvie fährt morgen mit ihren Eltern und Schwester Sophie nach Haus.

Liebe Sylvie, wir werden Dich vermissen sehr,
Dein Platz in unserer Mitte bleibt jetzt leer!
Aber müssen wir nun auch auseinandergehen,
eines ist gewiß, es gibt ganz bestimmt ein Wiedersehen!

Für die ganze Familie Heiss und Tante Gisela
Deine »Mama« aus Deutschland

Eppan ist die größte der Gemeinden an der Südtiroler Weinstraße.

Zuerst nur Ritterkennzeichen

Die Wappen der 7 Gemeinden an der Südtiroler Weinstraße
von Dieter Merkel

Die sieben Gemeinden an der Südtiroler Weinstraße sind seit 1968 bzw. 1980 partnerschaftlich verbunden mit dem Landkreis Bad Dürkheim an der Deutschen Weinstraße. Es sind die Weinorte Eppan, Kaltern, Tramin, Kurtatsch, Margreid, Kurtinig und Salurn.

Alle haben jeweils ein eigenes Wappen, die als schmückendes Kennzeichen bei Ritterturnieren bis ins 16. Jahrhundert Verwendung fanden und die kriegerische Verwendung überlebten.

Im Gegensatz zu den Siegeln, die als Echtheitsnachweis fälschungssicher und daher im Aufbau sehr kompliziert sein müssen, müssen Wappen hingegen als Erkennungs- wie auch als Hoheitszeichen leicht von den andern unterscheidbar und somit äußerst einfach sein.

Das Wappen wird vom Träger aus, der es wie ein Schild vor sich hielt, betrachtet und beschrieben, d.h. rechts und links sind demnach in der heraldischen Sprache vertauscht.

Wappen der Gemeinde Eppan

Aufgrund des Gemeinderatsbeschlusses vom 21.10.1966 bekam die Gemeinde Eppan mit Dekret des Präsidenten des Regionalauschusses vom 30.06.1967 das Wappen verliehen.

Es handelt sich dabei um das Wappen der Herrschaft Hocheppan, deren Träger das Geschlecht der Grafen von Eppan war, dort altansässig seit dem 11. Jahrhundert, mit dem deutschen Fürstenhaus der Welfen blutsverwandt, und dessen letzter bekannter Sprosse, Bischof Egno von Trient, 1272 gestorben ist.

Die Burg Hocheppan, welche ehemals auch Gerichtssitz war, bildet heute noch ein weithin sichtbares Wahrzeichen der Großgemeinde.

Die Gemeinde Eppan mit einer Fläche von 59,69 qkm und 11.152 Einwohnern liegt im Überetsch und umfaßt die Fraktionen Frangart, Girlan, Missian, Montiggl, Perdonig, St. Michael, Unterrain und St. Pauls.

Wappen der Gemeinde Kaltern

Als Wappen führt Kaltern schon seit Ende des 16. Jahrhunderts einen Kupferkessel auf weißem Grund. Der älteste Beleg für diesen Kalterer »Kessel« ist ein Wappenschild in der St.-Nikolaus-Kirche im Oberdorf und stammt aus dem Jahr 1536; nicht viel später wurde dasselbe Kessel-Wappen auch an eine Wand der St.-Antons-Kirche gemalt.

Der Name Kaltern leitet sich vermutlich von dem lateinischen Wort caldarum, d.h. warmes Bad oder Kessel her. Dies dürfte auch zur Annahme eines redenden Wappens, nämlich eines Kessels geführt haben. Eine Verleihungsurkunde ist jedoch nicht feststellbar.

Die Marktgemeinde Kaltern im Überetsch

Eppan: In Blau ein goldener halber Achtzackenstern, daran angeschlossen links eine goldene nach links offene Mondsichel.

Kaltern: In silbernem Feld ein gehenkelter, kupferner Kessel

mit einer Fläche von 47,96 qkm und 6.475 Einwohnern umfaßt die Fraktionen Altenburg, Markt, Mitterdorf, Oberplanitzing, Pfuss, St. Anton, St. Josef am See, St. Nikolaus, Unterplanitzing.

Wappen der Gemeinde Tramin

Eine genau datierte Verleihung des Wappens gibt es nicht. Seit Ende des 16. Jahrhunderts wird Tramin »Markt« genannt. So alt dürfte

Tramin: In Blau über einem sechsstrahligen goldenen Stern ein gestürzter goldener Halbmond.

auch das Gemeindewappen sein. Es dürfte sich auf die Eppaner beziehen, die in der Umgebung Tamins Lehensgüter besaßen.

Die Verleihung erfolgte durch Erklärung des Regierungs-Chefs vom 05.07.1929. Übertragen wurde sie in das Register der Consulta Araldica am 05.07.1929.

Die Gemeinde Tramin im Südtiroler Unterland mit einer Fläche von 18,61 qkm und 3.001 Einwohnern umfaßt auch die Fraktionen Rungg und Söll.

Wappen der Gemeinde Kurtatsch

Es wurde der Gemeinde offiziell durch Dekret des Präsidenten des Regionalausschusses vom 30.06.1967 verliehen, war aber schon lange vorher im Gebrauch und soll auf eine ehemalige Poststation hinweisen. Am steinernen Weihwasserbecken in der Kirchofmauer sowie auf der Turmspitze finden wir allerdings ein leicht geschwungenes Krummhorn, das möglicherweise das ursprünglichere Wappensymbol darstellt. Die vier Sterne weisen auf die zum Hauptort Kurtatsch gehörigen Siedlungen hin.

In Blau ein goldenes Posthorn mit ebensolchen Quasten, begleitet von je zwei goldenen, sechszackigen Sternen oben und unten.

Die Gemeinde Kurtatsch mit einer Fläche von 30,19 qkm und 1.896 Einwohnern liegt im Südtiroler Unterland und umfaßt auch die Fraktionen Entiklar, Graun und Penon.

Kurtatsch - seine Gemarkung zeiht sich weit in die Berge.

Kaltern mit seinem weltberühmten See ist in neun Ortsteile gegliedert.

Tramin, die Heimat des Gewürztraminers, ein Gründungsort der Kreispartnerschaft.

Margreid: Schild geteilt von Rot und Schwarz, darin ein goldenes Posthorn ohne Verschnürung.

Salurn: Unter blauem Schildhaupt in Silber eine aufrechte blaue Spitze.

Wappen der Gemeinde Margreid

Die Farben Rot und Schwarz entsprechen dem Wappen des alten in Margreid seßhaften und im Jahre 1511 ausgestorbenen Geschlechtes »ob der Platten«. Das Posthorn scheint im Gemeindesiegel vom Jahre 1780 auf. Das Wappen wurde der Gemeinde Margreid mit Dekret des

In Margreid findet sich die älteste Weinrebe der Welt.

Präsidenten des Regionalausschusses vom 07.11.1968 verliehen.

Der Gemeinde Margreid im Südtiroler Unterland mit einer Fläche von 13,86 qkm und 1.046 Einwohnern gehört noch die Fraktion Unterfennberg an.

Wappen der Gemeinde Kurtinig

Mit Dekret des Präsidenten des Regionalausschusses vom 10.01.1968 bekam Kurtinig ein Gemeindewappen.

Die zinnengekrönte Mauer mit geschlossenem Rundbogentor auf blauem Vordergrund soll auf die häufig von den Flutwellen der Etsch umbrandete Ortslage hinweisen.

Der halbierte achtzackige Stern, dem eine Mondsichel zugewandt ist, ist das aus dem Gewölbeschlußstein der Pfarrkirche entnommene Wappen des Stiftes St. Michael, dem Margreid und Kurtinig von 1317 bis 1807 seelsorglich unterstanden. Er dürfte vom Eppanischen Lehensbesitz herrühren.

Kurtinig: Über einer zinnenbekrönten silbernen Mauer mit geschlossenem Rundbogentor in rotem Feld die rechte Hälfte eines achtzackigen silbernen Sterns, dessen halbierte Zacken von den Enden einer silbernen Mondsichel berührt werden. Schildfuß blau.

Die Gemeinde Kurtinig mit einer Fläche von 1,99 qkm und 565 Einwohnern liegt im Südtiroler Unterland.

Kurtinig: Die kleinste der Weinstraßengemeinden geht auf 600 Einwohner zu.

Wappen der Gemeinde Salurn

Das Wappen stammt vom Familienwappen der Edlen Graland, welche im 13. Jahrhundert die Herrschaft Salurn innehatten, bis sie diese unter Graf Meinhardt II. von Tirol verloren.

Die Verleihung des Wappens der Gemeinde Salurn erfolgte mit Dekret des Präsidenten des Regionalausschusses vom 05.04.1971.

Die Gemeinde Salurn im Südtiroler Unterland mit einer Fläche von 33,20 qkm und 2.676 Einwohnern umfaßt auch die Fraktionen Buchholz und Gfrill.

Salurn: Hier endet der deutsche Sprachraum, ist die Grenze zum Mezzogiorno.

Spontane Idee des Oberkirchenrats
Partnerschaft mit Kreis Stadtroda auf Saale-Holzland-Kreis erweitert
von Manfred Letzelter

Nachdem im November 1989 »die Wende« gekommen, als die Mauer zwischen dem West- und Ostteil Berlins gefallen war, sich die Grenzen zwischen Bundesrepublik und DDR öffneten, forderten im Januar 1990 die rheinland-pfälzische Landesregierung in Mainz und sowie der Landkreistag Kreise und Städte auf, die Möglichkeit von Partnerschaften im Osten, in den neuen Bundesländern zu prüfen. Das Partnerschaftsreferat bei der Kreisverwaltung Bad Dürkheim setzte sich mit der Staatskanzlei in Mainz in Verbindung mit der Bitte, einen Kreis möglichst mit Kurstadt als Sitz zu benennen. Der damalige Staatssekretär Hennes Schreiner teilte telefonisch mit, daß alle Kreise dieser Art bereits vergeben seien. Zu Besuch sei bei ihm aber gerade ein Oberkirchenrat Schäfer aus Ostthüringen. Ihm wurde die Bitte des Landkreises Bad Dürkheim nach einer Partnerschaft weitergegeben.

Am 20. Februar 1990 ging ein Brief des Rates des Kreises Stadtroda in Bad Dürkheim ein, Unterzeichneter Manfred Brauckhoff, stellvertretender Vorsitzender. Er teilte mit, daß er ein Gespräch mit Oberkirchenrat Schäfer hatte und erklärt die Bereitschaft, zwischen den Kreisen Stadtroda und Bad Dürkheim eine Partnerschaft aufzubauen. Gleichzeitig sprach er eine Einladung in den »Holzlandkreis« aus.

Landrat Georg Kalbfuß schreibt umgehend an den Rat des Kreises Stadtroda und kündigt den Besuch einer Pfälzer Delegation für Ende März an. Am selben Tag verzeichnen die Akten im Kreishaus Bad Dürkheim den Eingang eines Schreibens von Oberkirchenrat Hans Schäfer, der das Interesse von Stadtroda ankündigt.

Hilfe bei Verwaltungsaufbau

Schon wenige Tage später meldet sich Herr Brauckhoff wieder und sucht ersten Kontakt wegen eventueller Verwaltungshilfe. Der Vorsitzende des Rats des Kreises Stadtroda, Helbing, bestätigt zur gleichen Zeit die Einladung an die Bad Dürkheimer. Eine Delegation (Beigeordnete, Fraktionsvertreter des Kreistags) macht sich dann am 30. März 1990 auf den Weg nach Ostthüringen. Die erste Kontaktaufnahme ist am Treffpunkt »Raststätte Hermsdorfer Kreuz«, es folgt ein Gespräch mit dem Rat des Kreises im Schloß von Stadtroda. Beim gemeinsamen Abendessen in Bad Klosterlausnitz wird die Vereinbarung über Hilfe beim Verwaltungsaufbau getroffen.

Sechs Wochen später trifft die erste Delegation aus Stadtroda in Bad Dürkheim ein; 24 Personen mit den beiden Ratsvorsitzenden und dem Präsidenten des Rates, Jochen Triebe. Arbeitskreise besprechen Sachthemen wie Gesundheitswesen und Soziales, genauestens informiert von Sozialdezernentin Sabine Röhl und Claus Wadle, dem Verwaltungsdirektor des Kreiskrankenhauses in Grünstadt. Über den Aufbau einer modernen Kreisverwaltung informieren Regierungsdirektor Hans-Jürgen Löffler und Karl-Hermann Bolldorf, damals Leiter der Zentralabteilung im Kreishaus). Die Themen Landwirtschaft und Umweltschutz legen Oberregierungsrat Hans-Jörg Wingerter und Abteilungsleiter Gerhard Hahn dar.

Weinkontakte im Riesenfaß

Ein Besuch des Hambacher Schlosses und eine Weinprobe sowie ein gemütlicher Abschluß im Bad Dürkheimer Riesenfaß geben den Gästen aus Thüringen erste Eindrücke von Menschen und Landschaft an der Deutschen Weinstraße. Im Faß kommt es auch zu ersten Kontakten mit

Der Saale-Holzland-Kreis
Ihr Thüringer Partnerkreis -- einfach sehenswert!

Kulturelle Besonderheiten und viele Sehenswürdigkeiten lassen neben der Erholung in der Natur einen Aufenthalt im Saale-Holzland-Kreis, zwischen den Städten Jena und Gera, nahe der berühmten Klassikerstädte Weimar-Jena-Rudolstadt, zu einem eindrucksvollen Erlebnis werden.

Reizvolle und einzigartige Naturlandschaften, das Mittlere Saaletal mit seinen weiten Seitentälern und Steilhängen sowie das Holzland mit seinen ausgedehnten Wäldern, gut ausgeschilderten Wanderwegen, gesäumt von alten Mühlen, sind lohnenswerte Ziele für Wanderfreunde.

Stätten der Kultur und Vergangenheit laden ein zu einer Begegnung mit der Geschichte: in Kahla die Leuchtenburg, die „Königin des Saaletals"; die drei Dornburger Schlösser mit der Goethe-Gedenkstätte; prächtige Sakralbauten wie die romanische Klosterkirche Thalbürgel oder die barocke Schloßkirche in Eisenberg; die einzige in Europa noch erhaltene barocke Jagdanlage „Rieseneck"; die Schlösser in Hummelshain und Wolfersdorf sowie der Herzogstuhl oder die Gedenkstätte der Schlacht bei Jena/Auerstedt 1806 oder das Geburts- und Wohnhaus des berühmten Naturforschers Alfred Brehm.

Bad Klosterlausitz, ein reizvoller Kur- und Erholungsort, zieht seit mehr als 100 Jahren Erholungssuchende an, vor allem durch sein bewährtes Kurmittel Moor. Vielfältige Sport- und Freizeitangebote, Tennisanlagen, Reiterhöfe, der Segelflugplatz Schöngleina oder der Saale-Radwanderweg runden das Bild eines erlebnisreichen aktiven Urlaubs ab.

Erleben Sie Thüringer Gastlichkeit und die Pflege alter Bräuche.

Töpfermarkt in Bürgel

Auskünfte: Sachgebiet Fremdenverkehr im Wirtschaftsförderungsamt des Landratsamtes Saale-Holzland-Kreis, Im Schloß, 07607 Eisenberg, Telefon (03 66 91) 7 56-07 bis -09.

der Winzergenossenschaft »Wachtenburg-Luginsland« in Wachenheim, für die Geschäftsführer Gerhard Müller, gleichzeitig als Vorstandsmitglied des Vereins »Mittelhaardt-Deutsche Weinstraße«, eingeladen war. Dies bildet schon die Basis des künftigen Weinfestes in Bad Klosterlausnitz, das 1995 bereits zum 5. Male gefeiert werden konnte.

Am 20. Mai 1990 kam es in Stadtroda zur ersten freien Wahl eines Landrats, die Werner Jeschke gewann. Als Kreistagspräsidentin kam Christiane Hädrich in eine Führungsposition. Zu diesem Zeitpunkt laufen schon Hilfsaktionen, so stellt die Entsorgungsfirma RPS Altvater aus Ellerstadt dem Kreis Stadtroda ein modernes Müllfahrzeug zur Verfügung. Ab sofort beginnt ein reger Austausch von Verwaltungsmitarbeitern (selbst bereits im Ruhestand befindliche Verwaltungsexperten des Kreishauses Bad Dürkheim stellen sich zur Verfügung; u.a. wird der Aufbau des Jugendamtes in Stadtroda (durch Ex-Jugendamtsleiter Saal) vorangetrieben, Hilfe für die Zentralverwaltung zur besseren Organisation von Verwaltung und Kreisgremien (Peter Kiefer/Ursula Brechtel) und die Finanzabteilung (Ex-Finanzchef August Mattern), Katastrophenschutz (Heinz Berger) u.a. Ständige Kontakte mit Mitarbieterinnen und Mitarbeitern von Finanzabteilung und Bauamt, Wirtschaftsförderung, Feuerwehr u.v.a. beleben die Partnerschaft.

Am 12. September 1990 reisen Landrat Georg Kalbfuß und Partnerschaftsreferent Manfred Letzelter zu einem Antrittsbesuch zu Landrat Werner Jeschke. Spontan kommt es auf Anregung von Jeschke zur Unterzeichnung einer Vereinbarung über die Partnerschaft, in der eine Stunde später anstehenden Kreistagssitzung wird sie schon offiziell beschlossen. Am 19. Oktober 1990 folgt der Beschluß im Kreisausschuß Bad Dürkheim.

Entscheidendes Treffen im Hambacher Schloß

Der 1. November 1990 ist ein großer Tag für das junge Pflänzchen Ost-West-Verschwisterung

Gut besucht sind seit 1990 die Weinfeste des Kreises Bad Dürkheim in Bad Klosterlausnitz.

und den kommunalen Beitrag des Landkreises Bad Dürkheim zur Wiedervereinigung Deutschlands. An einer Sondersitzung des Kreistags im Hambacher Schloß nehmen viele Vertreter der gesellschaftlich relevanten Gruppen beider Landkreise teil. Landrat Jeschke, Kreistagspräsidentin Christiane Hädrich sowie Vertreter der sechs Fraktionen im Kreistag Stadtroda leiten die große Thüringer Delegation. Der Grünen-Abgeordnete Dr. Xylander aus Stadtroda pflanzt einen Baum. Künstler, Wirtschaftsvertreter und Kommunalpolitiker nehmen Kontakte auf, die zum Teil bis heute Bestand haben. Die dauerhafteste Verbindung knüpfen im Hambacher Schloß die Musikschulen der Stadt Bad Dürkheim und des Kreises Stadtroda. Gabriele Weiß-Wehmeyer und Dr. Josef Salomon schaffen jährliche Begegnungen der Jugendorchester mit Konzerten in Bad Dürkheim und Stadtroda, 1995 sogar beide Konzerte im selben Jahr.

Weinfest in Bad Klosterlausnitz

Im Januar 1991 beginnen die Gespräche für den künftigen »Renner« dieser Partnerschaft, das Weinfest in Bad Klosterlausnitz. Der Kurpark des rund 2000 Einwohner zählenden Städtchens gibt eine schöne Kulisse ab, die Entwicklung dieses Ortes scheint Zukunft zu haben, eine neue Reha-Klinik ist bereits geplant, die Mitarbeiterinnen von Bürgermeister Gerald Reimann in der Kurverwaltung, Kerstin Kluge und Ute Meißner, stürzen sich begeistert in die neue Aufgabe, das Fest zu organisieren, ebenso wie Partnerschaftsreferentin Marianne Klatt und Touristikreferentin Anne-Katrin Vetter im Schloß von Stadtroda, dem Sitz des Landratsamtes.

Im Kreis Bad Dürkheim findet Partnerschaftsreferent Manfred Letzelter mit Hilfe von Kuno Lorenz bei der Weinwerbung neben der Winzergenossenschaft in Wachenheim zwei mutige Winzer, die das Risiko eingehen wollen: Die Weingüter Heike und Wilfried Peter aus Bad Dürkheim sowie das Weingut Werner Kohl in Bockenheim. Ende Juli/August startete das Fest, natürlich hatten die Pfälzer Saumagen mitgebracht, der erst kritisch begutachtet, dann aber genüßlich verspeist wurde, auch wenn den Thüringern immer noch ihre Röstwürste lieber sind.

Neuer Landrat in Stadtroda

Im Mai 1991 kommt der für die Bad Dürkheimer überraschende Rücktritt von Landrat Werner Jeschke. Neuer Landrat wird Dieter Füser, der bisher im Rahmen der Verwaltungshilfe von Rheinland-Pfalz für Thüringen und über die partnerschaftlichen Kontakte der Stadt Stadtroda nach Lahnstein von der Bezirksregierung in Koblenz abgeordnet und in der Zentralverwaltung an entscheidener Stelle tätig war.

Die regen Beziehungen der Verwaltungen bleiben intakt; im September 1991 gibt es gar einen Teilbetriebsausflug der Bad Dürkheimer Kreisverwaltung nach Thüringen, der Aufenthalt in der Tälermühle mit einem bunten Abend bleibt so nachhaltig in Erinnerung, daß im Oktober 1995 erneut über 50 Frauen und Männer vom Kreishaus Bad Dürkheim in die jetzt Saale-Holzland-Kreis genannte Partnerregion reisten, diesmal ins Hotel »Felsenberg« in Wolfersdorf.

Beziehungen von Grünstadt nach Hermsdorf

Im Oktober 1992 kam es im Rahmen dieser Beziehungen zu Stadtroda erstmals zu einer Ausstellung im Landkreis Bad Dürkheim: Keramiken der Künstlerin Annemarie Zenichowski waren in der Kreissparkasse Grünstadt zu sehen, im Zusammenhang mit Bildern zweier Kunsterzieher aus dem Gymnasium Hermsdorf, das Beziehungen zum Leininger Gymnasium Grünstadt aufgenommen hatte.

Die Verbindung resultiert aus einem Zufall, da zuvor Stadtväter aus Hermsdorf zufällig in Grünstadt waren und eine Partnerschaft aufbauen wollten (zuhause war aber inzwischen eine andere Gemeinde ausgewählt worden). dennoch kam es zu guten Kontakten mit der Feuerwehr Grünstadts und deren Chef, Bürgermeister Herbert Gustavus, sowie zum Kreiskrankenhaus (medizinische Geräte wurden für das Krankenhaus in Stadtroda gespendet). Am besten entwickelte sich der Kontakt der Gymnasien, die zahlreiche gemeinsame und vielbeachtete Aktionen gestartet haben (siehe auch an anderer Stelle dieses Buches).

Kunst und Frauen, Briefmarken und Radler

Eine Ausstellung im Hambacher Schloß (ebenfalls im Oktober 1992) zeigte »Das Amt Stadtroda in historischen Impressionen« zum 2. Jahrestag der Partnerschaft, zusammengestellt von Stadtrodas Stadtarchivar Utz Möbius und Partnerschaftsreferentin Marianne Klatt. Landrat Dieter Füser reiste dazu mit großer Delegation von Verwaltung und Kreistag Stadtroda an.

Im Rahmen des Weinfests gibt es seit 1991 im Landkreis Stadtroda auch kommunalpolitische Gespräche, z.B. besprachen sich die Mitglieder des Frauenbeirats Bad Dürkheim unter der Leitung von Gleichstellungsbeauftragter Gaby Haas und ihrer Kollegin Ingeborg Anding mit ihren Kolleginnen, Fragen des Tourismus wurden diskutiert und verglichen, der Öffentliche Personen-Nahverkehr (ÖPNV) war ein Thema wie der künftige Verwaltungsaufbau innerhalb des neuen Kreises.

Eine Briefmarkenausstelung des Pfalzmuseums eröffnete 1. Kreisbeigeordneter Stefan Gillich in Stadtroda; 1992 gab es die Radtour einer Meckenheimer Gruppe nach Stadtroda (mit dem damaligen Ortsbürgermeister Eugen Braun); Geschäftsführer Kuno Lorenz vom Verein »Mittelhaardt-Deutsche Weinstraße« organisierte ein Weinseminar für Gastronomen in Ostthüringen, sein Nachfolger Gunter Steuer unterstützte das Weinfest in Bad Klosterlausnitz, bis es die Kreisverwaltung Bad Dürkheim in eigene Regie nahm.

Seit dem Weinfest 1992 gibt es auf Anregung aus Bad Dürkheim auch ein Partnerschaftskomitee und eine enge freundschaftliche Zusammenarbeit mit den Freunden von der Südtiroler Weinstraße. Die Delegationen aus Bad Dürkheim brachten im Rahmen des Weinfestes jeweils Spenden für soziale Zwecke, z.B. einen Beitrag zum Ausbau der Brehm-Gedenkstätte in Renthendorf, oder für den Kindergarten Bad Klosterlausnitz. In der Kreisverwaltung Bad Dürkheim erfolgte die Ausbildung eines jungen Beamten aus Reichenbach (Kreis Stadtroda) im Zuge der Länder-Hilfe Rheinland-Pfalz/Thüringen).

Saale-Holzland-Kreis entsteht

Der 12. Juni 1994 ist der Stichtag für die Verwaltungsreform in Thüringen mit Kommunalwahlen. Dabei kommt es zur Bildung des Saale-Holzland-Kreises unter Einschluß der bisherigen Kreise Stadtroda, Eisenberg und Jena-Land, neuer Kreissitz Eisenberg, neuer und direkt gewählter Landrat Jürgen Mascher (bisher Jena-Land). Am 17. Oktober 1994 hält der Kreisausschuß Bad Dürkheimer fest: »*Zeigt der Saale-Holzland-Kreis Interes-*

Rosenfest an den Dornburger Schlössern.

se an einer Fortführung der Partnerschaft, so ist auch der Landkreis Bad Dürkheim bereit, die Partnerschaft fortzuführen«.

Daß dem so wäre, unterstrich zunächst persönlich Landrat Jürgen Mascher, als er mit der neuen Partnerschaftsreferentin Dörthe Rieboldt zum Jubiläum (25 Jahre Landkreis Bad Dürkheim/siehe auch Heimatjahrbuch 1995) anreiste, außerdem spielte vor dem Bad Dürkheimer Kreishaus auch das Jugendblasorchester Tröbnitz; er erklärt das Interesse an der Erweiterung der Partnerschaft.

Im März 1995 eröffnen 2. Kreisbeigeordneter Hanns-Uwe Gebhardt und Fossilien-Experte Dr. Dieter Schweiß im Kulturhaus Hermsdorf die Ausstellung »Das Rotliegende« des Pfalzmuseums für Naturkunde in Hermsdorf, Präparator Bernd Graumann gibt für Schulklassen einige Tage Anschauungsunterricht. Im Kreishaus Bad Dürkheim wird eine Gemäldeausstellung von Eve und Frank Rub im Kreishaus Bad Dürkheim eröffnet; das Künstlerehepaar zeigt Bilder, in denen die SED-Vergangenheit dargestellt und bewältigt wird.

Feierlicher Urkundentausch in Eisenberg

Offizieller Urkundenaustausch zur Erweiterung der Partnerschaft auf den Saale-Holzland-Kreis war Anfang April 1995. In der Schloßkirche von Eisenberg/Thürigen geschah dies in sehr feierlichem Rahmen. Die Landräte Jürgen Mascher und Georg Kalbfuß wiesen auf die fünf Jahre dauernden gewachsenen Verbindungen hin, die vor allem auf der Ebene menschlicher Kontakte Erfolge habe. Bundes- und Landtagsabgeordnete aus Thüringen sowie die Beigeordneten und Vertreter aller Kreistagsfraktionen aus Bad Dürkheim und Saale-Holzland-Kreis unterstrichen mit ihrer Anwesenheit die Wichtigkeit solcher Parnterschaften zwischen Ost- und Westdeutschland, die das Zusammenwachsen fördern. Im Eisenberger Barockschloß, das das Landratsamt beherbergt, wurde eine Unverzagt-Ausstellung gezeigt, die in 48 Zeichnungen des Pfalzpreisträgers den Landkreis Bad Dürkheim vorstellte.

Im April und Juni gab es Konzerte der Musikschulen; im Mai 1995 eine Ausstellung in Bad Dürkheim »Der Saale-Holzland-Kreis«. Zum Weinfest im Juli regte Paul Wolfangel von der Kreisvolkshochschule (KVHS) Bad Dürkheim Studienfahrten und Seminare über den jeweiligen Partnerkreis an, was die Leiter der drei Volkshochschulen im Saale-Holzland-Kreis in Stadtroda/Hermsdorf, Kahla und Eisenberg) gerne aufgriffen. In Vertretung der Landräte Mascher (CDU) und Kalbfuß (SPD) beschlossen mit den Gremienmitgliedern beider Kreise die 1. Kreis-Beigeordneten Dr. Dietmar Möller (FDP) und Stefan Gillich (CDU) diese künftigen Aktionen. Auch dieses kommunalpolitische Gespräch war von den Bundes- und Landtagsabgeordneten des Saale-Holzland-Kreises (MdB Köhler sowie die MdL Illig und Fiedler) besucht.

Verstärkt haben bei dieser Gelegenheit auch die Mitglieder des Bad Dürkheimer Frauenbeirats ihre Kontakte mit den Kolleginnen aus Ostthüringen; Gleichstellungsbeauftragte Gaby Haas konnte ihre neue Kollegin Hannelore Staschik kennenlernen. Gemeinsam besichtigten sie Projekte der Frauenarbeit, während im Kulturhaus Hermsdorf die Ausstellung »Die Deutsche Weinstraße« in naiven Bildern von Anita Büscher eröffnet wurde. Vertreter der Verwaltung des Saale-Holzland-Kreises nahmen auch an der Eröffnungsfeier des »Hauses der Deutschen Weinstraße« in Bockenheim am 19. August 1995 teil.

Auf dem Balkon des Festsaals in Carrières-sur-Seine fand vor vielen Besuchern der französische Teil der Partnerschaftszeremonie statt. In der Bildmitte die Bürgermeister Herbert Gustavus und Dr. Pierre Bourson, links Weingräfin Gabriele Arras, rechts die Champignon-Königin.
Foto: Lampert

Champignon-Königin und Weingräfin

Seit 1973 Städtepartnerschaft Grünstadt-Carrières
von Walter Lampert

»*Die Champignons aus Carrières und der Wein aus Grünstadt können sich vorteilhaft ergänzen*«, sagte der frühere Grünstadter Bürgermeister Herbert Gustavus nach dem ersten Besuch einer Grünstadter Delegation in der vom Gemeinde- und Städtebund empfohlenen kleinen Stadt im Weichbild von Paris, und er fügte in der Stadtratssitzung im Dezember 1973 dazu: »*Ich kann dem Stadtrat nur empfehlen, der Partnerschaft zuzustimmen.*« Erfreulich seien die positiven Reaktionen aus der Bevölkerung und im Stadthaus würde bereits eine ganze Reihe von Anfragen wegen eines Schüleraustausches vorliegen. Der Grünstadter Stadtrat faßte danach den einstimmigen Beschluß, die »Ehe« zwischen den beiden Städten einzugehen.

Der französische Teil der Partnerschaftszeremonie fand beim Fest der Champignonkönigin am 16. Juni 1974 auf dem Balkon des Festsaales in Carrières statt. Die Vertreter der Stadt, der Vereine, Parteien und Behörden, insgesamt über einhundert, erlebten eine kaum zu überbietende Gastfreundschaft durch die Franzosen.

Bürgermeister Gustavus nahm von seinem Amtskollegen Dr. Pierre Bourson die Urkunde über die »Jumelage« in Empfang wobei er ausführte: »*Die Partnerschaft sei ein Beitrag zur Vertiefung der Freundschaft und Menschlichkeit innerhalb Europas. Wir wollen sie ausfüllen mit wenig Administration und um so mehr menschlichen Beziehungen.*« Der offizielle Akt, an dem die Champignonkönigin und Weingräfin Gabriele Arras, der Präfekt der Region Yvelines als Vertreter der französischen Regierung, der Bundestagsabgeordnete Rudolf Kaffka, Landrat Rudolf Hammer, sowie der Vorsitzende der Europa-Union Eugen Sommer, teilnahmen, war eingebettet in sportliche Veranstaltungen. Nach dem Verbrüderungseid startete das französische Rote Kreuz Luftballons und eine Marinekapelle setzte den musikalischen Schluß-

Das Stadtwappen von Carrières-sur-Seine.
Repro: Lampert

DER VERBRÜDERUNGSEID

Wir, die Bürgermeister von GRÜNSTADT und CARRIÈRES-s/SEINE
Die durch freie Wahl unserer Mitbürger gewählten Bürgermeister,

IN DER GEWISSHEIT, den höchsten Bestrebungen und den wahren Bedürfnissen der Bevölkerung, mit der wir in täglicher Beziehung stehen und deren Interessen wir zu wahren haben, zu entsprechen,

IM BEWUSSTSEIN, dass die westliche Kultur ihre Wiege in unseren alten Gemeinden hatte und dass der Geist der Freiheit zunächst in den "Freimachungsurkunden" geschrieben stand, die sie nach langem Bestreben erlangen konnten ;

IN ANBETRACHT der Notwendigkeit, das Werk der Geschichte in einer erweiterten Welt fortzusetzen, dass aber diese Welt nur wahrhaft menschlich ist, wenn Menschen frei in freien Städten leben können,

VERPFLICHTEN UNS AM HEUTIGEN TAGE FEIERLICH :

- die ständigen Bande zwischen den Stadtverwaltungen unserer Städte zu bewahren, auf allen Gebieten den Austausch ihrer Einwohner zu unterstützen und durch eine bessere gegenseitige Verständigung das wache Gefühl der europäischen Brüderlichkeit zu fördern,

- unser Bestreben zu vereinigen, um mit allen uns zur Verfügung stehenden Mitteln zum Erfolg dieses notwendigen Werkes des Friedens und des Wohlstandes beizutragen, zur EUROPAISCHEN EINHEIT.

Der schriftliche Verbrüderungseid zwischen Grünstadt und Carrières.   Repro: Lampert

punkt. An Verkaufsständen wurden den deutschen Gästen französische Erzeugnisse angeboten und die Deutschen deckten ihren Bedarf an Pilzen, Käse und Kermikartikeln. Die Franzosen konnten Weine aus dreizehn Grünstadter Winzerbetrieben kosten und erwerben.

Einen gastronomischen Höhepunkt vermittelte der französische Partnerschaftsausschuß, unter der Leitung von Philippe Lathelize und Karin Lenique, mit einem ländlichen Buffet im Rathausgarten. Von dort aus geleitete ein Fackelzug Gäste und Gastgeber zurück in den Festsaal zum »bunten Plattenteller« mit Tanzmöglichkeiten. Krönender Abschluß war ein Konzert in der Kirche St.-Jean-Baptist, deren Ursprung auf das Jahr 1240 zurückgeht.

Die deutsche Partnerschaftsfeier fand am 5. Oktober 1974 im Zusammenhang mit dem Weinwettstreit im großen Saal der Stadthalle stadt. Nach einem gemeinsamen Mittagessen wrude die Veranstaltung von den Fanfaren des TSG-Spielmannszuges sowie vom Gemeinschaftschor der »Harmonie« und des »Liederkranzes« mit dem begeistert aufgenommenen »Sur le pont d'Avignon« eingeleitet.

Bürgermeister Herbert Gustavus, der viele Gäste, darunter Finanzminister Gaddum, begrüßen konnte, betonte in seiner Festansprache: *»So ist es uns heute aufgetragen, im persönlichen Kontakt zwischen Bürgern und Städten einen Bund zu schmieden, der eine tragende und verbindende Funktion für die Zukunft hat, als ein Teil jener Freundschaft, die unsere Völker nach 1945 aufgebaut haben. Diese Freundschaft soll und muß dazu beitragen, unseren Kindern die leidvollen Erfahrungen ihrer Väter zu ersparen.«*

Damit war der Start vollzogen und es ging darum, die Städtepartnerschaft mit Leben zu erfüllen. Dank des ständigen Engagements von Idealisten auf beiden Seiten, insbesondere aber der Vorsitzenden des Partnerschaftskomitees, Brigitte Kaffka, kam es in den Folgejahren zu zahlreichen Begegnungen von Schulen, Vereinen, Feuerwehren, Polizei und

Privatpersonen. Alljährlich trafen sich die beiden Komitees, um Programmpunkte zu besprechen und weitere Aktivitäten zu vereinbaren.

Es würde zu umfangreich werden, auf die vielfältigen Begegnungen und Veranstaltungen im einzelnen einzugehen. Auf einige herausragende Ereignisse muß jedoch besonders hingewiesen werden.

Über eintausend Zuschauer verfolgten mit großer Anteilnahme im Juni 1983 das große Städtespiel zwischen Vertretern der beiden Städte im Grünstadter Allwetterbad. Im »Spiel ohne Grenzen« gewannen zwar die Grünstadter, doch viel wichtiger war die freundschaftliche Atmosphäre und die Herzlichkeit, in der sich die Menschen aus zwei Nationen begegneten. Zum 10. Jahrestag der Städtefreundschaft weilte eine 80köpfige Grünstadter Reisegruppe im Juni 1984 in Carrières und erneut war es für die Besucher überwältigend, was die Franzosen auf die Beine stellten. Der überaus herzliche Empfang, der Festakt im Rathaus, das delikate Buffet, das lustig-sportliche »Spiel ohne Grenzen«, der heiter-schmerzliche Abschied, machten aus Partnern Freunde und knüpften die Bande zwischen den Menschen zweier Nationen noch viel enger, so daß die Verbindung schon tief in die Bevölkerung beider Städte hineinwirkt.

Ein ganz besonderes Ereignis stellte der Lauf einer zwölfköpfigen Gruppe von Carrières, über 520 Kilometer, nach Grünstadt, im Mai 1986 dar. Die Marathonläufer, die alle 7,5 Kilometer abgelöst wurden, waren am Donnerstag gestartet und trafen am Samstag in Grünstadt vor dem Alten Rathaus ein, wo sie vom Bürgermeister und der Bevölkerung mit viel Beifall empfangen wurden. Nach einem gemeinsamen Mitagessen besichtigten die Sportler die umliegenden Burgruinen und beschlossen den Tag mit einer Weinprobe in einem hiesigen Weingut.

Auch ein gemeinsames Konzert der Musikschule Carrières mit dem Grünstadter Männerge-

Den Marathonlauf von Grünstadt nach Carrières symbolisiert diese Zeichnung.

Gedenkstein, Pergola und Brunnen zieren den »Place Carrières-sur-Seine« in der Grünstadter Fußgängerzone beim alten Rathaus.
Foto: Lampert

sangsverein »Harmonie« am 31. Mai 1986 im Salle des Fêtes fand großen Anklang und bedeutete einen weiteren Schritt zur Zusammenarbeit auf kulturellem Gebiet. Seit 1982 findet zwischen dem Leininger Gymnasium und dem College Les Amadiers (Mandelblüte) in Carrières ein Austausch von Schülerinnen und Schülern statt, wobei in der Regel zwischen 25 und 35 Teilnehmer zu verzeichnen sind. Diese Begegnungen junger Menschen, für die sich die Oberstudienrätin Ingrid Steinle vom Leininger Gymnasium besonders eingaigerte, gehören sicher zu den wichtigsten und schönsten Erlebnissen im Rahmen einer Völkerfreundschaft.

Auch die langjährigen Jugend-Fußballturniere des TuS Sausenheim alljährlich zu Pfingsten, sind in diesem Zusammenhang zu sehen, ebenso wie die Begegnungen des Parktennisclubs Grünstadt und des Schwimmclubs »Delphin« mit den französischen Partnern. Nicht zuletzt sei die Grünstadter Musikschule erwähnt, die bei vielen Veranstaltungen in Grünstadt und Carrières mit ihren musikalischen Darbietungen zum Erfolg beitrug und einen würdigen Rahmen schuf.

Im März 1985 wurde beim Salle des Fêtes in Carrières ein »Grünstadter Platz« benannt und die Namensgebung mit einem Partnerschaftsball gefeiert. Die »Revanche« für diese Ehre erwiderten die Grünstadter vier Jahre später beim 15jährigen Jubiläum der Partnerschaft. Am 21. Mai

Einweihung des »Place Carrières-sur-Seine« im Mai 1989 in Grünstadt. Von links Bürgermeister Herbert Gustavus, Brigitte Kaffka, Philippe Lathélize und Muire Dr. Bourson.

1989 erhielt die Grünanlage beim Alten Rathaus in der Hauptstraße im Beisein einer größeren Abordnung aus Frankreich und zahlreichen einheimischen Bürgern durch die Bürgermeister Dr. Bourson und Gustavus die Bezeichnung »Carrières-sur-Seine-Platz«. Bildhauer Theo Röhrig aus Hettenleidelheim fertigte den aus rotem Sandstein gehauenen Namensstein an. Bei festlicher Musik gab es zur Feier des Tages kostenlos einen »Bürgertropfen«, den Repräsentationswein der Stadtverwaltung.

In den achtziger Jahren wanderte eine Grünstadter Gruppe durch die einzelnen Pariser Stadtteile und französische Gruppen weilten wiederholt in Grünstadt und besuchten unter anderem das Hambacher Schloß, Worms und Heidelberg. Im Mai 1989 nahmen 36 Radfahrer beider Städte an der »Tour de Jumelage«, einer Radralley von Grünstadt nach Carrières teil und im Tagebuch einer Teilnehmerin ist vermerkt: »*Trotz Sonnenbrand und anderer Beschwernisse, aber ohne Sturz und Verletzung...*«. Eine Fahrt in Gegenrichtung fand dann drei Jahe später, im Jahre 1992 statt. Ein herausragendes Ereignis stellte ein Konzert des Jugendorchesters der Musikschule bei den französischen Freunden im Juni 1990 dar.

»*Die Gastfreundschaft und die natürliche Herzlichkeit der Franzosen war einfach überwältigend*«, so waren Bürgermeister Ludwig Weber und Brigitte Kaffka hellauf begeistert über die Feier des 20jährigen Bestehens der Jumelage im Mai 1994 in Carrières. Rund 65 Grünstadter waren zu Pfingsten an die Seine gereist. Im Bus wurden 300 Luftballons in den Trikolore-Farben und den Stadtfarben Grün-Weiß aufgeblasen und für die gastgebenden Familien gab es 120 Flaschen Spätburgunder Weißherbst aus dem städtischen Weinberg, deren Spezial-Etikett auf das Jumelage-Jubiläum hinwies.

Bürgermeister Ludwig Weber überreichte zwanzig Reben, die im Stadtpark von Carrières eingepflanzt wurden. Beim Festakt überreichte er eine Bronzetafel zur Erinnerung an das Jubiläum mit folgender Inschrift in beiden Sprachen: »*Zur Förderung des wachen Gefühls der europäischen Brüderlichkeit*«. Nach einer dreistündigen Seinefahrt fiel das Abschiednehmen sehr schwer und man trennte sich mit einem herzlichen »Au revoir« bei der deutschen Jubiläumsfeier im Herbst 1995.

Nach über zwanzig Jahren Partnerschaft und Völkerfreundschaft haben sich die Erwartungen und Hoffnungen mehr als erfüllt. Hier ist eine Freundschaft zwischen den Menschen zweier Nationen entstanden, die man sich gleich nach dem letzten Krieg hätte nicht vorstellen können. Umsomehr ein Grund, unseren Nachbarn für die ausgestreckte Hand dankbar zu sein und eine Verpflichtung für uns alle, unseren Teil dazu beizutragen, daß sich die Versöhnung und Freundschaft weiterentwickelt, zum Nutzen für unsere Kinder und die kommenden Generationen.

Carrières-sur-Seine

Carrières-sur-Seine, mit der gleichen Einwohnerzahl wie Grünstadt (14.000), liegt in einem Bogen der Seine und ist aus einer alten Siedlung entstanden. Der alte Stadtkern wurde durch ein Neubaugebiet mit modernen Schulen, Freizeitstätten und Wohnungen komplettiert. Prunkstück ist das um 1700 von König Ludwig XIV. erbaute Schloß oberhalb des Flusses, in dem heute die Stadtverwaltung untergebracht ist. Der vorgelagerte Park wurde in Anlehnung an den nahegelegenen Schloßgarten von Versailles gestaltet. In ausgebauten, unterirdischen Steinbrüchen der Gemeinde befinden sich heute die riesigen Anlagen der berühmten Champignonzucht.

Spenden im Staffettenlauf
Lambrecht und Blainville: Partnerschaft ohne Schwung
von Karl Heinz Himmler

Lambrecht pflegt seit 21 Jahren eine Städtepartnerschaft mit der gleichgroßen lothringischen Eisenbahnerstadt Blainville-sur-l'eau. Inzwischen ist die Jumelage zwar volljährig geworden, aber weit davon entfernt, im Sinne ihrer Erzeuger ein Prachtkind geworden zu sein. Eigentlich ist diese vom Rat der Gemeinden Europas 1974 gekoppelte und im daraufffolgenden Jahr besiegelte Partnerschaft nie so richtig aus den Startlöchern gekomen. Es gab, lang ist's her, Begegnungen, die meisten in Blainville: die Senioren, die Fußballer, die Turnkinder, die Schützen, die Naturfreunde, die Läufergruppe des Ski-Clubs, die Stadtkapelle, die Kirchenchöre - sie und weitere städtische Gruppierungen waren in früheren Jahren und zum Teil des öfteren dort.

Durchgehalten haben nur der Verkehrsverein, der, zuletzt in Verbindung mit einem privaten Freundeskreis um das Lambrechter-Blainviller Partnerschafts-Ehepaar Roland und Sabine Schaeffer, am ersten Maisonntag mit einem Getränkestand auf dem Maimarkt in der Blainviller Hauptstraße vertreten ist, für den die Partnergemeinde nicht nur die Standgebühr erläßt, sondern auch den Stand, das Mobilar, Strom und Wasser kostenlos stellt. Erfreulicherweise erhalten geblieben ist auch der Schüler-Austausch.

Die Begegnung der Jugend war den Initiatoren von Anfang an das Wichtigste. Es waren immer Lehrer, die das Pflänzchen Partnerschaft pflegten. Hans Mühlhäuser, der damalige Leiter der ehemaligen Heimvolkshochschule, hatte in seinem kommunalpolitischen Engagement die er-

sten Fäden geknüpft, Erna Merkel, Ortsbürgermeisterin und im Beruf Fachlehrerin, hatte die Urkunde gemeinsam mit ihrem Bürgermeister René Duclos unterschrieben. Die Nachfolger im Bürgermeisteramt sind in beiden Orten wieder Lehrer und obendrein stehen der Rektor und das Kollegium der Regionalen Schule in Lambrecht voll hinter der Sache und kümmern sich um die Organisation eines Schüler-Austauschs, mit dem nicht nur sprachliche Barrieren überwunden werden sollen. Auf der Ebene der Vereine fehlen parallele Strukturen und, nachdem vielfach die Gründergeneration sich zurückgezogen hat, wohl auch Interesse und Ansprechpartner.

Außer im vergangenen Jahr wurde auch von offizieller Seite kein Anlaß zu Jubiläumsbegegnungen und Feierlichkeiten ausgelassen. Als vor Jahren in Blainville ein Wohnblock ausbrannte, sammelte man in Lambrecht spontan zu Gunsten der Geschädigten. Einen Teil des Spendenaufkommens überbrachten die Sportler des Ski-Clubs mit einem Staffettenlauf. Spenden von Lambrechter Vereinen ermöglichten auf Jahe hinaus jungen Franzosen die Teilnahme an der alljährlichen Ferienerholungsaktion der Verbandsgemeinde. Die zum Gemeinschaftshaus führende Stichstraße hat einen Namen, der sich für viele Lambrechter wie ein Zungenbrecher liest, aber ein Bekenntnis zur Partnerschaft darstellen soll: Blainviller Straße. In der Tat waren sprachliche Schwierigkeiten und die Probleme, die - nur auf Lambrechter Seite - mit der Quartierbeschaffung zusammenhingen die Ursachen, daß die Sache nie ganz in Schwung gekommen ist. Den anfangs mit Eifer durchgeführten Volkshochschul-Sprachkursen fehlte schon bald der Zuspruch. Umgekehrt wollten die jungen Gäste in Lambrecht gerne ihr frischgelerntes Deutsch vertiefen - nicht unbedingt Pfälzer Mundart lernen. Eine Eheschließung aus dieser Städtpartnerschaft und familiäre Freundschaften, die man an zwei Händen abzählen kann, ist ein bißchen wenig.

Eine Anfrage des neuen Lambrechter Ortsbürgermeisters Michael Stöhr in Blainville nach seinem Amstantritt und zu Beginn des Jubiläumsjahres wurde hinhaltend beantwortet. Man hat den Eindruck, daß nicht nur in Lambrecht aus der Jumelage so ziemlich die Luft raus ist. Sie dümpelt nur vor sich hin. Ob sie irgendwann auf frischen Wind hoffen kann?

Im Woi liggt Wohret

von Otmar Fischer

De Woi, sell is e Gottesgaab,
Oft hotts die Biewel gschriwwe,
Un weils do drinn schteht, ich säll glaab,
Bin gäärn debei gebliwwe.

Als Kind schun hoschde Gänsewoi
Vun de Großmudder griet,
E Glas Wasser, paar Drobbe Pälzer noi,
Säll war was fers Gemiet.

Ich habb mich gfräät als Winzerbuu,
Fer so was wie en Kännisch,
Mär hott gefiehlt, du gheerscht dezu,
Un hordisch war mär äänisch.

Hott dann de Vadder mool gewaggelt,
Däs war kää groß Malleer,
Die Mudder hott do net lang gfaggelt,
»In's Näscht enoi mit Deer!«

Är hott gehorscht - un glei war Ruh,
Die Mudder hott en ausgezooge,
Un leggscht sich häämlich glei dezu,
So war's als - ungelooge.

E manschesmool war aach Radau,
Weil d'Kellerdeer war zugeschlosse,
Do war moi Mudder dabber schlau,
E Häwwel ruff un oigegosse.

Glei war de Friere Härr im Haus,
De Woi schafft Harmonie,
Un war de Gure dann bald aus,
Duht's aa die Bubbesbrie.

So schnell war domols mär verähnt.
War in 're Määnung mär verschiede,
Was sinn doch meer, ehr Leit, verwähnt,
Es gäbbt mää Schtreid doch als wie Friede.

De Woi schenkt Fräd, de Woi macht reif,
Drum sollscht dänn Froind net losse,
Wärschd de aach manschmol schtäggeschteif,
Un machscht die dollschte Bosse.

Im Woi liegt Wohret un Ergetze,
So hott's der Herrgott schun gewollt,
Ich känn mich aus, du en drum schätze,
Hab Schobbeweis schun Lob gezollt.

»Do owe sin lewendische Römermonster«

Römer vom Ungsteiner Weilberg und I. ROEMERCOHORTE OPLADEN
von Dr. Fritz Schumann

Vier Jahre dauert die »2000«jährige Partnerschaft zwischen dem Römischen Weingut Weilberg in Ungstein und der I. Römercohorte Opladen als fern stationierte, bei Festen anwesende Schutztruppe.

1991, auf dem zwei Wochen dauernden Römermarsch von Ladenburg nach Schwarzenacker, lernten sich die Römer kennen. 30 km Straßenmarsch in genagelten Sandalen von Altrip bis Birkenheide hatten die Truppen geschlagen. Zwei Nächte Erholung auf dem Weilberg brachten die Kraft, den Weg nach Eisenberg fortzusetzen. Dazwischen Fernsehaufnahmen mit drei Sendern, Empfang bei Bürgermeister Sülzle in Bad Dürkheim, Römerlager vom Lagerfueer bis zum Zelt mit Strohlager schmiedete dies alles bei einem vermutlich höheren Weinverbrauch als zu Zeiten Cäsars die Bande, die nach Abschluß des Marsches beim Weinfest an der Römerkelter noch verstärkt wurden.

Nun, wer sind die Partner der Zweisamkeit. Gast auf dem Weilberg ist die zehn Jahre alte I. Römercohorte Opladen unter dem Centurio Klaus Schwaab in Opladen und dem »Consul« Horst Bürger in Mannheim an der Spitze. Auf der anderen Seite stehen die Bürger Ungsteins, die bereits von »unseren Römern« sprechen, wenn die Zelte auf dem Weilberg aufgeschlagen werden. Genauer gesagt, die Mitglieder der Ungsteiner Vereine, die zum Wohl der Restaurierungen des römischen Weinguts das Weinfest an der Römerkelter betreiben. Zu nennen wären Bauern- und Winzerschaft, Turnverein, Gesangsverein und Trachtengruppe mit Aktiven, Junkies und Oldies in römischen Gewändern.

So war es kein Wunder, daß die I. Römercohorte Opladen am 25. Oktober 1991 Pate stand,

Angetreten auf dem Weilberg bei Bad Dürkheim: Römer aus Opladen.   *Foto: Schumann*

als nach 1500 Jahren Ruhe im Römischen Weingut Weilberg die Weinherstellung am historischen Platz wieder aufgenommen wurde. Anwesend war sie auch bei der Abfüllung des fußgetretenen Ehrentropfens im Juni 1992. Dabei kam es auch zu dem Ausruf eines Jugen: »*Do owe sin lewendische Römermonster!*« der seine Freunde für den Besuch des Römerlagers interessieren wollte und dies auch erreichte. Die Stimmung am Lagerfeuer in der Nacht war so klassisch, daß Winzer Wolfgang den Römern aus dem Norden den Ertrag von drei Rebenreihen seines Vaters übereignete. Bedingung war, die Cohorte muß die Trauben lesen, treten, keltern und füllen. Weinbergspflege und Weinausbau übernahmen die Ungsteiner Römer.

Inzwischen sind die Römer auf dem Weilberg wie zu Hause. Auf dem Kriemhildenstuhl haben sie die Arbeitsspuren der Kollegen vor 1800 Jahren freigelegt, aus dem Römerbrunnen am Annaberg getrunken, auf dem Römerplatz in Bad Dürkheim stramm gestanden und an der Villa rustica in Wachenheim gelagert und exerziert. Zum Weinfest an der Römerkelter gehören sie schon, wie der Wein vom Weilberg.

Im Ruhestand

Verbindung zwischen Bockenheim und Margreid/Südtirol schlummert
von Wolfgang M. Schmitt

»*Wann's kää 700 Kilometer gewest wärn, hätte mer glei rumgedreht*«, erinnert sich Karl Keidel, von Dezember 1964 bis März 1974 Bockenheimer Bürgermeister, an den ersten Abstecher nach Südtirol in das Dörfchen Margreid. Die Visite war wohl beim damaligen Margreider Bürgermeister nicht so willkommen, der Empfang nicht gerade begeisternd. Wenn da nicht ein Josef Ranigler gewesen wäre, hätte die vierköpfige Bockenheimer Abordnung unverrichteter Dinge wieder abziehen müssen.

Für den frostigen Empfang gab es allerdings einen guten Grund: 1970 waren die Unruhen in der Region Südtirol gerade zwei Jahre her, es gab immer noch Sprengstoffanschläge. Die italienische Regierung wollte Partnerschaften zwischen deutschen und südtiroler Gemeinden nicht gerade fördern, waren doch die Unruhen aus dem Unabhängigkeitsbestreben der deutschen Einwohner Südtirols entstanden. Die »Offiziellen« mußten sich also zurückhalten.

Unter den Beschränkungen hatten die vier Bockenheimer - Bürgermeister Keidel, der erste Beigeordnete August Mattern, der zweite Beigeordnete Erich Mattern und Gemeindesekretär Hans Niederberger - auch zu leiden. Um 11 Uhr wurden die Gaststätten von der Polizei geschlossen, es gab eine Ausgangssperre, und bei einem späteren Besuch mußten die »Lira« zusammengelegt werden, um

Altbürgermeister Karl Keidel. Foto: Schmitt

101

einen aus der Mannschaft wieder auszulösen, der zu nächtlicher Stunde eine Runde auf einem Traktor zu drehen gewagt hatte.

Zurück zu »Pepi« Ranigler, Besitzer eines größeren Obstmarktes. Er hatte erkannt, so erzählt Keidel, daß die arme Region Südtirol auf Fremdenverkehr setzen müsse, um wirtschaftlich auf Schwung zu kommen. Seine Cousine Martha und er kümmerten sich um die Gäste aus der fernen Pfalz: »*Es hot sich dann ganz gut gemacht*«.

»Angezettelt« hatte das ganze der damalige Landrat Dr. Karl Scherer im Neustadter Landratsamt, ein großer Freund Südtirols. Er machte auf die wirtschaftlich schlechte Lage an der Südtiroler Weinstraße aufmerksam und warb bei den Gemeinden darum, zu helfen. Mit einigem Erfolg, wie viele noch bestehende Partnerschaften beweisen, nicht zuletzt die des Landkreises mit den sieben Weinstraßengemeinden an der Etsch (zu denen Margreid gehört).

Im Fall Bockenheim lief die Sache in der Folge nicht ganz so gut. »*Es war mehr eine Einbahnstraße*«, erinnert sich August Mattern. Nur einmal war eine größere Abordnung aus Margreid hier zu Besuch, als nämlich 1978 die »Margreider Straße« in Bockenheim getauft wurde. Alois Calvos, Margreider Bürgermeister, und sein Bockenheimer Amtskollege Erich Mattern durchschnitten das Band und enthüllten das Namensschild als »Zeichen der Verbundenheit«. Eine offizielle Partnerschaft gab es indessen nie, man unterzeichnete einen Freundschaftsvertrag. Von Bockenheimer Seite waren die Besuch regelmäßig, mit bis zu drei Reisebussen fuhr man gen Süden. Auch heute noch fahren etliche gerne nach Südtirol in den Urlaub.

Einen »Knacks« bekam die Verbindung, als die Bockenheimer nach Margreid fuhren und dort am Ortseingang das Schild »Partnergemeinde Ottobrunn« lesen mußten. Die Bajuwaren hatten den Pfälzern den Rang abgelaufen: Im viel größeren Ottobrunn wurden Weinfeste mit Margreider Wein ausgerichtet, was wirtschaftlich wohl attraktiver war. Für die Bockenheimer war dies der Anlaß, die Sache »nicht mehr so ernsthaft zu betreiben« und sich mehr um die Partnerschaft nach Frankreich zu kümmern.

Einweihung der Margreider Straße in Bockenheim 1978 durch die Bürgermeister Erich Mattern (rechts) und Alois Clavos.
Repro: W. M. Schmitt

Die letzte Ostmark begraben

Erpolzheim und das thüringische Guthmannshausen
von Wolfgang Heiss

In Thüringen, im südöstlichen Teil des Kreises Sömmerda, liegt die Gemeinde Guthmannshausen. Sie hat 960 Einwohner und ist dem Gemeindeverband Buttstätt zugeordnet.

Die erste urkundliche Erwähnung erfolgte im Jahr 876 als zehntpflichtiger Ort des Klosters Hersfeld bzw. des Stiftes Fulda. Die Namensentwicklung mit der Endung »hausen« ist auf fränkischen Ursprung zurückzuführen. Der Ortsname wandelte sich über *Gottishausen* und *Juttenhausen* bis hin zu *Guthmannshausen*. Das Dorf wurde immer wieder von Seuchen und Naturkatastrophen geplagt, doch seine Bewohner ließen sich nicht entmutigen und bauten es immer wieder auf.

Eine blühende Partnerschaft verbindet diese Gemeinde mit Erpolzheim. Auslöser war, daß die Verbandsgemeinde Freinsheim im Jahr 1990 Kontakte zum Gemeindeverband Buttstätt aufgenommen hatte. Der damalige Verbandsgemeindebürgermeister von Freinsheim, *Gottfried Nisselmüller,* machte den Vorschlag, daß freundschaftliche Beziehungen zwischen den Orten der Verbandsgemeinde Freinsheim und denen des Gemeindeverbandes Buttstätt aufgenommen werden sollten, da die Anzahl der Gemeinden und auch die Bevölkerungszahlen in den einzelnen Gemeinden annähernd übereinstimmten.

Dann hatte der Bürgermeister *Klaus Hannes* von Guthmannshausen im April 1990 einen persönlichen Kontakt mit Bürgermeister *Hans-Jürgen Joritz* von Bobenheim am Berg. Auf dessen Anregung hin nahm er im gleichen Monat schriftlichen Kontakt mit Bürgermeister *Burkhard Nitsche* von Erpolzheim auf. Gemeinderat und Bürgermeister ließen sich nicht lange bitten,

Das thüringische Guthmannshausen aus der Luft.

und schon Ende Juni 1990 fuhr man mit einer Delegation nach *Guthmannshausen*. Der Empfang war überaus herzlich, und zur Stunde Null der Wirtschafts- und Währungsunion zogen Erpolzheimer und Guthmannshauser zum Sportplatz, um die letzte Ostmark zu begraben. Gäste und Gastgeber sangen dazu die Nationalhymne.

Der Gegenbesuch ließ nicht lange auf sich warten. In der Zeit vom 17. bis 19. August 1990 weilte eine 25köpfige Delegation aus Guthmannshausen in Erpolzheim zur Weinkerwe. Mit einem Sektempfang des Erpolzheimer Gemeinderats wurden die Gäste begrüßt. Am Samstag gab es ein gemeinsames Mittagessen, dem sich ein ausführlicher Dorfrundgang anschloß. Höhepunkt war zweifellos ein Besuch der Erpolzheimer Winzergenossenschaft, wo die Besucher von Geschäftsführer und Kellermeister über die Entstehung des Weines von der Traube bis ins Glas informiert wurden. Nach einem gemeinsamen Frühschoppen am Sonntag morgen und dem Austausch der Gastgeschenke, traten die meisten Gäste wieder die Rückreise an. Dem Tag der deutschen Einheit (3.10.1990) trugen die Erpolzheimer besonders Rechnung. Sie setzten eine »Wiedervereinigungseiche«. In der Hoffnung auf ein langes Leben des Baumes und daß sich auch die nachfolgenden Generationen noch an dem symbolträchtigen Baum erfreuen mögen, taufte Bürgermeister *Burkhart Nitsche* die Jungpflanze mit einer Flasche Sekt.

An den Feiern zum 100jährigen Jubiläum des »*SV 1894 Guthmannshausen*« nahm eine Delegation aus Erpolzheim teil. Vorläufiger Höhepunkt war zweifellos das »*ELGO-Fest*« in *Guthmannshausen* im Jahr 1994. Diese Abkürzung leitet sich aus den Anfangsbuchstaben der Gemeinden Ellersleben, Guthmannshausen und Olbersleben her, die gemeinschaftlich einen Gewerbepark gegründet hatten und dies jährlich in einem der drei Gemeinden mit einem Fest feierten. Selbstverständlich waren auch die Erpolzheimer dabei vertreten. Neben ihrem Wein boten sie den Besuchern Pfälzer Spezialitäten (Saumagen, Leberknödel etc.) an.

Zur weiteren Festigung der Partnerschaft wurde am Wochenende vom 24./25. Juni 1995 in Erpolzheim die »Guthmannshausener Straße« eingeweiht. Selbstverständlich wurde die Bevölkerung von Erpolzheim und Guthmannshausen dazu eingeladen. Letztere erschienen mit einer zahlreichen Delegation und brachten ihre Thüringer Spezialitäten (Bratwurst, Brätel und Bier) mit. Die Erpolzheimer ihrerseits revanchierten sich mit ihren süffigen Weinen. Es wurde ein harmonisches Fest, an dem alle ihre Freude hatten. Die Partnerschaft zu hegen und zu pflegen und damit ein Stück »der Mauer in den Köpfen« abbauen helfen, das haben sich beide Gemeinden zum Ziel gesetzt.

Einweihung der Guthmannshausener Straße in Erpolzheim im Juni 1995. Foto: Storzum

»Einheit in Köpfen und Herzen erreichen«
Gebesee - Haßloch: deutsch-deutsche Partnerschaft im Zeitraffer
von Carmen Letzelter

Erste Bemühungen um eine Haßlocher Partnerschaft mit einer Kommune im anderen Teil Deutschlands gab es zu »End-DDR-Zeiten«, erinnert sich der Bürgermeister des Großdorfes. Der Wunsch wurde in einem Brief an die ständige Vertretung der DDR in Bonn formuliert. Erfolglos wie sich bald herausstellen sollte, die Antwort war so lapidar wie deutlich. Eine DDR-Stadt gehe mit einem BRD-Dorf keine Partnerschaft ein, hieß es damals sinngemäß.

Der zweite Anlauf begann mit dem Besuch von Christian Arlt in Haßloch. Der Mann, der einst als Leiter in einem Gästehaus des FDGB (Freier Deutscher Gewerkschaftsbund) arbeitete, hatte zwischenzeitlich nach Westen gemacht, organisierte in der Lambrechter Pfalzakademie nicht nur Seminare mit deutlichem Schwerpunkt auf den neuen Ländern sondern organisierte auch Reisen dorthin. Im Dezember 1989 wurde in Haßloch eine ganz spezielle Sightseeing-Tour verabredet: Arlt wollte mit Bürgermeister Hanns-Uwe Gebhardt gleich im Januar des neuen Jahres im Kreis Erfurt-Land nach einer geeigneten Partnergemeinde Ausschau halten. Einerseits kannte sich der »Scout« des Bürgermeisters dort aufgrund seiner früheren Tätigkeit besonders gut aus, andererseits war das die Region, die ursprünglich für eine Partnerschaft mit dem Landkreis Bad Dürkheim im Gespräch war. Auf Kreisebene fielen die Würfel später weiter östlich, doch Haßloch bekannte sich schon bald zu seiner kleinen Partnerstadt im Nordwesten Erfurts, gerade 20 Kilometer von der thüringischen Landeshauptstadt entfernt.

1995 erinnert sich Hanns-Uwe Gebhardt noch gut an die Fahrt durch Städte und Dörfer. An Stotternheim, wo es bis zu seinem Besuch nicht eine Straße mit fester Straßendecke gab. Ausgerechnet als er im Rathaus mit dem Stellvertreter des Bürgermeister-Stellvertreters redete, sollte - Ergebnis einer erfolgreich koordinierter Bürgerinitiative - draußen das erste Stück einer Nebenstraße betoniert werden. Wenn da nur nicht dieses Wessi-Auto im Weg stünde... Erster Besuch in Gebesee kurz vor 16 Uhr: der Bürgermeister hat gerade das Rathaus verlassen, um seine Kinder pünktlich von der Krippe abzuholen, erfahren die Gäste aus dem Westen, sie können warten. Gebhardt und Arlt gehen in eine nahe gelegene Gaststätte, der Bürgermeister registriert, daß ihre Bestellung prompt aber schroff ausgeführt wird. Bei einem späteren Besuch erfuhr er, daß der Gaststätten-Pächter erschrocken sei, als er in Gebhardts Begleiter seinen früheren Chef im FDGB-Gästehaus erkannte. ... Um 17.30 Uhr fand die Begegnung mit dem Bürgermeister von Gebesee doch noch statt, das zweite und dritte Treffen folgte nur wenige Wochen später.

Gebhardt sechs Jahre später: »Mit dem Motto 'da ruf' ich geschwind mal an' war ja damals nichts zu erreichen.« Von seiner Reise durch die Städte und Dörfer blieb ihm bis

Vertrag unterzeichnet: Haßlochs Bürgermeister Hanns-Uwe Gebhardt und sein damaliger Kollege Karl-Heinz Kaiser aus Gebesee.

heute ein Eindruck erhalten: die Menschen waren gegenüber Besuchern aus dem Westen offen und unheimlich nervös zugleich. Wie Bedienstete in den Rathäusern mit den Bürgern umgingen, wie wenig die, die das Sagen hatten, auf die, die Antworten und Hilfen suchten, eingingen, erstaunte ihn immer aufs Neue: »*Da wurde ohne Unterbrechung weitertelefoniert, der Bürger nicht einmal eines Blicks gewürdigt, da wurden Bürger, die schon lange anstanden, einfach nach Hause geschickt, wenn die Arbeitszeit vorbei war.*« Wenn der Haßlocher Bürgermeister heute nach Gebesee fährt, ertappt er sich oft bei dem Gedanken: sechs Jahre ist das alles erst her. Und er staune dann immer. Über die rasanten Steigerungsraten bei den Telefonanschlüssen genauso wie über die Veränderungen im Stadtbild von Gebesee.

Das erste Jahr

»*Wir sind dankbar und erfreut, daß sich die Lage im anderen Teil Deutschlands so entspannt hat, daß Begegnungen dieser Art möglich sind,*« freut sich Arno Wittmann vom Gewerbeverein schon im April beim Wiedersehen mit Gebeseer Gewerbetreibenden in der Pfalz. Gerade einmal acht Wochen sind seit der ersten Begegnung vergangen (siehe auch Artikel »Die Maschinen sind alt, aber gepflegt«). »Ein wenig stolz« sind die Gäste, daß sich die Gebeseer Gewerbler in der Zwischenzeit nach Haßlocher Modell relativ rasch organisiert haben - »zumal die Beteiligung praktisch hundertprozentig ausgefallen ist«. Ihr Verein zählt 15 Mitglieder und das entspricht exakt der Anzahl der Gewerbetreibenden am Ort.

Ebenfalls im April erfolgt in Thüringen die Übergabe von Hilfsgütern, die die Gebeseer per Wunschliste von den Freunden in der Pfalz erbeten hatten: Ausstattung für das Landambulatorium (aus einer aufgelösten Arztpraxis in Haßloch), Spielzeug für drinnen und draußen für Kindergarten und Hort (gestiftet von Gewerbevereins-Mitgliedern), technische Ausstattung für die Verwaltung und eine Reihe von Werkzeugen für den Werkhof (vergleichbar dem Haßlocher Bauhof).

Im Juli gibt es die ersten konkreten Kontakte mit sportlichen Angeboten in Gebesee. Albert Sachs, der Vorsitzende des Leichtathletikclub Haßloch (LCH), wird in Gebesee von Hans-Joachim Lüttke, einst DDR-Jugendmeister im Kugelstoßen und Diskuswerfen, informiert. Das sportliche Geschehen sei derzeit noch eingebunden in die Betriebssportgemeinschaft (BSG) »Tiefbau« mit den Sektionen Kegeln, Fußball, Radsport, Volleyball und Leichtathletik. Vereine gebe es noch nicht, freilich gingen die Bestrebungen dahin, die BSG aufzulösen. Für Lüttke ist es sehr interessant, Einblick zu nehmen in Geschäftsordnung und Satzungen aus Haßloch. Beeindruckt ist der LC-Vorsitzende von der Gebeseer »Kampfbahn des Friedens« mit 400m-Rundbahn, Spielfeld und zwei Nebenfeldern. Vereinbart wird, daß zur Kreis-Spartakiade der Schüler, die regelmäßig auf dieser Anlage ausgetragen wird, 1991 auch LCH-Jugendliche eingeladen würden.

Im September braucht der Entwurf über die »Inhalte« einer Partnerschaft zwischen Haßloch und Gebesee auf dem Postweg zehn Tage von West nach Ost. Deshalb wird die »Vereinbarung über die kommunale Partnerschaft« nicht — wie ursprünglich beabsichtigt — Ende September 1990 in Haßloch unterzeichnet. Zunächst sollen sich auf beiden Seiten die Gremien mit dem Verwaltungs-Entwurf aus Haßloch beschäftigen. Aus Thüringen ist dennoch eine 20köpfige Delegation in die Pfalz gekommen, fast alle Gäste aus der künftigen Partnerstadt halten sich zum ersten Mal in Haßloch auf.

Vom »Zusammengehen« mit Haßloch erhofft sich Gebesee Ratschläge beim Neuaufbau seiner Verwaltung und Unterstützung bei der Ansiedlung von Gewerbe und Industrie, erklärt Bürgermeister Karl-Heinz Kaiser. Bisher sei es beispielsweise nicht erforderlich gewesen als Kommune einen eigenen Haushaltsplan aufzustellen, auch Bebauungspläne existieren nur in begrenztem Umfang.

Mitte Oktober 1990: Gebesees Stadtverordnete segnen das »Zusammengehen« mit Haßloch einstimmig ab. Die »Vereinbarung über die kommunale Partnerschaft« sei getragen von dem Wunsch, die bisher geknüpften Beziehungen zwischen Gebesee und Haßloch auch im vereinten Deutschland weiter zu entwickeln. Wörtlich: *»Ziel der Partnerschaft ist es, über vielfältige Kontakte auf allen gesellschaftlichen Ebenen zu einer engen Zusammenarbeit der beiden Gemeinden zu kommen. Im Rahmen ihrer Möglichkeiten wollen die Partnergemeinden einen Beitrag zur friedlichen Entwicklung Deutschlands und zum weiteren Zusammenwachsen Europas leisten.«* »Schwerpunktmäßig« geprägt werden soll die Partnerschaft vom aktiven Meinungs- und Informationsaustausch; von der engen Zusammenarbeit zwischen kommunalen Einrichtungen, gesellschaftlichen Organisationen, Vereinen und Verbänden; von konkreten Maßnahmen bei der wirtschaftlichen Entwicklung in den Bereichen Verwaltung, Handel, Handwerk, Industrie und Tourismus sowie von einem intensiven Schüler- und Jugendaustausch.

Am 31. Oktober stimmt auch der Haßlocher Gemeinderat dem Partnerschaftsvertrag einstimmig zu. Der mühevolle Einstieg in den demokratischen Prozeß nach langer »Entwöhnung von jedem eigenverantwortlichen Handeln« sei eine schwere Hypothek für die Gebeseer. Sich hier als Partner hilfreich zu zeigen, sei ein Akt »selbstverständlicher Solidarität«. Als vornehmste Tugend in Haßloch wird die Bereitschaft zum Zuhören und ein hohes Maß an gegenseitiger Geduld angemahnt. Gebesees Bürgermeister Kaiser bekennt, daß die Menschen in seiner Stadt große Hoffnungen in das Abkommen setzen: *»Ohne eure Hilfe würden wir es wohl in absehbarer Zeit kaum schaffen.«*

Im zweiten Jahr

Die Verwaltungshilfe von aktiven und ehemaligen Mitarbeiterinnen und Mitarbeitern im Haß-

locher Rathaus für Gebesee läuft 1991 an. Ihr Start verzögert sich gegenüber den ursprünglichen Plänen, zunächst muß die Stadtverordneten-Versammlung in der Partnerstadt klären, welche der acht Frauen und Männer über den 30. Juni hinaus in Diensten der Verwaltung bleiben können und wer gehen muß. Die pensionierte Standesbeamtin Helene Schreiner hilft als erste in Gebesee und Hans Seiberth, der langjährige geschäftsführende Beamte in Haßloch, reist am häufigsten.

Das dritte Jahr

Nach 55 Jahren wird im März 1992 die »Spende« wiederbelebt. Rund 60 Gäste aus Haßloch erleben die Wiedergeburt des traditionsreichen Festes in Gebesee mit. Aus Haßloch mit dabei sind die Alphornbläser Herbert Kießling und August Henkes sowie »Klappermax« Günter Torchalla und »Die Mackenbacher«, dazu Mitglieder von CDU, DRK, Gewerbeverein, Landfrauen und Volkshochschule.

Die Haßlocher Dorfmusikanten machen sich im Juni auf den Weg in die thüringische Partnerstadt. – In den Sommerferien 1992 kommen Jugendliche aus Gebesee zur Freizeit bei der Ferienspielwoche und die Gebeseer laden junge Großdörfler zu einem Zeltlager an den Baggersee ein. – Im September gibt es die ersten Seniorenbegegnungen in Gebesee. Der Straßenbelag in Gebesees Straßen war ihnen nicht unbekannt: sie erinnern sich gut daran, daß auch die Lang- und Gillergasse und am längsten noch das Kühngässel genauso gepflastert waren.

Das Pendant zur Haßlocher Langgasse ist in Gebesee die etwas kürzere »Lange Straße«, so heißt der Straßenzug seit 1991 wieder.

Zum zweiten Mal beteiligten sich im September Gebeseer Schüler und Jugendliche an den

Acht Volleyballerinnen aus Gebesee empfing Bürgermeister Gebhardt im September 1995 im Haßlocher Rathaus. Hans Drewitz (rechts), Vorsitzender der Arbeitsgemeinschaft der Haßlocher Sportvereine, freute sich über den Besuch der Sportlerinnen zwischen 16 und 18 Jahre. Sie trugen beim Volleyball-Club Haßloch ein Turnier aus, dessen Vorsitzender Hans-Peter Gotsch (links) sie willkommen hieß. Der Trainer von »Blau-Weiß« Gebesee, Hans-Joachim Lüttge, dankte für den freundlichen Empfang.   *Foto: Amberg*

LCH-Clubmeisterschaften in Haßloch. Eine 13jährige aus Thüringen wird Jahrgangsbeste. Im September und Dezember hat Haßlochs Arbeiterwohlfahrt junge Gäste aus Gebesee zu Gast.

Gebesee bekommt im November seinen dritten Bürgermeister seit 1989: Rainer Zirbs, 50jähriger Handelslehrer und Volkswirt aus Ratingen bei Düsseldorf, bezeichnet sich als »freiwilliger Thüringer mit Liebe zu Land und Leuten seit nunmehr 15 Monaten«. Karl-Heinz Kaiser war im Oktober mit Zweidrittelmehrheit als Bürgermeister abgewählt worden.

> *»Wende - das Wort trifft nicht, was mit uns geschah. Wir sind nicht nur in eine andere Richtung gefahren, wir haben auch das Fahrzeug gewechselt.*
>
> *Wende - das Wort benutzen Menschen, die die Vorgänge weitgehend nicht als Revolution begreifen können oder wollen.*
>
> *Revolution - friedliche Revolution - kastrierte Revolution - Revolution im Korsett - keine konsequente Erneuerung: Beim Zusammenlegen ist uns deutlich geworden, wie unterschiedlich wir sind.«*
>
> Steffen Heitmann, Justizminister in Sachsen, am 3. Oktober 1995 auf dem Hambacher Schloß.

Kurz notiert im vierten Jahr

Verantwortliche der Arbeitsgemeinschaft Haßlocher Sportvereine (ARGE) besuchen Gebesee und werden vom Vorsitzenden des Sportvereins, Heinz-Jörg Meyer, begrüßt.

Am Fronleichnam-Gottesdienst 93 in Haßloch nehmen der für Gebesee zuständige katholische Pfarrer Winfried Siebert und Pfarrgemeinderats-Vorsitzender Franz Brandel mit Familie teil.

Beim dritten Senioren-Besuch in Thüringen wird der erste Besuch älterer Menschen aus Gebesee in der Pfalz vereinbart. Aus Haßloch mitgefahren sind diesmal die Singgruppe des Reichsbundes sowie Besucher der Altenstuben von evangelischer und katholischer Kirche, Senioren im Pfälzerwaldverein und SPD-Ortsverein, bei den Heimkehrern und den Naturfreunden.

Die Verwaltung hilft weiter in Gebesee. Fortgesetzt wird auch der Gedankenaustausch von Ratsdelegationen.

Im August wird die Partnerschaft sportlich weiter gestärkt: fünf Sportfunktionäre aus Gebesee sind von Haßlocher Sport-Verhältnissen »beeindruckt, je teilweise sogar hell begeistert«.

Knapp ein Jahr nach seinem Amtsantritt wird der Gebeseer Bürgermeister Zirbs von der Stadtverordneten-Versammlung abgewählt, das Amt soll vor den Kommunalwahlen am 1. Juli 1994 nicht mehr besetzt werden. Bis zu den Neuwahlen führt der erste Beigeordnete, Bernd Schartenberg, die Amtsgeschäfte.

Das fünfte Jahr der Partnerschaft

Bernd Schartenberg wird neuer Bürgermeister. Er erhält 554 Stimmen, der frühere Bürgermeister Karl-Heiz Kaiser erreichte 447. Schartenberg kommt mit Senioren aus Gebesee nach Haßloch. Er berichtet, daß vom 20 Hektar großen Gewerbegebiet bereits zehn Hektar an eine Hoch-, Tief- und Straßenbaufirma, einen Baumarkt, einen Getränkegroßhandel und ein Küchenstudio vergeben sind. Die Baufirma hat bereits über 20 Arbeitsplätze geschaffen.

Im sechsten Partnerschaftsjahr

Das um den »Tag der Arbeit« verlängerte Wochenende nutzen im April 1995 rund 60 Fußballer des SV Blau-Weiß Gebesee zu einem Besuch beim FC 08 in Haßloch. Mit dabei sind der Vorsitzende vom Gebeseer Sportverein, Roland Koch, sein Stellvertreter Norbert Ehrlich und

»Wichtig ist, daß was passiert«

Haßloch plus Gebesee ist gleich »Partnerschaft« - diese Gleichung mochte auf der Fahrt 1990 nach Thüringen keiner mit einem Haken als dem bekannten Zeichen für »richtig« versehen. Von inoffizieller Kontaktaufnahme war die Rede und vom enormen Größenunterschied, auch davon, daß der Landkreis seine Partnerschaft offensichtlich ein Stück weiter östlich finde. Das Fazit der Haßlocher Delegation auf der Rückfahrt näherte sich freilich bereits eindeutig einer künftigen Partnerschaft. August Schön: »*Vielleicht kommt gerade durch den Größenunterschied der beiden Gemeinden unsere Hilfe dort viel mehr zur Wirkung, als dies bei einer gleichgroßen Stadt möglich wäre.*«

Während der Gespräche in Gebesee beantwortete Bürgermeister Gebhardt auch die Frage, inwieweit für die Haßlocher Verwaltung denn die politischen Verhältnisse in Gebesee eine Partnerschaft beeinflussen könnten: »*Wir warten die formelle Festschreibung nach den Wahlen am 18. März ab.*« Ob es dort einen SPD-Ortsverein gebe oder nicht, das spiele weder vorher noch nachher ein Rolle. Hans Grohe: »*Für uns spielt das Wahlergebnis keine Rolle, wir sind auch hierher gekommen, ohne die politischen Verhältnisse zu kennen.*« Hans Bendel: »*Hier ist Soforthilfe notwendig, dazu sind wir breit.*« Hans Aumüller: »*Wir wären schlecht beraten, wenn wir diese Geschichte auf politischer Schiene fahren würden. Wir müssen helfen, wo Bedarf ist.*« Emil Schüle: »*Wir wollen den Wahltermin gar nicht abwarten, wichtig ist, daß hier mal was passiert.*«

(Aus einer Umfrage der Rheinpfalz-Mittelhaardter Rundschau)

der Leiter der Abteilung Radsport, Jürgen Poltermann. Verabredet ist der Gegenbesuch des FC 08 zum 75jährigen Bestehen des SV Blau-Weiß Gebesee im nächsten Jahr. Gleich zweimal besuchen Volleyballer aus Gebesee im September das Großdorf. Der Vorsitzende von Haßlochs ARGE, Hans Drewitz, über den Austausch: »*Die Leichtathleten, die Fußballer, Kegler, Volleyballer waren bereits in Haßloch, die Radballer werden erwartet. Sportler in der ganzen Welt spielen nach den gleichen Regeln, insofern sind sie auch maßgebend am Zusammenwachsen von Ost und West beteiligt, sie bilden beim Einigungsprozeß ein festes Fundament.*«

Beim Bürgerempfang der Gemeinde Haßloch, der seit dem neuen Datum für den »Tag der deutschen Einheit« stets freitags vor dem 3. Oktober terminiert ist, sagt 1995 Hanns-Uwe Gebhardt: »*Die Einheit in den Köpfen und Herzen zu erreichen, wird - im Westen wie im Osten - noch viel Geduld und viel Bereitschaft erfordern, aufeinander zuzugehen.*« Bedauerlich sei allerdings, »*daß wir an diesem Wochenende, entgegen allen Absprachen, keine Delegation der Stadtverordneten-Versammlung aus Gebesee hier bei uns zu Gast haben. Unser Versuch, mit unseren Gästen ein möglichst hohes Maß an Informationen auszutauschen und auf diese Weise nicht nur kommunalpolitisch voneinander zu lernen, läuft damit ins Leere.*«

Die Maschinen sind alt, aber gepflegt

Haßlochs thüringer Partnerstadt Gebesee hat 2500 Einwohner
von Carmen Letzelter

Augen und Ohren offen halten - das vor allem wollte die kleine Delegation aus Haßloch bei ihrer ersten offiziellen Partnerschaftsfahrt nach Gebesee (Kreis Erfurt) im Februar 1990. Irgendwie geartete Verfestigungen oder Formalisierungen sollten nicht das Ziel des ersten Besuchs in dem DDR-Städtchen sein. Darüber waren sich die Gäste aus dem Westen und ihre östlichen Gastgeber von vornherein einig.

Dennoch brachte bereits die erste Kontaktaufnahme einige wichtige Erkenntnisse. So wurde trotz des enormen Größenunterschiedes deutlich: irgendwie passen Haßloch, das Großdorf mit fast 20.000 Einwohnern und die 2500 Seelen-Gemeinde Gebesee (von der sich später herausstellte, daß sie die einzige Stadt im damaligen Landkreis Erfurt ist) zusammen. In der Struktur, Größe und Häuser, Mentalität der Menschen. Auf den Punkt gebracht hieß das schließlich für die Haßlocher: »*Wenn wir uns zur Hilfe entschließen für eine DDR-Gemeinde, dann sollten wir dies für Gebesee tun und nicht noch einmal mit einem anderen Ort von vorne anfangen.*«

Gebesee liegt im strahlenden Sonnenschein, über der Stadt der Dunst der Braunkohle. In den Vorgärten blühen erste Frühlingsboten. Ein großes grünes Oval ohne weitere Gestaltung erstreckt sich vor dem schmucklosem Rathaus. Das einzig sichtbar renovierte Haus am Platz liegt gegenüber: es gehört dem volkseigenen Betrieb (VEB) für Kinderbekleidung. Bürgermeister Burkhardt Luther, sein Stellvertreter Manfred Klein und Sekretärin Brigitte Wagner kommen den Gästen entgegen: »*Guten Tag*« - bei einzelnen der Zusatz: »*Wir kennen uns schon*«. Tatsächlich war es für Haßlochs Bürgermeister Hanns-Uwe Gebhardt schon der dritte Besuch in Gebesee, umgekehrt gab es die Gebeseer Visite in der Pfalz.

Luther führt in die Geschichte von Gebesee ein: Stadtrechte seit rund 350 Jahren: »behauptet« werde, daß die Kommune älter als 1200 Jahre sei: »*Das läßt sich freilich bisher nicht nachweisen, obwohl wir deshalb schon in Mainz waren.*« Gebesee gehörte nämlich früher wie Erfurt zu diesem Bistum, hören die Besucher aus dem Land, dessen Hauptstadt Mainz heute ist. Tiefere Einblicke in die Gebeseer Geschichte erhoffen sich die Bürger der kleinen Stadt von Ausgrabungen an einem ehemaligen Königshof ganz in der Nähe - »*Kommen Sie doch im August wieder. Sicher ist es für Sie interessant, dem Professor bei der Arbeit zuzuschauen.*« Handgreifliche Beschäftigung mit der Regional- und Landesgeschichte als Ferienprojekt für den Professor und seine Studenten.

Im Gebesee der Gegenwart sind nach Einschätzung des Bürgermeisters »*alle technischen und sozialen Einrichtunge vorhanden, um das Leben zu sichern*« - freilich könne man unter den Gesichtspunkten des Umweltschutzes mit vielem nicht einverstanden sein. Es gibt drei landwirtschaftliche Produktionsstätten mit Land- und Viehwirtschaft und den bereits angesprochenen Betrieb für Kinderoberbekleidung (»*dessen Produktion in großen Teilen in die BRD geht*«), die kommunale Wohnungsverwaltung, ein Landambulatorium, eine zehnklassige polytechnische Schule, einen Jugendwerkhof, das Volkshaus.

Einen »Runden Tisch« mit den Repräsentanten der verschiedenen Gruppierungen hat man in Gebesee erst seit kurzem - in seiner letzten Sitzung hat er entschieden, daß sich der Rat auflösen solle. Der Bürgermeister bekommt Arbeits- und Entscheidungsrichtlinien vom »Runden Tisch«. Das frühere SED-Mitglied Burkhardt Luther hatte seine Partei nach der Wende verlassen und blieb im Amt. Welche Parteien bei den Wahlen im März (zur Volkskammer) und im

Mai (in den Kommunen) kandidieren werden, steht noch nicht endgültig fest. Zur Zeit gibt es in Gebesee: LDP (Liberal-Demokratische Partei), PDS (Partei des Demokratischen Sozialismus, die ehemalige SED), CDU, DBD (Demokratische Bauernpartei Deutschlands), die Demokratische Basisgruppe und den Kulturbund.

Szenenwechsel: Die Gewerbetreibenden aus Haßloch sind unterwegs zu ihren Kollegen und deren Betriebsstätten. Ausstattung und Arbeitsrichtlinien erstaunen die Gäste aus dem Westen sehr. Der Polsterer arbeitet mit Stahlscheren von 1946, der Steinmetz und Betonerzeuger hat sich für seinen Neubau Maschinen besorgt, an die sich die Gäste kaum noch erinnern können. Auch in der Metzgerei sind die Maschinen alt, aber sehr gepflegt.

Immer wieder hören die Besucher: wir wollen uns selbständig machen, wie könnt ihr uns dabei helfen? Der Vorsitzende des Haßlocher Gewerbevereins, Arno Wittmann, lädt zum Gegenbesuch ein. Dann könnten die Gebeseer sehen, »*wie es in unseren Betrieben aussieht und wie wir uns beschäftigen*«. Dann könnten sich die Kollegen möglicherweise auch ein Bild davon machen, wie sie in Zukunft arbeiten müßten. »*Die Betriebe bringen trotz ihrer veralteten Ausrüstung gute Leistungen, die Leute sind sehr geduldig und voller Hoffnung*«, formuliert Wittmann seinen Eindruck über die Gewerbetreibenden in Gebesee.

Auf Verwaltungsseite wurde vereinbart, daß Gebesee eine Liste von dringend notwendigen Hilfen zusammenstellt. Ganz obenan stehen wird darauf ein Röntgenapparat für das Landambulatorium (»*der vorhandene produziert schlechte Aufnahmen*«), gebraucht würden auch Büromaterialien und Bürotechnik sowie ein kleiner Schulbus für die Kinder aus der drei Kilometer entfernten Siedlung (»*Zur Zeit bewältigt ein älterer Mann den Transport täglich mit seinem Traktor samt Anhänger - dies bei Wind und Wetter*«). Statt Wein, Bildern oder ähnlichen Geschenken hatten Verwaltung und Fraktionen schon diesmal ein Paket mit allen möglichen, dringend notwendigen Utensilien für das Landambulatorium mitgebracht.

Über 50 Jahre geschlafen

Weinpatenschaft von Ruppertsberg nach Höchstädt/Donau

von Raymund Rössler

Mit der Verbindung nach Höchstädt war es schon sonderbar. Im Jahre 1986 wurde von Ortsbürgermeister Theo Berchtold die zwischen beiden Orten im Jahre 1935 zwar beurkundete, aber nie vollzogene Patenschaft ausgegraben und während eines Besuches des Ruppertsberger Gemeinderates in der Donaustadt offiziell bestätigt - wie es bei der Eintragung ins Goldene Buch verheißungsvoll hieß.

Bei der 1935 beurkundeten Patenschaft muß es sich um eine jener werbewirksamen Einrichtung gehandelt haben, deren Idee wohl schon Ende der 20er Jahre geboren, dann aber zwischen allen pfälzischen Weinbaugemeinden und Städten im »Reich« umgesetzt wurde.

Niemand wußte mehr, ob jene Vorhaben im nachhinein überhaupt praktiziert wurden. Jenes zwischen Hochstädt (bei Donauwörth) zu

Seit 1987 weht in Ruppertsberg die Höchstädter Stadtfahne, Zeichen der schon 1935 beurkundeten Partnerschaft, die erst 1986 durch die Bürgermeister Theo Berchtold (3. v. rechts) und Gerhard Kornmann (links) endgültig besiegelt wurde. Foto: B. Franck

Ruppertsberg oder umgekehrt, liegt ebenfalls im Dunkel. Doch ist in der amtlichen Entschließung des Bürgermeisters der Gemeinde Ruppertsberg vom 13. September 1935 besiegelt: »Der Bürgermeister von Höchststädt an der Donau hat mit Schreiben vom 5. September mitgeteilt, daß er die Patenschaft für unsere Gemeinde übernimmt. Er wird demzufolge bei den Gasthäusern, Cafes, Weinhändlern und auch Privaten eine besondere Propaganda für den Ruppertsberger Edelwein anstellen.« Ferner werde am Erntedanktag in Höchstädt eine Winzerbude aufgestellt und durch die Stadt Kostproben verschenkt. Die Patenschaft wurde angenommen und per Schreiben vom 13. September dem Bürgermeister der Patenschaft der herzliche Dank der Gemeinde Ruppertsberg für die erwiesene Aufmerksamkeit übermittelt. Beurkundet war diese Entschließung vom damaligen Bürgermeister Stadtler, versehen mit dem Dienstsiegel: Gemeinde Ruppertsberg - Bayern (Pfalz).

Was sich in all diesen Jahren nie vollzog, verwirklichten ab 1986 jedoch in beidseitiger Aufgeschlossenheit die beiden Bürgermeister Theo Berchtold (Ruppertsberg) und sein dortiger Kollege Gerhard Kornmann (Höchstädt). Seit dieser Zeit vollzogen sich immer wieder offizielle Zusammenkünfte von Ratsmitgliedern, wie Treffs der kulturellen und sportlichen Vereine. Auch was man vor nunmehr 60 Jahren anstrebte, ist heute Wirklichkeit. In Höchstädt kennt man nicht nur den »Ruppertsberger« - sondern man trinkt ihn auch.

Das seit Jahren aufwärts strebende Donaustädtchen ist in die Weltgeschichte durch die Ereignisse vom 13. August 1704 eingegangen, durch die entscheidende Schlacht im Spanischen Erbfolgekrieg. An diesen Tagen standen sich mehr als 100 000 Mann gegenüber - die Österreicher und Engländer unter Prinz Eugen und dem Herzog von Marlborough (einem Vorfahren Winston Churchills) - sowie die Truppen des bayerischen Kurfürsten Max Emanuel und der französische Marschälle Marsin und Tallard. Die siegreichen Engländer nannten die den Krieg entscheidene Schlacht »Battle of Blendheim« nach dem Nachbardorf Blindheim.

Nach dem Zweiten Weltkrieg besuchte Churchill diese historische Stätte. In seinen Erinnerungen schrieb er: »*Hier auf dem Schlachtfeld von Höchstädt-Blendheim hat sich die politische Achse der Welt verändert.*« Diese »Battle of Höchstädt-Blendheim« mit 8 000 Zinnsoldaten bildet eindrucksvoll die Ausstellung im Höchstädter Heimatmuseum. Diese Zinnsoldaten wurden nach historischen Vorlagen von Höchstädter Frauen und Mädchen in jahrelanger Abendarbeit bemalt.

Helfen und beraten

Partnerschaften der Orte der VG Wachenheim nach Osten und Bayern
von Manfred Letzelter

In seiner Sitzung am 14. Juni 1991 besiegelte der Stadtrat von Wachenheim unter Vorsitz von Stadtbürgermeister Arnold Nagel und im Beisein von Verbandsbürgermeister Klaus Huter die Partnerschaft mit der ostdeutschen Stadt Pegau in Sachsen. Bürgermeister Peter Bringer und Beigeordneter Rainer Patschke waren dazu angereist.

Pegau

Rund 28 Kilometer südwestlich von Leipzig liegt Pegau in einem industriellen Ballungszentrum mit Bergbau nahe der thüringischen Landesgrenze. Tourismus gibt es in der rund 5200 Einwohner zählenden, 900jährigen Stadt praktisch nicht. Die Bausubstanz ist lange vernachlässigt worden.
Zur Geschichte: Als Wiprecht von Groitzsch nach seiner Wallfahrt ins nordwestspanische Santiago de Compostela einen geeigneten Platz für ein Kloster suchte, fand er ein Gelände westlich des Dorfes Pegau. 1096 erfolgte die Weihe der St. Jakobs-Abtei, die erste Ordensgründung östlich der Saale. Von dem Pegauer Benediktinerkloster gingen bedeutende Impulse für die Besiedlung des mitteldeutschen Raums aus. 1172 förderte Kaiser Friedrich Barbarossa die Anlage einer städtischen Siedlung. Ab 1460 erfolgte ein wirtschaftlicher Aufschwung als kursächsisches Verwaltungszentrum, ein neues Rathaus wurde 1559 erbaut, sein Turm galt lange als der höchste im Kurfürstentum Sachsen. 1644 zerstörten die Schweden den Ort. Brände und neue Kriege hemmten lange die Entwicklung, erst als im 19. Jahrhundert Zigarrenmacher kamen, wurde es besser. Die Filz- und Hausschuhfabrik beschäftigte zeitweise 1000 Personen. Metallbetriebe, Ziegeleien und Schuhfabriken entwickelten sich im Umfeld der Großstadt Leipzig.
cl

Dieser offizielle Akt hatte einen Vorlauf von eineinhalb Jahren. Am 12. Februar 1990, drei Monate nach der »Wende«, erreichte ein Brief des damaligen Bürgermeisters Lischke aus Pegau die Verbandsgemeindeverwaltung, gerichtet an Stadtbürgermeister Nagel, der eine Partnerschaft angeregt hatte. »*Der Vorschlag zum Aufbau einer Städtepartnerschaft fand bei allen gesellschaftlichen Kräften regen Zuspruch*«, schrieb Lischke. »*...Wir begrüßen sehr die sich jetzt abzeichnenden Tendenzen zur deutschen Einheit und die freie Entscheidungsbefugnis im kommunalen Bereich.*«

Marktwirtschaft und Demokratie in Pegau mit aufbauen

Bürgermeister Nagel und Beigeordneter Wolfgang Meyer sowie einige weitere interessierte Bürger nahmen die ebenfalls ausgesprochene Einladung nach Pegau an, nicht ohne Material mitzunehmen, um der dortigen Verwaltung tatkräftig helfen zu können.

Nach einem Jahr enger Kontakte, die sich zwischen Verwaltung und Vereinen entwickelte, war es im Juni 1991 »*an der Zeit, diese Partnerschaft offiziell mit einer Urkunde festzuhalten*«, entnimmt man dem Protokoll dieser Sitzung. Bürgermeister Peter Bringer lobte die Bereitschaft Wachenheims, eine Partnerschaft mit einer Stadt der ehemaligen DDR einzugehen und seinen Leuten beim Aufbau demokratischer und marktwirtschaftlicher Strukturen zu helfen. Die Bevölkerung von Pegau freue sich über die Kontakte. Die Hilfe der Verbandsgemeinde sicherte Bürgermeister Huter zu.

Im Partnerschaftsvertrag heißt es: »*Beide*

Wachenheims Stadtbürgermeister Arnold Nagel und Beigeordneter Wolfgang Meyer bringen Materialien nach Pegau.

Städte verpflichteten sich, zu einem dauerhaften Frieden beizutragen und das europäische Einigungswerk auf der kommunalen Ebene nach Kräften zu fördern. Sie geben das feierliche Versprechen ab, daß sie sich im Rahmen ihrer Möglichkeiten insbesondere einsetzen für
— eine intensive Zusammenarbeit durch einen umfassenden kommunalen Erfahrungsaustausch, u.a. im Bereich der Stadtplanung, des Denkmalschutzes, der Stadtsanierung, des

Blick auf Pegau, im Mittelpunkt das Rathaus.

Umweltschutzes und der Wasserwirtschaft, der Kommunalwirtschaft und der neuen Technologien
— *einen regen Schüler- und Jugendaustausch als wichtigste Grundlage einer engen Freundschaft*
— *einen umfassenden kulturellen Austausch kultureller Einrichtungen, durch die Begegnung der Kunstschaffenden und Künstler ihrer Städte und den Austausch von Ausstellungen und Veranstaltungen sowie der Heimatpflege und des Brauchtums*
— *Begegnungen ihrer Vereine auf sportlichem und kulturellem Sektor*
— *einen Autausch auf dem Gebiet der Wirtschaft, im Bereich des Handwerks, des Handels, der Industrie und des Gewerbes.*

Beide Städte werden sich im Rahmen der partnerschaftlichen Beziehungen um das gegenseitige Kennenlernen, um den Austausch von Meinungen und Informationen zwischen den Bürgern beider Städte bemühen. Möge die Partnerschaft zwischen Wachenheim und Pegau erfüllt sein vom Geist der Toleranz, des Friedens und der Freundschaft in einem geeinten Deutschland und einem vereinigten Europa.«

Um einen regen Kontakt mit der Partnerstadt zu gewährleisten, wurde am 25. November 1991 durch den Stadtrat Wachenheim ein Partnerschaftskreis gebildet, dem von jeder Ratsfraktion zwei Personen angehören. Hans-Jürgen Brust, Margit Molle, Maria Mahler, Jürgen Bohl, Wolfgang Berger, Gerhard Rist und Dorothea Fischer werden gewählt.

Gönnheim, Ellerstadt und Friedelsheim mit Kontakt zu Coswig

Schon vor der »Wende« pflegte die evangelische Kirchengemeinde von Friedelsheim enge Beziehungen zur Stadt Coswig in Sachsen-Anhalt. In der Sitzung des Verbandsgemeinderats Wachenheim im Januar 1990 informierte darüber Bürgermeister Klaus Huter. Die evangelische Kirchengemeinde Ellerstadt habe Kontakte zu Ballenstedt, ergänzte Ortsbürgermeister Helmut Rentz. Und sein Kollege Johannes Hagen sprach sich dafür aus, daß sich Gönnheim, dessen evangelische Christen ebenfalls mit den Friedelsheimern Coswig besuchten, zu dieser Stadt orientieren solle.

Auf den brieflichen Kontakt von Bürgermeister Huter antwortete der Coswiger Stadtchef Stahmann am 25. Januar, daß man gerne das Partnerschaftsangebot gelesen habe. Er bestätigte die Verbindungen zur evangelischen Kirchengemeinde Friedelsheim, nachdem die Kontaktaufnahme über die Pfarrerin Lindemann gegangen war.

Stahmann schrieb: *»Die jahrelange Vernachlässigung unserer Stadt und der umliegenden Gemeinden durch die übergeordneten, planbestimmenden Organe, hat eine innere Opposition erzeugt, die zu einer Verselbständigung geführt hat, welche uns heute in der Bewältigung der neuen Aufgaben in der Verwaltung zugute kommt«.*

Trotzdem gebe es eine Reihe von fragen, wie stabile demokratische Verhältnisse funktionieren. *»Deshalb sind wir an einem Erfah-*

Coswig

Am Südhang des Höhenzugs und Naturschutzgebiets Fläming, der sich über die Landesgrenzen von Brandenburg und Sachsen-Anhalt zieht, liegt an der Elbe Coswig, das mit fünf Gemeinden einen Verwaltungsverband bildet. In der Stadt leben etwa 10.000 Einwohner, die fünf Gemeinden zählen zusammen etwa 1000 Menschen. Industrie, Handel und Landwirtschaft sind die Einkommensquellen der Bevölkerung. Gute Verkehrsanbindungen bestehen durch Schiene, Autobahn A 9 (München-Berlin) und den Hafen. cl

rungsaustausch interessiert und suchen für das gegenseitige Kennenlernen Bürger- und Vereinskontakte«.

Darauf hatten auch schon Verbandsbürgermeister Huter und Wachenheims Stadtbürgermeister Nagel hingewiesen: Daß es um ideelle und organisatorische Hilfe in der ehemaligen DDR gehe, daß kulturelle und sportliche Verbindungen gesucht würden. Auf Dauer müßten die Vereine die Kontakte pflegen. Der Verbandsgemeinderat empfahl, die bisherigen kirchlichen Kontakte auf die Ortsgemeinden auszudehnen.

Ähnlich hatte bereits der Gemeinderat Friedelsheim unter der Leitung von Ortsbürgermeister Helmut Bauer am 15. Januar 1990 beschlossen. Aufgrund des Rundschreibens der Kreisverwaltung Bad Dürkheim, in dem zur Aufnahme von Beziehungen mit DDR-Gemeinden aufgefordert wurde (möglichst in Thüringen), befaßte sich der Rat damit. Nachdem es aber auch hieß, daß bei bestehenden Partnerschaften auch Gemeinden eines anderen neuen Bundeslandes zum Zuge kommen könnten, griff der Gemeinderat den Vorschlag von Elisabeth Peter auf, die langjährigen Kontakte der evangelischen Kirchengemeinde auszubauen.

Im Ortsgemeinderat Gönnheim gab es den Antrag der SPD-Fraktion, eine Partnergemeinde in der DDR zu suchen. Auch hier schloß sich der Rat dem Vorschlag mit Friedelsheim an, zumal die Kirchengemeinde auch Gönnheim einschließt.

Am 8. Mai 1990 schließlich trat auch die Gemeinde Ellerstadt diesem Bund bei. Orte, die sich bisher gemeldet hatten, seien für Ellerstadt zu groß. Außerdem bestehe eine Partnerschaft zu Dörfles-Esbach direkt an der bisherigen »Zonengrenze«, die allerdings nur noch vom MGV und TV aufrecht erhalten werde. Schon im August war dann - betreut von Martha Brodhag - eine Gruppe Jugendlicher aus Coswig zu Gast in Friedelsheim, denen es - so Ortsbürgermeister Bauer - sehr gut gefalle.

Marktl am Inn

Am 4. September 1976 ging die Gemeinde Gönnheim eine Partnerschaft mit der Marktgemeinde Marktl am Inn im Landkreis Altötting in Bayern ein. Die Gemeinde in der Nähe des berühmten Wallfahrtsortes Altötting hat knapp 3000 Einwohner. Die Partnerschaftsurkunde unterzeichneten für Gönnheim Bürgermeister Adolf Reinhart († 1987) und Edmaier († 1979); heutiger Bürgermeister in Marktl ist Ewald Karl.

Die Partnerschaft wurde ausgelöst durch jahrelange freundschaftliche Beziehungen des Obst- und Gartenbauvereins Marktl, dessen Vorsitzender Heinrich Mayer 1960 eine entsprechende Initiative ergriffen hatte.

Firmengründer Michael Mappes und seine Frau Elise. Sie bauten vor knapp 100 Jahren ihr Geschäft in Grünstadt auf, das jetzt in der dritten Generation schließen mußte. Repros: Nickol

Mit Blumenbindekunst in die Vorderpfalz

Blumenhaus Mappes schließt nach 98 Jahren in Grünstadt

von Martin G. Nickol

Das weithin bekannte Grünstadter Blumenhaus Mappes stellte mit dem Jahreswechsel 1994/95 seinen Betrieb ein. Erst zweieinhalb Jahre zuvor siedelten die Firmeninhaber der dritten Generation, Hella und Friedel Mappes, aus der Hauptstraße in den Bleichgraben über. Dorthin, wo auch die gärtnerische Keimzelle des Betriebes einst stand.

Mit Michael Mappes begann vor 98 Jahren die bewegte Geschichte der Grünstadter Blumenbinderei. Er verbrachte seine Gesellenzeit in der Gärtnerei Müller in Wiesbaden, die sogar Sankt Petersburg mit Hortensien, Palmen und Lorbeer belieferte, wie Friedel Mappes berichtet. Michael verliebte sich in die Tochter des Geschäftes, Elise Müller. Sie folgte ihm als seine Ehefrau 1897 nach Grünstadt. Mit ihr kam auch der blumenbinderische Geschmack der kaiserlichen Kurstadt an die Weinstraße.

Viele Umzüge

Michael Mappes hat sein Geschäftslokal oft gewechselt: Zuerst verkaufte er in der Grünstadter Bahnhofstraße, dann zog er in die Hauptstraße. Zunächst in das Haus Schott, dann in das Anwesen Spitzhoff (heute Zahn). 1921 erst fand das Geschäft in den neugestalteten Räumen der ehemaligen Sattlerei Schneider in der Hauptstraße 28 seinen Platz. Hier blieb es bis zum Juli 1992.

Gärtnerei als Grundlage des Geschäftes

Parallel dazu betrieb bereits Michael Mappes eine Gärtnerei, in der er Anzuchten von Schnittblumen vornahm und später während der Kriegsjahre mit seinem Sohn August auch Zuchten von Gemüsepflanzen betrieb. Im Schmittengraben und im Bleichgraben fanden zuerst Mistbeete, bereits unter Michael im Jahre 1911 das erste Pultdach und später die Hochglasgewächshäuser ihren Platz. Vor allem Sommerblumen, dann die »Steckenpferde« von Friedel Mappes, Nelken und Alpenveilchen, florierten hier.

Schwerpunkt seit der Firmengründung sei der Dienstleistungssektor gewesen, erzählt Friedel Mappes. Seine Großmutter habe ein großes binderisches Talent besessen, sein Vater August habe Themenfenster in der Hauptstraße gestaltet, etwa zu Allerheiligen, zu Volksfesten oder später auch beim Tod Präsident Kennedys. Die erste Leistungsschau in Grünstadt wurde von ihm mit Blumenarrangements ausgestaltet. 1976 war die Ausgestaltung des deutschen Gartenbautages in Mainz eine der Aufgaben des Blumenhauses, das auf Gartenschauen auch mehrfach Goldmedaillen gewann. Mappes war auch der erste Gärtner, der sich im Leiningerland dem weltweit tätigen Fleuropdienst anschloß.

Übernahme durch den Sohn

1936 übernahm der Sohn August Mappes die Geschäfte. Durch die Zerstörung der Glasfenster für die Beete, des Kesselhauses und der Brunnenanlage in den Bombennächten des Zweiten

August Mappes (hier mit Ehefrau Johanna) übernahm 1936 das Geschäft.   Foto: Nickol

Weltkrieges war ihm aufgegeben, den Betrieb zwei Mal zu modernisieren. Nach 1945 stellte die Gärtnerei ganz auf Hochglas um. Michael Mappes war 1944 gestorben.

1953 erfolgte der Ausbau des Blumengeschäftes und 1955/56 trat Friedel Mappes, ein Enkel des Gründers, nach seiner Meisterprüfung als Teilhaber in das Geschäft ein. 1962 wurde der gärtnerische Betrieb komplett abgerissen und neu geordnet: 3.200 Quadratmeter Hochglas überwölbten 1969 die Pflanzen. Seit 1975 war Friedel Mappes alleiniger Inhaber der Gärtnerei. Seine Frau Hella führte den Blumenladen.

Über 100 Lehrlinge

22 Jahre lang, beginnend mit dem ersten Grünstadter Lichdimarkt, betrieb das Blumenhaus auch eine Filiale in einem Supermarkt. Über 100 Auszubildende verließen den Betrieb - und nie sei einer bei der Prüfung durchgefallen, erinnert er sich. Auch eine Seltenheit: gut 90 Prozent der Ausgebildeten blieben ihrem Beruf treu. Viele halten auch heute noch regelmäßig Kontakt zu ihrem ehemaligen Ausbildungsbetrieb.

Verwechslung am Telefon

Viele heitere Begebenheiten trugen sich in der langen Firmengeschichte zu. August Mappes etwa bekam in den 30er Jahren aus dem Kurhaus in Höningen den Auftrag zu einem Bukett. Grab- oder Brautbukett war die Frage, die man auf Pfälzisch und durch das gerade neu installierte Telefon mit Grabbukett beschied - so verstand es zumindest August Mappes.

Er fuhr also mit dem Taxameter nach Höningen, sein schwarzbeschleiftes Grabbukett mit lebenden Blumen in der Hand. Höningen war festlich geschmückt, von Beerdigung weit und breit keine Spur. Die ersten Hochzeitsgäste begaben sich bereits zur Kirche. »Schnell, dreh' um!« rief August Mappes seinem Chauffeur Molter zu. Im Auto steckte er bereits die Blumen um, wechselte in Grünstadt schnell die Schleifen, und postwendend ging die Fahrt zum zweiten Mal nach Höningen, wo der Gärtner der Braut gerade noch rechtzeitig vor dem Kirchenportal den Brautstrauß in die Hand drückte.

Friedel Mappes (mit Ehefrau Hella) führte seit 1975 den Betrieb. Foto: Nickol

Der »Gäßbock« brachte Eheglück

Roland und Sabine Schaeffer aus Lambrecht und Blainville
von Heiko Himmler

20 Jahre Städtepartnerschaft zwischen Lambrecht und dem lothringischen Blainville sur l'Eau bei Nancy - was ist dabei herausgekommen? Ein paar stabile private Kontakte, wenngleich bei weitem nicht so viele, wie man es sich vor zwei Jahrzehnten erhofft hatte. Und eine deutsch-französische Ehe, die im Oktober durch Nachwuchs zur Familie ausgeweitet wurde.

Roland und Sabine Schaeffer, geborene Louis, begegneten sich erstmals vor zwei Jahrzehnten beim zweiten Lambrechter-Blainviller Schüleraustausch. Ihr erstes gemeinsames größeres Ereignis war die Fete zu Sabines 13. Geburtstag in dieser Zeit gewesen. Doch nach diesem Austausch verlor man sich wieder aus den Augen.

Bis zum Jahr 1983, als im Gedränge des traditionellen Blainviller Frühjahrsmarktes Sabine und der gleichaltrige Roland ein gleichermaßen gutes Personengedächtnis bewiesen. Roland Schaeffer, damals Wehrpflichtiger, wollte Freunden die Partnerstadt zeigen und registrierte plötzlich: »*Eine von den beiden dort vorn kenn' ich!*« - während dieselbe ihrer Schwester bedeutete: »*Einen von denen dort kenne ich doch!*«

Ob dieses neuerliche Wiedersehen in einen dauerhaften Kontakt gemündet hätte, bleibt gleichermaßen offen wie bedeutungslos. Edwin Fuchs, einer der frühen Lambrechter Aktiven der Städtepartnerschaft, bot Sabine Louis spontan an, bei seiner Familie in Lambrecht zu wohnen. Sie sagte ebenso spontan zu: »*Wenn ich in Lambrecht Arbeit finde, bleibe ich.*« Ende Mai erfolgte die Übersiedlung, wenig später trat Sabine eine Stelle in der frisch eröffneten »Bürgerstube«, der Gaststätte des Gemeinschaftshauses, an. - Eigenartigerweise wurde von jenem Moment an Roland Schaeffer zum Stammgast in der »Bürgerstube«.

Die Kommunikation von Roland Schaeffer und Sabine Louis mußte sich anfangs sehr auf Hände und Füße stützen. Ein paar Brocken der jeweils anderen Sprache beherrschte jeder. Es funktionierte trotzdem, treu nach einem der Lebensmottos Roland Schaeffers: »*Wenn du irgend etwas unbedingt erreichen willst, dann schaffst du das auch.*«

So gelang es beiden auch, sich im Jahr 1987, als 25jährige, wirtschaftlich auf selbständige Füße zu stellen - mit einer Wirtschaft. »Zum Lambrechter Gäsbock« heißt das Lokal in der Wiesenstraße, im Erdgeschoß eines unauffälligen Hauses untergebracht, abseits des Durchgangsverkehrs und daher mit recht ungünstigen Startbedingungen, zumal die Lambrechter Kneipendichte trotz kräftiger Rückgänge immer noch hoch war und ist. Dennoch wurde der »Gäsbock« rasch zu einer Lambrechter Institution. Die Gegensätze

Ehepaar Schaeffer mit Nachwuchs. Foto: tz

und Streitigkeiten, die das Bild der Tuchmacherstadt nach außen immer wieder geprägt hatten, schienen hier nicht nur überwunden, sie waren es auch tatsächlich. Das Spektrum der Gäste reichte von pubertierenden Schülern, die sich am Spielautomaten so richtig cool vorkamen, bis zur betagten Herrenrunde mit Zigarre und Pfeife. Immer mittwochabends ereignete es sich im »Gäsbock«, daß jeweils ein führender Streithahn der CDU- und der SPD-Fraktion des Stadtrates, die bei Debatten des Stadtparlamentes keine Gelegenheit zum verbalen Duellieren ausließen, stundenlang und einträchtig Skat kloppten.

»Die Wirtschaft soll ein Abbild der Gemeinde sein«, meinten Roland und Sabine Schaeffer. Junge und Alte sollten hier zusammen leben können. Darauf haben beide gezielt hingearbeitet. Sabine: *»Wir haben ziemlich aufgeräumt.«* Und Roland konkretisiert: Jene, die das gemeinschaftliche Verhältnis zu stören drohten, habe er vor die Wahl gestellt, sich anzupassen oder eine andere Kneipe zu suchen. *»Und die, denen das nicht gepaßt hat, habe ich rausgeschmissen.«* Es war die Minderheit, und der Gäsbock florierte.

Ach ja, privat ging es auch noch weiter: Im Dezember 1987 gingen Roland Schaeffer und Sabine, damals noch Louis, zum Standesamt; ein paar Monate später folgte die kirchliche Trauung.

Für die Städtepartnerschaft fungierten die Gäsbock-Wirte als Zugpferde: Sie organisierten alljährlich eine Busfahrt der Lambrechter zum Blainviller Frühlingsmarkt, jenem Straßenfest, das für sie ja eine ganz besondere Bedeutung hatte. Der Bus war regelmäßig ausverkauft. Doch nun muß sich organisatorisch einiges ändern. Seit Ende März 1995 stehen Roland und Sabine Schaeffer nicht mehr hinter dem Gäsbock-Tresen. Sie fangen etwas ganz Neues an, bauen eine Vertrieb für Reinigungsmittel auf, der gleichermaßen Großabnehmer wie den ganz normalen Einzelhaushalt erreichen soll. Familiäre Veränderungen machten eine Fortführung des Gastwirt-Lebens mit ein paar Stunden Freizeit am Abend des Ruhetages unmöglich.

Zunächst bekam Rolands Schwester Anja, bis dato eine tragende Säule des Familien-Wirtschaftsbetriebes, Nachwuchs; dann bahnte sich das lang gewünschte Kind auch bei Roland und Sabine an. Männlich? Weiblich? Das wollen sie vorher nicht wissen. Auch die Namensfrage ist bei unserem Gespräch noch nicht ganz klar. Es wird wohl ein deutscher Name geworden sein, denn, so Sabine Schaeffer: *»Die französischen Namen, die mir gefallen, kann man hier nicht aussprechen.«* Es wurde ein Maximilian.

Wenn wir nicht -

von Christel Hartmann

Das Leben
kann unser Himmel sein:
wenn wir nicht
eine Hölle daraus machen -

Die Erde
kann unser Wohl sein:
wenn wir nicht
ihre Gesetze brechen -

Wenn wir nicht
so menschlich wären:
hätten wir im Leben,
hätte die Erde mit uns
kein Problem.

Hallo Tausendfüßler

Hilfe für Kinderzeitung — 3. Welt AG Bad Dürkheim für Südafrika
von Waltraud Meißner und Werner Talarek

Es war 1983, da gründete eine Gruppe sozial, politisch und christlich engagierter Bürger der Stadt Bad Dürkheim die »Arbeitsgemeinschaft III. Welt«. Sie eröffnete den Bad Dürkheimer »Dritte-Welt-Laden« und begann den ehrenamtlichen Handel mit Produkten von Selbsthilfegruppen und Genosenschaften aus Afrika, Asien und Lateinamerika.

Wohlwissend, daß die »direkte Hilfe«, gemessen am Welthandel, fast ohne Bedeutung ist, ist sie doch Lernmodell, an dem die Zusammenhänge zwischen »unserem« Wohlstand und »ihrer« Armut aufgezeigt werden können. Denn trotz der ausschließlich ehrenamtlich tätigen Mitarbeiter sind viele Waren im »Dritte-Welt-Laden« etwas teurer als im Supermarkt; überwiegend, weil die Aktion »Dritte-Welt-Handel« ihren genossenschaftlich organisierten Partnern höhere als weltmarktsübliche Preise zahlt.

Nur wenn es den Produzenten in den Entwicklungsländern gelingt, durch angemessene Bezahlung ihrer Arbeit und damit ihrer Produkte die Grundbedürfnisse (Nahrung, Gesundheit, Bildung) selbst zu erwirtschaften, werden die Anlässe zu Spendenaufrufen für Katastrophenhilfe begrenzt bleiben.

1988 entschloß sich die Stadt Bad Dürkheim, ihre entwicklungspolitische Arbeit zu konkretisieren, indem sie die Förderung eines bestimmten Projektes ins Auge faßte. Den Vorschlag dazu machte die Arbeitsgemeinschaft III. Welt.

Jedes Projekt hat einen Kern, der entweder mehr caritativ, mehr sozial, ökologisch oder ökonomisch ist, und jedes dieser Projekte hat gewiß seine Berechtigung, in Lateinamerika genauso wie in Asien oder Afrika.

Aber eigentlich enthielt diese Chance des Vorschlags mehr als nur die finanzielle Unterstützung für ein »übliches« Projekt, denn wenn nur eine Entscheidung möglich ist, muß es weitere Kriterien geben als »nur« Linderung wirtschaftlicher Not.

Und Apartheid war und ist noch heute ein solches Kriterium. Apartheid ist ein Makel, der nicht nur Südafrika und den Südafrikanern vorbehalten bleibt, sondern uns alle angeht. In einer

Der Titel der Kinderzeitung in Südafrika, die Bad Dürkheimer unterstützen.

Zeit, in der selbst das indische Kastensystem formal abgeschafft ist, darf es kein System mehr geben, das zwei Klassen von Menschen definiert und dieses auch noch religiös zu rechtfertigen versucht.

Deshalb konnte »unser« Projekt nur in Südafrika liegen. Mit großer Sorgfalt wurde dann die Präsentation für den Kulturausschuß vorbereitet und zur Diskussion gestellt: »*Unterstützung einer Kinderzeitung? Wo bleibt da der entwicklungspolitische Ansatz? Ist das wie Geld für Mickey Maus und Asterix?*«

Nein, mitnichten. Molo Songololo ist keine Unterhaltung, gemacht von Erwachsenen für Kinder. Die Redaktion legt größten Wert auf die Mitarbeit ihrer jungen Leser. Durch die Briefe der Kinder und ihrer Geschichten wurde die Realität Südafrikas lebendig geschildert.

Apartheid hat dazu geführt, daß weiße und schwarze Kinder sich kaum begegnen und wenig voneinander wissen. Schulen und Wohngebiete ebenso sind nach Hautfarbe getrennt, wie auch Kirchen und Vereine. Schwarze Kinder haben noch immer schlechtere Lebensbedingungen, schlechtere Schulen und erlebten einen Staat, der sich ihnen gegenüber nur in Gewalt und Repressalien darstellte.

Damit alle Kinder die Zeitung lesen können, finden sich Artikel in Englisch, Afrikaans und Xhosa. In einem politisch brisanten Umfeld friedliche Anti-Apartheidsarbeit zu leisten, war für die Redaktion der Zeitung eine Gratwanderung zwischen Verfolgung durch den Staat oder militanter schwarzer Fundamentalisten.

Und so wurde in Bad Dürkheim nachdrücklich ein kulturpolitisches Projekt vorgestellt, dessen entwicklungspolitischer Ansatz es ist, Kinder als Adressaten zu haben und welches um Verständnis zwischen den Bevölkerungsschichten und Gruppen wirbt; das ebenso gegen Rassismus und Gewalt eintritt und versucht, Kinder zu gewinnen, die an einer positiven Gestaltung der Zukunft mitarbeiten.

Der Projektvorschlag wurde angenommen. Die Stadt Bad Dürkheim gab grünes Licht für die Kinderzeitschrift Molo Songololo.

Im Juni 1989 wurde Molo Songololo (was soviel wie »Hallo Tausendfüßler« heißt) der Öffentlichkeit vorgestellt. Im Beisein des Bürgermeisters Kalbfuß und des Afrikareferenten von

Teil des Redaktionsstabes der Kinderzeitung Molo Songololo. *Foto: Privat*

Der »Tausendfüßler« wirbt für die Partnerschaft mit den Südafrikanischen Freunden.

»Terre des Hommes«, Erich Beining, wurde im Haus Catoir anhand von Stelltafeln die Arbeit von Molo Songololo präsentiert. 1990 fand dann im Sommer ein großes Kinderfest mit dem »Tausendfüßler« statt, das von über 70 Kindern begeistert gefeiert wurde.

Im Dezember 1991 gab es schließlich Informationen aus erster Hand: Zurayah und Patrick, Projektleiterin und Redakteur, weilten anläßlich einer Tagung von »Terre des Hommes« in Berlin und besuchten neben anderen Fördergruppen auch Bad Dürkheim. Es wurden zwei mit intensiven Gesprächen vollgepackte Tage. Arbeiten unter Apartheid hieß damals Leben mit der ständigen Drohung des Banns, des Arbeitsverbotes durch den Staat, denn Anti-Apartheidsarbeit geschah am Rande der Legalität. Vernetzungen mit anderen progressiven Gruppen wurden mißtrauisch beobachtet.

Und Molo Songololo erschöpfte sich nicht in der Herausgabe der Zeitschrift. Die Organisation des internationalen Kindertages mit hunderten von Kindern, Seminare mit Lehrern und Workshops mit Kindern wurden ausgerichtet. Hinzu kam 1990 der Entschluß, die Planung für ein Straßenkinder-Projekt in Angriff zu nehmen. Aufgrund intensiven Kennenlernens war es dann möglich, 1992 einen Gegenbesuch anzutreten. Anlaß war der unter dem Vorsitz des Molo-Teams einberufene Kindergipfel über die Rechte der Kinder in Südafrika.

Fast 200 Kinder, gewählte Abgeordnete der Schulen aus allen Teilen Südafrikas, trafen sich, um die Kinder-Charta der Vereinten Nationen auf südafrikanische Bedingungen umzuschreiben. Es war beeindruckend, die 12-16jährigen ohne Beeinflussung durch Erwachsene diskutieren und argumentieren zu hören! Erziehung, Gesundheit, Gewalt, Heimatlosigkeit, Familienleben, Kinderarbeit und Straßenkinder waren die Tagungspunkte, die am Schluß zu einer Resolution der Rechte der Kinder in Südafrika zusammengefaßt wurden. Eine gewählte Delegation sollte danach diese Resolution der verfassungsgebenden Versammlung (CODESSA) überreichen.

»Für Afrika« hieß es 1992 drei Tage lang im Haus bzw. im Hof Catoir. Gemeinsam mit dem

Kulturbüro, der Musikschule, der Offenen Werkstatt und zwei externen Künstlern, den Holzschnitzern und -bildern. H. D. Goelzenleuchter und B. Moenikes umfaßte die Veranstaltung die ganze Palette der afrikanischen Kultur: Musik, Tanz, Lesung und bildnerisches Gestalten. Die Arbeitsgemeinschaft steuerte ein afrikanisches Essen bei.

1992 rückte Südafrika auch wieder in den Mittelpunkt der Weltöffentlichkeit. Präsident De Klerk hatte sein Referendum zur Abschaffung der Apartheid gewonnen und alles war gespannt, ob sich die Beteiligung der Schwarzen an der Regierung friedlich vollziehen würde.

Heute wissen wir, daß Südafrika eines der wenigen Länder ist, das seine Probleme ohne Bürgerkrieg bewältigen will. Präsident Nelson Mandela hat bisher bei der Integration der Südafrikaner eine glückliche Hand bewiesen. Doch obwohl die Apartheid formal abgeschafft ist: die Ungleichheit und die Ungerechtigkeit verschwinden nicht von heute auf morgen. Privilegien und Pfründe bleiben ebenso erhalten, und daher liegt noch ein hartes Stück Friedensarbeit vor den Bewohnern des Kaps der Guten Hoffnung...

Auf diesem Weg wollen wir den »Tausendfüßler« weiterhin begleiten, bis die Straßenkinder wieder zu ihren Familien gefunden haben und die Schwarzen Zutrauen zu einem Staat fassen, der für sie bisher nur Unterdrückung, Gewalt und Angst repräsentierte.

Zum Schluß wollen wir eines der Kinder zu Wort kommen lassen, an die Molo Songololo gerichtet ist und die immer noch in großer Zahl an die Redaktion schreiben:

> Die Friedenstaube kommt,
> rufen die Kinder auf der Straße.
> Schaut sorgfältig hin, sie kommt
> langsam, sehr langsam,
> aber wenn sie den Boden berührt,
> wird Frieden sein,
> überall.
> (Nozuko Owanyashe, 11 Jahre)

Für die Frauen in Ruanda

Haßlocher Frauen-Union und DRK helfen in Kigali

von Carmen Letzelter

Ebenfalls ohne Brief und Siegel und mit allen Schwierigkeiten über weite Entfernungen behaftet, gibt es Verbindungen aus dem Großdorf nach Ruanda. Die Frauenunion (FU) unterstützt dort Frauenprojekte, das Deutsche Rote Kreuz im Großdorf unterstützt eine Krankenstation für Kinder und das dritte Projekt gilt der auch dort dringend notwendigen Wasserversorgung - der Gemeinderat hat dafür einmal 6400 Mark zur Verfügung gestellt. Die landesweiten Verbindungen nach Ruanda bestehen seit mittlerweile 16 Jahren und bis heute gibt es keine Nachahmer für die Partnerschaft zwischen einem deutschen Bundesland und einem Staat der Dritten Welt. Haßloch ist seit 1986 Teil dieser vom Land offiziell erklärten Partnerschaft.

Rund 9000 Kilometer liegen zwischen Rheinland-Pfalz und Ruanda. Das »Land der 1000 Hügel« in Zentralafrika ist nur etwas größer als unser Bundesland, hat aber beinahe doppelt so viele Einwohner. Seine Hauptstadt Kigali kommt meist dann in bundesweite Schlagzeilen, wenn es in dem ehemals deutschen Kolonialland wieder einmal zu blutigen Auseinandersetzungen zwischen den rivalisierenden Stämmen der Hutu und Tutsi um die Vorherrschaft im Lande kam. 1991 wurde wegen der unübersichtlichen Lage in Zentralafrika ein bereits bewilligter Be-

Frauen in Ruanda, die von Haßloch unterstützt werden; in der Mitte die Vorsitzende der Haßlocher Frauenunion, Uta Ihlenfeld. Foto: Privat

trag von 5000 Mark aus dem Gemeindesäckel für die Partnerschaftsarbeit des Landes Rheinland-Pfalz mit Ruanda nicht ausgezahlt, weil die Haßlocher nicht sicher sein konnten, daß das Geld in dem vom Bürgerkrieg geschüttelten Land an die gewünschte Adresse käme und auch in ihrem Sinn verwendet würde.

30 Frauen in »atelier des femmes«

Bis heute hat sich die Lage in dem zentralafrikanischen Land nicht stabilisiert. Der Kampf zwischen Hutus und Tutsi flammte mehrfach auf. Mord und Totschlag wechselte ab mit Massakern und offenen Kriegshandlungen. Hunderttausende flohen in die benachbarten Staaten, leben zum Teil seit Jahren in Lagern außerhalb ihres Heimatlandes, sind dort zwischenzeitlich auch nicht mehr sicher.

Unklar ist bis heute, welche ehemaligen Kontaktpersonen der Haßlocher in Ruanda überleben durften, wer wohin geflohen ist. Als die Auseinandersetzungen zwischendurch abgeebbt waren, schickte die Haßlocher Frauenunion einmal Geld nach Ruanda, um wenigstens die notwendigen Reparaturarbeiten am Haus einer von ihr über Jahre geförderten Fraueninitiative zu bezahlen. Ob die Arbeiten tatsächlich ausgeführt wurden, ist bis heute nicht geklärt. Fest steht: die Nähmaschinen, die die Frauen vor Jahren einmal

nach Kigali schickten, sind nur noch teilweise vorhanden; ob es wieder Stoffe und Farben für die Arbeit im »atelier des Femmes« gibt, wissen die Frauen in Haßloch nicht und auch nicht, ob derzeit überhaupt ans Arbeiten gedacht werden kann. Die Werkstatt in Kigali war übrigens eine Gründung von Flüchtlingsfrauen, die bereits bei früheren Unruhen ihre angestammte Heimat in Burundi verlassen mußten...

»Hilfe zur Selbsthilfe« hatten die Haßlocher Frauen dem Projekt über Jahre kontinuierlich angedeihen lassen. Begonnen hatte das Engagement im Großdorf mit einem Benefizessen für Ruanda und einem Verkaufsstand auf dem Weihnachtsmarkt.

In den Folgejahren gab es in Haßloch bei verschiedenen festen Terminen zu kaufen, was in Kigali produziert wurde, und der Erlös aus diesen Aktionen wurde für Materialeinkäufe verwandt, die in Kigali neue Produktionen möglich machten. Bald gab es dort auch erste Aufträge im eigenen Land. Anfänglich bekamen die Mitarbeiterinnen ein Taschengeld, doch bald verdienten etwa 30 Frauen in »Atelier« den Lebensunterhalt für ihre Familien.

In Haßloch wurden mit dem Verkauf afrikanischer Waren zwischenzeitlich rund 15.000 Mark Umsatz erwirtschaftet. Geld, das stets direkt und ohne alle Abzüge nach Afrika zurückgeflossen ist. So leisteten viele Haßlocher ihren Beitrag zum großen Ziel, daß Menschen in der Dritten Welt ihren Lebensunterhalt auf Dauer aus eigener Anstrengung und Verantwortlichkeit sichern können sollen.

Gerade bevor die schweren Unruhen vor knapp zwei Jahren erneut ausbrachen, hatten die Haßlocherinnen beschlossen, die Unterstützung vom mittlerweile erfolgreich wirtschaftenden »Atelier des Femmes« auf ein neues Hilfsprojekt zu verlagern, das »Cerai Kirihura«. Der Bürgerkrieg macht es nun wohl erforderlich, daß die Frauen in Haßloch und Ruanda auch ihre gemeinsame Arbeit für die Produktionsstätte zur Färbung und Verarbeitung von Baumwollstoffen von vorne beginnen...

Dennoch gilt für die Frauen, was Uta Ihlenfeld als die Verantwortliche dieser Partnerschaft einmal so formulierte: »*Wir wollen weiterarbeiten sobald sich die Lage beruhigt. Es geht um das Leben von Menschen, nicht um das Überleben von Regimen.*«

»Haßlocher helfen Bosnien-Herzegowina«

von Carmen Letzelter

Die Brüder Ismet und Enver Halavac leben schon lange mit ihren Familien in Haßloch. Aber ihre Heimat werden sie nie vergessen. Fassungslos verfolgten sie in den Medien, was auf dem Balkan geschah, auf Videobändern und in Ordnern dokumentieren sie umfänglich das blutige Ende des Vielvölkerstaates Jugoslawien. Und als die Lage der Menschen immer ausweisloser wird, rufen sie im Großdorf zur Hilfe auf für ihre alte Heimat. Bald hat die Aktion auch einen Namen »Haßlocher helfen Bosnien-Herzegowina«. Und es gibt viele verschiedene Aktivitäten im Großdorf - vom Benefizkonzert über kombinierte Informations- und Sammelveranstaltungen, Geld-, Lebensmittel- und andere Spenden von Einzelpersonen und unterschiedlichsten Gruppen. Es ist keine Partnerschaft, vielleicht eine Patenschaft, auf jeden Fall aber im mittlerweile fünften Jahr Hilfe für Menschen in Not und immer aufs Neue der sicht- und greifbare Beweis, daß die Wohlstandsgesellschaft Menschen in Krisengebieten nicht vergessen hat. Ismet und Enver Halavac formulierten es so: »*Wir sind beauftragt, im Namen der vielen Unglücklichen und Hilfsbedürftigen in Bosnien-Herzegowina Ihnen herzlich zu danken und Ihnen mitzuteilen, daß es sehr gut tut zu wissen, daß die unschuldigen Opfer des Krieges in ihrer Schicksalslage nicht allein sind.*«

Karl Unverzagt mit einer chinesischen Skulptur. Foto: D. Rüttger-Mickley

Suche nach immer neuen Wegen

Karl Unverzagt 80 Jahre
von Dr. Joseph Rüttger

Zehn Jahre sind vergangen, seit Andreas Schön den Künstler Karl Unverzagt zur Vollendung seines 70. Lebensjahres im Jahrbuch des Landkreises Bad Dürkheim 1985 mit den Worten würdigte: »In der Welt zuhause - in Grünstadt daheim.« Er sprach damit den Jubilar als »einen der Unseren« an und bezog die ganze Region in die Jubelfeier mit ein.

Nicht anders verhielt es sich, als Karl Unverzagt am 2. November 1995 sein 80. Lebensjahr vollendete. Oder doch anders?

Zehnjahresbilanz

Es ist nicht davon auszugehen, daß sich Karl Unverzagts Bindungen an seine Heimat trotz der ihm anhaftenden Universalität und Weltaufgeschlossenheit gelockert hätten. Sie sind eher stärker geworden, so wie sich alles Natürliche mit wachsenden Jahren immer mehr dem Boden zuneigt, der seine Wurzeln hält. Doch sind zehn Jahre ein lange Zeit, erst recht, wenn sie hinter der Lebensmitte liegen und - wie bei Karl Unverzagt - angefüllt sind von unwiederholbaren Ereignissen, Erfahrungen, Ideen, Freuden und Leiden.

Nehmen wir die Leiden zuerst. Abgesehen von den üblichen Problemen und Schwierigkeiten, die uns alle plagen, hing sein Leben im Sommer 1993 an einem seidenen Faden: Herzinfarkt infolge Überarbeitung. Der größte Auftrag der letzten zehn Jahre, die Gestaltung des Alten-

Burg Battenberg   Stammburg Altleiningen   Burg Neuleiningen

Die Verbandsgemeinden **Grünstadt-Land** und **Hettenleidelheim** sowie die Stadt **Grünstadt** laden ein ins Leiningerland an der Deutschen Weinstraße.

Genießen Sie ein wunderschönes Rebenmeer, unternehmen Sie ausgedehnte Spaziergänge im Pfälzer Wald oder wandern Sie durch eine Welt besonderer Fauna und Flora.

Nutzen Sie die günstigen Bahntarife, zum Beispiel

- bis Bahnhof Bockenheim (Besuch des Weinstraßenhauses)
- bis Bahnhof Asselheim ("Auf geht´s zur Weinwanderhütte" auf den Goldberg)
- bis Bahnhof Eisenberg ("per pedes" zum Panorama- oder Drei-Burgen-Wanderweg).

Verkehrsvereinigung Leiningerland e.V.
Stadtverwaltung Grünstadt

TOURIST i INFORMATION

67269 Grünstadt - Kreuzerweg 2+7
Tel. 06359-805203 - Fax 06359-85688

heims in Pirmasens, hatte ihn überfordert. Sechs Wochen Rehabilitation 1993 und vier Wochen 1995 am Bodensee stellten seine Schaffenskraft soweit wieder her, daß sich die Bilder vom See und seiner Landschaft im Atelier nur so türmen.

Angenehmer, wenn auch immer anstrengend und arbeitsintensiv, waren die Reisen nach Thüringen in den Saale-Holzland-Kreis, Starnberg und die Südtiroler Weinstraße, zuletzt als künstlerischer Botschafter des Landkreises, ebenso die weiten Strecken nach und in Indien.

Ganz besonders fesselte jedoch wieder China in den unterschiedlichen politischen Erscheinungsformen Nationalchinas auf der Insel Taiwan und der Volksrepublik auf dem Festland sowie ihr Umgang mit der uralten Kultur des Reiches der Mitte. Südchina und sehr intensiv Tibet bildeten ausgewählte Ziele dieser Exkursionen. Dabei wurden in allen Gebieten außer den persönlichen Eindrücken noch eine Unzahl zeichnerischer Momentaufnahmen gewonnen, von denen ein beachtlicher Teil anläßlich der Geburtstagsausstellung im Hambacher Schloß einer breiten Öffentlichkeit zugänglich gemacht werden konnte.

Karl Unverzagt im Buch

Fünfundvierzig ausgesuchte Bilder aus China und Tibet bereichern auch den Anfang 1995 in Peking und danach in Deutschland vorgestellten, in chinesisch und deutsch erschienenen dokumentarischen Reisebericht und Bildband, der die romanhaft anmutenden Erlebnisse und Erfahrungen des Metzgermeisters Karl-Heinz Gass aus Dannenfels am Donnersberg enthält. Dieser Pfälzer, befreundet mit dem im letzten Jahr verstorbenen Generalstabchef Chinas, Yang Dezhi, beeinflußt und modernisiert seit Jahren die chinesische Fleischwirtschaft. Ein Buch, wie ein Märchen, das durch die phantasievollen Zeichnungen Karl Unverzagts zu einer bibliophilen und künstlerischen Rarität emporgehoben wird.

Überhaupt spielen Bücher eine beachtliche Rolle im vergangenen Jahrzehnt. Eingeläutet wur-

Tuschezeichnung einer Landschaft im nördlichen China.   Repro: D. Rüttger-Mickley

de es schon 1985 mit der Monografie »Bildwand und Malerei«, herausgegeben von der Pfälzischen Verlagsanstalt, in der hervorragende Interpreten das bisherige Werk Karl Unverzagts würdigten. Daneben erschien ein Katalog des Landkreises Bad Dürkheim zu der im gleichen Jahr stattfindenden Ausstellung im Kreishaus mit ausgezeichnetem Überblick. Mundartwerke von Gerd Runck und Heinrich Kraus wurden ebenso illustriert wie die wunderbaren Gedicht- und Prosabände Susanne Faschons, der Karl Unverzagt seit Jahren in Freundschaft verbunden ist. — Der Anfang der achtziger Jahre geschaffene Zyklus über Edith Stein, einundzwanzig türblattgroße Situationen aus ihrem Leben, erfuhr 1987 anläßlich ihrer Seligsprechung eine hervorragende Reproduktion, vom Verfasser gedanklich vertieft.

Anläßlich des 75. Geburtstages veröffentlichte Karl Unverzagt selbst einen frühen Hauptteil seines künstlerischen Schaffens: »Rußland 1941-1947«. Der Bildband (Textautoren: Sigrid Feeser, Dr. Joseph Rüttger und Manfred Letzelter) enthält nahezu dreihundert Zeichnungen, die während des Rußlandfeldzuges und in der späteren Gefangenschaft entstanden sind, darunter die ersten Zeichnungen mit der linken Hand, nachdem ihm die rechte Hand zerschossen wurde und als Werkzeug seiner Kunst verloren war. Eine Sammlung erschütternder Belege und Dokumente anrührender Menschlichkeit.

Immer wieder auf neuen Wegen

Unablässig werden von Karl Unverzagt neue Techniken und Verfahren der Darstellung erforscht, entwickelt und bis an den Rand der in ihnen enthaltenen Möglichkeiten ausgelotet. Im 1994 erschienenen Bildband »Gezogen und fließend, Pinselzeichnungen«, wird die ungeheure Experimentierfreude und Bandbreite des Künstlers verdeutlicht, der in dieser Art der Darstellung seiner blühenden Phantasie freien Lauf läßt.

Sehr viel gezügelter und in eine vorgegebenen Form gebunden ist ein neues Verfahren zur Herstellung auch farbiger Lithographien und Holzschnitte, das Karl Unverzagt mit der ihm seit über dreißig Jahren verbundenen Künstlerin Roberte Holly-Logeais, einer Otto Dix- und Unverzagt-Schülerin, langjährig früher in Grünstadt wohnhaft, erprobt. Statt freier Entfaltung ist hier ein strenges Aufeinanderzugehen gefragt, da das vom einen vorgegebene Konzept vom anderen entsprechend ergänzt und erweitert werden muß, ohne es im Grunde zu verändern. Das Verfahren setzt ein künstlerisches Zusammenspiel voraus, das höchste Konzentration und intensives Einfühlungsvermögen verlangt. Die Ergebnisse sind verblüffend und lassen gespannte Erwartungen offen.

Karl Unverzagt - auch in seinem achten Lebensjahrzehnt ist er kein Etablierter, Angekommener, der bei seinen Erfolgen verharrt und mit dem Erreichten zufrieden ist. Er bleibt ein immer weiter Suchender, sich Vortastender, der auf seinem künstlerischen Wege immer neue Ausdrucksweisen und -verfahren erfindet und erschließt, und der doch stets der Menschlichkeit in allen Erscheinungsformen verpflichtet bleibt und ihr Ausdruck verleiht. Wir freuen uns, daß wir ihn erleben dürfen.

Es ist schon jeder gut gefahren,
Der in all den Lebensjahren
Jenes konnte tun und fassen,
Leben und auch leben lassen,
Damit läßt sich gar nicht spassen.

(Otmar Fischer)

Vom Hahnenfest und Truthahnfest

Partnerschaft der mittelalterlichen Städte Freinsheim und Marcigny

von Roland Fischer

Am 2. Mai 1975 wurde die Urkunde der Städtepartnerschaft zwischen Marcigny und Freinsheim unterzeichnet. Die Vision eines geeinten Europas hat in diesen Jahren klare Konturen erhalten und wird nicht zuletzt durch die Städtepartnerschaften mit Leben erfüllt. So erklärte es Stadtbürgermeister Klaus Bähr bei der 20-Jahr-Feier.

Die Bürgermeister Declas und Bibinger unterzeichneten am 2. Mai die Urkunde der Städtepartnerschaft in Freinsheim. Andree Perrier, der 1995 Bürgermeister der Stadt Marcigny, erinnert sich: *»1974 hatte ich das Vergnügen, zu der ersten Gruppe zu gehören, die sich in die schöne Stadt Freinsheim begeben hat, um einer Partnerschaft zwischen den beiden Städten entgegen zu sehen. Es war ein Erfolg und es ist eine Freude, heute das 20jährige Jubiläum feiern zu können. In der Hoffnung, daß die Freundschaft, die zwischen unseren zwei Städten herrscht, fortbesteht.«*

Die Anfänge

Bei einer Veranstaltung in Bad Dürkheim trafen sich eine Gruppe von Freinsheimern mit Leuten aus Marcigny, die zu einem Besuch der Partnerstadt von Bad Dürkheim, Paray-le-Monial, gekommen waren. Aus Gesprächen wird zum ersten Mal der Gedanke einer Partnerschaft geboren. Gemeinsamkeiten wurden festgestellt: Die Stadt Marcigny ist ebenfalls 1200 Jahre alt und hatte früher Befestigungsanlagen ähnlich wie Freinsheim.

Im Februar 1974 starteten 14 Freinsheimer zu einem ersten Besuch nach Marcigny. Es waren: Der damalige Beigeordnete von Freinsheim, Dr. August Werner, Siegfried Axthelm, Gerhard Hartkorn, hans Wiegand, Kurt Hasch, Armin Schlatter, Gerd Straßer, Hans Günther ferino, Edgar SChmidt, Günther Kissel, Kurt Lehmann und Erich Baier. Schon im Mai traf der erste Gegenbesuch aus Marcigny in Freinsheim ein.

Der erste Austausch von Schülern wurde

Die Windschutzscheibe
von Roland Fischer

Adolf Bibinger hat mit seiner Gattin Annegret den Grundstein zu einer kleinen Anekdote in Punkto Freundschaftskreis gelegt: Auf der Heimfahrt mit dem Pkw, anläßlich des 1. Besuchs Bibingers in Marcigny, flog ein Stein in die Windschutzscheibe des Bürgermeisters. Die Scheibe lag drin. Sie war geplatzt. Adolf Bibinger und seine Frau Annegret (heute Metzger) fuhren von Werkstatt zu Werkstatt (natürlich ohne Scheibe). Es war im Monat Februar und es war grimmig kalt.

Nach langer, langer Fahrt hat man endlich eine Fachwerkstatt gefunden, in der die Reparatur ausgeführt werden konnte.

Annegret Bibinger hätte eigentlich diese »Tortur in grimmiger Kälte« garnicht mitmachen müssen, denn andere Freinsheimer hätten sie mit nach Hause genommen. Jedoch sie blieb hart und wollte mit ihrem Mann fahren. Geteiltes Leid ist halbes Leid.

Gemeinsam ging es zurück in die Heimat... als plötzlich am Bahnübergang zwischen Erpolzheim und Freinsheim die in Frankreich neu eingepaßte Scheibe auch platzte.

Ein weiteres Ereignis dieser teilweise luftigen Schicksalsfahrt im eigenen Wagen: Eine starke, wenn nicht gar sehr starke Erkältung.

durchgeführt. Zehn Jungen und Mädchen aus Freinsheim fuhren nach Marcigny und 15 kamen zu Besuch nach Freinsheim. »*Die Anfänge waren gemacht!*« Jean Claude Capiez, President du comitee de Marcigny, sagt dazu: »*Der Partnerverein ist 20 Jahre alt. Das ist das schöne Alter, sagt man in Frankreich. Ein wenig Nostalgie, die Zeit, die rennt, die Freunde, die wir verloren haben... Aber es ist auch die Feier, die Freude. Wieviele Bande der Freundschaft haben sich geknüpft und sind enger geworden, im Laufe von zwei Jahrzehnten. In Marcigny, dann in Freinsheim, wird diese Freundschaft mit heller Freude gefeiert.*«

Heiner Postel, 1. Vorsitzender vom Freundschaftskreis Freinsheim-Marcigny, sieht 20 Jahre angefüllt mit vielen Begegnungen, freudigen und traurigen Ereignissen. »*Zwischen unseren Städten hat sich eine echte Partnerschaft entwickelt. Diese gilt es in Zukunft zu erhalten und fortzuführen im Sinne der Aussöhnung zwischen unseren beiden Völkern und eines vereinten Europa!*«

77 Freinsheimer sind im Mai 1975 bei der Unterzeichnung der Urkunde in Marcigny dabei. Das Fußballspiel Marcigny - Freinsheim (0 : 5) ist das erste sportliche Treffen. Der spätere Schüleraustausch findet reges Interesse, 17 Jugendliche besuchen Freinsheim und 12 Marcigny. Bei der Unterzeichnung in Freinsheim waren 54 Freunde aus Marigny zu Gast in Freinsheim.

All die Jahre über gab es Besuche und Gegenbesuche, trafen sich »alte Bekannte«, gab es Schüleraustausch. Es war immer was los. Der Spielmannszug von Freinsheim wirkte bei dem Musikfest im Park von Marcigny mit. Im Park von Marcigny — der große Tanzabend — blieb nicht ohne Folgen.

Der Beaujolais hat bedeutend mitgeholfen. Denn nicht nur vom Tanzen waren die Gäste taumelig. In der späten Nacht ist der einheimische Pfarrer durch Marcigny gelaufen und hat seinen ihm zugeteilten Gast aus Freinsheim gesucht wie eine Stecknadel. Als er ihn gefunden hatte, hat er sich mit dem »verlorenen Sohn« auf den Heimweg gemacht.

Auf dem Marktplatz, dort wo der Musik-Pavillon steht, hat man noch einen Freinsheimer gesehen. Der hat auch nicht mehr den rechten Weg in sein Quartier gefunden. Der gute Hirte hat ihn auch mit nach Hause genommen zu sich (der Freinsheimer habe nicht mehr gewußt, wie derjenige heißt, bei dem er wohnt), sich kurzum in den Pavillon gesetzt und mal abgewartet. Ihm wurde anstandslos Kirchen-Asyl gewährt.

Wie man sieht, verstehen sich Freinsheimer auch im Ausland immer ins beste Licht zu rücken, damit sie auch gefunden werden.

Noch eine Gemeinsamkeit hatten die Freunde aus Marcigny zu Anfang der Partnerschaft mit Freinsheim. In der pfälzischen Stadt feierten sie das Hahnenfest, in Marcigny gegen Jahresende das Truthahnfest. Bei den Freinsheimern wurden die Hähnchen auf dem Festplatz gegrillt, in Marcigny werden die Truthähne ausgestellt, verkauft oder versteigert; inmitten einer Art Gewerbeschau. Für die Freinsheimer Geschäftsleute machte der Partnerschaftsverein dort mit. Sie stellten Christstollen, Weihnachtspyramiden, Nußknacker und Holzfiguren aus. Die Truthähne vom Truthahnfest erschienen einige Tage später als Weihnachtsbraten auf der Festtafel.

Nicht nur Freude und Fröhlichkeit gehören zum Leben auch in der Partnerschaft. Im Juli 1981 überschattet ein trauriges Ereignis die beiden Partnerstädte und die Partnerschaft; Bürgermeister Adolf Bibinger verstirbt. Die Partnerschaft verlor mit ihm einen guten Freund und überzeugten Europäer.

Klaus Bähr wurde Bürgermeister von Freinsheim und die Freunde aus Marcigny kamen wie bisher zu Besuch.

»Ach Gott - Die Hinkel«

Freinsheimer Busgesellschaft jagt Perlhühner aus Marcigny
von Roland Fischer

Zum 10jährigen Jubiläum der Partnerschaft Freinsheim - Marcigny (1985) war es gewesen als ein Reisebus mit Freinsheimer Bürgern in Marcigny weilte, um dieses Ereignis gebührend zu feiern. Unter ihnen auch die Weingutsbesitzer Gerhard Kern und Kurt Lehmann. Beide saßen im Reisebus nebeneinander.

Nach zwei voll ausgekosteten Festtagen in Marcigny bei französischen Spezialitäten und süffigem Beaujolais ging es wieder nach Freinsheim zurück, bepackt mit Geschenken der französischen Freunde und vielerlei Mitbringsel. Denn vorher waren noch etliche Freinsheimer auf dem Wochenmarkt gewesen, der jeden Montagmorgen regelmäßig in Marcigny stattfindet. Dort kann man alles finden was man so brauchen kann oder woran einem das Herz hängt.

Der Tierfreund Gerhard Kern wollte unbedingt »lebendiges Geflügel« mit nach Hause nehmen. Auf dem Wochenmarkt in Marcigny bekommt man so etwas noch zu kaufen. Preisgünstig konnte Kern zwei Wachteln und zwei Perlhühner erwerben.

Das Geflügel kam in passende Körbe, Reiseproviant (Körner und Wasser) dazu. Die verschlossenen Körbe kamen in den Gepäckraum, dort wo die Koffer und Taschen der mitreisenden Freinsheimer aufbewahrt wurden.

Unterwegs wurde zu einem zünftigen Picknick Halt gemacht, um die von den französischen Freunden mitgegebenen Köstlichkeiten zu genießen (Ziegen- und Schafskäse, auch Salami und andere Gaumenfreuden). Natürlich auch das gute französische Bauernbrot.

Jedoch so reibungslos ging die Sache, auf die man sich so gefreut hatte, nicht von statten. Irgendwie muß es dem Geflügel gelungen sein, seine Behausung zu »knacken«. Zumindest die zwei Perlhühner kamen laut schreiend dem Busfahrer entgegen, als die Kofferraumklappen geöffnet wurden.

»*Ach Gott - die Hinkel*« haben die Leute geschrien. Die Perlhühner flogen ängstlich herum und versteckten sich dann unter dem Bus. Es war schwierig, an sie heranzukommen.

Kurt Lehmann mit seiner »dünnen Figur« (wie er selbst sagte) hat es geschafft, zumindest ein Perlhuhn zu fassen, das zweite hat er unter dem Bus hervorgejagt. Es wurde dann von den anderen außen herum stehenden Mitbürgern gefangen. Unter großem Hallo natürlich.

So konnte der Tierfreund Gerhard Kern sein Geflügel doch noch unbeschadet mit nach Hause nehmen. Zur Freude seiner Frau und seiner Kinder.

        Ein Mensch ist individuell,
        Mal langsam auf der Welt, mal schnell.
        Ist er zu langsam oder schneller,
        Bleibt Suppe oder nicht im Teller.
        Fährt Auto nicht er oder doch,
        Wagt nicht an Herd sich gleich als Koch,
        Das Maß in allem mitten drin,
        Hat wohl für immer seinen Sinn.

(Otmar Fischer)

Kinder in Not

Was Dirmstein mit den Philippinen verbindet
von Albert H. Keil

In vielen Betrieben zahlen Kollegen in eine gemeinsame Kasse ein, aus der Aufwendungen für die Geburtstage finanziert werden. Doch vor sechs Jahren setzten sich acht Mitarbeiter des Pharmaunternehmens Boehringer Mannheim zusammen und überlegten, ob sie mit dem gesammelten Geld nichts Sinnvolleres anfangen könnten, als es eben zu verjubeln. Damals wurde die Idee geboren, den Kasseninhalt denen zuzuwenden, die kaum Anlaß zum Feiern haben, weil sie tagtäglich ums nackte Überleben kämpfen müssen.

Bei der Suche nach einem geeigneten Vermittler stießen die Kollegen auf die Aktionsgruppe »Kinder in Not« e.V., Hohner Straße 2, 53578 Windhagen, Telefon 02645/4773. Diese kleine Organisation besteht nur aus einigen ehrenamtlichen Tätigen, welche den Spendern die Verwaltungsarbeit abnehmen und sämtliche Unkosten aus eigener Tasche bestreiten. Sie haben sich zum Ziel gesetzt, Kindern in der Dritten Welt das Schicksal auf der Straße zu ersparen und ihnen zunächst Betreuung und später eine fundierte Schul- und Berufsausbildung angedeihen zu lassen. Über diese Aktionsgruppe machen die acht Arbeitskollegen seither Entwicklungshilfe abseits von der großen Politik und betreuen zwei Patenkinder.

Eines von ihnen ist der heute 17jährige Michael Montemayor aus der Stadt Algeria auf der Philippinen-Insel Cebu. Ihm wurde zunächst der Besuch der Internatsschule St.-Peter-Academy ermöglicht. Integriert in den Unterricht erhielt der Junge, viertes von fünf Kindern eines Fischers, eine handwerkliche Lehre mit Schwerpunkt Holzbearbeitung. Im März 1995 legte er am Internat eine Prüfung ab, die dem deutschen Realschulabschluß vergleichbar ist. Da Michael zu den besten Absolventen seines Jahrgangs gehörte, hatte seine Bewerbung für eine Berufsschule in Cebu City Erfolg. Diese besucht er nun seit Juni.

Das Dirmsteiner »Patenkind« Michael Montemayor (geb. 2. Mai 1978) wohnt in Malbog auf der Insel Cebu und möchte Bürokaufmann werden. Der Sohn eines Fischers hat noch fünf Geschwister, der Vater hat kein regelmäßiges Einkommen. Michael möchte eine Büroausbildung mit EDV-Kenntnissen beginnen, damit er seine Familie unterstützen kann. Ohne die finanzielle Hilfe eines Paten hat er jedoch keine Chance, seinen Wunschberuf zu erlernen.

1995 wurden erste Kontakte geknüpft zwischen Boehringer Mannheim und der kleinen Klinik, welche der St.-Peter-Academy angeschlossen ist und sämtliche 20.000 Einwohner der Umgebung ambulant und stationär versrogt. Klinikchef Dr. Magallon konnte anläßlich eines Fortbildungsaufenthaltes in Deutschland, den ihm die Aktionsgruppe »Kinder in Not« ermöglicht hatte, eine erste Medikamentenspende aus Mannheim mit auf die Philippinen nehmen.

Der in Dirmstein wohnende Schriftführer der Mannheimer »Entwicklungshelfer« korrespondiert mittlerweile direkt mit dem Patenkind. Michaels ersten Antwortbrief, der teilweise noch kindlich-naiv wirkt und andererseits überraschend reife Ansichten präsentiert, hat er für die Lese des Heimatjahrbuchs aus dem Englischen übersetzt:

»*Guten Tag, liebe Paten,*

möge dieser Brief Sie alle bei bester Gesundheit antreffen. Meine Familie und ich befinden sich im großen und ganzen wohl.

Ich habe Ihren Brief bekommen und bin dankbar, daß Sie alle meine Postsendungen (Anmerkung des Übersetzers: wunderhübsche selbstgemalte Weihnachtskarten) seit 1992 erhalten haben. Es ist schön, Sie nun alle kennengelernt zu haben. Ich bin fast sicher, daß wir mit manchen Ihrer Produkte schon zu tun hatten. So las ich mal, als meine Mutter ein Medikament für meinen kleinen Bruder gekauft hat, auf dem Etikett 'Boehringer Mannheim', aber das ist schon eine Weile her. Der Name kam mir jetzt vertraut vor, und ich erinnerte mich, daß er auf einer Medizinflasche gestanden hatte.

Über Ihren Brief bin ich sehr glücklich und dankbar. Vergangenen Oktober bekam ich von der Schulverwaltung auch ein T-Shirt, und es hieß, dies sei von Ihnen, meinen Paten. Vielen Dank für alles, was Sie mir schon geschickt haben.

Seien Sie unbesorgt, ich werde mich in der Schule anstrengen, um ein gutes Zeugnis zu erlangen. Ich will mein Bestes geben, damit Ihre Wünsche wahr werden. Wie Sie am Anfang Ihres Briefes betonen, ist es sehr wichtig für mich, die Realschule abzuschließen und auf die weiterbildende Schule zu wechseln. Ich glaube, dieses Ziel strebt jeder hier an, und ich habe es fest im Auge. Bildung ist die einzige Möglichkeit, wie wir unseren Lebensstandard heben können.

Nun möchte ich diesen Brief schließen in der Hoffnung, daß unser Meinungsaustausch weitergeht. Ich warte auf neue Nachrichten von Ihnen - ab und zu, wenn Sie nicht zu sehr beschäftigt sind -, wie Sie auch von mir welche erwarten können. Vielen Dank Ihnen, und möge Gott Ihnen beistehen bei allem, was Sie unternehmen, damit Sie Ihre Mission, Ihre Vision, Ihr Ziel weiterverfolgen können - nämlich den Armen zu helfen. Halten Sie durch!

Ihr Patenkind Michael Montemayor«

Magische Wetter

von Wilhelm Neureuther

Horizont-entsprungne Feuer,
spät auf Gaukelspiel erpicht,
brüsten über Wolkenschlüften
sich mit ihrem Geisterlicht.

Fernwo die enthemmten Mächte,
polternd im Zusammenprall;
nah nur schmächtiges Geplänkel:
Irrlicht ohne Widerhall.

Leicht gefädelt steile Nässe!
Mottensturz um Neonlicht!
Plötzlich, weiß, durch Wolkenpässe
schlingert breites Mondgesicht.

Flucht aus dem Bergdorf

Weidenthal im Pfälzerwald und im Banat - Kontakt zur Oberpfalz
von Manfred Letzelter

Eine Sendung des Bayrischen Rundfunks in dessen 3. Fernsehprogramm am 11. November 1975 und anschließende Berichte in den Zeitungen machten den Weidenthaler Ortsbürgermeister Ernst Niederberger darauf aufmerksam, daß es im Banat, in Rumänien, 2000 Kilometer vom Pfälzerwald entfernt, ebenfalls ein Dorf namens Weidenthal gibt. Über den Sender in München nahm er Kontakt auf.

Das Bergbauerndorf Weidenthal am Fuße der Karpaten war anschließend auch Ziel von zwei Weidenthalern aus dem Pfälzerwald. Hotelier Willi Kraft und Metzgermeister Edmund Stuckert - so entnimmt man einem Bericht von Manfred Hüther in der RHEINPFALZ - hatten sich bei einem Aufenthalt im rumänischen Konstanza am Schwarzen Meer aufgemacht und Weidenthal nach 550 Kilometer in 16 beschwerlichen Stunden in Personenzug und Taxi erreicht.

Dort empfing sie Sepp Irlweg (damals 49 Jahre), der in brieflichem Kontakt mit Ortsbürgermeister Ernst Niederberger stand. Am 28. September 1976 hatte der Mesner und Glöckner, Leiter der Trachtengruppe, nach der Kontaktaufnahme zurückgeschrieben (»*...leider bin ich kein Geschulter, sondern nur ein Bergbauer*«), daß man sich im rumänischen Weidenthal über das Interesse der Pfälzer freue. Sein Dorf Weidenthal (rumänisch Brebu-Nou) liege 900 Meter hoch und sei 1828 zusammen mit den Gemeinden Wolfsberg und Lindenfeld angesiedelt wor-

Winzergenossenschaft
Wachtenburg-Luginsland
67157 WACHENHEIM/WEINSTRASSE
Bereich Mittelhaardt - Deutsche Weinstraße
Telefon 0 63 22 / 81 01 + 81 02 · Telefax 0 63 22 / 81 03

Reichhaltiges Sortiment gepflegter Qualitäts- und Prädikatsweine verschiedener Rebsorten und Lagen.

Über 100 Weine im Angebot — vom Qualitätswein bis zur Trockenbeerenauslese — Erzeugerabfüllung —

Fordern Sie bitte unsere Preisliste an.

den. Nur zwei der 800 Bewohner seien Rumänen. *»Unsere Sprache ist eine Mundart, die dem Bayrischen in vielem ähnelt.«*

Zurück zu dem Besuch aus der Pfalz: Sie stellten fest, daß die Bergbauern in Brebu-Nou noch wie ihre Vorfahren die Felder bestellten (*»im ganzen Dorf gibt es nur einen Traktor«*), ihre Schweine, Kälber und Geflügel selber schlachten (*»bayrisch deftig«*, lobt Metzgermeister Stuckert im Interview mit der RHEINPFALZ damals die Küche). Die Pfälzer waren privat eingeladen, da es keine Gaststätte gibt. Über private Kontakte hinaus allerdings wollten die Banater - wohl aus politischen Ängsten - keine offiziellen Beziehungen.

Dennoch halfen die Weidenthaler aus der Pfalz selbstverständlich ihren neuen Freunden. Ortsbürgermeister Ernst Niederberger: *»Die Ortsgemeinde, die kirchlichen Frauenbünde, das DRK unternahmen Hilfsaktionen, denen sich viele Bürger privat anschlossen«*. Familie Dieter Frey, so Willibald Lattrell in der RHEINPFALZ Mittelhaardter Rundschau), verweist auf einen Dankbrief, in dem es heißt: *»Die Kleiderschenkungen aus Weidenthal in der Pfalz sind in gutem Zustand angekommen. Wir danken recht schön dafür, mehr noch für Ihr Mitgefühl. Auch Herrn Ernst Niederberger danke ich für seine guten Taten und Aufklärung seiner Landsleute über unser Weidenthal hier in den Banater Bergen«*.

Allerdings verließen immer mehr Weidenthaler ihr Bergdorf im Banat, flüchteten oder reisten später aus, als die Grenzen offen waren; sie kamen nach Deutschland, die meisten nach Traunreuth in Bayern. *»Weidenthal im Banat bald ein Geisterdorf?«* titelte DIE RHEINPFALZ. 80 Prozent der Einwohner hätten einen Ausreiseantrag gestellt, heißt es in einem Brief von Sepp Irlweg 1990. *»Unser Dorf wird entvölkert und dem Verfall preisgegeben«*. Ein letzter Dank an Ernst Niederberger und Aloisia Waldmann schloß sich an. Ein ähnliches Schreiben können Manfred und Gertrud Steiner von einer Familie Fleischer nachweisen. Sepp Irlweg meldete sich später aus einem Aufnahmelager bei Rastatt.

Kontakte in die Oberpfalz

Seit 1979 verbindet Weidenthal in der Verbandsgemeinde Lambrecht im Pfälzerwald ein partnerschaftlicherKontakt zu dem gleichnamigen Ortsteil der Gemeinde Gueneck in der Oberpfalz. Ortsbürgermeister Ernst Niederberger: *»Die Dorfgemeinschaft hatte uns angeschrieben, um in eine engere Beziehung zu treten. Im Juli kam der Besuch aus der Oberpfalz. Seitdem verbindet uns eine herzliche Freundschaft«*. Austausch gab es zwischen den Feuerwehren und den Senioren, den Sängern und Fußballern. 1994 gab es in Weidenthal/Pfalz ein Fußballturnier, 1995 fand es im Fränkischen statt. Auch die politisch Verantwortlichen treffen sich regelmäßig und tauschen kommunalpolitische Erfahrungen aus.

Das Sträußchen

von Otmar Fischer

Margeriten, rote Rosen,
Grüßen mich im Blumenstrauß.
Sinnbild dessen, der liebkosend
Mir sie schickte von zu Haus.
Kenn ihn nicht, den edlen Spender,
Doch gewiß meint er es gut,
Will mir sagen, sein Absender,
Hab dran Freude, habe Mut.

Wichtig ist es stets gewesen,
Daß Freundschaft ihre Zeichen setzt.
Ein andrer mag daran genesen,
Weil es die Seele ihm ergötzt.
Ein Lächeln schleicht mir durch die Wangen,
Schau ich euch Blümchen ins Gesicht,
Das Herz es ist mir aufgegangen,
Mehr wollt wohl auch das Sträußchen nicht.

Im Jahre 2000 die ersten Abiturienten
Eduard Seger - erster »eigener« Direktor des Gymnasiums Haßloch
von Ernst Lintz

Am 29. Januar 1994 wurde Studiendirektor Eduard Seger von Regierungsdirektor Hans-Helmut Münch durch Ernennungsurkunde mit der Leitung des Haßlocher Gymnasiums betraut. Damit hat das Gymnasium Haßloch, das sich auch 1996 noch im Aufbau befindet, seinen ersten eigenen Schulleiter. Zuvor hatten seit 1991 die Oberstudiendriektoren Gerd Herfel (Gymnasium Bad Dürkheim) und für kurze Zeit Peter Polaschek (Gymnasium Speyer) neben der Leitung ihrer Schulen kommisarisch den Aufbau des Haßlocher Gymnasiums übernommen.

Regierungsdirektor Münch, der dabei für das bemerkenswert Gute dankte, das bereits geleistet worden sei, wünschte Eduard Seger weiterhin eine glückliche Hand und daß er zum Wohle der Kinder und der Lehrer den eingeschlagenen Weg konsequent fortsetzen möge. Von der Elternschaft gewünscht, war Seger auch von der Bezirksregierung und vom Schulausschuß für dieses Amt empfohlen worden. Schließlich war er von Anfang an mit dabei. Als rechte Hand des jeweiligen kommisarischen Schulleiters, habe er sich als »Hausmeister« des Haßlocher Gymnasiums gefühlt, und sein junges, dynamisches Kollegium werde auch weiterhin in das Geschehen eng eingebunden bleiben, versicherte bei seiner Ernennung der neue Schulleiter.

Edmund Seger ist 1952 im Neustadter Ortsteil Diedesfeld geboren, wo er auch die Volksschule besuchte. Nach dem 1972 mit dem Abitur abgeschlossenen Besuch des Gymnasiums in Dahn studierte er Germanistik und Geschichtswissenschaften in Stuttgart und Mainz. Seinem Examen 1978 folgte die Referendarzeit am Frankenthaler Albert-Einstein-Gymnasium. Berufsbegleitend absolvierte Seger dabei ein pädagogisches Aufbaustudium an der Universität Landau und wurde abgeordnet zur Bezirksregierung Neustadt, ehe er 1990 als Studiendirektor ans Neustadter Käthe-Kollwitz-Gymnasium kam und seit August 1991 als geschäftsführender Beamter beim Aufbau des Gymnasiums in Haßloch mitwirkte.

Mit Beginn des Schuljahres 1995/96 erwartete Eduard Seger eine Schülerzahl von 470, unterrichtet von 35 Kolleginnen und Kollegen in 17 Klassen und damit gut belegte Schulräume im Gymnasiumsteil der Kurpfalzschule. Der Stamm der Schüler kommt aus Haßloch selbst, eine stattliche Zahl aber auch aus Böhl-Iggelheim, Meckenheim, Niederkirchen, Deidesheim und Lachen-Speyerdorf.

Seger ist deshalb froh darüber, daß mit dem im Juni 1995 begonnenen Erweiterungsbau die Realschule Ende September 1996 ihre Räume in der Kurpfalzschule neben der Hauptschule beziehen und zu diesem Zeit-

Der Direktor des Haßlocher Gymnasiums, Eduard Seger (links), bei der Amtseinführung durch Regierungsschuldirektor Münch.
Foto: Lintz

punkt das Gymnasium in sein neues Domizil in der Viroflayer Straße, der bisherigen Realschule, umziehen kann. Diesen Schulhauswechsel wollen beide Schulen dann zusammen mit den Schülerinnen und Schülern bewerkstelligen. »*Die Schülerinnen und Schüler identifizieren sich besser mit den neuen Räumen, wenn sie mit ihrem 'Hausstand' ins neue Haus einziehen*«, sagte der Pädagoge Edmund Seger.

Ebenfalls im Juni 1995 wurde vom Kreistag beschlossen, mit der Planung für einen mehr als 15 Millionen Mark teuren Erweiterungs- und Umbau des Realschulgebäudes fürs Gymnasium zu beginnen. Damit hatte Landrat Georg Kalbfuß für die Verwaltung dem Kreistag die von der Schule selbst gewünschte und von Kreis- und Bauausschuß vorgeschlagene wirtschaftlichste und zukunftsweisende Lösung empfohlen.

Von der Entwicklung der Schülerzahlen her sei dieser Zeitplan mit Umzug Ende 1996 sehr wichtig, betonte auch Studiendirektor Eduard Seger, da nur bis Beginn des Schuljahres 1997/98 die jetzigen Räumlichkeiten ausreichen. Das »Halbzeitfest« seiner Entwicklung wird das Gymnasium im Frühjahr 1996 feiern, und die als Klasse 10 ins neue Gebäude umziehenden »Schüler der ersten Stunde« werden im Jahr 2000 auch als erste in Haßloch ihr Abitur bauen. Ab Klasse 12 erfolgt die Schwerpunktbildung im Kurssystem der MSS, und Eduard Seger begrüßt, daß dies nicht nur in den Hauptfächern möglich sei. Als Leistungsfächer können die Schülerinnen und Schüler weiterhin zum Beispiel auch Sport, Musik oder Sozialkunde wählen. Solche Schwerpunkte kommen nicht allein den unterschiedlichen Begabungen und Neigungen der Schüler entgegen, sondern auch der Profilbildung einer Schule.

Vorstand aus sieben Nationen

Ein Freundeskreis e.V. kümmert sich um Wachenheim und Cuisery
von Manfred Letzelter

Nach zehn Jahren der Partnerschaft zwischen Wachenheim und Cuisery bildete sich 1983 ein lockerer Kreis von Förderern dieser deutsch-französischen Beziehung. In der französischen Stadt war M. Cercy Vorsitzender, in Wachenheim übernahm Frau Hejna den Vorsitz, ihr Stellvertreter wurde Dr. Hutchinson. Im Jahr darauf stirbt M. Cercy, sein Nachfolger wird Pierre Geoffroy.

Das zehnte Jahr der Partnerschaft brachte gleichzeitig einen Rekord beim Jugendaustausch: 29 Kinder aus Cuisery waren in der pfälzischen Weinstadt zu Gast. 1984 weilen 50 Weinfreunde bei den französischen Partnern. Radsportler aus Cuisery »strampeln« nach Wachenheim und bringen eine Fahne mit. In diesem Jahr sind 18 Jugendliche aus Cuisery in der Pfalz. Mit 32 Senioren kommt Abbé Lescalier nach Wachenheim.

Der Verein »deutsche-französischer Freundeskreis Wachenheim-Cuisery e.V.« wird am 18. Januar 1985 offiziell gegründet. Er hat 75 Mitglieder, Jugendliche eingeschlossen. Zum Ehrenmitglied wird wegen seiner Verdienste Jacob August Gleber ernannt. Der Vorstand ist »eine bunte Mischung aus sieben Nationalitäten«, vermerkt die Vereinschronik. Noch in diesem Jahr fährt der Vorstand nach Cuisery. Kurz darauf stattet eine Delegation des Wachenheimer Stadtrats einen Besuch in der Partnerstadt ab. Erneut sind junge Franzosen in Wachenheim zu Gast, 20 Mädchen und Jungen fühlen sich wohl. Es steigt die »1. deutsch-französische Weinprobe«, die künftig zu einer lieben Tradition wird.

Zu Ostern 1986 sind erneut Franzosen zu Gast, umgekehrt fährt eine Delegation mit dem Wachenheimer »Gewächs« Maria Bergold, die jetzt Pfälzische Weinkönigin ist, nach Frankreich.

Der Versuch, ein Tennisturnier aufzuziehen, scheitert jedoch. Dafür kommt eine Grundschulklasse nach Wachenheim, außerdem nehmen 22 Jugendliche im gewohnten Jugendaustausch teil. Erstmals wird der Weinstand »Saint amour« aufgestellt, es kommt zur ersten Großveranstaltung in Wachenheim mit der 70köpfigen französischen Musikkapelle »Harmonie«. Unter dem Motto »Musik kennt keine Grenzen« organisiert der Verein einen Folklore-Abend mit dem MGV Wachenheim, beiden Kirchenchören, der Trachtengruppe, Hilde und Willi Baum. Ostern wird zum beliebten Zeitpunkt für partnerschaftliche Besuche. Nicht nur wegen der Ostereier kommen 1987 wieder 22 Jugendliche aus Cuisery in den Ferien, dazu eine 30köpfige offizielle Delegation. Umgekehrt kommt es zum Sommerfest an der Seille, die Wachenheimer verkaufen als Wein »Fuchsmantel« und Sekt der Kellerei »Schloß Wachenheim«. Eine Wachenheimer Delegation besucht Cuisery, begleitet von der Trachtengruppe.

Das 15jährige Bestehen der Partnerschaft wird in Wachenheim und Cuisery 1988 würdig gefeiert. Es wird der erste »Ball der Freundschaft« veranstaltet. In diesem Jahr kommen 13 Jugendliche aus Cuisery. Wachenheim erhält das Europa-Diplom für Verdienste um die deutsch-französische Freundschaft.

Europafahne 1989 an Wachenheim verliehen

Die französischen Freunde beteiligen sich 1989 bei der Gewerbeschau in Wachenheim, Edmond Beche und sein Sohn kochen im »Kapellchen«. 2 Jugendliche im üblichen Austausch sowie eine Schulklasse halten sich in Wachenheim auf. Zur Erwiderung reisen 30 Erwachsene und 15 Jugendliche aus der Pfalz zum Sommerfest an die Seille. In diesem Jahr wird der Stadt Wachenheim die Europafahne verliehen. 40 Gäste aus Cuisery nehmen teil. Der Verein zählt schon 166 Mitglieder.

Für die Kochkünste der Franzosen aus dem Vorjahr revanchiert sich Gerhard Manck vom »Kapellchen« 1990 in Cuisery. Zum 20. Male kommt es zu deutsch-französischen Jugendaustausch in Folge (14 deutsche Teilnehmer), es ist der vorläufig letzte. Eine Klasse mit 16 Schülern besucht Wachenheim. Zu »Christi Himmelfahrt« reisen 30 Wachenheimer mit dem neuen Verbandsbürgermeister Klaus Huter nach Cuisery.

Partnerschaft geht durch den Magen

Am Jubiläum »650 Jahre Stadt Wachenheim« beteiligt sich der Freundeskreis, die »Cuisery-Straße« wird eingeweiht. Die Kapelle »Harmonie« und eine große Delegation aus Cuisery beteiligen sich am Umzug. Im »Kapellchen« kommt es zur 1. kulinarischen deutsch-französischen Weinprobe. Der Verein zählt jetzt 179 Mitglieder.

1992 freut sich der Freundeskreis über Walter Keller, sein 200. Mitglied. In diesem Jahr kocht wieder Edmond Beche im »Kapellchen«. Der MGV Wachenheim mit Frauenchor (insgesamt 80 Personen) fährt nach Cuisery.

Das 20-Jahr-Jubiläum 1993 bringt Veränderungen im Verein. Herbert Frank wird 2. Vorsitzender. Zu »Himmelfahrt« sind wieder 35 Wachenheimer in Cuisery. Zum »Erlebnistag Deutsche Weinstraße« kommen 40 Franzosen nach Wachenheim. Die 2. kulinarische deutsch-französische Weinprobe findet diesmal im »Lamm« in Gönnheim statt.

Der Vereinsvorsitz wechselt 1994, Heike Rung-Braun übernimmt die Verantwortung für das erfolgreiche Weiterbestehen der Partnerschaft. Zu »Himmelfahrt« wird in Cuisery die »Rue de Wachenheim« eingeweiht. Daran nehmen Wachenheimer Stadträte teil sowie 35 weitere Personen. Nach dreijähriger Pause kommt es wieder zum Jugendaustausch (drei deutsche, fünf französische Teilnehmer). Ende August belegen 40 Personen aus Cuisery, daß die Partnerschaft lebt. Zum 10. Mal findet die deutsch-französische Weinprobe statt.

Aus der Übersicht des Vereins »Freundeskreis Wachenheim-Cuisery e.V.«, die zum 10jährigen Bestehen des Vereins 1995 nach 22 Jahren dieser deutsch-französischen Partnerschaft vorgelegt wurde.

Der »Kapitän« bleibt Viroflay

Haßlocher engagieren sich mit Partnerstadt in Mali
von Carmen Letzelter

Seit Jahrzehnten pflegt Haßlochs französische Partnerstadt auch eine Verbindung auf den schwarzen Kontinent, nach Mali. Haßloch klinkte sich 1981 in diese Verbindung ein, vertragslos zwar, aber seit Jahren mit jährlich 10.000 Mark aus dem Gemeindesäckel sowie unregelmäßigen Spendenaktionen beispielsweise von Schulen oder dem Lionsclub. Über die Republik Mali zu berichten, bedeutet, sich mit den Problemen eines der ärmsten Länder Afrikas (und damit der Welt) zu beschäftigen.

Das Gebiet des heutigen Mali gehörte seit Anfang dieses Jahrhunderts zu Französisch-Westafrika. 1958 erhielt es die innere Autonomie und wurde 1960 endgültig unabhängig. Bis heute garantiert Frankreich durch einen festen Wechselkurs zum französischen Franc eine relative Stabilität der Landeswährung. Das Land ist der EG und dem allgemeinen Zoll- und Handelsabkommen GATT assoziiert.

Der Kreis Kolokani, dem die gemeinsamen französisch-deutschen partnerschaftlichen bemühungen gelten, ist etwa so groß wie Rheinland-Pfalz; die Stadt Kolokani selbst hat rund 15.000 Einwohner. Im ganzen Land gibt es bis heute kaum befestigte Straßen, gewohnt wird in den Dörfern in Lehmhütten. Nur in größeren Städten gibt es auch feste Häuser, die zum Teil noch aus der französischen Kolonialzeit stammen. Aber selbst in Malis Hauptstadt, Bamaco, leben rund 500.000 der 750.000 Einwohner in Hütten. Über die Hälfte des Staatsgebietes ist Wüste und die Wüstenbildung schreitet in Mali weiter voran. Die Ursachen dafür sind vielfältig:

Es gibt in Haßloch eine gute Adresse für

Bettwäsche, Tischwäsche,
Frottierwäsche, Bademäntel,
Badezimmervorlagen,
Dusch- und Saunatücher,
Taschentücher, etc.
Und besonders für Sonderanfertigungen.

Parken vor der Haustür!

FRIEDRICH RAQUET GMBH - 67454 HASSLOCH
Carl-Benz-Straße 5-7 - Industriegebiet-Süd - Tel. 0 63 24 / 8 15 16

Mehrjährige Dürrezeiten beispielsweise treten in diesem Teil der Welt immer wieder auf; es seien die Folgen von unsachgemäßem Feldbau und Überweidung in der Savanne sowie der Waldzerstörung, urteilen Fachleute auch.

Schillerschule stiftet Geld und Material

Die Schulen jedoch, von denen ein neues Bewußtsein für die Gefahren ausgehen könnte, sind zu wenige oder stehen leer. Vier von fünf Malinesen können nicht lesen und schreiben. Gerade zehn Prozent der Bevölkerung von Mali beherrschten die Amtssprache, französisch. Der Direktor der Hauptschule von Kolokani, freut sich sehr über eine Sendung Malblöcke, Hefte, Stifte und Bälle aus Haßloch:»Hilfe für die dritte Welt« hatte die Schillerschule 1986 ihren Basar beim Schuljubiläum überschrieben und später 2000 Mark für die pädagogische Einrichtung in Mali gestiftet. Kreistagsmitglied Haro Schreiner, der in Haßloch auch Vorsitzender des Ausschusses »Hilfe für die Dritte Welt« war, überreichte Dia-Serien von Hilfsprojekten in Mali an die Haßlocher Schulen und sprach von einer Chance zu lernen, »über den Zaun zu blicken, in direkten Kontakt zu treten mit den Problembem der sogenannten Dritten Welt«.

Vier Haßlocher in Kolokani

Begonnen hatten die deutsch-französischen Aktivitäten in Mali mit dem Aufbau von Mütterheimen, Gesundheitszentren und Kindergärten. 1988 wurden gemeinsam Brunnen angelegt.

Brief aus Mali

Von Aly Conlibaly, Mitarbeiter des Gesundheitszentrums in Kolokani, das mit Geldern aus Viroflay und Haßloch erbaut wurde, erreichte Hans Bendel im Sommer 1993 nachstehender Brief:

»Ich nehme an, daß Sie Kolokani und ganz besonders das traditionelle Leben in guter Erinnerung bewahren. Sie waren sicherlich von unseren täglichen Problemen, die oft ohne Lösung bleiben, etwas überrascht. Zur Zeit hat die Bevölkerung Wasserversorgungsprobleme. Die wenigen Wasserpumpen, die in der Stadt sind, reichen zur täglichen Versorgung nicht mehr aus. Sehr lange Warteschlangen stehen an diesen restlichen Wasserpumpen, Sie müßten es gesehen haben, daß drei solcher Wasserquellen defekt oder kaputt sind. Die normalen Brunnen sind schon fast ausgetrocknet.
Während der Trockenperiode (von Oktober bis Ende Mai), haben die Bauern nichts zu tun, ihnen fehlt das nötige Wasser. Wenn es genügend Staudämme gäbe, könnte Gartenbau betrieben werden, um damit die Ausgaben für die Bauern-Familien auszugleichen.
Der Beledongon ist eine Region des Sahel, die besonders unter den harten Bedingungen der Natur (darunter die langanhaltende Trockenheit, die zur Abholzung des Waldes führt) zu leiden hat, und damit das Schicksal unserer Einwohner verunsichert.
Wir denken nicht, daß Sie über einen Zauberstab verfügen, um alles in wenigen Sekunden zu verändern, aber die ganze Bevölkerung weiß die Anstrengungen ihrer deutschen Freunde zu schätzen, die seit der Gründung der Partnerschaft von Haßloch, Kolokani und Viroflay vorgenommen wurden. Augenblicklich hofft die Bevölkerung mit Ihrer Unterstützung auf eine bessere Entwicklung der Umgebung.
Ich will diesen Brief nicht beenden, ohne mich bei Ihnen im Namen der Bevölkerung von Kolokani zu bedanken, die ihre Zufriedenheit über Ihre Anwesenheit zum Ausdruck bringen möchte.

Und dann trafen Ende 1992 vier Männer aus Haßloch Vorbereitungen für eine Reise, die sie zur Jahreswende über Viroflay und Paris nach Afrika führen sollte. Grund des Unternehmens war der Wunsch von Verantwortlichen aus Kolokani, vor Ort zu zeigen, was unter anderem mit dem Geld aus der Pfalz alles entstanden ist und die Überzeugung im Großdorf: »*Wir müssen den Menschen dort auch einmal zeigen, daß wir uns dafür interessieren, was mit unserem Geld geschehen ist.*«

Die Haßlocher reisten gemeinsam mit Freunden aus Viroflay. Hans Bendel, Klaus-Dieter Ihlenfeld, Rudolf Mehrmann und Professor Dr. Haro Schreiner sammelten in Kolokani/Mali viele interessante Informationen, die sie den Haßlochern später unter anderem via Tageszeitung in einer Artikel-Serie vermittelten. Am Ende ihrer Betrachtungen heißt es: »*Die Hilfe zur Selbsthilfe ist das erkennbar vernünftige Mittel. Der 'Kapitän' in Sachen Partnerschaft Kolokani sollte weiterhin Viroflay bleiben. Haßloch ist auf das fahrende Schiff als 'helfender Matrose' aufgesprungen. Und sollte auch in Zukunft in dieser Position mitfahren. Das wird sich das Großdorf auch bei knapper werdenden Finanzen weiterhin leisten können.*«

Wasser aus einem neuen Brunnen

Doch noch einmal zurück zum Hauptteil dieser Geschichte, zur Reise nach Mali. Vorgeführt wurden der Gruppe damals unter anderem Krankenstationen, Brunnen und kleinere Staudämme, die nachweislich mit Mitteln aus Haßloch und Viroflay verwirklicht wurden. Dennoch lautete die übereinstimmende Einschätzung nach der Rückkehr: »*Es ist da drüben so viel zu tun, daß es gar keine Frage sein kann, daß die Hilfe weitergehen muß.*« Beispielsweise werde es wohl noch Jahre dauern, bis den dort lebenden Menschen klar gemacht werden könne, daß es für ihre Gesundheit besser sei, für Wasser aus einem neuen Brunnen eine Gebühr zu bezahlen, anstatt sich kostenlos aus verschmutzten Wasserlöchern gleich nebenan zu versorgen...

»Was die Besiegelung des Städtepartnerschaftsvertrages anbelangt, dachten wir in Kolokani daran, unseren Freunden in Haßloch mehr Zeit zum Reflektieren zu geben.« Der Satz stammt vom Juli 1993. Er steht in einem Schreiben des Kreiskommandanten von Kolokani (Mali) und Vorsitzenden des Partnerschaftskomitees, Allaye Tessongue, an den Bürgermeister von Viroflax, Gerard Martin. Den Haßlochern war dies nur Recht. Im kommenden Jahr wolle man sich gemeinsam mit Viroflay erneut Gedanken machen über den formellen Abschluß einer Partnerschaft, hieß es bei der Verwaltung.

Jugendliche aus Haßloch und Viroflay arbeiten in Kolokani

1995: Gemeinsam mit neun jungen Leuten aus Viroflay reiste Jörg Hurrle für drei Wochen nach Kolokani. Dort half er bei der Fertigstellung einer Schule. Die europäischen Jugendlichen gingen nach malischen Angaben zu Werke. Gerade auf die Bildung werde in dem afrikanischen Land besonderer Wert gelegt, berichtete der angehende Abiturient nach seiner Rückkehr in die Pfalz. Sie sei die einzige Chance, den jetzigen Lebensstandard zu heben, »*wobei man sicherlich noch lange Zeit auf Hilfe von außen angewiesen sein wird*«. Gleichrangige Aufgabe sei der Aufbau der Wasserversorgung, denn es drohe die »Verwüstung« des Landes. Ursprünglich sollte die gemeinsame Jugendreise bereits vor Jahresfrist gestartet werden. Der erste Termin war jedoch wegen der instabilen politischen Lage in Mali abgesagt worden.

Aus Dankbarkeit für die finanzielle Unterstützung aus Frankreich und Deutschland benannten die Bürger von Kolokani 1991 eine Straße nach dem Partnerschaftsausschuß »Rue Viroflay-Haßloch, Jumelage-Cooperation«. Zwei Hände, eine weiße und eine schwarze sowie die Landesfarben sollen die Freundschaft der drei Kommunen verdeutlichen. Über eine vertraglich festgefügte Partnerschaft zu Kolokani wurde im Großdorf dennoch bisher nicht neu entschieden.

Im südlichen Saale-Holzland-Kreis
DÜW-Delegation erlebt thüringische Partnerregion
von Sieglinde Mörtel

Der Saale-Holzland-Kreis ging 1994 aus den Kreisen Eisenberg (heutiger Kreissitz), Jena-Land sowie Stadtroda hervor, der die partnerschaftliche Beziehung zum Landkreis Bad Dürkheim in den neuen Kreis einbrachte. Bei der Partnerschaftsfahrt Ende Juli 1995 befuhren 45 Besucher aus dem DÜW-Kreis den Süden des Saale-Holzland-Kreises, einem Teil des früheren Landkreises Jena.

Die Gegend ist geprägt vom legendären Wald- und Wildreichtum und der damit verbundenen jahrhundertealten Jagdtradition. Aber auch von der reizvollen Landschaft des Südlichen Saaletals mit ihren typischen Muschelkalkhängen, deren fossile Schätze (die nicht nur der Geologe, sondern auch der aufmerksame Spaziergänger findet) vom »Thüringer Meer« des Trias berichten. Der sprichwörtliche Burgenreichtum dieser Region ist Ausgangspunkt für eine überaus reiche Sagenwelt und inspirierte zahlreiche Dichter, unter ihnen auch Goethe, zu weltbekannten Werken. Zeitzeugen aus verschiedenen Epochen geben Einblick in die bewegte Geschichte der Region, angefangen vom einstigen slawisch-germanischen »Grenzland« bis zur Gegenwart, wo Altes erhalten wird und Neues entsteht.

Hermsdorf im Herzen des Holzlandes

Nur knapp 50 Jahre brauchte es, daß sich das Holzland-Dorf zum Industriestandort entwickelte, und erst seit 26 Jahren verfügt Hermsdorf über das Stadtrecht. Über Jahrhunderte hinweg wurde das Leben vom Holzhandwerk und der Landwirtschaft geprägt. Die Böden waren aber wenig fruchtbar, so daß der Lebensunterhalt auch mit der Herstellung von Holzkohle oder mit Pechsiederei verdient werden mußte. Die einst hier entlangführende Regensburger Landstraße

Zeugnis der frühen Geschichte: das älteste Gebäude von Hermsdorf, der »Schwarze Bär«.

mochte entscheidend zur Entwicklung des Dorfes beigetragen haben. Mit zweirädrigen Karren wurden nicht nur die Waren in die Ferne gebracht sondern auch der Name des Holzlandes (freilich auch der Spitzname der Holzländer, die »Löffelschnitzer«) weit nach Norden und Süden getragen.

Mit dem Bau der Eisenbahnstrecke Weimar-Gera im Jahre 1876 war das Ende der Fernfuhrleute besiegelt, das Holzhandwerk aber erhielt einen Aufschwung, denn per Bahn wurden insbesondere Leitern bis ins Ausland geliefert. In Hermsdorf entstanden Sägewerke, Holzbetriebe und schließlich die Porzellanfabrik, für deren Ansiedlung ebenfalls der Holzreichtum (zum Betreiben der Brennöfen) ausschlaggebend war. Bis zur »Wende« entwickelten sich die »Keramischen Werke Hermsdorf« zum größten Betrieb der Region. Unter dem heutigen Firmennamen TRIDELTA AG, einem Tochterunternehmen der »Jenoptik«, werden hier weiter Produkte der technischen Keramik hergestellt. Allerdings war die Umstrukturierung des Betriebes mit einem enormen Abbau von rund 8000 auf 1500 Arbeitsplätzen verbunden.

Den Fuhrmannsgasthof gab es schon, als im 13. Jahrhundert der Markgraf von Meißen den Ort an das Kloster Lausnitz verschenkte. Einer Überlieferung zufolge soll Hermsdorf einst seinen Namen erhalten haben, als eine Dame nach ihrer Rettung vor den Räubern hier ausrief: »Her muß Dorf!«. Aber das liegt wohl schon ein »Weilchen« länger zurück.

Während für die Holzländer der Ort Hermsdorf von je her eine zentrale Bedeutung hat, verbindet sich der Name für Fremde hauptsächlich mit dem Autobahnkreuz - und das nicht nur wegen der Staumeldungen. Dem Saale-Holzland-Kreis bietet diese Verkehrsanbindung ideale Entwicklungs-Chancen, schließlich führen mit der A 4 und A 9 die Wege aus allen vier Himmelrichtungen direkt hierher.

Für »sanften Tourismus« und Fremdenverkehr ist die Region mit ihrem ländlichen Charakter und ihren vielen urtypischen idyllischen Dörfern wie geschaffen. Aber auch mancher Investor hat sich bewußt für einen Standort am Hermsdorfer Kreuz entschieden. In den Gewerbegebieten Reichenbach und Mörsdorf, die auf der Fahrt in Richtung Stadtroda nicht zu übersehen sind, entstanden zahlreiche Arbeitsplätze.

Bevor aber eine solche erfolgreiche Bilanz für den gesamten Kreis gezogen werden kann, bedarf es wohl noch einiger Zeit und allerhand Anstrengungen. Wie über all in den neuen Bundesländern, so ist auch in diesem Kreis die Arbeitslosigkeit das größte Problem. Viele Betriebe und Einrichtungen wurden quasi über Nacht geschlossen oder »überlebten« nur auf personeller Sparflamme. Daher ist man bemüht, insbesondere produzierendes Gewerbe anzusiedeln, bzw. die infrastrukturellen Voraussetzungen für entsprechende Investoren zu schaffen. So z.B. mit dem sechsspurigen Ausbau der Autobahn, neuen Anbindungen, wie u.a. in Hermsdorf und Stadtroda, oder mit Straßenbaumaßnahmen, die nicht zu übersehen sind.

Doch bei allen Erfordernissen, die der notwendige Aufschwung stellt, soll der Saale-Holzland-Kreis auch künftig seinen ländlichen Charakter nicht verlieren. Der Fremdenverkehr verfügt hierzulande über eine lange Tradition und gilt als vielversprechender Wirtschaftsfaktor, dessen Entwicklung natürlich Fingerspitzengefühl erfordert.

Stadtrodaer Geschichte und Histörchen

Die Anfänge des Geburtsorts der Partnerschaft Stadtroda, reichen ins 9. Jahrhundert zurück, Stadtrechte sind seit 1310 beurkundet. Die einstige Kirche des Zisterzienser-Nonnenklosters ist heute noch als Ruine erhalten und zählt zu den bedeutendsten Kulturgütern des Kreises. Seit Anfang des 17. Jahrhunderts war Stadtroda (bis 1925 hieß die Bezeichnung »Roda«) Amtssitz im Herzogtum Sachsen-Altenburg.
Anders als in Hermsdorf, war es hier nicht die industrielle Entwicklung, sondern die Verwal-

Zentrum von der ehemaligen Kreisstadt Stadtroda. *Alle Fotos: S. Mörtel*

tungsfunktion, die das Städtchen prägt. Ebenfalls von überregionaler Bedeutung ist das heutige Landesfachkrankenhaus für Psychiatrie und Neurologie, dessen Grundstein schon vor knapp 150 Jahren mit der »altenburgischen Landesheilanstalt« gelegt wurde.

Hoch über dem Rodatal erhebt sich das Schloß, dessen Chronik viel über die Stadt- und Regionalgeschichte vom Mittelalter bis in unsere Tage zu berichten hat. In einem ursprünglichen Vorwerk baute die Stadt im 15. Jahrhundert den Sitz des Landrichters aus. Das Gebäude entwickelte sich schließlich zum ersten Rodaer Schloß. Seine endgültige Gestalt erhielt es im 17. und 18. Jahrhundert im Zuge des Neuaufbaues nach einem Stadtbrand. Bis vor einem Jahr befand sich im Schloß die Stadtrodaer Kreisverwaltung, heute hat hier das Amtsgericht seinen Sitz.

Wie manch anderer Ort, so hat auch Stadtroda seine Histörchen. Dr. Faust, der legendäre »Schwarzkünstler« soll u.a. hier geboren sein. Die wohl bekannteste Geschichte - nicht belegt aber immer wieder aufgegriffen - ist jene von der »Rodschen Möhre«. Eine solche soll nämlich einst das Stadttor verschlossen haben, um Eindringlinge abzuhalten. Eine Ziege habe aber die Möhre gefressen und den Feinden somit das Tor geöffnet. Ob's wirklich so war, weiß man zwar heute nicht so genau, doch der Spitzname »Rodsche Möhrenschaber« ist geblieben.

Thüringer Geschichte im Spiegel einer Region

Die Gegend des mittleren Saaletales war in der Geschichte immer wieder Schauplatz bedeutsamer Ereignisse. Zahlreiche Ortschaften haben ihren Ursprung in slawischen oder germanischen Siedlungen. Im Zuge der Auseinandersetzungen zwischen beiden Kulturen und des späteren Landausbaues zwischen Saale und Elbe im 12. und 13. Jahrhundert entstanden zahlreiche Burgen. Im Süden des jetzigen Saale-Holzland-Kreises hatten Mitte des 12. Jahrhunderts kaiserliche Lehnsleute aus der Nürnberger Gegend ihren Stammsitz oberhalb des Ortes Lobeda (heute Stadtteil von Jena) errichtet. Die »Lobdeburger« entwickelten sich zu einem starken Adelsgeschlecht, deren Besitzungen sich schließlich von der Elster bis zum Frankenwald erstreckten. Unter ihrer Herrschaft kam es u.a. zur Gründung des Zisterzienser-

Die Leuchtenburg bei Kahla, »Königin des Saaletals«, ist ein Wahrzeichen der Region.

Nonnenklosters in (Stadt-)Roda und zum Bau der Leuchtenburg; Stadtrecht erhielten zu dieser Zeit Jena, Kahla und vermutlich auch Stadtroda.

Thüringen sollte aber später im wesentlichen von den Adelsgeschlechtern der Schwarzburger, der Wetiner und der Herren Reuß beherrscht werden. So ging auch die Region um Stadtroda und Kahla vorerst an die Schwarzburger und im 14. Jahrhundert an die Wettiner über. Zum Besitz jenes mächtigen Herrscherhauses aus Sachsen-Anhalt zählte auch das Herzogtum Sachsen-Wittenberg mit Kurwürde. Ende des 15. Jahrhunderts kam es zur Teilung der Wettiner in die Albertinische und die Ernestinische Linie, wobei die Ernestiner und deren Nachfahren die weiteren Geschicke im größten Teil des heutigen Saale-Holzland-Kreises lenkten. Bis 1918 gehörten die Ämter Kahla, Roda und Eisenberg zum Herzogtum Sachsen-Altenburg, einer Linie aus Ernestinischem Hause.

Die Geschichtsschreibung vermerkt bei der Jahreszahl 1547: Die Ernestiner verloren ihre Kurwürde an die Albertiner. Hinter dieser sachlichen Auskunft verbergen sich historische Vorgänge, die im Zuge der Reformation und der damit verbundenen Machtkämpfe großen Einfluß auf die Entwicklung der (heute kreisfreien) Stadt Jena nahmen aber auch eng mit der Entstehung des Schlosses Wolfersdorf verbunden sind.

Nach dem Ende des Deutschen Bauernkrieges hatten sich protestantische Fürsten unter Führung des sächsischen Kurfürsten Johann Friedrich (Ernestinische Linie der Wettiner) gegen Kaiser Karl V. zusammengeschlossen. Dieser Bund war im »Schmalkaldischen Krieg« 1547 den von Herzog Alba angeführten kaiserlichen Truppen unterlegen. Johann Friedrich geriet in Gefangenschaft, verlor Kurwürde und Kurlande an die Albertiner. Damit verbunden war auch der Verlust der Universität Wittenberg. Mit der Gründung einer neuen Schule in Jena legte Johann Friedrich (heute der »Hanfried« genannt) den Grundstein für die Universität, in der später auch Friedrich Schiller lehren und Karl Marx promovieren sollten, und die sich mit zahlreichen berühmten Namen wie z.B. Goethe, Häckel oder Reger verbindet.

Die »Fröhliche Wiederkunft« in Wolfersdorf

Zu den Besitztümern, die der Familie des besiegten Johann Friedrich verblieben waren, zählten u.a. die Ämter Kahla und Roda sowie namentlich die Jagdhäuser und Orte Trockenborn und Hummelshain.

Da das Trockenborner Jagdhaus von Albas Truppen niedergebrannt worden war, ließ der Fürst während seiner Gefangenschaft das Schloß Wolfersdorf errichten. Er wählte dafür einen Standort, von welchem aus man »in die vier Täler« blicken konnte. Nach seiner Rückkehr fand hier das erste große Treffen der fürstlichen Familie statt, und Johann Friedrich gab dem Schloß den Namen »Fröhliche Wiederkunft«.

Zu dieser Zeit existierte nur der Mittelteil des heutigen Schlosses, welches seinerzeit über zwei hölzerne Zugbrücken über den Schloßteich zu erreichen war. Denn der Fürst mochte es trotz aller für diese Zeit fortschrittlichen Ideen nicht, wenn »der Pöbel vor der Herren Gemach könne laufen«.

Einen aus heutiger Sicht besonders kostbaren Schatz bargen damals einige der ansonsten recht einfach gehaltenen Räume: Die Wände waren bedeckt mit Tüchern und Tafeln, die Lucas Cranach d.Ä. bemalt hatte. Dieser war ein getreuer Freund Johann Friedrichs, der ihm sogar freiwillig in die Gefangenschaft gefolgt war.

Nach dem Tode des Fürsten wurde die »Fröhliche Wiederkunft« nur noch sporadisch genutzt, was auch den Auswirkungen des Dreißigjährigen Krieges geschuldet sein dürfte. Gegen Ende des 17. Jahrhunderts soll Herzog Christian (von Eisenberg) hier kurzzeitig gewohnt, aber dann wegen des »schlechten Wolfersdorfer Wassers« das Schloß Hummelshain vorgezogen haben.

Die »Fröhliche Wiederkunft«, ein Schloß in Wolfersdorf.

Das »grüne Haus« an der historischen Anlage Rieseneck beherbergte einst Jagdgesellschaften.

Das »alte« Jagdschloß in Hummelshain.

Dem fortschreitenden Verfall des Baues, der noch einige Jahre das Forstpersonal des hiesigen Jagdgebietes beherbergte, wurde erst Mitte des 19. Jahrhunderts Einhalt geboten. Mit der Restaurierung und Erweiterung (1853/68) durch die Herzöge von Sachsen-Altenburg, erhielt die »Fröhliche Wiederkunft« etwa ihr heutiges Bild.

Mit dem Ende der Monarchie in Deutschland setzte auch die Verarmung des Adelshauses Sachsen-Altenburg ein. Der letzte Herzog, Ernst II., bewohnte das Schloß Wolfersdorf bis zu seinem Tode 1955 in bescheidenen Verhältnissen. Nach 1945 war es in der damaligen sowjetischen Besatzungszone unüblich, daß Schloßanlagen in privatem Besitz blieben. Das Wolfersdorfer Schloß bildete eine der wenigen Ausnahmen. Es wird angenommen, daß hierbei die familiären Verbindungen der Herzöge zum russischen Adel eine Rolle gespielt haben (Helena Pawlowna, Tochter des Kaisers Paul I., war die Großmutter von Ernst I.).

Schließlich wurde das Wolfersdorfer Schloß denn doch »Volkseigentum«. Durch die neue Bestimmung zum Jugendwerkhof (Stätte für schwererziehbare Jugendliche) hatte manches historisch wertvolle Element den funktionalen Umbauten zu weichen. Wenngleich der Denkmalschutz in der DDR einem »Stiefkind« gleichkam (von Repräsentationsobjekten abgesehen), so war doch zumindest der Erhalt der Bausubstanz von Gebäuden durch deren Nutzung gesichert. Mit der »Wende« hat die soziale Einrichtung als »Jugendlernhof« überlebt, wobei bezüglich der Trägerschaft und der finanziellen Mittel für die notwendige Restauration des Schlosses noch nicht alle Probleme gelöst sind. Gleichzeitig ist man bemüht, schrittweise im Inneren des Schlosses die historischen Werte wiederzubeleben.

Die Gegend um Hummelshain und Trockenborn/Wolfersdorf ist seit vielen Jahrhunderten für ihren legendären Wald- und Wildreichtum bekannt. Zu jeder Zeit wußte man die hiesigen Gefilde zu schätzen und zu nutzen. Das Gebiet zwischen Hermsdorf und dem Thüringer Wald, insbesondere der Wildreichtum um Hummelshain, wo einst auch Bären, Luchse und Wölfe beheimatet waren, machten die Region schon frühzeitig zum Mittelpunkt fürstlicher Jagden. Diese Tradition bestimmt bis heute das Flair der Ortschaften, in deren Umfeld eine Vielzahl an Schlössern, Burgen, historischen Jagdhäusern und -anlagen entstanden.

Die Jagdschlösser Hummelshain

Schon im 15. Jahrhundert befand sich in Hummelshain ein Jagdschloß des Kurfürsten Johann Friedrich, welches nach seinem Um- bzw. Neubau 1664 alljährlich die fürstlichen Familien und deren hohe Gäste über die Sommermonate hinweg beherbergen sollte. Die beliebte Gegend, aber auch der schlechte bauliche Zustand der »Residenz« in Atlenburg, hatten die Herrschaften veranlaßt, sich verstärkt im Jagdschloß Hummelshain aufzuhalten.

Zu den Besuchern des »alten« Hummelshainer Schlosses zählten u.a. Kaiser Alexandra von Rußland, Königin Therese von Bayern und König Johann von Sachsen. 1872 fand auf Schloß Hummelshain die Verlobung des Prinzen Albrecht von Preußen mit Prinzessin Marie statt.

Unmittelbar am Schloß befand sich ein ummauerter Hetzgarten. Als dieser später in einem Park umgewandelt wurde, legte man zwischen Hummelshain und Trockenborn einen ca. 800 ha großen Tiergarten an.

In den Jahren 1880 bis 85 ließ Herzog Ernst I. das »neue« Jagdschloß im Stil der Neurenaissance errichten. Mehrmals logierte hier selbst Kaiser Wilhelm II., den es zur Jagd in den Hummelshainer Tiergarten zog.

Wechselvoll gestaltete sich die Geschichte der beiden Bauwerke, die dem Ort einst über Jahrhunderte hinweg Ansehen verliehen. Das »neue Schloß« diente einem Verlag als Ferienheim, im 2. Weltkrieg wurde es als Krankenhaus für Lagerhäftlinge genutzt, die im nahegelegenen unterirdischen Flugzeugwerk Zwangsarbeit verrichten mußten.

Wie im Wolfersdorf, so wurde auch im Hummelshainer Schloß schließlich ein Jugendwerkhof eingerichtet, der aber 1992 geschlossen wurde.

Wenngleich es in der Vergangenheit nicht immer »würdig« genutzt war, so wurde es doch erstaunlich gut erhalten. In seinem Inneren birgt das »neue Schloß« u.a. faszinierende Wandmalereien, Kamine, Wand- und Deckenverkleidungen. Allerdings beginnen die drei Jahre, in denen das Gebäude notgedrungen vor sich hin schlummert, bereits ihre Spuren zu hinterlassen. In Landesbesitz befindlich, wartet das Schloß auf neue Nutzer und die immer notwendiger werdenden finanziellen Mittel.

Ungewiß ist (1995) auch die Zukunft des »alten Schlosses«, welches nur noch begrenzte Zeit als Alters- und Pflegeheim dienen wird, da der Bau für diese Funktion nicht geeignet ist.

Einzigartig in Europa: Die barocke Jagdanlage »Rieseneck«

Die uralte Jagdtradition hinterließ eine weitere Attraktion - die historische Jagdanlage »Riesenbeck«.

Um den Herrschaften eine bequeme Pirsch und Jagderfolge zu ermöglichen, wurden an bestimmten Sammelstellen Futterplätze für das Wild angelegt. So auch auf dem Areal des »Reisenecks«, welches bereits im 16. Jahrhundert erwähnt ist. Um 1620 wurde hier zunächst eine hölzerne Jagdanlage errichtet, die allerdings mit den Jahren zu verfallen begann. Rund 100 Jahre später wurde dann die massive Anlage gebaut, wie sie wohl als Einzigartigkeit in Europa noch heute erhalten ist.

Unweit der eigentlichen Anlage befinden sich das »Grüne Haus« - die Herberge für die Jagdgesellschaften - und die Wirtschaftsgebäude.

Die Bevölkerung der umliegenden Orte hatte mit dem Jagdeifer der Herrschaften ihre liebe Not. Nicht genug damit, daß zahlreiche Hilfsdienste zu leisten waren, das Wild rich-

Ein System von unterirdischen Gängen, Laufgräben und Schützenständen ermöglichte es dem Jäger, sich unbemerkt dem Wild zu nähern, das sich an den Futterplätzen und Salzlecken, auf dem Wildacker oder an der Tränke aufhielt. Die Tiere wurden zur regelmäßigen Fütterung durch ein Signal des Jagdhorns angelockt. Erschienen nun die Herrschaften zur Jagd, genügte der vom »Blasehaus« aus abgegebenen Lockruf, und schon lief das Wild der Hohen Jagd arglos vor die Flinten.

tete auch auf den Feldern arge Schäden an, wogegen sich die Bauern kaum wehren konnten. Nachdem die Anlage nicht mehr für die Jagd genutzt wurde, drohte ihr seit den 50er Jahren der Verfall. Ein 1987 gebildeter Freundeskreis nahm sich ihrer an und versetzte sie wieder in den Zustand von 1727.

Der letzte »Sachsen-Altenburger« und sein Waldschlößchen

Unweit der Jagdanlage befindet sich ein kleines Waldschloß, genannt »Herzogsstuhl«, um welches sich frivole Geschichtchen spinnen. Ernst II., letzter Herzog von Sachsen-Altenburg, ließ das turmähnliche Schlößchen 1916 errichten. Den Zweck des idyllisch und einsam gelegenen Gebäudes vermutet man in dem Verhältnis des Herzoges zu einer Frau aus bürgerlichem Hause, welches schon in den Jahren seiner Ehe (die später geschieden wurde) bestanden haben soll.

Zwischen dem steilen Hang und der Eingangstür des »Herzogsstuhles« befand sich eine Zugbrücke. Damit verbunden war ein Mechanismus, der beim Hochziehen jener Brücke zugleich den in Stein gehauenen »Hausherren« die Zunge herausstecken ließ. Es heißt, dies sei ein Wink an die Frau Gemahlin gewesen.

Natürlich brachte dem Herzog dessen Lebenswandel nicht ausschließlich das Wohlwollen der Dorfbevölkerung ein. Wenngleich die Monarchie 1918 beendet war, so hielt mancher die spätere Heirat des Adligen mit der Bürgerlichen auch 1935 noch für unsittlich. Daran änderte sich auch nichts, als er seine zweite Frau zur »Freifrau von Rieseneck« benannte.

Das Ehepaar lebte bis 1955 im Wolfersdorfer Schloß, jedoch ohne nennenswerten Luxus. Man sagt, die Hausherren und die kleine Dienerschaft haben zusammen gegessen was auf den Tisch kam und seien recht bescheiden und anspruchslos gewesen. Ernst II. wird als gebildeter Mann beschrieben, der sich bis ins hohe Alter mit allerlei Wissenschaften beschäftigte. Seine zweite Frau hingegen soll recht leutselig gewesen sein und so manches Stündchen in der Gastwirtschaft verbracht haben.

Das Waldschlößchen »Herzogstuhl«.

Kahla - älter als die Leuchtenburg

Sie wurden zu allen Zeiten besungen, bedichtet, gemalt - die Burgen an der »Saale hellem Strande«. Insbesondere die Leuchtenburg bei Kahla, die aus gutem Grund die »Königin des Saaletals« genannt wird.

So stolz die »Kahlschen« auch auf ihre Burg sind, bei der Bezeichnung »Tausendjährige Burg« protestieren sie energisch. Verständlicherweise, denn während die Leuchtenburg »nur« ein Alter von reichlich 770 Jahren aufzuweisen hat, wurde Kahla bereits 867 urkundlich erwähnt. Man geht davon aus, daß auf dem »Stadthügel« (heute Teil der Innenstadt) schon im 8./9. Jahrhundert eine Burg gestanden hat, wie sie recht zahlreich in diesem slawisch-germanischen Grenzland errichtet wurden. In deren Umfeld bildeten sich Marktflecken und Ortschaften, so auch Kahla, heraus.

Unter der Landesherrschaft der Lobdeburger (aus Franken stammendes Ministerialengeschlecht mit Stammsitz auf der Lobdeburg bei Jena) wurde im 13. Jahrhundert die Leuchtenburg errichtet. Aus dieser Zeit ist der weithin sichtbare Bergfried bis heute erhalten geblieben.

Im Jahre 1333 wurde die Leuchtenburg, wie u.a. auch Roda und das inzwischen zur Stadt erhobene Kahla an die Grafen von Schwarzburg verkauft, ging aber noch im gleichen Jahrhundert an die Wettiner über. Was sich in der Geschichtsschreibung heute als »Besitzerwechsel« darstellt, war für die Menschen der Umgebung mit viel Not und Elend verbunden. Im stetigen Streit der Landesherren um Besitz und Macht wurden Ortschaften ausgeplündert und niedergebrannt und den Bewohnern viel Leid zugefügt. Auch in der

Blick auf den ältesten Stadtteil Kahlas, die sogenannte »Burg«.

Als eine der wenigen Städte verfügt Kahla noch über eine fast vollständig erhaltene Befestigungsanlage.

Kahlaer Chronik ist wiederholt davon die Rede.

Um sich zu schützen, wurde immer wieder an der Stadtmauer mit ihren Türmen und Toren gebaut.

Im Gegensatz zu vielen anderen Saaleburgen, die später verfielen, wurde die Leuchtenburg zum Amt für 120 Orte ausgebaut.

Das »Ackerbürgerstädtchen« Kahla lebte außer von der Landwirtschaft von Handwerk und Gewerbe. Nahezu alle Zünfte waren vertreten. Doch auch der Handel spielte eine bedeutende Rolle, denn hier kreuzten sich zwei alte Fernstraßen (Westfalen - Schlesien und Leipzig - Nürnberg) und brachten Wegegelder, Brücken- sowie Flößerzölle ein. Das mittelalterliche Stadtbild ist noch heute gut erkennbar.

Mit Beginn des 18. Jahrhunderts entwickelte sich die Stadt zum Verwaltungszentrum der

Region. Das Amt Leuchtenburg wurde nach Kahla verlegt. Bis 1918 war Kahla, wie Eisenberg und (Stadt-)Roda, Kreisstadt im Herzogtum Sachsen-Altenburg. Die Leuchtenburg schrieb indessen ein düsteres Kapitel ihrer Geschichte. Sie diente knapp 150 Jahre als Zucht-, Armen- und Irrenhaus. 1871 wurde die Strafanstalt aufgelöst und die Burg für den Fremdenverkehr erschlossen.

In der Kleinstadt hatte inzwischen die Industrialisierung für entscheidende Veränderungen gesorgt. Die Ansiedlung der Prozellanfabrikation sollte fortan die Entwicklung bestimmen. Außerhalb der Stadtmauern setzte eine rege Bautätigkeit ein. Es entstanden zahlreiche stilvolle Gebäude, Straßenzüge und Stadtteile.

Heute präsentiert sich das Ensemble von Altem und Neuem in der Saalestadt am Fuße der Leuchtenburg wie ein lebendiges Buch. Wer die Seiten umblättert und darin liest, dem erschließt sich weit mehr als ein Jahrtausend Thüringer Geschichte.

Die Schätze des Reinstädter »Hutzelgrundes«

Der Reinstädter Grund bildet den südwestlichen »Zipfel« des Saale-Holzland-Kreises und zählt zu den reizvollsten Gegenden der Region. Abseits von Autobahn und Bundesstraße blieb in diesem Seitental der Saale die Urwüchsigkeit der Ortschaften erhalten. Den Leuten aus dem Reinstädter Grund sagt man nach, sie seien ein Völkchen für sich - was aber durchaus nicht abwertend ist. Man kennt das Wohl und Wehe des anderen, trifft sich in der Schenke oder auf dem Dorfplatz, der Spitzname so mancher Familie bleibt über Generationen hinweg erhalten. Der Obstreichtum veranlaßte die Bewohner des Tales in früheren Zeiten, die Früchte in größerem Umfang zu Dörrobst zu verarbeiten. Deswegen wurde der Reinstädter Grund auch im Volksmund »Hutzelgrund« genannt.

Man kann wohl davon ausgehen, daß die Dörfer zu der am frühesten besiedelten der Gegend zählen. Der Ort Gumperda wird bereits im Jahre 874 als »Umperdi« urkundlich erwähnt. Das Schloß, freilich weitaus unscheinbarer als das Hummelshainer oder die Leuchtenburg, stammt aus dem ersten Drittel des 18. Jahrhunderts.

Dieses Gebäude sollte mehr als 100 Jahre später dem Ort eine überregionale Bedeutung bescheren. Ein Pädagoge Namens Dr. Siegfried Schaffner richtete hier 1868 eine Lehranstalt im Sinne Fröbels (Begründer des Kindergartens) ein. In der Einrichtung regierte nicht Drill und Gehorsam, sondern Verständnis und die familiäre Atmosphäre. Noch im gleichen Jahr entstand das erste Freibad, was zu dieser Zeit völlig neu und für viele Leute arg »gewöhnungsbedürftig« war.

Nach 1948 wurde im Schloß Gumperda eine Sonderschule mit Internat eingerichtet. In den 80er Jahren diente es als Lehrlingswohnheim des Kahlaer Porzellanwerkes und wird seit der »Wende« als Aussiedlerheim genutzt.

Der Ort Reinstädt gab dem Grund nicht nur

Die Kahlaer Innenstadt wurde in den letzten Jahren weitgehend restauriert.

seinen Namen, mit seinem Ensemble aus Kirche und Kemenate, Forst- und Pfarrhaus sowie der Wehrmauer birgt er zugleich eine der bedeutsamsten Sehenswürdigkeiten des Kreises.

Die Wehrkirche, deren Schiff aus dem 12. Jahrhundert stammt, diente einst dem Schutz der Dorfbewohner, was u.a. an den Schießscharten im Turm, einer Pechnase überm Eingang und den Zinnen des Wehrganges im Inneren noch erkennbar ist. Besonders wertvoll ist eine spätgotische Schablonenmalerei, die die Decke des Gotteshauses ziert.

Wie der Kirchtum, so wurde auch die benachbarte Kemenate im 15. Jahrhundert errichtet. Eine über drei Geschosse reichende Kaminanlage in der Kemenate ist noch original erhalten.

Die Wehrkirche von Rheinstädt.

Ve(r)kehrsberuichung

von Albert H. Keil

Schwarzes Ricklicht, dunkle Scheiwe,
Spoiler, Gasbedal im Härn -
Kinner, wu nie Männer wer'n.
Jeden Samschdaach 's gleiche Treiwe.

Tembo hunnert: Freundin kisse,
Häwwy Meddel macht dich doll,
Druff uffs Gas trotz Algohol.
Kurv un Baam un nix mehr wisse...

Kieswääch, Eiwe, dunkelgrine,
Ruh un Friede, Vochellied,
Weißer Stä(n), ve(r)welkde Blumme.

Weiderläwe, fär se sihne?
'n Krippel, ausgebrennt un mied?
Leise dut de Rollstuhl summe...

Weinland und Waterkant

Patenschaft der Gemeinde Dirmstein mit dem Schnellboot »Luchs«
von Albert H. Keil

Normalerweise scheuen seriöse Winzer das Wasser. Die wenigsten können damit nämlich das Wunder von Kana wiederholen und es in Wein verwandeln. Und so waren es dann auch nicht die Dirmsteiner Winzer, welche die Brücke vom Weinland zur Waterkant schlugen, sondern der Musikzug 1957 Dirmstein e.V.

Dieser machte im August 1962 einen Ausflug in die Bretagne nach Brest. Dort lag gerade das 3. Schnellbootgeschwader der Bundesmarine vor Anker und der Musikzug erhielt eine Einladung zum Besuch an Bord. Der Kommandeur fragte Werner Fischer, den damaligen Vorsitzenden, ob Dirmstein an der Patenschaft für eines der Schnellboote interessiert sei.

Musikzug ist Pate

Nach einiger Korrespondenz unterbreitete der Musikzug im April 1963 der Gemeinde den Vorschlag, die Patenschaft für das Schnellboot »Luchs« unter Oberleutnant zur See Schwabe und seine 38köpfige Besatzung zu übernehmen. Dirmstein obliege es lediglich, bei Besuchen von Besatzungsmitgliedern

Initiiert und getragen vom Musikzug ist die Patenschaft der Gemeinde Dirmstein mit dem Flugkörper-Schnellboot S 43 »Luchs« (Heimathafen Flensburg-Mürwick).

für Quartier zu sorgen. Diese und alle eventuellen weiteren Verpflichtungen werde der Musikzug der Gemeinde abnehmen, schrieb Fischer im September 1963.

Daraufhin beschloß der Gemeinderat Dirmstein am 4. Oktober 1963 die Übernahme der Patenschaft. Wenige Wochen später, vom 20. bis 24. November, erfolgte der erste Besuch der Schnellbootbesatzung in der Pfalz. Eine feierliche Urkunde, unterfertigt von Bürgermeister Hartmüller und Bootskommandant Schwabe, erinnert daran.

Neuer Musikzugleiter kommt aus Kiel

Seit nunmehr über 32 Jahren kommt es zu regelmäßigen Begegnungen zwischen immer neuen Bootsbesatzungen und immer neuen Musikzugmitgliedern. Dessen heutiger Leiter, er war bei Abschluß der Patenschaft gerade mal drei Jahre alt, ist zudem ein waschechter Kieler, den die Liebe von der Ostsee an den Eckbach verschlagen hat - aber das ist eine ganz andere und ganz private Partnerschaftsstory zwischen Waterkant und Weinland...

Malerwinkel

von Otmar Fischer

Malerwinkel, du bist schön,
Augenweide, dich zu sehn.
Trenker Kreuz, von Schnitzers Hand,
Hüter Dein, die Himmelswand.

Zierde, dunkle Tannenwälder,
Wiesen, Weiden, grüne Felder,
Bauernhäuser, Holz und Stein,
Misthaufen und Gärtelein.

Gemütlichkeit im Grünen Baum,
Natur und Leben, hier, ein Traum.
Dank Dir Herr der Bergeswelt,
So das Leben uns gefällt.

Wo's Alphorn schallt, Musik erklingt,
Die Haubenmeise leise singt.
Der Wandrer findet Ruh und Rast,
Legt seine Sorgen ab und Last.

Kehrt sinnig bei sich selber ein,
Endlich nichts als Mensch zu sein!

(Geschrieben am 10.10.1992 in Bad Gastein als Kurgast, anläßlich der 100. Geburtstagsfeier für Luis Trenker am Trenkerstein geschrieben und spontan dort vorgetragen.)

Innovationen

Zukunftsorientiertes und umweltbewußtes Handeln ist durch Leistung geprägt. Strom, Gas und Wärme sind unsere Energiedienstleistungen in der Pfalz und in Teilen des Saarlandes.

Wasser- und Abwassermanagement sowie die Abfallentsorgung für Kommunen sind neue Herausforderungen, die wir mit kompetenten Partnern erfolgreich meistern.

Forschungsprojekte für erneuerbare Energien sowie die konsequente Nutzung moderner Technologien ermöglichen uns, künftige Aufgaben noch effizienter zu gestalten - für Sie und unsere Umwelt!

Weitere Informationen erhalten Sie bei
Pfalzwerke Aktiengesellschaft
Abteilung Information,
Unternehmensdarstellung
Kurfürstenstraße 29
67061 Ludwigshafen

Hotel Traminer Hof: Ort der Vergleichskostprobe von 1976-1992.

Gewürztraminer weltweit

Tramin: ein Gründungsort der Partnerschaft zur Südtiroler Weinstraße
von Dieter Merkel

In Tramin an der Südtiroler Weinstraße im Partnerschaftsgebiet des Landkreises Bad Dürkheim weisen bereits die Ortseingangsschilder auf die Heimat der Rebsorte »Gewürztraminer« hin.

Wegen des Namens wird vielfach angenommen, daß diese Sorte aus Tramin stammt. Ob sie jedoch hier aus Wildreben entstanden ist oder schon zu frühgeschichtlicher Zeit bei der Übernahme der Rebkultur von den afroasiatischen Hochkulturen des Mittelmeerraumes in Südtirol eingeführt wurde, konnte bisher nicht geklärt werden. Dank ihres feinen Buketts und des hohen Anbauwertes hat sich diese edle Sorte auf viele Weinbaugebiete mit eher kühlem Klima ausgebreitet. Ihre größte Verbreitung hat sie in Europa erfahren, wo sie im Laufe der Zeit in den ihr zusagenden Gebieten, wie z.B. im Elsaß, zum weltberühmten Gewächs geworden ist.

Zur Herkunft der Rebsorte »Roter Traminer« schreibt Professor W. Schenk vom Institut für Rebenzüchtung und Rebenveredlung der Forschungsanstalt für Weinbau, Gartenbau, Getränketechnologie und Landespflege, Geisenheim am Rhein: Wer nach Urkunden über den Sortennamen Traminer sucht, stößt sehr bald auf den Namen Hieronymus Tragus (1498 bis 1554), in dessen »Kreutterbuch« die folgende Bemerkung zu finden ist »*Am Rheinstrom hat es gemeinlich diese geschlecht der Reben / nemlich Muscateller / an den warmen Orten / darnach Traminer trauben / deren wachsen vil in der Etsch als zu Tramyn und Elsa*«.

In seinem Buch über den rheinischen Weinbau (1827) bemerkt Metzger: »*Der rothe Traminer* ist am häufigsten am Haardtgebirge, in der Gegend bei Wachenheim, Forst und Deidesheim verbreitet; er hat dort seinen eigentümlichen Sitz, und wahrscheinlich ist er von Tramin in Tirol zuerst dort eingewandert.«

Schließlich feierte der Tiroler Dichter und Minnesänger Oswald von Wolkenstein im 15. Jahrhundert den Traminer als unvergleichlichen Wein, nach dem er in der Fremde Sehnsucht hat. In einer Urkunde aus Tramin steht zu lesen »*Der Zehent ist mit der kleinen, roten Traminertraube zu entrichten*«.

Wenn auch eindeutige Beweise für die ursprüngliche Herkunft der Sorte nicht zu erbringen sind und gegensätzliche Ansichten bestehen, so schließen sich doch fast alle Autoren der Meinung des Pfälzer Gelehrten Tragus, alias Hieronymus Bock, an und verlagern die Heimat des Traminers in das Tal der Etsch.

Internationale Vergleichskost

Nachdem in der Zwischenzeit der Gewürztraminer in sämtlichen Anbaugebieten der Welt vorzufinden ist, wird seit dem Jahre 1976 jährlich eine internationale Vergleichsverkostung der Gewürztraminer in Tramin während einer Woche im Mai durchgeführt. Zweck dieser Vergleichverkostung ist es, die Gewürztraminer, die weltweit angebaut werden, hier in der sogenannten Heimat des Gewürztraminers zu vergleichen.

Das Gatronomenehepaar Rita und Erwin Pomella vom Traminer Hof.

Heute, nach 20 Jahren, ist es eine renomierte Veranstaltung, die nicht nur die Weine aus entfernten Ländern zur Verkostung anbietet, sondern auch Besucher aus anderen Kontinenten anzieht.

Sommeliers und Produzenten, Weinliebhaber und Gourmets, sie alle haben Tramin für die Dauer einer Woche zum Mekka der Gewürztraminer erkoren.

Internationale Weinverkostung bis 1992 im Traminer Hof

Von 1976-1992 fand die internationale Vergleichskostprobe der Gewürztraminer im Traminer Hof in Tramin statt. Die Familie Erwin Pomella, die Eigentümer des Hotels »Traminer Hof« ist, zeichnet sich auch als begeisterter Partnerschaftsfreund zum Landkreis Bad Dürkheim aus.

Viele offizielle und inoffizielle Gruppen haben im Rahmen des Partnerschaftsbesuches hier in dem gastlichen 70-Betten-Hotel mit Schwimmbad, Fitnessraum und Tiefgarage ihre zweite Heimat gefunden.

Zwei von drei Söhnen arbeiten im Hotel voll mit. Nach der Verehelichung von Sohn Armin ist seit 1994 auch die Schwiegertochter Evi voll in den Betrieb integriert. Die Familie Erwin Pomella verstand es auch immer wieder meisterlich, in den 17 Jahren der internationalen Vergleichskostproben der Gewürztraminer im Traminer Hof die Vermählung von Speisen mit Gewürztraminern zu vollziehen. Hier sollen beispielhaft nur die Traminer Weinsuppe, die Seezunge oder Forelle mit Gewürztraminer oder die Traminer Weincreme genannt werden.

Seit 1993 im Bürgerhaus Tramin

Nach Fertigstellung des Neubaues des Bürgerhauses in Tramin im Jahre 1993 wurde die jährlich stattfindende Vergleichskostprobe der Gewürztraminer in das Bürgerhaus verlegt. Bei der in der Zeit vom 6.-13.05.1995 stattgefundenen 20. internationalen Vergleichskostprobe der Gewürztraminer wurden nicht weniger als 117 Gewürztraminer-Weine aus Italien, Österreich, Frankreich, Deutschland, Schweiz, Lichtenstein, Luxemburg, Tschechien, Slowenien, USA, Südafrika, Neuseeland und Brasilien angestellt. Aus dem Landkreis Bad Dürkheim waren es Gewürztraminer-Weine von der Winzergenossenschaft Wachtenburg-Luginsland in Wachenheim, dem Weingut W. und P. Peter, Bad Dürkheim und dem Weingut Oswald-Gaul, Freinsheim. Darüber hinaus wurden drei Gewürztraminer-Schnäpse aus Tramin und dem Elsaß, ein Gewürztraminer-Sekt aus Tramin und ein Gewürztraminer-Likör aus Wien angeboten.

Daneben stellt der Veranstalter, der Tourismusverein in Tramin, in Zusammenarbeit mit der Handelskammer Bozen ein vielseitiges Rahmenprogramm auf die Beine, das diese Vergleichsverkostung nicht nur zu einem Anziehungspunkt für Weinexperten, sondern auch zu einem gesellschaftlichen Ereignis und zu einem Fixpunkt für Einheimische und Feriengäste macht. Dazu gehört in erster Linie einmal die parallel dazu laufende gastronomisch-kulinarische Woche, wobei sich ein eigenes Köche-Team um das leibliche Wohl der Gäste kümmert und Gerichte anbietet, die sich besonders gut mit dem Gewürztraminer kombinieren lassen, oder bei deren Zubereitung diese Weine eine wichtige Rolle spielen. Fachvorträge und Weinseminare, kulturelle und gesellige Veranstaltungen sowie ein Schaufensterwettbewerb der Traminer Kaufleute runden jedes Jahr das Ganze ab.

Bürgerhaus Tramin: Seit 1993 Ort der Vergleichkostprobe.

Anna Franziska Riotte

Eine Porträtmalerin und Schriftstellerin aus Grünstadt
von Martin G. Nickol

Vor 150 Jahren, am 18. Mai 1845, »des mittags um zwölf Uhr wurde in der elterlichen Wohnung in Grünstadt« Anna Franziska Riotte geboren. Sie wurde zu einer heute fast gänzlich unbekannten Porträtmalerin und Schriftstellerin. Immerhin zählt sie aber zu den lokalen Berühmtheiten des Leiningerlandes, auch wenn sich die renommierten Lexika zur Schriftstellerei und Kunst durchaus uneins darüber sind, wo Franziska Riotte geboren wurde oder wann sie starb.

Sie war die Tochter der Grünstadterin Philippina Franziska Voelckel, deren Vater Jakob hier Handelsmann war und 1813 Susanna Hallmann, verwitwete Weisenbach, geheiratet hatte. Philippina starb sechs Tage nach der Geburt ihrer Tochter, so daß Franziska ihre Mutter nie richtig kennenlernte.

Ihr Vater, Anton Riotte, stammte aus einer Gastwirtsfamilie aus St. Wendel. Er war in Alzey und in Biel am gleichnamigen See in der Schweiz als Kunstmaler tätig, ehe er am 2. Februar 1842 in Grünstadt heiratete. Sein Beruf, Porträtmaler, war in bürgerlichen Kreisen vor der weiten Verbreitung der Photographie eine angesehene und wichtige Tätigkeit. Er verfertigte zahlreiche Pastellporträts, unter denen vor allem die Kinderbildnisse herausstechen. Anton Riotte heiratete ein Jahr nach dem Tod seiner Frau eine weitere Grünstadterin, Anna Margarethe Balz, die damit zur Stiefmutter der kleinen Franziska wurde.

Umzug nach Trier

Der Maler zog 1859 »zur Ausübung seiner Kunst behufs Ernährung seiner Familie« mit Frau und Tochter in die Hosenstraße 18 nach Trier, doch Anna Margarethe trennte sich in den sechziger Jahren des vorigen Jahrhunderts von ihm und kehrte zurück zu Verwandten nach Grünstadt. Sie starb hier mit 80 Jahren »nach kurzem Leiden« am 17. August 1891, zwei Jahre vor ihrem Mann.

Franziska, den Kinderschuhen inzwischen entwachsen, blieb - abgesehen von Arbeitsaufenthalten in St. Wendel - ab 1868 in Trier und lebte bis zu ihrem Tod alleine in Ehrang, nachdem ihr Vater im April 1893 gestorben war. *»Ihre poetische Veranlagung zeigte sich schon früh. Doch wandte sie sich zunächst der Malerei als Beruf zu, und trat erst im Jahre 1884 schriftstellerisch in die Öffentlichkeit. Der ersten Novelle 'Durch die Zeitung'*

Die Grünstadter Malerin Franziska Riotte auf einem unsignierten Gemälde des 19. Jahrhunderts.   *Repro: Nickol*

folgten bald weitere. Zu den zahllosen, von ihr geschriebenen und veröffentlichen Novellen gesellte sich auch ein Epos 'Theodulf' und ein Roman 'Hermione'. F. Riotte ist auch feuilletonistisch und als Übersetzerin aus dem Französischen und Englischen thätig. Seit 1868 lebt sie als Malerin und Schriftstellerin in Trier.« Soviel weiß das »Lexikon deutscher Frauen der Feder« aus dem Jahre 1898 zu berichten.

Verfasserin vieler Novellen

Ebenso wie der Beruf des Porträtmalers den Bedürfnissen des Bürgertums entwachsen war und sich mit Beginn des Industriezeitalters wieder verlor, ist auch die Sprache der Riotteschen Werke nicht mehr die unserer Zeit. Ihre Romane zeichnen sich durch eine gouvernantenhafte Seichtigkeit aus. Das Epos Theodulf (»Ein Sang aus alter Zeit«) erschien 1888. Ihr Roman Hermione kam 1898 in der Paulinus-Druckerei in Trier heraus. Riotte behandelt mit Lokalkolorit die römische Vergangenheit Triers.

Sehr beliebt waren aber die kurzweiligen Novellen Franziska Riottes, die sich zum Teil entsprechend der Mode der Zeit auch unter dem Pseudonym »Feodora« veröffentlichte. Sie kamen 1905 in drei Bänden gesammelt auf 584 Seiten in der Druckerei des Lehrlingshauses in Mainz heraus. Die Humoresken »Die schöne Griechin« und »Der Amateurphotograph« wurden zuletzt 1921 bei Marnet in Neustadt neu gedruckt und zwar als Übungsstücke »nach den neuen Berliner Schreibweisen in korrekter, kalligraphisch schöner Gabelsbergerscher Stenographie«. Seither aber ist kein Werk der Grünstadterin Riotte wieder erschienen. Selbst von ihren Bildern, die sie als Porträtmalerin in Trier anfertigte, fehlt mittlerweile in Grünstadt und Trier jede Spur. Im Museum in St. Wendel sind indessen noch etliche Werke der Malerfamilie Riotte zu sehen. Ihr Vater war der jüngste Schüler des Pastellmalers Nikolaus Lauer, der noch einige Berühmtheit genießt.

Franziska Riotte starb mit 76 Jahren unvermählt am Montag, dem 24. April 1922, im Marienkrankenhaus der Franziskanerinnen zu Ehrang bei Trier.

Iwwerläwenskinschtler

von Albert H. Keil

En Fußball-Schiri, stark un groß,
Wählt immer fär soi G'spann zwä Klänne,
Wu an de Linje missen renne.
So fahrn se jeden Sunndaach los.

»Ich mään, im Ernschtfall deet's schunn nitze«,
Root do dem Schiri ärchendänner,
»Wann brääder wär'n doi Winkemänner.
Zwä große dun doch besser schitze!«

»Denk mol, du bischt so'n b'soffne Tropp
Un stärtscht uffs Feld mit rodem Kopp,
Weil d' gärn en Schwarze meggscht ve(r)dresche.

Die sinn se dritt, du bischt ellä(n) -
Änn Große gäbbt's, un zwä sinn klä(n):
Deetscht nät 'me Klänne änni wesche?«

Weißrussische Kinder im Pfälzerwald

Lambrechter Naturfreunde betreuten Tschernobyl-Kinder
von Karl Heinz Himmler

Naturfreunde tun Gutes. Manchmal reden sie auch darüber. Zum Beispiel die Ortsgruppe Lambrecht. Sie hat tief im Pfälzerwald eine »Hütte« und dank Selbstkocherküche, Gruppenraum und Schlafplätzen Gelegenheit, parallel zum Tagesgeschäft auch geschlossene Gruppen zu beherbergen. Wenn die Situation es erfordert, organisieren und betreuen sie hin und wieder in dieser Weise für ihre Gäste Freizeitaufenthalte in ihrem Naturfreundehaus im Kohlbachtal auch schon einmal selbst. So geschehen und beabsichtigt für das Altenheim Lambrecht und die Kinder der Camphill-Lebensgemeinschaft Königsmühle, Neustadt.

Die weitest angereisten Gäste freilich waren im Sommer 1992 aus der umweltgeschädigten Region Tschernobyl 20 weißrussische Kinder im Alter von zehn bis vierzehn Jahren mit zwei Betreuerinnen. Die Vorstandschaft hatte in der Tageszeitung von einer Aktion der Landesregierung gelesen, die Partner für einen Ferienaufenthalt suchte. Die Lambrechter boten kostenlose vierwöchige Unterbringung und Verköstigung mit Rundum-Betreuung im Rahmen eines altersgerechten Programms an und eine ehrenamtliche Übersetzerin.

Einen Monat im fremden Wald bei fremden Leuten verbringen, die eine unverständliche Sprache sprechen, das Essen gut, aber nicht wie bei Mutter zu Haus, Getränke und Süßigkeiten reichlich, im Überfluß aber ungesund, Geld in unbekannter Währung und, bis die Gastgeber das ein bißchen reguliert hatten, anfangs von vielen Seiten in einem nie gekannten Ausmaß zugesteckt, daß man hätte meinen können, es wächst in der Pfalz auf den Bäumen, Spielpartner ja - aber die eigenen Landsleute aus dem Bereich der Großstadt Kaluga kannte man erst seit dem Flug und die hier einheimischen hatten völlig fremde Gewohnheiten, Erwartungen und Verhaltensformen... Wer sollte da, so fern der Heimat nicht Lagerkoller und Heimweh bekommen, wenn er noch nicht einmal aus dem Grundschulalter ist und als Stadtkind aus einem ganz anderen Zivilisationskreis nicht ein einsames Haus mitten im Wald, sondern weit eher vielleicht ein staatliches Erholungsheim erwartet hatte?

Die Betreuer um Otto Volz als Vorsitzendem der Naturfreunde-Ortsgruppe taten ihr Bestes, und das war nicht wenig. Zunächst hatten sie schon bevor die kleinen Gäste über Moskau und Frankfurt im Kohlbachtal eintrafen, einen Spendenaufruf mit so überwältigendem Erfolg in Form von Sachspenden und Geldmitteln erlassen, daß die Ortsgruppe am Ende sogar auf die bewilligte staatliche finanzielle Mitbeteiligung verzichtete. Geld war also nicht das Problem. Aber es dauerte zwei Tage, bis bei den Gästen aus der anderen Welt zum erstenmal Freude aufkam. Einige Familien der Ortsgruppe setzten sich in ganz besonderer Weise für die Kinder ein. Lothar Klumpp und seine Familie hatten dafür eigens Urlaub genommen.

Natürlich war es auch für die deutschen Kontaktpersonen sehr schwer, ihr Denken und Verhalten mit der russischen Mentalität in Einklang zu bringen. Mehrmals täglich kam es deshalb zu Aufklärungsgesprächen mit den Betreuern. Die Essensgewohnheiten mußten abgeklärt, über Sauberkeit, Pünktlichkeit und Ordnung mußte gesprochen werden. Und es wurde ihnen nahegebracht, daß der Aufenthalt von privater Seite finanziell ermöglicht, nicht staatlich finanziert wurde. Als aber nach und nach die Anfangsschwierigkeiten überwunden waren, kam dank eines großen Aktionsprogramms mit Schwimmbadbesuch und Besichtigungen von Betrieben und Parks immer mehr Zufriedenheit auf. Kinder und Betreuer fühlten sich zunehmend wohl. Ab einer Woche hatte sich alles eingeschliffen. Was das äußere Erscheinungsbild und die Verhaltensformen betrifft, merkte man kaum noch einen Unterschied zu deutschen Kindern. Kontakte zu ihnen kamen allerdings eher schwer zustande. Die ortsansässigen Pfadfinder hatten alle Mühe, einen intensiv vorbereiteten Spieltag vernünftig zu gestalten - dazu waren die Unterschiede in Sprache, Denken und Handeln doch zu groß, als daß sie in einem Tag hätten abgebaut werden können.

Die üblichen Spiele waren nicht gefragt. Sinnen und Trachten galten, so hatten die Pfadfinder den Eindruck, meist und vorrangig dem verlockenden westlichen Konsum, den man, zurück in Kaluga, bald wieder missen mußte. Trotzdem war der Erholungswert der Maßnahme mit zunehmender Dauer ganz offensichtlich.

Am guten Ende des vierwöchigen Aufenthalts hatte auch der deutsche Betreuerstab einiges dazugelernt: Der Umgang mit diesen Kindern muß möglichst für die ganze Periode in einer Hand liegen. Denn die Lebensgewohnheiten in den beiden Kulturkreisen sind so unterschiedlich, daß auch die weißrussischen Ansprechpartner bisweilen überfordert waren. Und möglicherweise sind, das ist die abschließende Meinung der Gastgeber gewesen, vier Wochen für eine ausländische Gruppe dieser Altersstruktur in so fremder Umgebung um ein weniges zu lang.

Geblieben aber ist allen Gastgebern die Genugtuung, daß die ihnen Anvertrauten sich im Kohlbachtal herausgefüttert und gut erholt hatten und daß es gelungen war, seinen Teil zur Völkerverständigung beizutragen. Das wurde den Naturfreunden mit einer Dankadresse der Botschaft der russischen Förderation in Bonn bescheinigt. Insgesamt hatten bei dieser Aktion der Landesregierung 1500 Kinder aus dem Katastrophengebiet ihre Ferien in Rheinland-Pfalz verbringen können.

Dichtung un Neizeit!

von Adele Herzog

Die Poete frieher, liewe Leit,
hänn viel geschriwwe seinerzeit.
Vum Ross un vum Waa'e, vun de Waldesruh
un de Poschdillon bläst's Horn dezu.

Uff heit iwwertraache, das wär jo e Witz,
die Audo's fahre so schnell wie de Blitz.
Un Kutsche, wo in de Luft erumfliehe -
ei, die Dichder deeten sich nimmi krie'e!

De Mond war bleich un still un stolz,
de Mann drin schlääft e Bindel Holz.
Jo - nix do, Stää un Staab gebt's owwe,
mer hänn's gesieh, mer ware drowwe!

Wie die Raumfahrer widder erunner sin kumm,
do war dem Mond sei Nimbus genumm!
Nää, so wie frieher kann mer nimmi schreiwe,
mer muß do uff em Deppich bleiwe.

Es hupst kää Forell meh im klare Bach,
owwedriwwer machen die Flie'cher Krach.
De Bach is trieb un vun Abwasser voll,
die Forell is gezicht un fett wie e Ool!

De Eichendorff seelich is oft durch die Flur,
hat herrliche Worte fer die Nadur.
Die Luft war noch sauwer un klar wie e Glas,
heit is se giftich un dreckich vum Gas.

Die junge Gelibte macht aach alles annre,
als im Friehtau schun iwwer die Berche wannre!
Ach liewi Lyrik, könn'schde weiter so klinge
das Edle, das Gute im Mensche besinge,

ohne die Skrupel, ohne Angschd ohne Graus,
die Werklichkäät sieht so ganz annerscht aus!
Doch warne un rufe muß jeder der schreibt,
daß uns de Mut fer die Umkehr noch bleibt!

Deidesheim als Weinpatenkind

Zu den Städten Celle, Kaiserslautern, Merzig und Moers 1936
von Berthold Schnabel

Am 25. September 1935 beschwerte sich der Deidesheimer Bürgermeister Friedrich Eckel-Sellmayr beim Deutschen Gemeindetag, Landesdienststelle Bayern, in München, er müsse aus den Zeitungen entnehmen, daß »*eine ganze Reihe von Städten*« die Patenschaft für zahlreiche Gemeinden in den deutschen Weinbaugebieten übernommen hätte, er selbst aber weder durch ein Rundschreiben noch von irgendeiner Stelle aufgefordert worden sei, »*Deidesheim als die Centrale des Edelweinbaues der Pfalz als Patenkind anzumelden.*« Da er nun erfahren habe (so im Stadtarchiv nachzulesen), daß die Landesstelle Bayern des Deutschen Gemeindetages die Patenschaften vermittle, so wolle er sie doch bitten - falls seine Informationen zuträfen »*Deidesheim einen kaufkräftigen Partner ausfindig zu machen*«.

Der Deutsche Gemeindetag ließ Eckel-Sellmayr jedoch wissen, daß er selbst keine Patenschaft vermittle, dies vielmehr durch den »*Reichsbeauftragten für die Regelung des Absatzes von Weinbauerzeugnissen*« in Berlin geschehe. Sinn der Aktion, die sich zunächst an »*die großen deutschen Gemeinden*« richtete, sei es, »*den Absatzschwierigkeiten der mengenmäßig großen Weinernte 1934 in verschiedenen Gemeinden notleidender deutscher Weinbaugebiete abzuhelfen.*«

In diesem Jahr wurde mit 1,25 Millionen Hektolitern mehr als das Doppelte einer Normalernte erzielt, die sich auf rund 500 000 Hektoliter belief. Für den nicht nur quantitativ sondern auch qualitativ hervorragenden Jahrgang fehlte es an Faßraum und an der Möglichkeit, ihn rasch zu verkaufen. Dies war aber um so notwendiger, da der Wein bei geringen Säuregraden nur eine sehr begrenzte Haltbarkeit besaß. Darüber hinaus zeigte der Weinhandel in Baden und Württemberg eine große Zurückhaltung beim Kauf pfälzischer Weine. Er war nicht bereit, die zum Schutze der Winzer erlassenen Richtpreise im Sinne von Mindestpreisen zu akzeptieren, die bei 300 RM pro 1000 Litern Most lagen. Der Handel hoffte, die Preise würden im Laufe der Zeit nachgeben, eine Spekulation, die sich als richtig erwies; denn die Winzer unterliefen die Richtpreise, um ihre Erzeugnisse überhaupt absetzen zu können, und die Preise fielen ins Bodenlose. Die Winzer aber trieben schier unaufhaltsam dem Ruin entgegen, nachdem die Weltwirtschaftskrise zu einem weitgehenden Verzicht der Bevölkerung auf das Luxusgetränk Wein geführt hatte.

Reichseinheitlich im großen Stil

Der Herbst 1935 erbrachte mit 1,05 Millionen Hektolitern eine nur wenig geringere Ernte als im Vorjahr und stand dieser auch qualitativ nicht nach. Wieder drohten Mangel an Faßraum und Preisverfall. Deshalb griff der im Herbst 1933 als ständische Vertretung der deutschen Land- und Ernährungswirtschaft gegründete »Reichsnährstand« die bereits in der »Weimarer Republik« praktizierten Weinpatenschaften wieder auf, um sie im großen Stil reichseinheitlich durchzuführen.

Dadurch konnte der Weinbestand noch vor dem Herbst 1935 um die Hälfte reduziert und der drohende Zusammenbruch des Weinabsatzes soweit aufgefangen werden, »*daß im großen und ganzen für den Absatz nurmehr das Problem eines zeitlichen Rückstandes übrigblieb*«. Denn die Patenweinaktionen konnten mit ihrem saisonunüblichen Einkauf zwischen Mai und August den Weinmarkt wesentlich entlasten.

Darüber hinaus löste die »Woche der deutschen Traube und des Weins« in den Patenstädten einen punktuellen Absatzboom aus, bei dem 1935 12 Millionen Hektoliter und im folgenden Jahr knapp 19 Millionen Hektoliter ausgeschenkt wurden. Schließlich gelang es, nicht zuletzt mit dem Slogan »Wein ist Volksgetränk, Weintrinken kein Luxus« den Pro-Kopf-Verbrauch des Weines von 4,6 Litern im Jahre 1935 auf 6,6 Liter im Jahre 1939 zu steigern.

Die Patenschaft bedeutete nicht *»die Übernahme einer finanziellen Verpflichtung, sondern nur die Aufteilung der notleidenden Weinbaugebiete auf Absatzgebiete. Die Vermittlung des Absatzes zu angemessenen Verkaufspreisen«* - sie betrugen 35 Pfennige für 2/10 Liter übernahm der arische Weinhandel; denn die Weinpatenaktionen dienten auch dazu, den jüdischen Weinhandel, in dessen Händen 80 Prozent des Weinumsatzes gelegen haben sollen, zurückzudrängen, wenn nicht gar ganz auszuschalten.

Mit der folgenden Begründung verhinderte der »Reichsnährstand« die Beteiligung jüdischer Händler an den Patenweinaktionen: *»Da es sich um eine Gemeinschaftswerbung handelt, die mit öffentlichen Mitteln durchgeführt wird, müssen die Antragsteller in der Lage sein, den Nachweis der arischen Abstammung zu erbringen«*, schreibt die Deutsche Weinzeitung am 16. Juni '36.

Neben ihrem wirtschaftlichen Zweck, der Förderung des Weinabsatzes, stand die Patenweinaktion - wie das »Wochenblatt der Landwirtschaft Saarpfalz« am 26. September 1936 ausführte, vor allem *»unter dem Grundgedanken der Volksgemeinschaft. Jede Maßnahme dient dazu, diese Gemeinschaft immer enger zu gestalten.*

Gemeinschaftswerbung

Auch der Gedanke der Weinpatenschaft ist diesem Ziel untergeordnet. Er soll nicht nur dem Winzer aus der augenblicklichen Notlage helfen und dem Verbraucher ein ebenso wohlfeiles wie bekömmliches und edles Getränk liefern, sondern das gegenseitige Wissen untereinander vertiefen, deutsche Gaue und deutsche Stämme einander näher bringen und zum Austausch und gegenseitigen Kennenlernen anregen (...). Das sind Auswirkungen der Weinpatenschaft, die vielleicht bedeutungsvoller sind als noch so erfreuliche wirtschaftliche Vorteile. Denn über allem steht der große zwingende Gedanke der

Rückseite des Faltblattes »Die RHEINPFALZ DER WEINKELLER DEUTSCHLANDS« das sich neben einer Anstecknadel in Form eines Weinrömers bei der Patenweinaktion 1936 als »eines der wirksamsten Propagandamittel« erwies.

Volksgemeinschaft« (Wochenblatt der Landesbauernschaft Saarpfalz vom 26. September 1936).

Deidesheim wird Weinpatenkind

Bürgermeister Eckel-Sellmayr verzichtete jedoch mit Zustimmung des Stadtrates aus nicht näher bekannten Gründen darauf, *»an eine Stadt wegen Übernahme der Patenschaft für Deidesheim heranzutreten.«* Doch änderte er im nächsten Jahr seine Meinung und veranlaßte am 10. Juli 1936 die Gründung eines Organisationsausschusses für Patenweine; denn die wirtschaftliche Lage der Stadt war alles andere als rosig und die Aussicht auf Besserung recht düster, wie Eckel-Sellmayr voller Pessimismus im August 1936 feststellte: *»Dadurch, daß hier der Weinbau - ohne landwirtschaftliche Untermauerung - vorherrschend ist, daß gar keine Industrie und Gewerbe, kein Handel und Wandel vorhanden, daß also alles auf eine Karte gesetzt ist, kann von einer Weiterentwicklung, einem Emporblühen der Stadt, keine Rede sein. Angewiesen auf die Gnade des Himmels und nur gute Weinernten, sind die vollständigen Mißernten 1926-1932-1933 und die Teilernten 1927-1928 Fehlschläge, die auch die bestfundiertesten Weinbauern erschüttern mußten, und für entstandene Verluste konnten selbst gute Jahre wie 1929-1934 bei weitem keinen Ausgleich schaffen.«*

Zwar hat sich der Fremdenverkehr *»dank der getroffenen Maßnahmen gehoben, dürfte aber angesichts der fortwährenden Werbung und der anerkannt guten Weine, die hier überall ausgeschänkt werden, besser sein.«* Jetzt bietet wenigstens die Patenweinaktion die Möglichkeit, daß durch die Mithilfe der Patenstädte sich *»die nicht mehr allzu großen Vorräte«* des zum überwiegenden Teil *»auf dem Wege der Versteigerung«* abgesetzten Weines noch weiter lichten werden.

Mitte Juli ließ die »Hauptvereinigung der Deutschen Garten- und Weinwirtschaft« in Berlin dem Bürgermeisteramt über den »Garten- und Weinbauwirtschaftsverband Saarpfalz« in Neustadt mitteilen, daß sie Celle, Kaiserslautern und Moers als Patenstädte für Deidesheim ausgewählt habe.

Moers zog aber seine Patenschaft noch im gleichen Moment zurück. Zwar hatte man dort beabsichtigt, zum »Fest der deutschen Traube und des Weines 1936« vom 19. bis 27. September neben Weinen aus Reil an der Mosel und Hattenheim in Rheinhessen auch solche aus Deidesheim anzubieten, sah sich aber dazu nicht mehr in der Lage, nachdem deren Preise bekannt geworden waren. Der Bürgermeister von Moers ließ seinen Deidesheimer Kollegen wissen, daß die Weinpreise, *»die sich nach Ihrer Mitteilung von 800 RM (per 1000 Liter) an aufwärts bewegen, für die hiesigen Gegend nicht tragbar sind. Der Kreis Moers ist Notstandsgebiet und hat teilweise noch schwer unter der Erwerbslosigkeit zu leiden«*, deshalb kann für Deidesheim keine Weinpatenschaft übernommen werden.

Die Patenstadt Celle

Die Stadtverwaltung von Celle ließ sich dagegen von der Mitteilung, daß Deidesheim *»im Centrum des Edelweingebietes der Rheinpfalz«* liege und daher Weine erzeuge, deren Preise sich *»von RM 800.— (per 1000 Liter ab hier) an aufwärts«* bewegten, nicht abschrecken und nahm die Patenschaft an. Mitte August forderte sie die Liste der *»Weinvertreiber«* und der festgesetzten Verkaufspreise an, und am 25. August schrieb Eckel-Sellmayr an Oberbürgermeister Ernst Meyer nach Celle, in der nächsten Woche würden zwei oder drei Mitglieder des Deidesheimer Organisationsausschusses kommen, um dem dortigen Ausschuß *»verschiedene Proben Deidesheimer Weine vorzuführen.«* Damit sich die Deidesheimer Weine von der langen Reise *»einigermaßen«* erholen könnten, gehe am folgenden Tag eine Kiste als Expreßgut nach Celle ab, die dort *»gut und kühl«* gelagert werden sollte. Als Tag der Probe schlug der Bürgermeister den 2. September vor und bat, der Deidesheimer Abordnung, den Mitgliedern des Stadtrates Alfons Bold, Josef Schulz und Jakob Glaser, ein »anspruchloses, aber gutes Unterkommen« zu benennen. Als solches wurde ihm die »Städtische Union« vorgeschlagen.

Bereits am 22. August hatte der »Landesorganisationsausschuß Saarpfalz Fest der deutschen Traube und des Weines« der »Celleschen Zeitung« den Artikel »*Deidesheim an der Weinstraße - Celles Patenweinort*« zugehen lassen. In ihm wird die Stadt vorgestellt und auf die Not ihrer Winzer hingewiesen. Der Artikel schließt mit den Worten: »*Es ist Pflicht der Volksgemeinschaft diese Hilfsaktion zu unterstützen. Der Preis ist außerdem so, daß er jedem erschwinglich ist. Wer die Arbeit des Winzers kennt, wer weiß, welcher Aufwand von Kraft und Ausdauer nötig ist, wird sie schätzen und dazu beitragen, daß ihm der wohlverdiente Lohn wird.*

Trinkt Deutschen Wein, trinkt Deidesheimer Wein! ist unsere Parole. Er sichert jedem einen köstlichen Genuß und kann ein goldener Fund im trüben Alltagseinerlei werden. Eine Flasche in Stimmung genossen, zaubert so leicht unverwüstlichen Optimismus her, und vom Wein beschwingte Fröhlichkeit ist eine sprudelnde Kraftquelle, aus der man schöpft und zehrt alle Tage. Darum heißt es in diesen Tagen der Weinwerbung nach einem alten Küferlied: 'An die Flaschen, an die Fässer!' Trinkt Deidesheimer Wein!« (Cellesche Zeitung, 22. August 1936).

Vom Beginn der Festwoche am 19. September berichtete dann die »Cellesche Zeitung«, wobei sie Deidesheim, ohne es namentlich zu nennen, kurzerhand ins Rheinland verlegte: »*Wie im ganzen Reich, so wurde auch in Celle die Festwoche der deutschen Traube und des deutschen Weines festlich und fröhlich begangen. Alle Gaststätten waren auf 'rheinisch' dekoriert, und unser Patenkind vom Rhein wurde überall gern verlangt, schmeckte es in diesem Jahre doch entschieden noch milder als im vergangenen. Im Mittelpunkt der Stadt hatte die NS.-Gemeinschaft 'Kraft durch Freude' eine besondere Überraschung für die Celler Jugend - und auch für die etwas Älteren - vorbereitet: Zwei rheinische Kapellen spielten die temperamentvollsten Walzer, und unter Lauben mit Rebengerank träumte man in ein Bild vom Rhein hinein, das eine ganze Wandseite einnahm, bis man schließlich wirklich nicht mehr wußte, ob das nur das ausgelassene Celle war, das sich hier im Wirbel drehte, und ob die jungen Mädchen, die sich bunte Papierhütchen in die blonden oder dunklen Locken gesteckt hatten, wirlich zu den als 'steif' verschrienen Norddeutschen gehörten ... Es sang und tanzte in ganz Celle. Unsere Heidestadt feiert eine Woche 'auf rheinisch', und wir wollen nur hoffen, daß unser Patenkind dabei voll auf seine Kosten kommt - was ja schließlich der Sinn dieser Festwoche ist.*«

Der Deidesheimer Winzerverein hatte am 11. September 345 Liter 1935er »Vogelsang Riesling« und an den folgenden Tagen ein weiteres Halb- und Viertelstück (600 l, beziehungsweise 300 l) des gleichen Weines nach Celle geliefert.

Die Patenstadt Kaiserslautern

Kaiserslautern hatte sich offenbar erst nach einigem Zögern bereitgefunden, die Patenschaft für den Deidesheimer Wein zu übernehmen. Am 13. Juli kamen »*einige Herrn*« des Organisationsausschusses für das »Fest der deutschen Traube und des Weines 1936« nach Deidesheim »*zu einer Probe und zu Verhandlungen bezüglich Abnahme von Patenwein.*« Ihnen wurden je vier Proben der Jahrgänge 1934 und 1935 des Winzervereins und der Winzergenossenschaft, drei des Weingutes Heinrich Koch-Herzog, je zwei der Weingüter Gustav Kramer, Friedrich Herberger, Julius Kimich, Georg Kimich, Herbert Giessen, Kurt Giessen und Friedrich Meng sowie eine Probe des Weingutes Reichsrat von Buhl ausgeschenkt.

Unterstützt wurde die Patenschaft Kaiserslautern durch die Lokalredaktion der »NSZ-Rheinfront«. Sie erklärte sich bereit, in ihre Zeitung »*kostenlos größere Aufsätze mit entspre-*

chenden Bildern aufzunehmen« und bat deshalb Eckel-Sellmayr um tatkräftige Unterstützung, da sich diese ihre Aktivitäten »*unbedingt verkehrsfördernd*« für die Stadt auswirken dürften. Auch plante sie eine Fahrt nach Deidesheim, um geeignetes Material entgegenzunehmen und »*eine größere Kellerei*« zu besichtigen.

Letzteres mußte der Bürgermeister aber Ende Juli ablehnen; es fand sich kein Betrieb zu einer Kellerführung bereit, »*da diese immer mit erheblichen Kosten - Substanzverlust - für die Besitzer verbunden ist.*« Andererseits erwartete Eckel-Sellmayr von einer Werbung in der Zeitung nicht viel: »*Soweit ich die Sachlage beurteilen kann*«, teilte er den Journalisten aus Kaiserslautern mit, »*dürfte es sich bei der Patenstadt Kaiserslautern bei den in der geldarmen Zeit relativ höheren Preisen, die Deidesheim für seine Weine fordern muß, nur um eine bescheidene Menge handeln, z.Z. liegt überhaupt noch keine Bestellung vor. Wenn der Geldbeutel streikt, hat auch eine größere Werbung keinen Erfolg.*«

Kaiserslautern übernahm dann aber doch genügend Wein und zwar der Lage »Linsenbusch«. Am 12. September wurden zusammen mit dem Wein der Patengemeinde Bockenheim (Lage »Sonnenberg«) zwei Fuhrwerke beladen und von der Stadtgrenze im festlichen Zug zur Fruchthalle gefahren. Dort fand dann um 20 Uhr die Übergabe der Patenweine statt. Deidesheim war durch den zweiten Bürgermeister Adam Kraft, Ortsbauernführer Jakob Glaser und Ortsgruppenleiter Franz Blätte vertreten. Glaser hatte zuvor die Winzergenossenschaft als »*Patenweinsteller*« gebeten, für die »*Stellung einer Trachtengruppe (4-6 Mädchen)*«, um die Kaiserslautern nachgesucht hatte, Sorge zu tragen.

In pathetischer Sprache schilderte die »NSZ-Rheinfront« am 14. September die »*Bekanntschaft mit den Lauterer Patenkindern*«: »*Nun hat auch die Stadt Kaiserslautern ihre Wein-Patenkinder in feierlicher Weise eingeholt und willkommen geheißen. Feurige Sendboten sind es, die den Ruf der Pfalz hinaustragen in alle Welt, geboren auf den weingesegneten Gemarkungen von Deidesheim und Bockenheim. Aus der prunkenden Kette der pfälzischen Weinorte sind diese beiden Perlen für Kaiserslautern gewählt worden: Deidesheim, das inmitten des Edelweingebietes gelegene reizvolle Weinstädtchen und das althistorische Bockenheim, das den Eingang der Weinstraße von Norden hütet. Viele Hunderte waren am Samstag abend zur Fruchthalle geeilt, um Zeuge der frohen Feierlichkeit zu sein, mit der das Weinfest Glanz und Stimmung erhielt.*

Der Saal war veranstaltungsgemäß wirkungsvoll geschmückt. Weinblatt, Traube und Faß waren die Embleme, die in frischem Grün das Podium beherrschten und die die Herausentwicklung des gärenden Mostes aus der schwellenden Beere zum kristallhellen Labetrunk anschaulich versinnbildlichten. Und der frohe Schmuck schwang sich auch in den großen Saal weiter, der schon kurz nach 8 Uhr vollständig besetzt war. Der gesamte Organisationsausschuß war anwesend, die Patenkinder waren durch Angehörige der Gemeindeverwaltungen vertreten, auch Winzermädels und Burschen fehlten nicht.

In langem Zug wurden Stadt- und Gemeindevertreter in den Saal geleitet. Oberlehrer Böshenz von Bockenheim und der Beauftragte von Deidesheim übermittelten vor versammeltem Volk Grüße und Dank ihrer Gemeinden an die liebe Patenstadt und überreichten dem Oberbürgermeister Dr. Weisbrod neben einem blumenumrankten Korb erlesener Flaschenweine den Ehrentrunk in funkelndem Pokale ...«

Während der Woche warb die Parteizeitung im Sinne der nationalsozialistischen Ideologie für den Weinkonsum:

»*... Weinpatenschaften sind ein Bekenntnis zur Volksgemeinschaft. Weinpatenschaften sind Ehrensache und Verpflichtung zugleicht. Aber nicht Verpflichtung zu Befehl oder Zwang, sondern freudig übernommen in der Gewißheit, zum kleinsten Teile mitgetragen zu haben an der Linderung der Not unserer Weinbauern.*

Aus diesem Bekenntnis nehme jeder die Parole auf: Am kommenden Sonntag auf jeden Familientisch eine Flasche Patenwein!«

Die Patenstadt Merzig

Bereits am 14. Juli 1936 - einen Tag nach der Weinprobe des Organisationsausschusses der Patenstadt Kaiserslautern und noch vor der Absage von Moers - hatte Bürgermeister Eckel-Sellmayr den »Garten- und Weinbauwirtschaftsverband Saarpfalz« in Neustadt gebeten, Deidesheim, *»wenn möglich, noch eine größere Stadt außerhalb der engeren Heimat als Paten zu verschaffen.«* Darauf erhielt Deidesheim durch die Hauptvereinigung der Organisation Merzig an der Saar als Patenstadt zugeteilt.

Dies geschah auf Wunsch des dortigen Bürgermeisters Dr. Reisel, der *»als Kenner des edlen Pfälzer Weines«* diesem im Kreis Merzig Freunde gewinnen wollte, andererseits aber genau wußte, daß dies in einer Biertrinkerstadt mit einer großen Brauerei (Saarfürst-Brauerei) wie Merzig, in der man zudem den Saar- und Moselwein bevorzugte, ein schwieriges Unterfangen war. Auch hatte er noch Serrig im Kreis Saarburg als Patenkind übernommen. Große Hoffnung auf ein gutes Geschäft konnte Dr. Reisel den Deidesheimern deshalb nicht machen, tröstete sie aber damit, daß die *»anfangs sicher geringe Abnahme«* bei dem *»genügenden Patenweinabsatz«* in Celle und Kaiserslautern *»nicht nachteilig ins Gewicht«* falle, es sich vielmehr um einen Einstieg handle, der dem Deidesheimer Wein in Zukunft ständigen Absatz sichere.

Der Patenwein sollte am Abend des 19. September von Winzerinnen aus den beiden Gemeinden Deidesheim und Serrig ausgeschenkt werden, *»die in Tracht und mit Weinlaub im Haar erreichen würden, daß weit mehr Wein konsumiert wird als durch das Auftreten durch die üblichen Kellner.«* Serrig hatte diesem Vorschlag bereits zugestimmt; auch Deidesheimer Frauen und Männer wurden nach Merzig eingeladen und erhielten eine kostenlose Übernachtung in der Stadt angeboten. Für den 20. September war ein Festzug geplant, bei dem am Rathaus die Bürgermeister der beiden Weinpatenkinder ihrem Merziger Kollegen den Ehrentrunk überreichen sollten. *»In sämtlichen Lokalen der Stadt wird fröhlichste Weinlaune und Betrieb herrschen, und alle Besucher der Stadt können sich ganz nach Belieben bewegen und dies oder das Lokal aufsuchen, so daß eine gleichmäßige Verteilung bei allen Wirten, die Patenwein ausschenken - und das sind fast alle Wirte - gewährleistet ist.«* Zum Ausklang der Weinwerbewoche am 27. September wird in allen Räumen des Gesellenhauses Weinfest sein, das sicher viele der für diesen Tag in der Stadt erwarteten Gäste zu einem Besuch einlädt.

Das hörte sich zwar alles gut an, was da Dr. Reisel nach Deidesheim berichtete - nur stand die bestellte Menge Deidesheimer Weines mit den geplanten Aktivitäten nicht so recht in Einklang! Ganze 600 Liter 1935er Deidesheimer »Schafböhl« *»zum Preis von RM 800,— per 1000 ab Keller«* bestellte Merzig über die Saarbrücker Weingroßhandlung L. Pistorius beim Winzerverein. Dieser lehnte es *»in Anbetracht des bisher kleinen Quantums und der großen Entfernung«* ab, sich wie Serrig an dem Festzug in Merzig zu beteiligen. Geschäftsführer Michael Henrich machte Bürgermeister Eckel-Sellmayr deshalb den Vorschlag, falls er nicht selbst fahren wolle, den Ortsbauernführer Jakob Glaser sowie *»einen noch zu bestimmenden Herrn des Winzervereins nach Merzig zu entsenden.«* Das Ratsmitglied Wendel Hebinger begleitete dann Glaser an die Saar.

Die Patenweinaktion 1936 - ein voller Erfolg

Wieviel Liter Wein Deidesheim an seine drei Patenstädte lieferte, ließ sich nicht feststellen, doch war die Patenweinaktion 1936 ein voller Erfolg. Es gelang, die große Ernte von 1934 abzusetzen. Die Pfalz konnte den Verkauf gegenüber den Vorjahren um ein Mehrfaches übertreffen. Bei Kriegsbeginn wurde der Wein sogar wieder knapp. Im ganzen wurden 18 956 Hektoliter abgesetzt, das bedeutete bei einer Reichsbevölkerung von 67 587 000 einen Pro-Kopf-Konsum von 2,8 Zehntellitern. Am erfolgreichsten war die Aktion in Hessen-Nassau, wo 3 000 Hektoliter abgesetzt werden konnten, dagegen waren es in der Saarpfalz nur 350 Hektoliter (1,9 Zehntelliter pro Einwohner), ein Konsum der nur von Mecklenburg (319 hl), Ostpreußen (270 hl), Kurhessen (252 hl) und Weser-Ems (22 hl) unterboten wurde.

Quellen und Literaturhinweis: Stadtarchiv Deidesheim, Faszikel »Patenweinaktionen 1936/37, 1952. - Günther List (Hrsg.) Deutsche, laßt den Weines Strom sich ins ganze Reich ergießen, Heidelberg 1985. - Karl-Heinz Rothenberger: Weinwirtschaft - Weinwerbung - Weinpatenschaften in den 30er Jahren, Heimat-Jahrbuch 1985 Landkreis Südliche Weinstraße, Otterbach 1984, S. 55-67.

Beziehungen zum Jubiläum besiegelt

Deidesheimer Freundschaften in Frankreich, Thüringen und Schweiz
von Helmut Herold

Auch ohne den allgemein üblichen Hinweis an den Ortseingängen und ohne Brief und Siegel haben sich in Deidesheim durch z.T. jahrzehntelange Begegnungen ausgeprägte persönliche Beziehungen zu weit entfernt liegenden Orten entwickelt, die sich nicht von denen unterscheiden, die im Rahmen beurkundeter Städtepartnerschaften offiziell begründet worden sind.

Dabei geht es hier um drei befreundete Gemeinden in der Größenordnung von jeweils 3-4000 Einwohnern. Insoweit sind sie mit Deidesheim vergleichbar, ansonsten unterscheiden sie sich davon aber nach Lage, Charakter und Struktur erheblich. Zwei davon - St. Jean de Boiseau am Südufer der Loiremündung in Frankreich und Bouchs am Vierwaldstätter See in der Schweiz - gehen auf das internationale Wirken der Trachtenvolkstanzgruppe Deidesheim aus dem Jahr 1962 zurück.

Nach dem Kriege gehörten Trachtentreffen zu den ersten großen Veranstaltunen, die jungen Menschen aus Deidesheim internationale Begegnungen mit Gleichgesinnten in Europa boten. Entsprechend hoch waren Interesse und Begeisterung, die man in solche Treffen einbrachte. Bei einem internationalen Trachtentreffen 1962 in Buochs hat die Trachtenvolkstanzgruppe Deidesheim gleich zweifache Bande geknüpft: Mit den Gastgebern und zu den ebenfalls teilnehmenden Mitgliedern der Groupe Folklorique St. Yann aus St. Jean de Boiseau in Frankreich. Daraus haben sich mit Buochs mehr, mit St. Jean de Boiseau wegen der Sprachbarriere und großen Entfernung von mehr als tausend Kilometern etwas weniger intensive persönliche Beziehungen entwickelt.

Die jüngste freunschaftlichen Beziehungen bestehen zu Bad Klosternausnitz in Ost-Thüringen und sind naturgemäß erst nach der Wiedervereinigung entstanden, als die Landkreise Bad Dürkheim und Stadtroda (dem heutigen Saale-Holzland-Kreis) eine Partnerschaft geschlossen haben und auf Bürgermeisterebene Kontakte zwischen Gemeinden in Fragen der Kommunalverwaltung aufgenommen wurden.

Bad Klosterlausnitz in Ost-Thüringen

Bad Klosterlausnitz liegt nahe beim »Hermsdorfer Kreuz«, das dem deutschen Autofahrer inzwischen ebenso bekannt geworden ist wie das Frankfurter. Der schmucke Kurort hat etwa 3 000 Einwohner. Bad Klosterlausnitz wird als »Perle des Thüringer Holzlandes« bezeichnet, einem ausgedehnten Waldgebiet mit Nadel- und Buchenbeständen. Dieser Umgebung und seiner günstigen Höhenlage von etwa 300 m ü.M. verdankt die Gemeinde ihre frühe Entdeckung als Luftkurort im Jahre 1880. Das Moorlager im »Gebiet der Sümpfe«, unweit des Ortsrandes, brachte einen findigen Bürger im Jahre 1929 auf die Idee, in seinem Gasthaus einen Moorbadebetrieb einzurichten. Er entwickelte sich so gut, daß Klosterlausnitz schon 1932 die amtliche Bezeichnung »Bad« erhielt. Der Kurbetrieb und die damit verbundenen Leistungen aller Art bilden auch in der Gegenwart eine der wirtschaftlichen Grundlagen für das Leben der Klosterlausnitzer. Viele der zahlreichen Eigenheime konnten durch private Zimmervermietung an Kurgäste und Erholungssuchende leichter errichtet und unterhalten werden.

Den wohl bedeutendsten Wirtschaftsfaktor stellen die holzverarbeitenden Betriebe dar. Sie produzieren in der Hauptsache Leitern aller Art. Das Schirrmacherhandwerk und besonders der Leiterbau haben hier eine lange Tradition. Den Rohstoff Holz liefert auch heute zum Teil noch das umliegende Holzland.

In der Vergangenheit war eine große Zahl von Bad Klosterlausnitzer Bürgern bei den »Keramischen Werken« im benachbarten Hermsdorf beschäftigt. Jetzt befindet sich der ehemalige Staatsbetrieb in der Umstellung. Wie überall in den neuen Bundesländern, muß auch hier mit einer Verringerung der Arbeitsplätze gerechnet werden.

Andererseits hat der Ort den ersten wirtschaftlichen Impuls nach der Vereinigung bekommen. Im September 1991 wurde der Grundstein für den Neubau eines Reha-Zentrums mit 200 Betten gelegt. Von Bedeutung ist auch der gegenwärtig mit Hochdruck betriebene Um- und Ausbau des Autobahnkreuzes Hermsdorf, eines der wichtigsten Verkehrsknoten im Osten Deutschlands. Große zur Bebauung geeignete Flächen bieten in seinem Umfeld Ansiedlungsmöglichkeiten für Wirtschaftsbetriebe aller Art.

Der Ort mit der alten Bezeichnung »Lausnitz« (von Sorbisch: Lusenitze = Sumpfwasser) hat

Ansicht von Bad Klosterlausnitz im Saale-Holzland-Kreis (Ost-Thüringen).

sich um das Augustinerinnen-Kloster auf dem »Marienstein« gebildet. 1137 stellt Papst Innozenz II. das Kloster unter seinen Schutz. 1526 führt die Reformation zur Auflösung des Klosters. Gebäude und Ländereien fallen dem Herzogtum Altenburg zu. Ab der Mitte des 17. Jahrhunderts entsteht das Dorf; es wird 1691 erstmals mit »Klosterlausnitz« bezeichnet.

An das Kloster erinnert die heutige Klosterkirche, eine der Sehenswürdigkeiten des Kurortes. Nachdem das ursprüngliche Gotteshaus in der Zeit zwischen 1212 bis 1717 dreimal aufgebaut oder ausgebessert worden war, verfiel es so, daß nur ein Neubau auf den alten Fundamenten als Lösung verblieb. So entstand 1863 - 66 eine Pfeilerbasilika im romanischen Baustil mit 48 m Länge und zwei 37 m hohen Türmen. Bemerkenswert sind auch das Rathaus am Marktplatz sowie eine beachtliche Zahl von Villen aus der Zeit um die Jahrhundertwende, Zeugnisse einer damals günstigen wirtschaftlichen Lage.

Der gepflegte Kurpark fügt sich harmonisch an die Waldränder im Norden des Ortes. Er ist zugleich Ausgangspunkt für Wanderwege durch die Waldungen und in das romantische Mühltal.

Wie Deidesheim feiert auch Bad Klosterlausnitz um Pfingsten sein »Fest des Jahres«. Das traditionelle Maibaumsetzen schlägt Bewohner und Besucher in seinen Bann. Handwerkliches Brauchtum und zahlreiche Einzelveranstaltungen bilden den Rahmen. Inzwischen feiert man in dem Kurort seit 1990 ein Pfälzer Weinfest im Rahmen der Kreispartnerschaft.

Wer Bad Klosterlausnitz als Ausgangspunkt für Tagesausflüge wählt, hat es nicht weit nach Renthendorf, dem Geburtsort des Tierforschers Alfred Brehm, zu den Saale-Stauseen, nach Weimar oder Naumburg, um nur einige Beispiele zu nennen.

Buochs am Vierwaldstätter See

In der Schweiz reizen Seen und Berge, in Deidesheim lockt der Wein. Die kurze Entfernung

Deidesheimer Partnergemeinde in der Schweiz: Buochs am Vierwaldstätter See.

von etwa 300 km begünstigt auch spontane Vorhaben. Über die Jahre begründeten sich Freundschaften zwischen den Gemeindeoberhäuptern. Zwei ehemalige Gemeindepräsidenten aus Buochs sind Rebstockpächter im Deidesheimer Stadtwingert. Vereine und Gruppierungen besuchen sich, bestreiten gemeinsame Veranstaltungen.

Besonders herzlich entwickelte sich das Verhältnis zwischen den beiden Feuerwehren. Im Frühjahr 1993 hat die Gemeinde Buochs Stadtratsmitglieder aus Deidesheim zur Teilnahme an der »Landesgemeinde« (Versammlung der stimmberechtigten Bürger) des Kantons Nidwalden eingeladen. So konnten die Gäste den Ablauf nach 600 Jahre alten Regeln miterleben und damit Eindrücke sammeln von der in der Schweiz praktizierten unmittelbaren Demokratie.

Buochs liegt in der Zentralschweiz. Man erreicht es mit dem Auto über die Gotthardautobahn N 2. Etwa 20 km südostwärts Luzern führt die Abfahrt Buochs ins Zentrum des Ortes. Mit der Bahn führt man über Luzern und Stans, das letzte Stück mit dem Postautobus oder auch beschaulich mit einem der Schiffe des Vierwaldstätter Sees.

Das stattliche Dorf mit 4.300 Einwohnern erstreckt sich zwischen dem Seeufer und den nach Süden ansteigenden Hängen des Buochserhorns. Der See mit einer Höhenlage von 435 m und die unmittelbar umliegenden Alpengipfel bis über 3.000 km mit einer Vielfalt von wechselnden Landschaftsbildern vermitteln den Eindruck einer von der Natur reich beschenkten Region. Wasser und Berge bieten Sommer wie Winter viele Möglichkeiten zu sportlichen Aktivitäten.

Buochs gehört zum Kanton Nidwalden, einem der drei Urkantone, die 1291 den »Ewigen Bund« geschlossen, aus der Tell-Sage auch als Rütli-Schwur bekannt. Es gibt Indizien dafür, daß die Eidgenossen sich dazu im Nachbarort Beckenried versammelt haben könnten.

Die Entstehung des Dorfes Buochs läßt sich auf das 13. Jahrhundert zurückführen. Das seinerzeit von dem Ritter Johannes von Buochs verwendete Siegel wurde zum Wappen des Ortes: Ein durch Wellenlinien geteiltes Schild in Blau und Silber. Buochs war bis in den Anfang dieses Jahrhunderts ein Bauerndorf, dessen Bewohner immer wieder mit den Naturgewalten der Gebirgslandschaft zu ringen hatten. So wurde die Engelberger Au, heute ein gefällig anzusehender Flußlauf an Nordrand des Dorfes, in einer langwierigen Gemeinsachtsleistung schon 1471 - 1501 eingedämmt und damit eine Ursache für verheerende Hochwasserschäden beseitigt. Heute besteht die Bevölkerung nur noch zu knapp einem Achtel aus Bauern.

Buochs präsentiert sich als sorgfältig gepflegtes Dorf. Blumenschmuck und stilvolle Gestaltung der gärtnerischen Anlagen prägen sein anheimelndes Bild, der »Dorfplatz« bildet das Zentrum. In seiner Nähe liegen Gemeindekanzlei, Verkehrsbüro und Veranstaltungsräume. Ein für den Besucher wichtiger Ort ist der Seeplatz mit der Schiffsanlagestelle. Unter den schmucken Häusern des Dorfes sucht man vergeblich Gebäude aus der Zeit vor 1800. Ursache ist der »Franzosenüberfall« 1798, bei dem das Dorf niedergebrannt wurde und 52 Einwohner umkamen. Die französischen Truppen übten damit schlimme Vergeltung gegen einen Aufstand wider die von Napoleon installierte »Helvetische Republik«. Die nach der Verwüstung entstandenen Häuser findet man vorwiegend noch im Bereich der heutigen Dorfstraße, davon einige Exemplare des hochgiebeligen Nidwaldner Hauses.

In der Entwicklung der Einwohnerzahl von etwa 1.600 im Jahre 1900 auf heute 4.300 spiegelt sich der Wandel der Gemeinde vom Bauerndorf zum Gewerbe- und Wohnort. Heute bieten der Fremdenverkehr und mittelständische Gewerbebetriebe bedeutende Verdienstmöglichkeiten. Zahlreiche Bewohner von Buochs finden in den Pilatus-Flugzeugwerken und beim Bundesamt für Militär-Flugplätze in der benachbarten Kantonshauptstadt Stans Beschäftigung.

Dem Tourismus dienen fünf Hotels verschiedener Preisklassen, Ferienwohnungen und ein Campingplatz. Die üblichen Sportstätten wie Tennisplätze, Strandbad und zahlreiche Wanderwege stehen zur Verfügung. Im Sommer reizen Schiffahrten auf dem Vierwaldstätter See. Auf die Höhen führen Klewenalp-, Stanserhorn- und Treib-Seelisberg-Bahn. Im Winter sind in der unmittelbaren Umgebung zahlreiche Skilifte in Betrieb.

Als Standquartier für Touren in der Schweiz eigent sich Buochs wegen seiner zentralen Lage. In einer Stunde sind z.B. Zürich oder Kloster-Einsiedeln zu erreichen. Luzern mit seinem interessanten Verkehrsmuseum liegt »um die Ecke«.

St. Jean de Boiseau an der Loire

Was die Begegnungen mit St. Jean de Boiseau betrifft, wurden schon aus ökonomischen Gründen Gruppenreisen die Regel. Die Trachtenvolkstanzgruppe Deidesheim traf sich von 1963 bis 1965 dreimal mit der Groupe Folklorique St. Yann, wechselweise in St. Jean und in Deidesheim. Von 1977 an brachte sich die Kolpingkapelle in die Verbindung ein. Danach fanden bis 1990 sechs weitere Treffen statt. Auch daraus entwickelten sich persönliche Freundschaften.

Saint-Jean liegt auf dem Südufer der Loire-Mündung, 15 km westlich des Stadtkerns von Nantes. Es hat 4.100 Einwohner und bildet zusammen mit 18 weiteren Gemeinden, einschließlich der Stadt Nantes, den Siedlungsraum »District de Nantes« mit etwa 500.000 Einwohnern. Er ist für Teilbereiche eine Verwaltungseinheit, in deren Verantwortungs so wichtige Belange wie Nahverkehr, Müllverwertung und Wirtschaftsförderung liegen.

Daher orientieren sich die kleineren Gemeinden, Vororten vergleichbar, ganz auf die Stadt Nantes mit ihrer politischen und wirtschaftlichen Anziehungskraft. Saint-Jean hält sich nicht zuletzt aus diesem Grunde mit seiner Selbstdarstellung zurück. Es ist Glied einer Kette von ähnlichen Dörfern, die sich in der leicht hügeligen, von Feldern und Waldstücken bedeckten Landschaft parallel zum Flußlauf der Loire hinzieht. Der Ort wuchs in den vergangenen 100 Jahren wie die Stadt Nantes. An die Vergangenheit als Bauerndorf erinnern in Saint-Jean nur noch wenige Gebäude, darunter eine Windmühle, ein Überbleibsel einst zahlreicher Mühlen.

Das älteste Gebäude ist die Kapelle von Bethlehem aus dem 15. Jahrhundert. Sie wurde an einem Felsen, an dessen Fuß eine Quelle entsprang, errichtet. Dieser Ort hieß ursprünglich »Bételian», was an Béléan in der Umgebung von Vannes erinnert, wo lange Zeit druidische Riten praktiziert wurden. Béléan kommt wahrscheinlich von Bélén, dem Namen des großen gallischen Sonnengottes. Bételian wurde später in das christliche Bethlehem umbenannt.

Aus der geschichtlichen Entwicklung stammt auch die Bezeichnung »Les Courtines« für einen Club älterer Menschen. Les Courtines sind Schilfmatten, die in der Vergangenheit von den Bauern in Herbst und Winter aus den am Loireufer reichlichen Schilfbeständen angefertigt wurden. Mit diesen Arbeiten verbundenes Brauchtum wird bis in die Gegenwart gepflegt, vor allem durch die Fol-

Die Windmühle ist ein Wahrzeichen von Saint-Jean de Boiseau.

kloregruppe Saint-Yann, die, wie selbst die Franzosen sagen, »... *mit Brillanz Feste gestaltet*«.

Die Bürger von Saint-Jean wissen die Vorzüge ihres Wohnortes zu schätzen: Dörfliche Ruhe in ansprchender Landschaft, die nahe Großstadt schnell erreichbar, geringe Entfernungen zu den berühmten Stränden der Côte de Jade um Pornic, der Côte d'Amour um La Baule, zum Naturpark La Grande Brière. Nach Süden dehnt sich das Anbaugebiet der Muscadet-Weine aus. Man wohnt in Saint-Jean und arbeitet in Nantes. Für die Zukunft bemüht sich die Gemeinde um die Ansiedlung umweltverträglicher Industrieunternehmen. Sie hat dazu ein 20 ha großes Gewerbegebiet erschlossen.

Wer mit dem Auto Saint-Jean besuchen möchte, sollte sich Zeit lassen. Auf dem Wege dorthin liegen z.B. Orléans, die Loire-Schlösser, das von Pferdeliebhabern geschätzte Saumur und unzählige andere historische Kostbarkeiten. Mit der Bahn fährt man über Paris, von dort mit dem TGV Atlantique in zwei Stunden nach Nantes. Man kann auch fliegen: Von Straßburg oder Frankfurt zum Flughafen Nantes. Saint-Jean liegt nur wenige Kilometer davon entfernt. Mit Hotelunterkunft bieten sich Nantes und die nahen renommierten Küstenorte an. Saint-Jean besitzt kein Hotel, aber sein Nachbarort Le Pellerin.

Vier Bürgermeister, ein Rekord: innerhalb einer halben Stunde unterzeichnete Deidesheims Stadtchef Stefan Gillich (2. von rechts) drei Partnerschaften mit den Kollegen Gerald Reimann (rechts) aus Bad Klosterlausnitz, Beat Fuchs aus Buochs und Camille Durand (links) aus Saint-Jean de Boiseau.   *Foto: Bernd Franck*

Lehrer der Gymnasien aus Grünstadt und Hermsdorf.

Gymnasien bauen am neuen Deutschland

Schulen in Grünstadt und Hermsdorf arbeiten gemeinsam
von Eberhard Lüdeke

Im Spätherbst 1990 fand auf dem Hambacher Schloß die feierliche Unterzeichnung des Partnerschaftsvertrages zwischen dem Landkreis Bad Dürkheim und dem damaligen Landkreis Stadtroda statt. Eingeladen waren zu dieser Veranstaltung auch die Schulleiter der unterschiedlichsten Bildungseinrichtungen der beiden Kreise. Grundgedanke dabei war, daß sich zwischen diesen Einrichtungen Partnerschaften entwickeln sollten.

Die Schulleiter des Staatlichen Leininger-Gymnasiums aus Grünstadt und des neu gegründeten Staatlichen Holzland-Gymnasiums aus Hermsdorf lernten sich auf dieser Veranstaltung kennen und beschlossen, gegenseitige Besuche ihrer Kollegien und Schüler durchzuführen. Dabei wurde für das im Aufbau befindliche Hermsdorfer Gymnasium jede mögliche Hilfe durch den damaligen Schulleiter, OStD Paul Müller, zugesagt.

Schon beim ersten Treffen übergaben die Grünstadter ihren Hermsdorfer Kollegen eine umfangreiche Schulbuchspende aus ihrem Fundus, die in Hermsdorf dringend benötigt wurde. Durch Hospitationen und viele persönliche Gespräche wurden Unsicherheiten und Berührungsängste, die durch die Wende zwangsläufig entstanden waren, abgebaut. Die darauf folgenden gegenseitigen Besuche halfen den Kollegen aus Hermsdorf mit viel Selbstvertrauen, die neuen Aufgaben erfolgreich anzugehen. Besonders hervorzuheben ist die selbstlose Unterstützung durch den Schulleiter aus Grünstadt beim inneren organisatorischen Aufbau des

Hermsdorfer Gymnasiums. Vieles, über Jahrzehnte Bewährtes, konnte in Hermsdorf übernommen werden und unterstützte somit den relativ schnellen Einstieg in die gymnasiale Schulform.

Das Zusammenbringen der beiden Kollegien war wichtig, notwendiger war aber das kennenlernen der jungen Menschen aus beiden Gymnasien. Aus diesen Gründen wurden die ersten gegenseitigen Besuche von Schülergruppen vereinbart und durchgeführt. Viele persönliche Freundschaften entstanden aus diesen gemeinsamen Vorhaben, sowohl auf der Seite der Schüler als auch zwischen den Kollegen, die bis zum heutigen Tage Bestand haben. Damit wurde ein bedeutendes Ziel erreicht, daß sich die Menschen aus den beiden Teilen Deutschlands näher kamen und daß Vorbehalte abgebaut wurden.

Ein Höhepunkt dieser ersten Etappe in der Schulpartnerschaft war die gemeinsame Ausstellung von Schülerarbeiten im Landratsamt Bad Dürkheim. Diese Präsentation wrude durch die Fachgruppen Kunst beider Gymnasien vorbereitet und durchgeführt.

Projekt der Bosch-Stiftung

Der nächste Schritt in der gemeinsamen Partnerschaft war, angeregt durch den Schulleiter aus Grünstadt, eine gemeinsame Beteiligung an einem Projekt der Robert-Bosch-Stiftung. Hier sollten Schüler und Lehrer beider Gymnasien ein gemeinsames Thema bearbeiten. Eingereicht und bestätigt wurde das Thema »Umgang mit dem Fremden«. Die sehr guten und umfangreichen Arbeiten wurde in Grünstadt und Hermsdorf präsentiert. Die Schirmherrschaft über dieses gemeinsame Projekt hatten die Landräte von Bad Dürkheim, Georg Kalbfuß, und von Stadtroda, Dieter Füser, übernommen. Eine Würdigung der Projektergebnisse fand durch die Theodor-Heuss-Stiftung in Jena statt.

1994 wurde, angeregt durch die guten Erfahrungen der ersten gemeinsamen Arbeit, ein neues Projekt eingereicht und bestätigt. Diesmal war es das Ziel, den Menschen in beiden Landkreisen die Heimat des anderen näher zu bringen.

Ehrengast in Hermsdorf: Paul Müller

Am 9.06.1995 wurde in Anwesenheit des Schirmherrn, des Landrates des Saale-Holzland-Kreises, Jürgen Mascher, Regierungsdirektor Müller vom Thüringer Kultusministerium, einer Vertreterin der Robert-Bosch-Stiftung, des Bürgermeisters der Stadt Hermsdorf, den Schulleitern der beiden Gymnasien und vielen Gästen aus der Stadt Hermsdorf, die Präsentation der Ergebnisse durchgeführt.

Ehrengast dieser Veranstaltung war der Initiator dieser gemeinsamen Projektarbeit, der inzwischen in den Ruhestand versetzte Paul Müller. Neben vielen sehr guten Arbeiten aus den unterschiedlichsten Fachbereichen war das gemeinsam Chorsingen der beiden gymnasialen Chöre der Höhepunkt dieser Präsentation. Die Gegenpräsentation fand am 15. September 1995 in Grünstadt statt.

Heute, mit einem gewissen Abstand, muß die Schulpartnerschaft für beide Seiten als erfolgreich eingeschätzt werden. Das, was beim ersten Treffen auf dem Hambacher Schloß als mögliche Ziele für eine gemeinsame Arbeit angedacht wurde, die Menschen im vereinten Deutschland einander näher zubringen, ist in gemeinsamer Arbeit erreicht worden.

Es bleibt zu hoffen, daß die Schulpartnerschaft zwischen dem Staatlichen Leininger-Gymnasium in Grünstadt und dem Staatlichen Holzland-Gymnasium in Hermsdorf weiter ausgebaut wird, daß sie sich in die bestehende Partnerschaft der beiden Kreise, dem Landkreis Bad Dürkheim und dem Saale-Holzland-Kreis, würdig einreihe.

Musik verbindet Pfälzer und Tschechen

Kulturelle Partnerschaft zwischen Pardubice (Ostböhmen), Weisenheim am Berg und Heisenberg-Gymnasium Bad Dürkheim

von Karl Georg Ruppersberger

»*Ihr werdet sehen - der Sozialismus ist stärker als euer Kapitalismus*«. Das war der Schlußpunkt, den die »rote Jana«, wie ich sie bei mir nannte, unter unsere Diskussion setzte - damals, im Oktober 1988 im Erholungsheim der Gewerkschaft am idyllischen See in Sec (Ostböhmen). Hier wohnten die Mitglieder der Leiningischen Hauskapelle (LHK) und des evangelischen Kirchenchors aus Weisenheim am Berg, um gemeinsam mit den Pardubicer Kammerchor »Cantus amici« und Musikern des dortigen Konservatoriums die »Missa solemnis« aufzuführen - zum allerersten Mal auf tschechischem Boden. Unter anderem in Deutsch-Brod, dem Geburtsort des Komponisten Johann Wenzel Stamitz, der 1750 am Hofe Karl Theodors in Mannheim Direktor des »besten Hoforchesters in Deutschland« wurde, wie Leopold Mozart schrieb.

Diese Musikpartnerschaft war damals eine von tschechischen Politikern mißtrauisch beäugte Sensation. Grundsätzlich aber war Politik im Poardubicer Chor höchstens ein Randthema. Ehemalige Studenten der Universität, hauptsächlich Chemiker, hatten sich zusammengetan, um zu singen - sonst nichts.

Vom Kirchenchor herzlich aufgenommen

Die wenigen überzeugten Kommunisten unter ihnen waren eher hilfreich. Zum Beispiel, als es darum ging, eine Genehmigung zur Ausreise nach Westdeutschland zu bekommen. Die erste hatten sie im Mai 1986 erhalten. Ohne Geld, in einem klapprigen Bus kamen sie in Weisenheim an, wurden von den Mitgliedern des Kirchenchors herzlich aufgenommen. Und sangen wie die Engel, in Grünstadt, in der Weisenheimer Kirche, bei den gemeinsamen Abenden im Keller des Bürgerhauses.

Manche kannten ihre Gastgeber bereits. So wohnten die Lehrerin Vera Korinkova bei der in Bobenheim am Berg lebenden Violinistin Inge Pitteroff, die eigentlich Ursache dieser Chorfreundschaft war. Im Juni 1981 hatte sie mit der von Heinz Markus Göttsche geleiteten Jugend-Kantorei eine von Walter Sohn organisierte Konzertreise in die CSSR gemacht. Gastgeber war der Kammerchor. Im »Goldenen Hecht« in Prag saß sie mit Blanka Vondrackova zusammen, schrieb auf einer Papiertüte Kontaktadressen auf.

Damals war Inge Pitteroff auch Mitglied der leiningischen Hauskapelle und erzählte deren Leiter, Dr. Roland Würtz, von der herzlichen Aufnahme und dem hohen musikalischen Standard des Chors. Dieser hatte den Weisenheimer Kirchenchor zu einem Spitzenchor entwickelt und mit seiner Frau, der Opernsängerin Ingrid Würtz, mit der Freinsheimer Altistin Susanne Hornung und dem in Bobenheim am Berg wohnenden Wolfgang Foos als Tenor gute Solistenstimmen zur Verfügung. In späteren gemeinsamen Konzerten ergänzte Milan Stritesky, damals Leiter der Gesangsgruppe am Pardubicer Konservatorium, das Solistenquartett mit seinem Baß-Bariton.

Doch so weit war es noch lange nicht. Im Februar 1983 nahm Dr. Roland Würtz ersten Kontakt mit Dr. Frantisek Renger, wegen seiner hervorragenden Deutschkenntnisse Sprecher des dortigen Chors, auf. Es dauerte bis 1986, bis vom Prager Kultusministerium die erste Ausreise genehmigt, in Grünstadt und Weisenheim am Berg die ersten gemeinsamen Auftritte unter der Leitung von Vojtech Javora möglich wurden. Aus diesen Anfängen entwickelte sich schnell ein lebhafter Austausch. Das Schulorchester des Leininger Gymnasiums in Grünstadt, das Kreisjugendorchester »Sinfonietta Palatina« und die »Mozartgesellschaft Kurpfalz« waren von deutscher Seite beteiligt, alles Institutionen, in denen Dr. Roland Würtz eine Rolle spielte.

Im Hambacher Schloß gab es Konzerte mit tschechischer Mitwirkung. Außer dem »Kammerchor«, wie er sich heute nennt, trugen Lehrer und Schüler des Staatlichen Konservatoriums und der Städtischen Musikschule Pardubice zum regen musikalischen Austausch bei, der Mädchenchor »Gaudium« mit der Leiterin Jana Hamplova und die Schülerchöre von Vera Korikova kamen hinzu, sowie viele feine Solistenkonzerte, etwa mit dem Ehepaar Jiri Kuchvalek, oder im »Weisenheimer Orgelsommer« Renata Pavlikova vom Pardubicer Konservatorium an der Remy-Mahler-Orgel.

Es blieb nicht aus, daß aus diesen Kontakten persönliche Freundschaften erwuchsen. Dr. Renger zum Beispiel bezog stets Quartier beim Weisenheimer Ehepaar Lauer, wenn er geschäftlich in Ludwigshafen zu tun hatte, wurde zu Ausflügen in die Umgebung eingeladen. Ausbildungsplätze wurden vermittelt, gemeinsame Ferien verbracht. Ferienlager des Grünstadter Schulorchesters in Karlsbad, betreut vom Mädchenchor »Gaudium« hatten zur Folge, daß oft Pardubicer Schülergesichter in unserer Gegend gesehen wurden.

Die Schulpartnerschaft zwischen dem Gymnasium Pardubice und dem Werner-Heisenberg-Gymnasium in Bad Dürkheim kann man als direkte Folge der Freundschaft zwischen den Familien der Chormitglieder Karel Kafka aus Pardubice und dem Weisenheimer Johann Hübert bezeichnen. Sie hatten seit Jahren Ferien miteinander verbracht, und Hübert, der Oberstudienrat für Mathematik und Physik, hatte für den Kunsterzieher Kafka so manche Gemäldeausstellung organisiert, so auch in der ehemaligen Weisenheimer Synagoge. Als nun beim Richtfest der neuen Gymnasium-Aula Landrat Georg Kalbfuß, Schulleiter Gerd Herfel und der Architekt Herbert Hauss darin übereinstimmten, daß ein Kunstwerk die kahle Wand des ehemaligen Fluchtturms zieren sollte, sah Hübert die Chance für Kafka, begeisterte die Kollegen von der Fachrichtung Kunst für ihn. Der 5. Entwurf schließlich wurde angenommen - ein kompliziertes Relief aus Holz, Hanf, Sand und Kalk, verbunden mit einem Keramikteil, den Miloslav Chalupka beisteuern sollte.

Für Kafka war es kein Problem, seinen Teil in Deutschland herzustellen - auf Hübert's Terasse nämlich. Schwieriger war es mit der Keramik, denn die Brennöfen standen in Böhmen. Kunstwerke durften damals nicht aus der CSSR exportiert werden - also wurden sie als Badezimmerkacheln bis an die Grenze geschafft. Die aber kosteten beim deutschen Zoll eine Unmenge Geld - also wandelten sie sich auf der Grenzlinie wieder in Kunstwerke zurück.

Nachdem dieses Meisterstück gelungen war, gelang auch noch die Schulpartnerschaft. Im Mai 1995 fuhren die Heisenberg-Schüler bereits zum 5. Mal nach Pardubice, begleitet vom Ehepaar

---

FREINSHEIM

Verkehrsverein Stadt Freinsheim
Postfach 105 · Historisches Rathaus
D-67247 Freinsheim
Telefon: 06353/1779
Telefax: 06353/4577

Die mittelalterliche Befestigungsanlage mit ihren Türmen und Toren ist das Wahrzeichen unserer kleinen Stadt zwischen Obst und Reben.
Für Konzerte und Ausstellungen ebenso wie für die Kunst der Köche und Kellermeister bildet die historische Altstadt den reizvollen Rahmen. Hier können Sie der Geschichte nachspüren, malerische Winkel entdecken und sich an der südländischen Pracht von Oleander, Citrus und Feigen freuen. Fühlen Sie sich wohl beim Umtrunk in gastlichen Winzerhöfen und bei fröhlichen Festen.
Freinsheim lädt ein. Sagen Sie ja.

Herfel. Ziel: eine Kunstausstellung in der Pardubicer Galerie »Gong«, Vernissage mit der Schul-Big-Band, Besichtigung von Chrudim und Kutna Hora.

1985 bis 1995 - es hat sichvieles geändert in Tschechien. Der Partnerchor hat viele Mitsänger verloren, weil sie abends mit einem zweiten Job versuchen müssen, Geld zu verdienen oder einfach das Benzin nicht mehr bezahlen können, das sie für die Fahrt zur Probe benötigen. Milan Stritesky wurde Direktor des Konservatoriums, und Vojtech Javora freute sich über einen Kompositionsauftrag von Ingrid Würtz, den sie im November bei den Mannheimer Wochen der zeitgenössischen Musik zur Gehör brachte. Den Taktstock hat er an Jana Chmelarova weitergegeben, der es als Lehrerin an den berufsbildenden Schulen gelang, den Chor mit jungen Sängern wieder aufzufüllen.

Die andere, die »rote« Jana (Pinosova) ist ins Abseits geraten, hat Schwierigkeiten, Arbeit zu finden, hängt aber immer noch an ihrem Chor und an der Freundschaft zur Familie Kiefer, der sie hin und wieder schreibt. Vera Korinkova gestaltete die Weisenheimer Weihnachtsmusik 1994 mit ihrem Kinderchor, und war wie stets herzlich willkommen bei Pitteroffs und Schills. Frantisek Renger und Ladislaus Koudelka, die beiden Hochschulprofessoren, versuchen den Chor zusammenzuhalten, so gut es geht. Die Freundschaft der Weisenheimer hilft dabei - noch einmal wurde im September in Böhmen die Stamitz-Messe gemeinsam aufgeführt, allerdings mit einem neuen tschechischen Orchester. Dabei tauchten auch viele jener alten Freunde wieder auf, die nicht mehr im Chor mitsingen.

Sie hat uns Pfälzern musikalisch viel gebracht, diese Freundschaft, sogar einige kleine Beiträge zur neuen Orgel in Weisenheim am Berg durch Einnahmen aus qualifizierten Konzerten. Den Tschechen brachte sie in schwerer Zeit ein wenig Freiheit, Mut und wirtschaftliche Unterstützung. Angesichts dessen, war unsere beiden Völker sich angetan haben, kann der Wert dieser Verbindungen und persönlichen Zuneigung nicht hoch genug eingeschätzt werden.

»En Daach fer Afrika«

von Waltraud Meißner

Mer gewwen nix -
Nit an de Hausdeer!
Mer hän schun iwwerwiese:
Gerechtichkeit un Freiheit,
fer finf Mark Solidaridäät.

Mer gewwen nix -
Heit nit!
Mer hän doletscht schun g'spend:
Zeh' Mark fer d' Hungerhilfe -
en Beitraach ge' Apartheid
un geche die Gewalt?

Mer gewwen nix -
Fer wänn dann?
Bloß fer die Kommenischte,
fer goldne Himmelbette,
fer Waffearsenale un Algeholkonsum.

Mer gewwen nix -
Was bringt des?
Kabier doch, schwarzer Bruder,
dei Faß is uhne Bodde!
Du hoscht unser Erbarme
als Mahlzeit uff deim Disch.

Mer gewwen nix -
Mer nemmen bloß:
Vordääl', Hoffnung, Läwe.

Weinprobe im Mai 1985 (von links): Reg Myers, Bernd Kaltenbach, David Lancashire, Inge Preuß, Prof. Hermann Koch und Inge Kaltenbach. Foto: Archiv Preuß

In Burgund englische Freunde gefunden

Städtepartnerschaft Bad Dürkheim - Wells/Großbritannien

von Manfred Letzelter

Erste Kontakte mit der Stadt Wells gehen auf das Jahr 1976 zurück. Damals war der Bürgermeister von Wells in Paray-le-Monial anwesend. Er erhielt erste Informationen über Bad Dürkheim.

Die mit Bad Dürkheim seit 1966 verschwisterte Stadt Paray-le-Monial hat im Frühjahr 1979 mit Wells eine offizielle Städtepartnerschaft begründet. An der Gründungsfeier am 10. März 1979 nahm eine offizielle Delegation der Stadt Bad Dürkheim unter Führung des 3. Beigeordneten Freunscht in Paray-le-Monial teil. Bei dieser Feier wurde von den beiden Bürgermeistern aus Paray-le-Monial und Wells der Wunsch geäußert, daß auch Bad Dürkheim eine Partnerschaft mit der englischen Stadt Wells eingehen möge.

Der Vorsitzende der Twinning Association aus Wells, Maurice Shaw, besuchte zu einem ersten Informationsgespräch vom 16. bis 20. April 1980 Bad Dürkheim.

Die Bürgermeisterin von Wells, Christina Baron, sprach erstmals eine Einladung nach Wells zum Karnevalsfest am 14. November 1980 aus. Aus zeitlichen Gründen konnte dieser Einla-

---

nach Informationen der Stadtverwaltung Bad Dürkheim und Berichten der Tageszeitung »Die Rheinpfalz«

dung nicht Folge geleistet werden. Aufgrund einer weiteren Einladung von Bürgermeisterin Christina Baron fuhr vom 6. bis 9. Februar 1981 eine Delegation nach Wells. An diesem ersten Informationsbesuch in der zukünftigen Partnerstadt nahmen teil: Bürgermeister Georg Kalbfuß sowie die Ratsmitglieder Prof. Dr. Fritz Preuss, Dr. Wolfgang Brodhag und Reinhard Stölzel.

Vom 20. bis 22. März 1981 erwiderte Bürgermeisterin Baron den Besuch der Bad Dürkheimer Delegation. Sie wurde am 20. März 1981 im Sitzungssaal des Rathauses durch Bürgermeister Kalbfuß empfangen und zwar in Gegenwart der Mitglieder des Stadtrates und der Mitglieder des Kulturausschusses.

Die Bürgermeisterin, begleitet von ihrem Mann Philipp Allan, bedauerte, daß nicht mehr interessierte Ratsmitglieder mitgekommen seien; daran seien die Sparmaßnahmen von Premierministerin Margret Thatcher schuld. Nach der offiziellen Beurkundung der Partnerschaft werde sich dies aber sicher ändern. Rundfahrt, große Weinprobe und Ball der Seebacher Wanderer sowie ein Fechtturnier und das Frühlingskonzert der Kreissparkasse waren Höhepunkte im Besuchsprogramm.

An Ostern 1982 besuchte eine Gruppe von 30 Personen aus Wells Bad Dürkheim. Die Gruppe stand unter der Leitung der neuen Bürgermeisterin, Helen Barret. Alle waren in Gastfamilien untergebracht.

Ende Mai 1982 nahm eine Mannschaft aus Wells am Internationalen A-Jugend-Turnier im Fußball in Bad Dürkheim teil.

Der Stadtrat Bad Dürkheim hat in seiner Sitzung vom 30. September 1982 einstimmig beschlossen, mit Wells eine Städtepartnerschaft zu begründen.

Die offizielle Beurkundung der Beziehung wurde für 1983 ins Auge gefaßt. Die Tageszeitung DIE

Die Entfernung zwischen Bad Dürkheim und Wells ist kein Hindernis für häufige freundschaftliche Besuche der Bürger beider Städte.   *Foto: Archiv Preuß*

RHEINPFALZ schrieb in ihrer Bad Dürkheimer Lokalausgabe vom 4. Oktober 1982:
»Der Ansicht von Bürgermeister Georg Kalbfuß, daß diese Verbindung ein Beitrag auf kommunaler Ebene zum Vereinten Europa sein werde, wobei er den politischen Hintergrund eines in England derzeit erwogenen Austritt aus der EG mit im Auge hatte, schlossen sich die einzelnen Sprecher der Fraktionen an. Armin Eberle (SPD) indes wollte das Offizielle an dieser Verbindung, sobald sie einmal geschlossen sei, so weit wie möglich in den Hintergrund gerückt wissen. In erster Linie sollte es eine Partnerschaft für die Bürger werden.

Dies untermauerte auch Reinhard Stölzel (CDU), der vor allem gute Möglichkeiten für den Schüleraustausch sah, da die englische Sprache doch viel weiter verbreitet sei als die französische. Ihm sei auch bekannt, daß in den Sommerferien schon junge Leute aus Bad Dürkheim in Wells gewesen seien. Dies konnte Kurt Stepp (FWG) bestätigen; sein

Besuch in Wells zu Pfingsten: Fred Terry (✝), Inge Preuß und Eva Hausner. Foto: Archiv

Sohn sei schon in Wells gewesen, seine Familie habe überdies schon zweimal Besuch aus Wells empfangen dürfen«. Dr. Wolfgang Brodhag (FDP) mahnte laut Zeitung, die Partnerschaft auf private statt auf finanzielle Füße der Stadt zu stellen.

Am 21. Mai 1983 fand die offizielle Begründung der Partnerschaft in Wells statt. An dieser Feier nahmen insgesamt 49 Personen teil, die sich aus drei Gruppen zusammensetzten:
a) offizieller Teil mit Bürgermeister, Beigeordneten, Ratsmitgliedern und Mitgliedern des Kulturausschusses;
b) Bürger aus Bad Dürkheim, die an Ostern 1982 Gäste aus Wells aufgenommen hatten und
c) weitere Bürger aus Bad Dürkheim, die sich aufgrund einer Ausschreibung durch die Stadt für diese Fahrt gemeldet hatten.

Außerdem führten die Langläufer des Lauf-

In Bad Dürkheim gibt es seit 1993 den »Wellsring«, ein Teil der früheren Salinenstraße. Foto: I. Preuß

Clubs Bad Dürkheim einen Partnerschaftslauf nach Wells durch.

Die englische Zeitung »The Western Gazette« überschrieb ihren Bericht mit der Schlagzeile »Vor 40 Jahren wäre dies undenkbar gewesen«, einen Satz aus der Rede von Georg Kalbfuß. Auf dem Bild dort Mayor Stephen Fowler, Bürgermeister Georg Kalbfuß und Maire Michel Drapier aus Paray-le-Monial. Die Sportler vom Lauf-Club waren in Dover von Sportlern aus Wells empfangen worden, die zusammen mit ihnen die letzten 30 Kilometer bis Wells liefen, wo alle Hand in Hand ankamen. Untergebracht waren alle Bad Dürkheimer in Familien. Nach einem Empfang durch den Bischof in der berühmten Kathedrale Wells pflanzte der Bad Dürkheimer Jörg Wolf vier Rebstöcke im bischöflichen Garten.

Zum Würstmarkt (Nachmarkt) 1983 besuchte eine Gruppe aus Wells (32 Personen) Bad Dürkheim.

In öffentlicher Stadtratssitzung am 21. April 1984 fand die offizielle Begründung der Städtepartnerschaft in Bad Dürkheim im Kurhaus statt.

Rund 60 Männer, Frauen und Kinder aus Wells, alle in Bad Dürkheimer Familien untergebracht, waren bei der Zeremonie dabei, für Paray-le-Monial der Beigeordnete Forgeat. Bekenntnis zu einem einigen und geeinten Europa, zu Völkerfreundschaft, Menschlichkeit und Brüderlichkeit soll die Partnerschaft zwischen den drei Städten sein, formulierte Bürgermeister Kalbfuß. Wichtig sei, sagte er, daß die Jugend sich finde und wies auf die Anwesenheit der Bad Dürkheimer Schulleiter hin. Er mahnte zu Toleranz, Respekt und Achtung voreinander. Eileen Giles, neue Bürgermeisterin aus Wells (dort wechseln die Bürgermeister jährlich), meinte in einer beeindruckenden Rede, die Ehe zwischen Wells und Paray habe nun ein gesundes Kind hervorgebracht.

Nach der offiziellen Begründung der Partnerschaft beginnen regelmäßige jährliche Austauschbesuche von Schülergruppen in Bad Dürkheim und in Wells.

Im Mai 1985 führt der Flugsportverein Bad Dürkheim einen Flug nach Wells durch. »*Nur sechs kamen durch*« überschrieb die RHEINPFALZ einen kurzen Bericht dazu am 7. Mai. Zehn Besatzungen waren gestartet, sechs Maschinen landeten in Bristol, die anderen vier hatten wegen des Wetters schon zu Hause, über Frankreich oder an der englischen Küste kapituliert.

An einem großen Jugend-Tanz-Festival, das am 22. Juni 1985 in Wells stattfindet, nehmen eine 12köpfige Schülerdelegation und zwei Aufsichtspersonen teil.

Vom 20. bis 26. August 1986 besucht ein Chor mit weiteren Gästen (insgesamt 60 Personen) aus Wells Bad Dürkheim. Am 21. August ist abends ein Konzert der Chorgruppe in der Burgkirche. Am 24. August findet ein ökumenischer Gottesdienst in der Schloßkirche statt mit musikalischer Gestaltung durch die englische Chorgruppe. Besonderen Dank erhielten diesmal auch die Vorsitzenden des Partnerschaftsvereins, Prof. Hermann Koch und Inge Preuß.

In Wells wird am 18. Oktober 1987 eine Straße »Dürkheim Drive« eingeweiht. Bürgermeister

Norman Kennedy und Karl-Heinz Günter vom Partnerschaftsverein würdigten dies als Zeichen, die bestehende Freundschaft auf allen Ebenen weiter zu entwickeln. 49 Bad Dürkheimer waren mitgefahren.

Vom 25. bis 30. August 1988 weilen 50 Besucher aus Wells in Bad Dürkheim. Am 26. August Empfang durch Bürgermeister Kalbfuß im Weinmuseum (Haus Catoir). Reginald Myers, der erste »Chairman« des englisch-deutschen Partnerschaftskomitees in Wells, erhielt in Anerkennung seiner Verdienste um die Partnerschaft die »Conradus-Medaille«.

Am 29. Oktober 1988 fand in Bad Dürkheim ein Kammerkonzert von Schülern der Wells Cathedral School (anläßlich eines Besuchs in Mainz wurde hierzu eingeladen) im Haus Catoir statt.

Im Februar 1989 findet die Übergabe einer original-englischen Telefonzelle in Bad Dürkheim statt. Diese wurde der Stadt gespendet von der »British Telecom« und dem »Wells Twinning Committee«.

Mit zwei der typisch englischen roten Telefonzellen auf einem Lkw waren Alan Hake und David Lancashire, der Vorsitzende des »Comittee«, in Wells gestartet: eine für Paray-le-Monial, eine für Bad Dürkheim. Der »Kiosk Nr. 6» steht jetzt am Rathaus.

200 Gäste aus der Pfalz und aus Frankreich

Aus Anlaß des 10. Jahrestages der Städtepartnerschaft Wells - Paray-le-Monial und des 5. Jahrestages der Städtepartnerschaft Bad Dürkheim - Wells fand in der Zeit vom 4. bis 7. Mai 1989 eine Partnerschaftsfeier »Twinning '89« in Wells statt. 130 Personen aus Bad Dürkheim reisten an, rund 100 aus Paray-le-Monial.

An den Feierlichkeiten nahmen als Offizielle teil: Bürgermeister Kalbfuß mit Frau, die Ehepaare Preuss, Koch, Stepp, Klag-Ritz sowie Dr. Brodhag. Bürgermeisterin in Wells war in dieser Zeit Frau Pat Robinson.

Das Programm dieser Tage sah unter anderem vor: 5. Mai Pflanzen von Bad Dürkheimer Reben im Bishop's Palace; 6. Mai Drei-Städte-Chor-Konzert; 7. Mai gemeinsamer

Gottesdienst in der St. Cuthbert's Church; 7. Mai Empfang der Stadt Wells auf persönliche Einladung des Bürgermeisters und des Stadtrats. Zur gleichen Partnerschaftsfeier fand ein Chorkonzert von Chören aus allen 3 Partnerstädten statt, an dem der evanglische Kirchenchor mit 66 Personen teilnahm.

Bürgermeisterin Pat Robinson überreichte an die Kollegen Georg Kalbfuß (Bad Dürkheim) und Jean Marc Nesme (Paray-le-Monial) die Stadtschlüssel von Wells »als Symbol der immer offenstehenden Türen«. Maire Nesme sah einen neuen europäischen Hoizont und »ungeahnte Möglichkeiten für die Menschen im vereinten Europa«. Bürgermeister Kalbfuß sprach von einer unkomplizierten Partnerschaft; der Stadtschlüssel öffne auch die Herzen der Menschen. Er überreichte einen geschnitzen Faßboden aus Eichenholz. Prof. Koch hatte für den Partnerverein einen Ahornbaum gepflanzt.

Bei der offiziellen Einweihung des neuen Rathauses Bad Dürkheim am 11. Mai 1989 nahm als offizielle Verteterin der Stadt Wells Frau Sheila Pierce teil.

Vom 16. bis 21. April 1992 sind die »Wells City Harriers« zu Besuch beim Lafu-Club Bad Dürkheim. Am 17. April 1992 fand ein Empfang durch Bürgermeister Horst Sülzle im Haus Catoir statt. Gemeinsam mit dem Lauf-Club Bad Dürkheim beteiligten sich die Läufer erfolgreich beim Straßenlauf in Rheinzabern.

Im Rahmen der Feierlichkeiten zum 10jährigen Partnerschaftsjubiläum mit Wells wurde am 30. April 1993 ein Teilstück der Salinenstraße in »Wellsring« umbenannt. Im Anschluß daran findet für die 62 Besucher aus Wells, den Gästen aus Paray-le-Monial und deren Gastfamilien ein Empfang von Bürgermeister Sülzle statt.

Am 1. Mai 1993 ist die offizielle Jubiläumsfeier zum zehnjährigen Bestehen der Städtepartnerschaft mit Wells. Der Ehrenvorsitzende der Twinning Association in Wells, David Lancashire, erhielt bei dieser Jubiläumsfeier in Anerkennung seiner Verdienste die »Conradus-Medaille«.

»Es war richtig, diesen Samen zu legen« erklärte dabei Georg Kalbfuß, inzwischen Landrat des Landkreises Bad Dürkheim. Bürgermeister Horst Sülzle bemerkte, daß trotz des jährlichen Bürgermeisterwechsels in Wells die Kontakte nie abrissen. Mayor Hague überreichte ein Bild von der Kathedrale und für Prof. Koch fünf Steine zum Weiterbauen an der Partnerschaft. Guy Lichet aus Paray schloß sich an.

Ende August 1993 besuchte die Stadtkapelle Bad Dürkheim Wells. Bürgermeisterin Kate Fry lud zu einem Empfang in ihr Dienstzimmer, wo sich alle Musiker in das Gästebuch eintrugen. Anschließend gab die Stadtkapelle ein Konzert vor dem Rathaus in Wells. Vom 1. bis 5. Juni 1994 besuchte die Betriebssportgemeinschaft Fußball der Stadt Bad Dürkheim die englische Partnerstadt.

Im Juli 1994 besuchte der Partnerstädteverein Bad Dürkheim mit 41 Teilnehmern, darunter erstmals auch Bürgermeister Horst Sülzle mit Familie, für fünf Tage Wells.

Vom 20. bis 22. April 1995 besuchte die Wells City Band mit 30 Musikern Bad Dürkheim. Höhepunkt des Besuches war ein gemeinsames Konzert mit der Stadtkapelle Bad Dürkheim im großen Kursaal des Kurhauses.

Anzumerken ist noch, daß jährlich der Bürgermeister von Wells am 1. Wurstmarktwochenende in Bad Dürkheim weilt, um an der Eröffnung des größten Weinfestes der Welt teilzunehmen. Auch das große Engagment des Partnerstädtevereins Bad Dürkheim um die Städtepartnerschaft mit Wells soll hier ausdrücklich gewürdigt werden.

Textile Werbegeschenke aus Haßloch

Handelsbeziehungen sogar nach Brasilien und Pakistan

von Ernst Lintz

Mit dem Slogan »Geschenke aus eigenem Haus« und einem Spinnrad als Logo wirbt der Haßlocher Textilversand Friedrich Raquet GmbH im örtlichen Telefonbuch. Und nach dem 80 bis 85 Prozent der ausnahmslos aus reiner Baumwolle gefertigten textilen Werbegeschenke importiert werden, ist die Haßlocher Carl-Benz-Straße zu einem Schnittpunkt weltweiter Auslandsbeziehungen nach Brasilien, Pakistan, Polen, Slowenien, Kroatien, Italien, Portugal und Belgien geworden.

Begonnen hatte alles 1952, als Friedrich Raquet mit seiner Ehefrau Maria, geborene Kölsch, beide Ur-Haßlocher, 1952 in Neustadt ihren Textileinzelhandel für Meterware und Heimtextilien gründeten. Mit der steigenden Konkurrenz durch Kauf- und Versandhäuser sah sich der Firmengründer gezwungen, nach einem neuen Markt umzusehen. Er begann mit dem Versand von Werbetextilien an Einzelhändler und Behörden und entdeckte damit eine Marktlücke. Schon bald waren die Geschäftsräume in der Neustadter Innenstadt zu eng geworden und Friedrich Raquet errichtete 1966/67 in der Haßlocher Carl-Benz-Straße im Industrie- und Gewerbegebiet eine erste 800 Quadratmeter große Handelshalle, zwei weitere mit 336 und 400 Quadratmetern Fläche und einem seit 1988 angeschlossenen Textilgeschäft für den sich ebenfalls ausweitenden Direktverkauf kamen hinzu.

Baumwolltaschen, Werbe-Wandkalender, Geschirrtücher, Grillhandschuhe, Frottierhand- und Badetücher, aber auch Tischdecken, Bettwäsche und Bademäntel werden angeboten - alles aus reiner Baumwolle. Zu den Abnehmern zählen Einzelhändler und Handwerksbetriebe mit kleinen Aufmerksamkeiten für ihre Kunden, etwa zu Weihnachten oder zu einer Geschäftseröffnung. Aber auch zu Messen, Jubiläen, zu einer Produkteröffnung oder schlicht zur Verkaufsförderung werden Präsente aus der Haßlocher Produktpalette bezogen. Neben Gemeinde- oder Stadtverwaltungen gehören auch Großkonzerne wie etwa der chemische oder pharmazeutischen, der Waschmittel- und der Elektroindustrie zu den Kunden des Haßlocher Geschenkeversandhauses. Immer stärker wird seit dem Fallen der europäischen Grenzen der Verkauf ins benachbarte Frankreich und nach Österreich. Aber auch in den neuen Bundesländern hat man bereits Fuß gefaßt.

Jährlich 12000 Sendungen packt die Versandabteilung der Firma Raquet.   *Foto: Lintz*

Die beiden Söhne Michael und Gerhard Raquet führen heute die Tradition des Hauses Friedrich Raquet GmbH als Gesellschafter und Geschäftsführer fort. Zu dieser Tradition gehört es auch, Qualität zu marktgerechten Preisen bieten zu können, wie die beiden versichern. So habe der Vater bereits 1972 geschäftliche und private Kontakte nach Brasilien geknüpft.

Zeitweise bis zu 60 Prozent der Baumwollprodukte wurden nach Raquet-Vorstellungen im brasilianischen Gebiet um Blumenau, 500 Kilometer südlich Sao Paulo gefertigt und in Haßloch dann bedruckt oder bestickt, oder auch mit eingewebten Werbetexten geliefert. Zumeist stammten sie aus Spinnereien, Webereien und Textilfabriken von Nachkommen Deutscher Einwanderer.

Bedingt durch mehrere Währungsreformen und stetige Inflationstendenzen in Brasilien samt die darin begründeten Kursschwankungen ist das Land als Handelspartner zu unsicher geworden. So haben sich die Söhne Friedrich Raquets in Pakistan, aber auch im benachbarten europäischen Ausland, in Polen, Kroatien, Slowenien, verstärkt auch in Belgien, Portugal und Italien, neue Importmärkte für ihre Baumwollprodukte erschlossen. »*Die dort für uns arbeitenden Menschen verdienen recht ordentlich. Doch sind bei uns die Lohnnebenkosten zu hoch*«, versichern Gerhard und Michael Raquet.

Für ihre Endfertigung mit Werbeaufdrucken und die entsprechenden Stickereien, aber auch für den Versand von jährlich etwa 12 000 Postpaketen an 17 000 Stammkunden, sowie für das in eigener Offsetdruckerei gefertigte Werbematerial sind - saisonbedingt schwankend - ständig zwanzig bis dreißig Leute beim Textilversand Raquet beschäftigt.

Das Halbfertigprodukt, eine Baumwolltasche aus Pakistan, wird in Haßloch bedruckt. Das Material stammt meist aus Firmen deutscher Auswanderer. Foto: Lintz

Bei den »Eierbettlern« an der Saale

Partnerschaft zwischen Leißling (Sachsen-Anhalt) und Carlsberg

von Christian Winnewisser

Nach der Öffnung der DDR-Grenzen im Jahr 1989 machte sich der damalige Carlsberger Bürgermeister, Dieter Winnewisser, auf einen Ratsbeschluß hin auf Partnerschaftssuche. Anfang 1990 wurde er von seiner Verwandten Petra Bittorf auf das malerisch an der Saale gelegene Dorf Leißling hingewiesen. Die sachsen-anhaltinische Gemeinde erschien ihm geeignet, weil sie zahlreiche Parallelen zu Carlsberg-Hertlingshausen aufweist.

Männerchor war die Grundlage

Bei einem privaten Besuch knüpfte Dieter Winnewisser erste Kontakte, sprach mit der damaligen Leißlinger Bürgermeisterin Claudia Hentschel und mit Vereinsvertretern. Das Ergebnis: Zum Verbandsgemeindefest im Mai 1990 in Hertlingshausen kamen die Bürgermeisterin, der Verein der »Eierbettler« und der »Leißlinger Männerchor 1846« nach Carlsberg. Die rund 45 Gäste wurden alle bei Privatpersonen untergebracht. Einer der Gastgeber war Heinz Hellweg, was sich für die weitere Entwicklung der Partnerschaft als segensreich erweisen sollte. Denn Hellweg nahm die Gegeneinladung nach Leißling gerne an und verbrachte dort mit seiner Familie seinen Sommerurlaub. Die so entstandenen Kontakte nutzte er, um den Besuch einer Carlsberger Delegation in Leißling Anfang November 1990 zu organisieren.

Der Delegation gehörten neben Bürgermeister und Beigeordneten Vertreter der Gemeinderatsfraktionen sowie des TSV Carlsberg und des TuS Hertlingshausen, des Männergesangvereins

Singend für die Partnerschaft: Die Gesangsvereine Carlsberg und Leißling.   Foto: Reichel

Urkundenunterzeichnung mit Heinz Hellweg, Leißlings Bürgermeister Gerhard Helber und Carlsbergs Bürgermeister Heinrich Knappe (von links). Foto: Reichel

und des Gemischten Chores an. Außerdem waren zahlreiche Gastgeber dabei, die Mitglieder des Leißlinger Männerchores beherbergt hatten. Empfangen wurden die Carlsberger von Gerald Helber, dem neu gewählten Leißlinger Bürgermeister. Neben zahlreichen Gesprächen stand auch eine Ortsbesichtigung auf dem Programm, bei der sich die evangelische Kirche als besonderes barockes Kleinod erwies, deren Inneres mit für diese Konfession ungewöhnlich reichhaltigen Ausschmückungen in blau-weiß Malerei die Besucher erstaunte. In der Folgezeit fanden mehrere Gottesdienste statt, die die evangelischen Pfarrer von Carlsberg, Gudrun und Kurt Herzer, gemeinsam mit ihrem Leißlinger Kollegen, Pfarrer Krause, gestalteten.

Eine weitere Leißlinger Attraktion ist die Seilfähre, mit der noch heute Ausflügler sicher ans andere Ufer der Saale übersetzen können.

Der Vorsitzende des Leißlinger Männerchores, Dieter Lutze, gab bekannt, daß sein Verein im Jahr 1991 das 145-jährige Bestehen feiere und hierzu auch Gäste aus Carlsberg erwarte. Eine Einladung, der Tiberius Holatschek, Vorsitzender des gemischten Chores Hertlingshausen, gerne nachkam.

Doch zunächst weilte im Februar 1991 eine Leißlinger Delegation in Carlsberg. Dabei wurde die Zusammenarbeit der Kindergärten beider Orte besprochen. Die Sportvereine TuS Hertlingshausen und TSV Carlsberg nutzten die Gelegenheit, die Kontakte zu Fortuna Leißling auszubauen. Hierbei ist besonders das Engagement von Peter Schakewitsch, Leiter der Fußballabteilung des TSV, zu erwähnen, denn in den folgenden Jahren fanden hier wie dort immer wieder Freundschaftsspiele zwischen dem TSV Carlsberg und Fortuna Leißling statt, eines davon anläßlich der Feierlichkeiten zum 760jährigen Bestehen von Leißling im Jahr 1992.

Im Juni 1991 nahm der gemischte Chor aus Hertlingshausen an einem Sängerwettstreit zum Jubiläumsfest des Männerchores in Leißling teil und lernte auch die große Vielfalt an Leißlinger Musikgruppen kennen, denn dort gibt es gleich drei Blas-Ensembles: zum einen die »Leißlinger Blasmusikanten«, gleichzeitig auch Feuerwehrkapelle, deren Mitglieder über 40 Jahre alt sind und die volkstümliche Blasmusik spielt, daneben die »Saalefinken«, zwölf Musiker zwischen 20 und 30 Jahren, die moderne Tanzmusik in ihrem Repertoire haben und ihr Publikum auch mit einem charmanten Conferencier unterhalten. Die »Saalespatzen« schließlich sind das Jugendensemble. Neben den Blaskapellen gibt es noch den »Leißlinger Männerchor 1846«, die Klampfengruppe des Männerchores und die Jagdhornbläser.

Natürlich lud der gemischte Chor zum Gegenbesuch ein, und so begeisterten die »Saalefinken« beim Kerwetanz des TuS Hertlingshausen im Spätsommer 1991 die zahlreichen Besucher mit flotten Rhythmen bis in die frühen Morgenstunden hinein.

Im Mai 1992 gastierten die »Leißlinger Blasmusikanten« in Carlsberg und Hertlingshausen. Sie spielten zum Mai-Tanz auf in der Turnhalle von Hertlingshausen, gaben ein zünftiges Standkonzert in der Carlsberger Fußgängerzone und in 6 weiteren Auftritten zeigten sie ihr musikalisches Können.

Im gleichen Jahr weilte anläßlich des Sommernachtsfestes des »Männergesangsverein Liederkranz« erneut der Leißlinger Männerchor in Carlsberg. Diesmal hatten die Sänger allerdings - im Gegensatz zu 1990 - ihre Ehefrauen mitgebracht, denn inzwischen hatten sich die privaten Kontakte intensiviert. So waren immer öfter Fahrzeuge mit den Kennzeichen »WSF« (für Weißenfels, der Landkreis, zu dem Leißling gehört) in Carlsberg zu sehen, und immer mehr Carlsberger verbrachten ein Wochenende bei Freunden in Leißling.

Ostdeutsche Partnergemeinden von Orten aus dem Landkreis Bad Dürkheim: Gebesee (4, mit Haßloch), Bad Berka (5, Bad Dürkheim, 1), Buttstädt (6, Freinsheim), Eisenberg (Sitz Saale-Holzland-Kreis, 7) und Stadtroda (11), Pegau (8, Wachenheim), Coswig (9, Gönnheim, Friedelsheim, Ellerstadt) und Leißling (10, Carlsberg). Im Süden u.a.: Raisting und Starberg (2,3) sowie Kempten (12).

Im September 1993 startete der »Männergesangverein Liederkranz« mit zwei Bussen und über 100 Personen zum bisher größten Besuch nach Leißling. Beeindruckt waren die Carlsberger von der wirtschaftlichen Entwicklung, die das Dorf seit der Wiedervereinigung genommen hatte: Das »Saale-Unstrut-Center Schöne Aussicht«, ein Einkaufscentrum mit 34.000 qm Verkaufsfläche, 2000 Parkplätzen und über 50 Fachgeschäfte hatte gerade im Leißlinger Gewerbegebiet seine Tore geöffnet.

Ebenfalls kräftig expandiert hatte die bereits 100 Jahre alte »Köhlerquelle«, 1991 vom Leißlinger Unternehmer Dr. Christian Künzer als »Leißlinger Mineralbrunnen« in eine GmbH überführt. Der Betrieb verfügt über ein breites Sortiment an Erfrischungsgetränken und bietet in den neu errichteten Produktionsanlagen weit über 100 Arbeitsplätze. Für beide Gemeinden erfreulich ist, daß Dr. Künzer die Gemeindepartnerschaft mit Spenden unterstützt. So wrude bereits bei den Kerweumzügen in Carlsberg und Hertlingshausen kostenlos Erfrischendes aus Leißling verteilt. Neben den Besichtigungen im Gewerbegebiet standen auch Ausflüge ins Umland auf dem Programm: Naumburg, Halle, Weißenfels, Merseburg - all diese geschichtsträchtigen Städte liegen nur wenige Kilometer von Leißling entfernt. Gerade für Pfälzer interessant war der Besuch bei der Rotkäppchen-Sektkellerei in Freyburg, denn die Saale-Unstrut-Region ist auch ein bedeutendes Weinanbaugebiet.

Im Frühjahr 1994 zog es wieder zahlreiche Carlsberger nach Leißling, denn am Sonntag nach Pfingsten findet dort das traditionelle Eierbetteln statt. Ein uralter, bis ins frühe Mittelalter zurückgehener Frühlingsbrauch, der mit bunten Masken stimmungsvoll dem Straßenkarneval ähnelt.

Der Höhepunkt dieses überregional bekann-

Gemeindepartnerschaft

Leißling
Sachsen-Anhalt

Carlsberg
Rheinland-Pfalz

Heimatlied

Der Leißlinger Dorfchronist, Theo Pohle, überraschte die Gäste mit einer zusätzlichen Strophe (Carlsberg gewidmet) zum 3-strophigen Leißlinger Heimatlied »*Gruß an Leißling*«, die er anläßlich der Partnerschaft verfaßt hatte. Dort heißt es:

Leißling hat'ne Partnerschaft
mit Carlsberg in der Pfalz,
Sie gibt uns viel Freud und Kraft,
Carlsberg - Gott erhalt's.
Ob Sänger, Bläser, Sportlerschaft,
alle sind dabei.
Wir halten Freundschaft jeder Zeit,
was auch immer sei!

Mein Carlsberg, dich grüße ich.
Mein Carlsberg, nie laß' ich dich!
Bin ich auch nicht bei dir zu Haus,
fahr ich doch gern zu dir hinaus.
Mein Carlsberg, wie bist du schön:
Ich muß dich wiederseh'n!«

Kommst du mal nach Leißling rein,
bleib am Berge stehn
Schaue erst ins Tal hinein
viel gibt's da zu sehn.
Vorbei fließt stolz die Saale,
ringsum Bergeshöhn
und unter dir im Tale,
siehst du Leißling schön (stehn).

Mein Leißling - dich grüße ich!
Mein Leißling - nie laß ich dich!
Zieh ich auch in die Welt hinaus,
kehr ich doch ganz bestimmt nach Haus.
Mein Leißling - wie bist du schön!
Ich muß dich wiedersehn!

ten Festes ist zum einen die Demaskierung und zum anderen ein großer Umzug, der um 18 Uhr beginnt und an der Gaststätte »Thüringer Pforte« endet. Bereits 1991 hatte eine Gruppe aus Carlsberg als Winzer verkleidet mit einem Motivwagen »Trabbi-Wein-Express« an diesem Umzug teilgenommen. Der Vereinsvorsitzende der »Eierbettler«, Heinz Hornickel, wurde bei den Partnerschaftsfeierlichkeiten im August 1995 zum **ersten** Leißlinger Ehrenbürger ernannt.

Im November 1994 besuchte der neue Carlsberger Bürgermeister, Heinrich Knappe, Leißling. Bei dieser Gelegenheit äußerten viele, die sich in den vergangenen Jahren für die Partnerschaft engagiert hatten, den Wunsch, die gewachsene Zusammenarbeit nun auch offiziell zu besiegeln. Deshalb beschloß der Carlsberger Gemeinderat am 26. Januar 1995 einen Partnerschaftsbeirat einzuberufen.

Drei Wochen später konstituierte sich der Beirat in einer öffentlichen Versammlung. Neben dem Vorsitzenden Heinz Hellweg und seinem Stellvertreter Tiberius Holatschek, gehören ihm Vertreter aller Ratsfraktionen und zahlreicher Vereine, Gewerbetreibende und Privatpersonen an. In dieser Zusammensetzung ist auch das Ziel des Beirates, die Verantwortung auf eine möglichst breite Basis zu vertiefen, manifestiert. Bis zum Mai 1995 bereitete der Beirat die Besiegelung der Partnerschaft vor. Die Partnerschaftsvereinbarung wurde am 24. Mai 1995 vom Carlsberger Gemeinderat einstimmig angenommen. Die Leißlinger Gemeinderäte hatten bereits einen Monat zuvor zugestimmt. So stand der offiziellen Unterzeichnung der Partnerschaftsurkunden nichts mehr im Wege.

Am 24. Juni 1995 besiegelten die Bürgermeister beider Orte im Rahmen eines großen Festaktes im Bürgerhaus von Carlsberg-Hertlingshausen, fünf Jahre nach den ersten Kontakten, die Partnerschaft zwischen Leißling und Carlsberg-Hertlingshausen. Zu diesen Partnerschaftsfeierlichkeiten am Wochenende vom 24.-26.06.95 reiste eine große Leißlinger Abordnung an, bestehend aus Vertretern von Kommunalpolitikern, Vereinen und öffentlichen Einrichtungen sowie der gesamte »Männerchor 1846« und die »Leißlinger Blasmusikanten«. Beide Gruppen, Sänger und Musiker, hatten maßgeblichen Anteil an der Gestaltung der musikalischen Umrahmungen, sei es anläßlich der Feierstunde zur Partnerschaftsbesiegelung, sei es anläßlich des Sommernachtsfestes des MGV »Liederkranz« zum Liederabend mit Tanz.

In der Partnerschaftsvereinbarung sind die Ziele der Zusammenarbeit wie folgt definiert:
»Die Gemeinden Carlsberg-Hertlingshausen und Leißling besiegeln durch Abschluß dieser Partnerschaftsvereinbarung ihre nach der Wiedervereinigung Deutschlands entwickelten freundschaftlichen Beziehungen. Die beiden Gemeinden pflegen und fördern regelmäßige Kontakte zwischen ihren Bürgern, sei es auf privater Ebene oder in Vereinen, Gruppen, Kirchengemeinden, Schulen, Kindergärten, Feuerwehren und politischen Gremien auf persönlicher, kultureller, sportlicher, kirchlicher und politischer Ebene. Die politischen Gremien beider Gemeinden fördern alle Maßnahmen, die zum Erreichen dieser Beziehungen geeignet sind, und pflegen zum beiderseitigen Nutzen den Informationsaustausch auf Fachgebieten wie

Die Entfernung zwischen Carlsberg und Leißling verdeutlicht ein eigens beschafftes Schild.

z.B.: Dorfentwicklung, Landschafts- und Denkmalpflege, kommunaler Kulturarbeit, Umweltschutz«.

Die Leißlinger Künstlerin Andrea Palkowitsch überreichte ein Bild, das einen Blick über Leißling auf das Saaletal zeigt. Dem Werk wurde im Bürgerhaus ein Ehrenplatz zuteil. Anschließend fand in der katholischen Pfarrkirche Heilig Kreuz ein ökumenischer Gottesdienst statt, der von Pfarrer Kurt Herzer und seinem katholischen Kollegen Werner Kilian unter Mitwirkung vom Organisten und Bläserchor der »Leißlinger Blasmusikanten« mitgestaltet wurde.

Am 26. August 1995 traf eine große Carlsberger Delegation in Leißling ein, um dort an den Feiern zur offiziellen Besiegelung der Partnerschaft teilzunehmen.

Leißling

Die Geschichte der ostdeutschen Gemeinde Leißling kann in ihren Eckdaten für viele Orte der neuen Bundesländer stehen. In Sachsen-Anhalt, im Landkreis Weißenfels, liegt Leißling an der Saale als Teil einer Verbandsgemeinde »Vier Berge«. Der über 760 Jahre alte Ort hat rund 1400 Einwohner. Botaniker finden hier im Landschaftsschutzgebiet »Mittleres Saaletal«, an den Ausläufern des Thüringer Waldes, viele seltene und deshalb geschützte Pflanzen und Tiere.

Wahrzeichen von Leißling ist die Dorfkirche. Über die Saale kann man mit der historischen Seilfähre kommen. Arbeit findet die Bevölkerung in den Chemie-Zentren Leuna und Buna, aber auch am Ort in einer Mineralbrunnen GmbH und im neuen Saale-Unstrut-Einkaufscenter.

Die erste urkundliche Erwähnung datiert von 1232. Im thüringischen Erbfolgekrieg 1247-1263 wird die Region verheert. Die Chronik berichtet von der Pest (1350, 1522 und 1610) und von großen Saale-Überschwemmungen (1433, 1501, 1613 - »Thüringer Sünd-Flut« - und 1799). 1458 kommt Leißling zum Herzogtum Sachsen. 1520 wirkt der Reformator Thomas Münzer im nahen Kloster Beudnitz. Starke Zerstörungen im 30jährigen Krieg.

Im siebenjährigen Krieg besetzen die Preußen Leißling (inzwischen beim Königreich Sachsen). 1806 kommt es nach der Schlacht von Jena und Auerstedt zu Plünderungen durch die französischen Truppen von Marschall Ney, 1813 lagern hier russische Truppen. Beim Wiener Kongreß wird Leißling preußisch und gehört zur Provinz Sachsen. Im Kaiserreich erhält der Ort 1885 einen Bahnhof an der Linie nach Naumburg. Im 20. Jahrhundert muß die Gemeinde im 1. Weltkrieg Tribut zollen, 1924 gibt es eine erste demokratische Wahl des Gemeinderats, 1943 im 2. Weltkrieg werden Rheinländer nach Leißling evakuiert, nach Kriegsende kommen schon 1945 Umsiedler aus dem Osten. US-Einheiten besetzen im April 1945, im Juli die Sowjet-Armee den Ort. Die Provinz Sachsen-Anhalt wird gebildet.

Antifaschistisch-demokratische Parteien entstehen (CDU, KPD, SPD, LDP). KPD und SPD bilden 1946 die SED in Leißling. Bei den ersten Kommunalwahlen sind im Gemeinderat LDP (8 Sitze), SED (6) und CDU (2). Bei Bildung der DDR im Oktober 1949 zählt Leißling 3022 Einwohner. Am 17. Juni 1953 beteiligen sich Leißlinger Arbeitnehmer an einem Streik in Leuna. 1961 werden nur noch 2220 Einwohner gezählt, 1979 noch 1650. Im Herbst 1989 nehmen Leißlinger an den Montags-Demonstrationen in Leipzig teil. Am 9. November 1989 fallen die Grenzen, Leißlinger fahren nach West-Berlin und in die Bundesrepublik. Am 18. März 1990 siegt bei den Kommunalwahlen die CDU. Erster Bürgermeister nach der Wende wird Gerald Helber.

C.L.

mitmachen!

Wertstoffe trennen

Papier, z. B.
- Zeitungen, Zeitschriften
- Bücher, Kataloge
- Prospekte, Papiertüten
- Pappe, Karton

Kunststoffe und Verbundverpackungen, z. B.
- Kunststoffverpackungen, -folien
- Verbundverpackungen (Tetra-Pak)
- Plastiktragetaschen
- Styropor

Glas und Metall, z. B.
- Einwegflaschen, -gläser
- Konserven-, Getränkedosen
- reines Aluminium (z.B. Deckel von Joghurtbechern)

Kreisverwaltung Bad Dürkheim
Philipp-Fauth-Straße 11
67098 Bad Dürkheim
Infotel.: 0 63 22 / 96 12 07

Einem Römerkastell nachempfunden: Das »Haus der Deutschen Weinstraße« in Bockenheim, das im August 1995 eröffnet wurde. Foto: W. M. Schmitt

Visitenkarte des Weinbaus der Pfalz

»Haus der Deutschen Weinstraße« in Bockenheim eingeweiht

von Manfred Letzelter

Eigentlich geht die Idee für ein auffälliges Symbol am nördlichen Beginn der Deutschen Weinstraße bis in die 30er Jahre zurück, als auch das Weintor in Schweigen entstand. Das Tor aus Pappmaché, in Grünstadt zur Einweihung der Deutschen Weinstraße 1935 aufgestellt, hielt aber nur wenige Tage. Wieder aufgegriffen und in die Öffentlichkeit getragen wurde der nie verloren gewesene Gedanke 1980. Die Weinbruderschaft der Pfalz und der ehemalige Verein »Mittelhaardt - Deutsche Weinstraße« ergriffen mit dem damaligen Landrat Hermann Josef Deutsch die Initiative. Nach einigen Monaten ausführlicher Diskussion in engen Zirkeln gründete sich bald das »Kuratorium zur Gestaltung der Deutschen Weinstraße«, dem heute Landrat Georg Kalbfuß vorsteht. Stellvertreter ist nach wie vor Dr. Theo Becker, Ordensmeister der Weinbruderschaft der Pfalz.

Seit 1983 wurde der Bau eines Weinstraßen-Symbols in Bockenheim energisch vorangetrieben. Ein Ideenwettbewerb wurde ausgeschrieben, 30 Entwürfe gingen 1984 und 1985 ein. Preisträger waren Ingenieure aus Hessen, die sich hier ein Bauwerk ähnlich einem römischen Amphitheater vorstellen konnten. Diese Variante wurde zwar ausgezeichnet, konnte jedoch auch aus Kostengründen nicht verwirklicht werden.

Um der Realisierung näher zu kommen, verpflichtete das Kuratorium 1986 den Kaiserslauterer

Architektur-Professor Horst Römer. Der legte gemeinsam mit Dipl.-Ing. Gerold Reker ein neues Modell vor, das einen Gebäudekomplex - auch unter Einbeziehung eines Hauses für die Bockenheimer Mundarttage in Traubenform vorsah. Auch dieses Ensemble sollte auf der ehemaligen Klosterschafnerei stehen, als ein »Platz mit Herz«, der Groß- und Kleinbockenheim miteinander verbindet. Dann liefen auch hier wieder die Kosten davon, es wurde geändert und mehrfach umgeplant - doch letzten Endes mußte sich das Kuratorium auch von diesem Modell verabschieden.

Das Traubensymbol bildete von einigen Entwürfen, die bis 1991 diskutiert wurden, zunächst den Grundriß (für Saal mit 300 Personen Fassungsvermögen, Turm mit Weinstube und Weinpavillon/Restaurant). Einen neuen Entwurf lieferten die Architekten Anfang 1991, der wieder die Torsituation zum Thema hatte. Am 7. November 1991 kam es dann zum Beschluß im Kuratorium, in der heute zu sehenden Form als Brückenrestaurant (Form: römisches Kastell) zu bauen. Nachdem das Jahr 1992 mit Detailplanungen, Bauanträgen, Finanzierung, Ausschreibung und Vergaben verging, war am 22. März 1993 Baubeginn in Bockenheim mit dem ersten Spatenstich. Richtfest wurde am 13. April 1994 gefeiert.

Das »Haus der Deutschen Weinstraße« in Bockenheim, das seinen Namen durch einen öffentlichen Wettbewerb erhielt (über 400 Vorschläge), erinnert in seiner äußeren Ausformung an ein römisches Kastell - womit ein wenig die Verbindung zur der Zeit geschlossen ist, als römische Kohorten den Wein ins heutige Deutschland und die heutige Pfalz brachten.

Maße und Funktionen

Die lichte Durchfahrtshöhe über der Deutschen Weinstraße (B 271) beträgt rund 5,50 Meter. Weitere Baudaten: Nutzfläche innen: 750 qm, Kubatur: 4.400 cbm, Länge des Gebäudes 40 m,

Vertragsunterzeichnung in Bockenheim (von links): Geschäftsführer Thomas Wansch, Christina Sauerbier, Ortsbürgermeister Eugen Ackermann, Winfried Berger, Ordensmeister Dr. Theo Becker, Landrat Georg Kalbfuß, Bauernpräsident Norbert Schindler (MdB) und Verbandsbürgermeister Werner Beyer. *Foto: W. M. Schmitt*

Managerin Christina Sauerbier.

Chefkoch Winfried Berger. Fotos: Schmitt

Turmhöhe: 20 m, Breite des Brückenkörpers 7 m. Funktionen: Im Kellergeschoß sind Weinlager, Heizung, Hausanschlüsse, öffentliche WC-Anlage; im Erdgeschoß befinden sich Repräsentationsraum der Winzer, Versammlungsraum, Foyer für 60-90 Personen, Terrasse, Freisitz am See mit Bewirtung: im 1. Obergeschoß sind Personalbereich und Lager; im 2. Obergeschoß sind das Brücken-Restaurant für 60-90 Personen, Küche (Kapazität für 200 Personen), Anbau der Bauern- und Winzerschaft, im 3. Obergeschoß ist das Turmzimmer, in dem die Verbandsgemeinde Grünstadt-Land die Weinstraßen-Hochzeit anbietet; im 4. Obergeschoß finden die Besucher eine Aussichtsplattform. Alle Geschoße sind behindertengerecht und kinderwagenfreundlich mit einem Aufzug anzufahren. Sie sind mit Speise- und Lastenaufzug verbunden. Ein zylindrischer Turm auf der Ostseite dient als Nottreppenhaus.

Die Umgebung von Alt-Bockenheim, die Terrasse und die Weiheranlage, sind optisch ins Innere einbezogen. Der künstlich geschaffene Weiher mit Freisitzen und Terrasse ist ein Treffpunkt für die Bevölkerung von Bockenheim, aber auch für Reisegruppen. Einbezogen in die historische Klosterschaffnerei lädt das Ambiente zu Spaziergängen ein, Naturfreunde finden interessante, sich neu bildende Flora und Fauna.

Gastronomische Kultur...

Kulturelle Begegnungsstätte am Beginn der Deutschen Weinstraße in Bockenheim soll das am 19. August 1995 eröffnete »Haus der Deutschen Weinstraße« sein. Dafür will das Pächterpaar Christina Sauerbier und Winfried Berger mit gastronomischen und kulturellen Konzepten sorgen. Nach den Vorstellungen des Landrats und Kuratoriumsvorsitzenden Georg Kalbfuß soll sich im Pendant des »Deutschen Weintors« die 2000jährige Weinbautradition der Pfalz widerspiegeln.

... und Kunstgenuß

Die Hotelmanagerin Christina Sauerbier (49) und der Koch Winfried Berger (29) wurden ausgewählt, »weil sie mit ihrem Konzept die *beste Garantie boten, die Wünsche zu realisieren, die in der Region mit dem Weinstraßen-Haus verbunden sind«*, so der Landrat. Christina Sauerbier, gelernte Kauffrau und Wahlpfälzerin aus Hessen, leitet seit 1985 das »Waldhotel« im benachbarten Eisenberg (Donnersbergkreis), das sie ab 1990 auch übernahm. Sie ist außerdem Ausbilderin für alle Berufe der Gastronomie. Das »Haus der Deutschen Weinstraße« hat daher unter seinen zehn Angestellten im Brückenrestaurant auch zwei Auszubildende. Die Pflege und Betreuung der Gäste, vom zufälligen Besucher bis hin zur erwarteten Stammkundschaft, sowie die Verwaltung des Hauses sind ihr Metier.

Die Architekten

Horst Römer (geb. 1928), Architekt - Innenarchitekt. Nach Schreiner- und Zimmererlehre Studium an der Technischen Hochschule Darmstadt. 1955 bis 1958 wissenschaftlicher Assistent am Lehrstuhl für Entwerfen und Kirchenbau. Bis 1970 Baurat und Dozent an der Staatlichen Ingenieur- und Werkkunstschule in Mainz. 1970 Ordentlicher Professor für Architektur und Entwerfen mit den Spezialgebieten »Raumgestaltung und Möbelbau« sowie »Freies Zeichnen und Malen« an der Universität Kaiserslautern. 1994 Emeritierung. Wettbewerbserfolge als freischaffender Architekt: Wohn- und Kirchenbauten, Schulen, Kindergärten, Versammlungs- und Verwaltungsgebäude, Sparkassen Restaurierung historischer Bauten (Hambacher Schloß) Innenausbauten und Möbeldesign.

Gerold Reker (geb. 1950), Freier Architekt. Studium an der Universität Kaiserslautern. 1979 bis 1986 wissenschaftlicher Assistent am Lehrstuhl für Entwerfen, Raumgestaltung und Möbelbau, Freies Zeichnen und Malen. Lehraufträge für Gebäudelehre und Entwurfsmethodik. Seit 1994 Vertretungsprofessor für Entwerfen und Innenraumgestaltung an der Universität Kaiserslautern. Wettbewerbserfolge als freischaffender Architekt: Wohnbauten, Schulen, Versammlungsstätten, Verwaltungsgebäude, Sparkassen, Restaurierung historischer Bauten, Innenausbauten.

Chefkoch Winfried Berger lernte sein Fach im Ramada-Hotel Ludwigshafen und arbeitete danach als Koch in der Schweiz sowie als Küchenchef in Hotels und Gourmet-Restaurants bei Karlsruhe und Aschaffenburg, ehe er 1993 als Küchenchef nach Eisenberg ins vielbesuchte »Waldhotel« wechselte. Als Mitgesellschafter am Weinstraßen-Haus ist er im Betrieb verantwortlich für Küche und Weinpräsentation.

Die gastronomische Konzeption sieht drei Linien an Speise- und Getränkekarten vor. Da ist einmal - das war Voraussetzung - die deftige Pfälzer Spezialitätenkarte. Im »Haus der

Architekt Gerold Reker präsentiert den Schlüssel zum Weinstraßenhaus.
Foto: W. M. Schmitt

Plausch bei der Eröffnung des Weinstraßenhauses in Bockenheim (von links): Ortsbürgermeister Eugen Ackermann, Pfälzische Weinkönigin Silke Gerner, Wirtschaftsminister Rainer Brüderle und Geschäftsführer Thomas Wansch.   Foto: W. M. Schmitt

Deutschen Weinstraße« heißt sie »Mundartkarte«. Der Mundartdichter Wilhelm Mann aus Eisenheim sieht dabei darauf, daß die Gerichte auch richtig geschrieben sind, zum Beispiel »Saumaache mit Grumbeerschtambes« (Saumagen mit Kartoffelbrei). Die zweite Linie ist die Bistro-Karte, die sich an die Zielgruppe der Jüngeren oder die reifere Jugend wendet. »Leichte Gerichte, leichte Weine« heißt die Devise. Höhepunkt des gastronomischen Angebots ist die Karte mit der »Internationalen Küche zum Pfälzer Wein«. Winfried Berger möchte hier unter anderem Gourmet-Menues anbieten, zu jedem Gang den richtigen Pfälzer Wein im 0,1-Liter-Glas.

Als kulturelles Konzept bieten Christina Sauerbier und Winfried Berger neben Live-Musik (junge wie arrivierte Musiker der Region können sich vorstellen. Solisten bis kleinere Gruppen, alle Stilrichtungen können sich im »Haus der Deutschen Weinstraße« bewerben) für die Kunstfreunde unter den Weingenießern wechselnde Ausstellungen, die mal länger (im Turmzimmer) oder tageweise (im Foyer) Künstler der Region zeigen.

Gerade die Verbundenheit der beiden Pächter zur Pfalz sei es, die Hoffnung mache, daß das »Haus der Deutschen Weinstraße« auch angenommen werde, daß es sowohl für auswärtige wie einheimische Gäste ein interessanter Treffpunkt werden könne, meinen die Vertreter der Gesellschafter des Hauses (Landkreis Bad Dürkheim), Verbandsgemeinde Grünstadt-Land, Ortsgemeinde Bockenheim und Bauernverband Rheinland-Pfalz Süd). Schließlich solle dieses *»für die gesamte Pfalz wichtige Projekt einmal die Visitenkarte des Weinbaus in der Pfalz abgeben«,* erläutert Landrat Kalbfuß, wozu nicht zuletzt der Bauernverband Rheinland-Pfalz Süd beitragen will. Bauernpräsident Norbert Schindler (MdB) meinte dazu, sein Verband sei

Pfalz gab es auf dem Gelände der Bockenheimer Klosterschaffnerei ein Spielfest für Kinder, Das Spielmobil war im Einsatz, die Sieger im Pfalzpreis »Jugend und Sport« aus Otterbach (bei Kaiserslautern) demonstrierten ihr Können.

Der Festnachmittag auf der Bühne begann mit Liedern der Bockenheimer »Schloßlerchen«. Tanzvorführungen boten die Jugendgarde des CV Bockenheim, die SG Unteres Eisebachtal und 30 Frauen vom Turngau Rhein-Limburg mit ihrer »Festgymnastik«. Mundartdichter Paul Tremmel reimte und wies damit auf Bockenheim als Zentrum der pfälzischen Mundart hin. Dr. Theo Becker, Ordensmeister der Weinbruderschaft der Pfalz, bat an die Weinstände, um über die Deutsche Weinstraße und den Pfalzwein zu informieren. Die Jugendfeuerwehren des Landkreises Bad Dürkheim stellten am See einen Wasserdom. Es sangen die »Stumpfwald-Krischer«. Moderator der Veranstaltungen waren Rundfunksprecher Hans-Jürgen Schulz aus Bockenheim und Medienreferent Manfred Letzelter von der Kreisverwaltung Bad Dürkheim.

Die Landjugend erbaute eine Trockenmauer, zu der die jungen Leute Steine aus allen pfälzischen Gemeinden verwendet haben, in denen es Ortsverbände der Landjugend gibt. Der Schlußstein mit dem Wappen der Landjugend wurden von neun jungen Frauen und Männern auf einem Neuner-Spezial-Fahrrad in einem Anhänger ab 7.30 Uhr vom Deutschen Weintor bei Schweigen (Kreis Südliche Weinstraße an der französischen Grenze) über 80 Kilometer auf der Deutschen Weinstraße bis zum Haus der Deutschen Weinstraße in Bockenheim (Landkreis Bad Dürkheim) am nördlichen Beginn der Deutschen Weinstraße gebracht. Zwei Bräute wurden in Wein aufgewogen. Live-Musik mit Tanz und Mitternachtsshow bot die Band »Modern Sound« aus Frankfurt.

»Neues Glanzlicht der Deutschen Weinstraße«

»Die deutsche Weinstraße hat einen neuen Anziehungspunkt, ein neues Glanzlicht«, erklärte Landrat Georg Kalbfuß in seiner Eröffungsrede. *»Das 'Haus der Deutschen Weinstraße' hier in Bockenheim, am Beginn der ersten Ferienstraße Deutschlands und an der Schnittstelle der Weinanbaugebiete Rheinhessen und Pfalz errichtet, soll sowohl ein Schaufenster für den Weinbau dieser Region sein, wie das andere Ende eines über 80 Kilometer zum Deutschen Weintor im Süden zu knüpfenden Bandes. Von Rheinhessen bis zur französischen Grenze zum Elsaß wollen wir heute die Hand reichen für eine einheitliche Deutsche Weinstraße«.*

An der Grenze zu Rheinhessen stehend, sei es auch eine Brücke zur Nachbarregion. *»Wir können uns gut vorstellen, zu anderen Weinstraßen innerhalb und außerhalb Deutschlands von hier aus Kontakte zu knüpfen. Mit der dem Landkreis Bad Dürkheim partnerschaftlich verbundenen Südtiroler Weinstraße sind gemeinsame Aktionen schon besprochen«.*

Wozu ein »Haus der Deutschen Weinstraße«? Es gebe viele gute Gründe, sagte der Landrat. Das Symbol solle

»— eine fast 2000jährige Weinbautradition in der Pfalz pflegen und weiterentwickeln
  — die Deutsche Weinstraße stärken, und zwar in ihrer Gesamtheit
  — Weine von der ganzen deutschen Weisntraße präsentieren und
   damit
   Leistungen und Leistungsfähigkeit dieser Weinbauregion herausstellen (heute schon sind im Haus 65 Weingüter vertreten; weiterer Ausbau ist erwünscht)
  — Eingangstor zur Weinstraße und zur Pfalz sein. Neben der Unterrichtung über die Weinbauregion Pfalz bieten und touristische Informationen über die gesamte Pfalz
  — kulinarisch in die Pfalz einladen, da Liebe durch den Magen geht, gerade zu einem Urlaubs- und Feriengebiet«.

Zu den kulinarischen Genüssen ergänzte Georg Kalbfuß: Frische Produkte aus der Pfalz, teils

bemüht, den vielen Perlen an der Deutschen Weinstraße mit diesem Projekt eine direkt an der Grenze zwischen Pfalz und Rheinhessen hinzuzufügen und kündigte gerade für seinen Berufsstand dort zahlreiche Serviceleistungen an.

Die Eröffnung im August 1995

Zwei Tage Musik, Spiel und Unterhaltung gab es am 19. und 20 August 1995 rund um das »Hotel der Deutschen Weinstraße«. Dem fröhlichen Treiben bei Weinen aus der gesamten Pfalz und deftigen Spezialitäten sowie für Feinschmecker (Ausgesuchtes an Gourmet-Ständen) ging ein Festakt voraus, bei dem der rheinland-pfälzische Wirtschafts- und Verkehrsminister Rainer Brüderle die Festansprache hielt. Landrat Georg Kalbfuß, Vorsitzender des Kuratoriums, ging auf die Entwicklung dieser Idee vom nördlichen »Weintor« ein, Weinbaupräsident Edwin Schrank (Dackenheim) und Norbert Schindler (Bobenheim am Berg) als Präsident der Bauern- und Winzerschaft Rheinland-Pfalz Süd würdigten aus Sicht der Winzer das Haus. Weitere Grußworte sprachen Regierungspräsident Rainer Rund, Dr. Werner Ludwig (Bezirksverband Pfalz), Bürgermeister Werner Beyer (Verbandsgemeinde Grünstadt-Land, Vorsitzender der Gesellschafterversammlung), Dr. Theo Becker (Ordensmeister der Weinbruderschaft der Pfalz), Ortsbürgermeister Eugen Ackermann (Bockenheim) und die Pfälzische Weinkönigin Silke Gerner (Weisenheim am Sand), sowie Josef Ranigler aus Margreid an der Südtiroler Weinstraße. Architekt Reker (Kaiserslautern) übergab an den Landrat den Schlüssel des Hauses.

Das Musik- und Unterhaltungsprogramm eröffneten die »modern fanfares«, ein Spielmannszug aus Bockenheim. Am Bockenheimer See wurde eine Ballonstart-Anlage geschaffen, zur Freude der Besucher wurde nachts ein Ballon aufgeblasen und beleuchtet. Zwölf Winzer aus der ganzen Pfalz präsentierten rund ums »Haus der Deutschen Weinstraße« und ums Festzelt ihre Weine, auf dem Gelände der Klosterschaffnerei hatten die Bockenheimer Winzer einen eigenen Platz.

In Zusammenarbeit zwischen dem Kreisjugendamt Bad Dürkheim und der Sportjugend der

Das »Haus der Deutschen Weinstraße«, gezeichnet von Kunstmaler Heiner Deege (Neustadt).

in verschwenderischer Vielfalt gewachsen, bildeten das verlockende Angebot einer gesegneten Landschaft: »*Alle diese Köstlichkeiten lassen sich mit herrlichen Pfälzer Weinen, vom deftigen Schoppenwein bis zur edelsten Trockenbeerenauslese kombinieren und verfeinern*«. Edle Pfälzer Brände (z.B. Pfälzer Weinbrand, XO, Obstbrände) und aromatische pfälzer Tabakwaren rundeten das Angebot ab. Auch ein frisches Bier aus pfälzischen Brauereien stehe bereit.

Die Finanzierung war schwierig

Bei der schwierigen Finanzierung des 5,34-Millionen-Projekts hätten letzlich alle Verantwortlichen in der Region des nördlichen Weinstraßenbeginns und der gesamten Pfalz an einem Strang gezogen, freute sich Landrat Kalbfuß. Das Land Rheinland-Pfalz hatte an Zuschüssen 2,3 Millionen Mark geleistet (1.500.000 Mark aus dem Bereich Wirtschaftsförderung und 800.000 Mark aus dem Investitionsstock); der Bezirksverband Pfalz gab 500.000 Mark dazu; vom Landkreis Bad Dürkheim flossen 500.000 Mark in das Weinstraßen-Haus (das Kreistagsprotokoll: mit »kritischer Sympathie«); die Verbandsgemeinde Grünstadt-Land stellte ebenfalls 500.000 Mark bereit wie die Ortsgemeinde Bockenheim; das Kuratorium selbst konnte 350.000 Mark aufbringen, eine Spende; 650.000 Mark kamen aus Vorsteuererstattung, die Betriebs GmbH erbrachte 50.000 Mark.

Nicht in dieser Summe enthalten ist die Gestaltung des weiteren Umfeldes des Hauses (rund 20.000 qm) einschließlich Bau eines Sees. Dieses Vorhaben läuft in der Trägerschaft der Gemeinde Bockenheim. Neben dem Haus der Weinstraße hat der Bauernverband Rheinland-Pfalz Süd zusammen mit der VG Grünstadt-Land ein Zweckgebäude errichtet, das Büro- und Verkaufsräume beherbergt. Die dafür anfallenden Kosten von rund 250.000 Mark werden von den Bauherren aufgebracht (2/3 Bauernverband, 1/3 VG).

Dank sagte der Landrat für die engagierte Unterstützung Vieler: Die Minister Rainer Brüderle und Walter Zuber, dem Bezirksvorsitzenden Dr. Werner Ludwig, dem Grünstadter

---

Die Weinhauskontrolleure

von August Mattern

Ehrn Gruß:
Warscht schun drowwe?

Net vegesse hiesegeh,
hiesegucke, nochzuseh,
alles schnell mol dorchgezehlt,
ob kään Handwerker heit fehlt.

Ob ins owwere Stockwerk drowwe,
alles richtich nuffgehowwe,
ob Kinner in die Hosse scheißen,
orrer Stää in de Weiher schmeißen.

Daach fer Daach werd kontrolliert,
ugehääß un uscheniert,
vun em Helmut un em Fritz,
des geht bei denne, wie de Blitz.

Manchmol helft de Arthur aus,
un de Heymann Erich draus.
Lauder pflichtbewußte Männer,
achten druff, daß jo die Penner,
es Woihaus net no Schweigen schleppe,
mehr deen doch dosteh als die Deppe.

Ner weil die zwää so eifrich gucken,
wann se aach ins Wasser spucken,
känn mehr am Samschdaach, ehr wenns seh,
die Eiweihung vun dem Haus begeh.

Dieses Gedicht beschreibt eine Gruppe Bockenheimer Rentner und Pensionäre, die sich oft aktiv in die Bauabwicklung einschalteten.

Verbandsbürgermeister Werner Beyer, dem Bockenheimer Ortsbürgermeister Eugen Ackermann, den Mitgliedern des Kuratoriums, allen voran Dr. Theo Becker. Neben der Initiative und ideellen Förderung habe das Kuratorium (auch mit Hilfe der Kreissparkassen) eine stattliche Summe zur weinstraßengerechten Gestaltung beigetragen. Dank galt den Trägern der Betriebs GmbH (Verantwortliche des Landkreises, Verbands- und Ortsgemeinde, Winzerverbände), den Architekten und Ingenieuren; den Baufirmen und der Bockenheimer Winzerfamilie Janson für die Geländeüberlassung im Erbbaurecht, den Ziegelwerken Eisenberg (Freiherr Hans Dietrich v. Leuckart) für eine große Spende sowie besonders Kreiskämmerer und GmbH-Geschäftsführer Thomas Wansch.

Ein besonderes »Dankeschön« hatte Landrat Kalbfuß für die »großartige Hilfe bei der Gestaltung des Umfeldes« an die amerikanischen Pioniere von der US-Air-Force aus Ramstein (General Jamerson); dies sei ein beispielhaftes Projekt im Rahmen »Nachbar Amerika« gewesen; Dank galt auch Regierungspräsident Rainer Rund, »der uns die Wege dahin bahnte«.

Der Eröffnungstag sei ein Meilenstein für die deutsche Weinstraße: »*Ihr Angebot ist reicher, ihr Erscheinungsbild anziehender, ihre Möglichkeit sich darzustellen vielfältiger geworden. Das neue Haus ist ein Gewinn für die Pfalz, für den Landkreis, die Verbandsgemeinde, die Ortsgemeinde. Gerade für die Weinwirtschaft und den Tourismus im nördlichen Bereich der Weinstraße erwarten wir uns positive Impulse. Das Haus dient der Verbesserung der Wirtschaftsstruktur dieser Region.*«

Der Brunnen der Bürgermeister

Partnerschaft zwischen Lugny in Burgund und Meckenheim
von Edwin Ettinger und Eugen Braun

Die ersten Kontakte zwischen Lugny und Meckenheim wurden bei Treffen des Freundschaftskreises Rheinland-Pfalz/Burgund Anfang der 60er Jahre geknüpft. Dort wurden beide Gemeinden vorgestellt und die anwesenden Bürgermeister Otto Keller und Paul Margarit zusammengeführt.

Bürgermeister Margarit stellte noch während der Tagung seine Gemeinde dem Meckenheimer Bürgermeister vor. Beide gingen mit dem Versprechen auseinander, auf die Freundschaft hinzuarbeiten.

1965 reiste eine Delegation aus Vertretern des Gemeinderates Meckenheim zum Freundschaftstreffen Rheinland-Pfalz/Burgund nach Dijon. Sie wurden von Bürgermeister Margarit nach Lugny eingeladen und konnten die Gemeinde mit ihren Einrichtungen und vor allem die Gastfreundschaft kennenlernen. Der weiteren freundschaftlichen Entwicklung stand nun nichts mehr im Weg, es war sozusagen »Liebe auf den ersten Blick«.

Der Partnerschaftsbrunnen im Ortszentrum von Meckenheim.   *Foto: E. Braun*

Die Gemeinde Meckenheim wurde von den Winzern aus Lugny erstmals 1972 bei Seminar-Reisen durch Deutschland besucht. Dabei wurden durch ihren Präsidenten Maruice Vincent auch erste Kontakte zum Winzerverein Meckenheim mit Erfolg gesucht.

Im Jahr 1966 erfolgt ein Besuch der Realschule Lugny. Die ca. 60 Kinder wurden alle bei Gasteltern in Meckenheim untergebracht. Schulleiter Edgar Priester und Ehefrau Johanna waren für diese sich anbahnende Freundschaft sehr aufgeschlossen und organisierten das Treffen hervorragend.

Die ersten privaten Verbindungen kamen bereits bei der Vortour zum Schulbesuch zwischen den Familien M. Buchaillard, Lugny, und W. Hauck, Meckenheim, zustande. Sie waren auch für die weitere Zukunft Bindeglied und Motor zur Partnerschaft.

Im April 1973 besuchte erstmals eine Delegation von 26 Personen Lugny. Es waren Vertreter der Einrichtungen und Vereine aus Meckenheim. Der Gegenbesuch einer ähnlichen Delegation aus Lugny erfolgte erst 1978. Sie wurde damals von dem neu im Amt tätigen Bürgermeister Co-

Lugny

Lugny, die »kleine Hauptstadt« des Haut-Mâconnais, mit etwa 1000 Einwohnern liegt in der Nähe von großen Verkehrsachsen in einer hügeligen Landschaft ca. 20 Kilometer nördlich von Mâcon inmitten von Wäldern und Weinbergen. Es ist Hauptort des Bezirks nahe des Tals der Saône und der A 6, der RN 6 und der Eisenbahnstrecke Paris-Lyon-Mittelmeer.

Im Mittelalter ist die Gutsherrschaft von Lugny die Wiege eines ehemalig berühmten Hauses der Ritterschaft gewesen, von dem in einem Sprichwort gesagt wird: »*Es ist kein Vogel aus einem guten Nest, der keine Feder von Lugny hat.*« Die Kirche, erbaut am Anfang des 19. Jahrhunderts an der Stelle der ehemaligen romanischen Kirche Saint-Denis (dem Schutzpatron von Lugny geweiht), hat eine steinerne Altarwand, die Christus in der Mitte der 12 Apostel zeigt. Sie datiert von 1528. Von dem Schloß der Grafschaft von Montrevel, den letzten Herren von Lugny, existieren nach einem Brand während der Revolution 1789 nur noch zwei Eingangstürme und ein Teil der Nebengebäude. Die Statue von Saint-Pierre, die man heute noch unter der südlichen Galerie des Weinprobekellers bewundern kann, erinnert an die Einsiedelei im 17. und 18. Jahrhundert.

Eine gemeinsame geschichtliche Entwicklung haben beide Gemeinden. In der französischen Revolution endete die Herrschaft der Grafen von Montrevol in Lugny. Vom ehemaligen Schloß sind nur noch die beiden Eingangstürme erhalten. Zeitgleich verloren auch die Meckenheimer ihre damaligen »Herren«.

Das wirtschaftliche Leben in Lugny existiert zum größten Teil vom Weinbau. Die Winzergenossenschaft, die 1927 gegründet wurde, hat sich ständig vergrößert und modernisiert. 1966 vereinigte sie sich mit der von Saint Gengoux-de-Scissé, sie ist heute die bedeutendste des Mâconnais. Man produziert dort die angesehensten Weine: die Weißweine, insbesondere »les charmes« von Mâcon-Lugny, der Stolz der Winzer und die Blüte der Genossenschaft. Die Rotweine: Mâcon Supérier, Bourgogne Passe-Tout-Grains, Bourgogne Rouge; le Crément, ein auflebender Sekt, der nach der traditionellen »Methode Champenoise« hergestellt wird. Eine besondere Spezialität der Region ist der Ziegenkäse.

Jedes Jahr findet am Wochenende vor Ostern eine Weinmesse statt, wobei der Samstag besonders für Fachleute und Kenner des Weines interessant ist.

Zum Gedenken an die Gründer der Partnerschaft, die Bürgermeister Otto Keller und Paul Magarit. *Foto: E. Braun*

tessat geführt. Er war auch der Förderer der Partnerschaft. Im April 1979 reiste eine Gruppe von 19 Erwachsenen und Kindern (Brieffreundschaften) nach Lugny. Im Juni 1979 kam der Sportverein Lugny auf Besuch zum Sportverein 05 Meckenheim. Zwei Tage wurde vom Sportverein 05 ein abwechslungsreiches Programm geboten. Die »Gässelkerwe« wurde besucht.

Die offizielle Verschwisterung fand in Lugny am 17. Mai 1980 statt. Daran nahmen auch der heutige Ortsbürgermeister Edwin Ettinger als Ratsmitglied teil. Die Urkunden wurden von den beiden Bürgermeistern Louis Cotessat und Walter Braun in einer erhebenden Feierstunde im Festsaal der Gemeinde Lugny unterzeichnet. Ca. 200 Franzosen und Deutsche waren anwesend.

Im Juni 1981 wurde auch in Meckenheim die Partnerschaft gefeiert. 49 französische Partner waren für diese Feierlichkeit extra angereist. Die Gemeinde, die Vereine und ca. 500 Meckenheimer Bürger haben am 7. Juni 1981 in einem Festakt in der Verbandsgemeinde-Sporthalle in Meckenheim die Verschwisterung nachvollzogen. Im Jahr darauf war die Meckenheimer Feuerwehr in Lugny. 1982 besuchte eine Jugendgruppe mit ihrem Pfarrer die Pfalz, 1983 war die Feuerwehr von Lugny zum Gegenbesuch in Meckenheim. Die protestantische und katholische Jugend reiste nach Burgund.

Geschenkübergabe zum Jubiläum mit Lugny (von links): Wolfgang Seiberth, Maire Guy Berthand und der damalige Ortsbürgermeister Eugen Braun.

Der SV Meckenheim trat 1985 in Lugny zur Sportplatzeinweihung mit der Jugendmannschaft an. 1987 kamen die Fußballer aus Lugny wieder nach Meckenheim.

1991 wurde in beiden Orten ein gelungenes 10jähriges Bestehen gefeiert. Damals erhielt die Partnerschaft ein sichtbares Zeugnis. Der erste Dorfbrunnen in Meckenheim wurde dieser Partnerschaft und ihren Begründern, den Bürgermeistern Otto Keller und Paul Margarit, gewidmet.

Die künstlerisch, gestaltete Brunnenkrone aus Bronze, emporsteigend aus einem monolithischen Block pfälzischen Urgesteins, stellt einen Weinkelch dar, dessen Ornamente Geschichte, Kultur, Handwerk von Meckenheim und die Partnerschaft ausdrücken. Eine Bronzetafel mit der Namensgebung beschreibt die Zielsetzung der Partnerschaft Meckenheim-Lugny: Frieden und immerwährende Freundschaft.

Muddermillich

von Otmar Fischer

Mudderrmillich, Muddersprooch,
Geht där 's ganze Läwe nooch.
Noin Monat hott doi Mudder
Dich unner erm Härz getraage,
Kaum gebore, in die Wält,
Werscht de Abbel glei vun ehre
Mudderaage.
Un froogscht dich sälwer heit emool,
Heer, Kafrus, was war doi erschdi
Läwensluscht?
Die Antwort fallt käm Deiwel schwer,
Ei, 's war di herzhaft Mudderbruscht.
Du hoscht kää Ruh katt, hoscht gekrische.
Däs war der alles worscht,
Bis de dort draa warscht, liggscht dezwische,
Un schtillscht doin erschte Dorscht.
Un där is närjens uff de Wält als wie bei uns so groß.
Ehr Leit, des i känn Schtrunz un sischer,
Wääm erschde Dorschtgekrisch nännt mär uns aa die Pälzer Krischer.
Auch Gott, was kann e Kind defor,
Dasses mit Dorscht gebore,
Dann schließlich hott's jo net
De Esel grad im Galopp verlore.
Ehr Leit, mer wissens jo, de Mänsch net
nor e Mudder hatter,
Är hott jo a en Vadder.
Un aa dem soi gure Ärbanlaage
Duht jeder vun uns in sich trage.

Un dodevun die allerbescht,
Daß ehr eich bloß net schnärre,
Isses där Trieb ze dringge fescht,
Ei, daß mer net verdärre.
Die Mudder wäß des, känt die Luscht,
Leggts Kind drum dabber an die Bruscht.
Do fiehlen mer uns geborje,
Wie närjens mäh uff dere Wält,
Mit unsre Kinnersorje.
Un schträäschlt se dann sanft eerm Bebbl
Iwwer soi zardes Kinnerkebbl.
Redd mit uns sieß die erschde Worde,
Die vun de alärschänschde Sorde.
O Gott, däss geht ääm 'a ganze Läwe nooch,
Dann so lärnt mär die wärklich Mudderschprooch.
Wu Lieb und Seel un Dialekt drin schwingt,
Un uns fers Läwe so viel bringt,
Wie's känner kann ermässe,
Un aa net wärd vergässe.
Bloß nie mäh war däss dringge
So billisch un so gut,
Wie domols fer die Millischschnut.
Un kän Mänsch hott mäh so nadierlich
Un so härzensgut mit uns geredd,
Ach wammer so bloß noch ämol soi Mudder hett.
's geht leider gar so schnell vebei,
Awwer Mudderlieb und Mudderseel
Bleibt ewig in uns nei.

900 Thüringer Würstchen gegrillt

Erstes Treffen mit Delegation aus Buttstädt 1990 in Freinsheim
von Roland Fischer

Bereits im April 1990 waren 50 Buttstädter mit Speisen und Musik zu Gast in Freinsheim.

Am Freitag, 19. April um 9 Uhr, nach fast fünfstündiger Fahrt, rollt der pfälzische Reisebus in Buttstädt/Thüringen ein. 50 Fahrgäste steigen zu, und es geht zurück nach Freinsheim, wo die Delegation aus dem DDR-Ort gegen 18 Uhr am Weingut »Kreuzhof« erwartet und in die Privatunterkünfte eingewiesen wird. Der erste Besuch in der Bundesrepublik ist für viele Wirklichkeit geworden.

Der Freinsheimer Siegfried Axthelm, der sich in den vergangenen Jahren schon intensiv für eine deutsch-französische Partnerschaft mit Marcigny in Burgund eingesetzt hatte, war an diesem Unternehmen maßgeblich beteiligt. Er hat mitgeholfen, die freundschaftlichen, fast schon partnerschaftlichen Beziehungen zu Buttstädt in Thüringen aufzubauen. Die Vorzeichen für eine Gemeindepartnerschaft standen nicht schlecht.

Noch vor dem Stadtmauerrundgang und einer Weinprobe beim Winzerverein hatten die Besucher Gelegenheit, am Samstag morgen erste Eindrücke von der Vorderpfalz und speziell von Freinsheim zu gewinnen. Der Morgen stand ihnen beim inoffiziellen Besuch zur freien Verfügung.

Eine Buttstädter Familie, die mit ihren Gastgebern das renovierte Hambacher Schloß und Neustadt besichtigten, zeigte sich von der Fahrt völlig begeistert. *»Wir wußten gar nicht, daß das Hambacher Schloß so nahe bei Freinsheim liegt«,* waren sie überrascht. Den Ort, an dem 1832 Wirth und Siebenpfeiffer in radikalen Reden die Einigung Deutschlands gefordert hatten, kannten sie bislang nur - in Verbindung mit der Nationalhymne - aus dem Fernsehen.

Beim gemütlichen Beisammensein mit Freinsheimer Bürgern, Mitglieder des Verbandsgemeinderats und des Stadtrats im Kellergewölbe des Weinguts Reibold-Niederauer (Altes Landhaus), warteten die Buttstädter Gäste am Samstag abend mit einer besonderen Überraschung auf. Im Hof des Alten Landhauses wurden 900 Thüringer Würstchen gegrillt, die sie tiefgekühlt aus ihrer Heimat mitgebracht hatten, um durch den Verkauf ihre Reisekasse aufzubessern.

»Die besten Thüringer Würstchen kommen aus Buttstädt«, stand in großen Lettern auf der schwarzen Schiefertafel. Die Freinsheimer konnten sich davon überzeugen.

Auch die musikalische Kost kam gut an. Die Lungenflügel blähten sich, als das neun Mann starke Buttstädter Blasorchester unermüdlich Thüringer Klänge erzeugte, die in dem weiten Gewölbe widerhallten. Die Buttstädter waren die ersten Gäste, die offiziell das neue Rathaus der Verbandsgemeinde Freinsheim besichtigten. Verbandsbürgermeister Gottfried Nisslmüller hatte am Sonntag vor der Abreise zu einem kurzen Rundgang eingeladen.

Die dreitägige Ost-West-Begegnung fand dann mit einer Rundreise durch die acht Ortsgemeinden ihren vorläufigen Abschluß. Aber nur für sechs Wochen; dann nämlich traten die Freinsheimer ihren Gegenbesuch in Buttstädt an.

Alles, was in dieser Welt geschieht, ist nur auf Zeit.

(Otmar Fischer)

Historischer Friedhof Buttstädt

Überraschende Einblicke für Freinsheimer und ihre Fortsetzungen

von Elfriede Brücker

Zum ersten Mal zu Besuch hinter dieser unverständlichen, schmerzlichen Grenze.

Eindrücke, Einblicke, Gespräche und Herzlichkeit! Kein Schlaf in der Nacht. Gedanken; diese ungeheure Materialverschwendung - nur um Deutsche von Deutschen zu trennen. Der eiserne Vorhang; ein Begriff - immer viel weiter östlich gedacht - nein, hier, hier in unserem Land! Unvorstellbar mit wieviel Akribie und gewaltigem Aufwand da geteilt worden war; und wie gründlich! Doch nicht in unseren Herzen! Aber im Denken, sorgen in den Zielen. Selbst die Sprache abgesehen von Dialekt-Unterschieden, vieles muß nachgefragt werden. Dennoch in uns keine Grenzen, keine Fremdheit.

Die Heimat - so wie wir Gästen, Sehenswürdigkeiten, Geschichte nahebringen, so tun es auch unsere Gastgeber und sie haben viel zu zeigen!

Für heute morgen ist uns das Kleinod von Buttstädt angekündigt.

Vor uns, genau im Winkel zweier Steinmauern, ein kleiner Pavillon mit winzigem Türmchen und einem verwitterten Tor. Hinter der Pforte - Ratlosigkeit bei uns. Die Mauern sind offenbar Schuppenwände. Die Schuppen vollgestopft mit einem heillosen Sammelsurium von Geräten und Materialien. Vor uns ein stark abfallender Hügel mit einigen monumentalen Grabsteinen. Sicher fand hier eine Berühmtheit die letzte Ruhe? Langsam stapfen wir durch das hohe Gras, finden alte, teils umgestürzte teils überwucherte Gedenksteine, versuchen Namen zu entziffern um das Besondere zu entdecken und werden nicht fündig. Noch nicht!

Die Überraschung befindet sich in dem vermeintlichen Schuppen! Unter dem Dach, entlang der Mauer reihen sich kunstvoll gestaltete Grabmäler, von der Rennaissance, über Barock und Rokoko bis hin zum Klassizismus.

Die Anlage ist das Besondere! Eine in unseren Breiten sehr, sehr seltene Begräbnisstätte; wirklich ein Kleinod.

Unverständnis über den Zustand, die Benutzung. Wut, Ärger wegen der Unordnung - ein Blick in die vor Stolz strahlenden Augen unseres Begleiters - die Erinnerung, mit welchem geheimnisvollen, fast verschwörerischen Flüstern die Einladung gestern Abend; an die feierliche Behutsamkeit beim Öffnen der Pforte - die schmerzliche Erkenntnis - nur so, nur die Nutzung als Lagerplatz, hat die Anlage gerettet! Bemerkt er meine Scham, meine stumme Abbitte? Erst jetzt auch das Sehen, daß da gar keine so planlose Unordnung ist. Ein paar Tage aufräumen und die Kostbarkeit ist zugänglich. Freilich die Verwitterung durch die Jahrhunderte ist nicht zu übersehen, war nicht aufzuhalten, aber jetzt kann man etwas zur Sicherung tun, kann es erhalten.

Wir denken es, unser Begleiter fragt es. Hoffnungsvoll, aber auch zweifelnd. So lange hat ein kleiner Kreis »Wissender« bewahrt, verborgen, Pachtverträge durchgeboxt - Interesselosigkeit gemimt - nein soviel erzählt er gar nicht - wir hören es in den Pausen, den abgebrochenen Sätzen. Wir spüren es an seiner inneren Erregung, seinem Engagement. Seine Vehemenz uns Geschichte und Bedeutung dieses Campo Santo nahezubringen, Fürsprecher zu finden, Verbündete, um nicht mehr allein für dieses Kulturgut verantwortlich zu sein.

Eine große Aufgabe, zu all den Anderen die bewältigt werden müssen. Dringendere für die Menschen hier. Aber ich bin sicher, wer Wertvolles, unter so ungünstigen Bedingungen bewahren konnte, der findet auch Mittel und Wege zur Sanierung. Jetzt wo Heimat größer geworden ist und näher zusammenrückt, wo Kulturgut gezeigt, gesehen werden kann; wo unvergeßliche Eindrücke bleiben und Menschen miteinander auf Entdeckungsreise gehen. Jetzt wird Vergangenes lebendig und willkürliche Grenzen Vergangenheit - und Besuche zur Gewohnheit.

Heute, sechs Jahre später hat der inzwischen gegründete Förderverein »Historischer Friedhof Buttstädt e.V.« Unterstützung gefunden. Nicht nur von privater Seite, auch beim Thüringer Landesamt und der Deutschen Stiftung Denkmalschutz wurde der Wert dieser einzigartigen Anlage nördlich der Alpen, erkannt.

Es wird noch dauern bis zur endgültigen Renovierung. Die Erhaltung jedoch ist gesichert, das Bewußtsein geweckt. Ein Schmuckstück und Besuchermagnet - und der erste Eindruck von »damals«, Vergangenheit!

Stadtmauerfest
von Roland Fischer

Vun Norde, vun Süde, vun Oste, von West,
do kummt mer als jährlich zum Stadtmauerfest.
Ob jung oder alt, ob dick oder lang,
ein fröhlicher Haufe beim Mauerrundgang.
Vadder un Mudder, Mädcher un Borsch,
viele hänn Hunger, aber die meischte hänn Dorscht.
Mit Busse, mit Bahne, per Pedes, per Rad
so kummt mer hierher in die »wei(n)fröhlich Stadt«.
Die Mensche sin luschtig, es ist grad e Pracht,
es geht weinfroh zu, un man schunkelt und lacht.
Des Stadtmauer-Wei(n)fescht kennt ewig grad daure,
es is so gemietlich do zwische de Maure.
De Woi is so süffig, die Leit sin so nett,
heit geh' mer erst wieder morje ins Bett.
Es riecht a so deftig nach Spezjalitäte,
nach Haxe un Brotworscht un Hähncher(gedrehte),
do kriegscht Appetit, un willscht des net glaawe,
dann loschte am beschte dei Zung emol schaawe.
Die Gäscht, die sin munter, die tanzen und singen,
man prostet sich zu und die Gläser, die klingen.
Vor lauter Vergnügen die Stadtmauer wackelt,
heit werd ääner gschluzzert, heit werd net gefackelt.
Die Erben, die brauchen an mir net zu roppe,
moi Geld werd heit umgesetzt in Vertel un Schoppe.
Drum Bruder un Schwester, drum Vetter un Bas,
erhebt mit mir jetzert gemeinsam das Glas
uffs Stadtmauer-Wei(n)fest in de goldige Palz:
»Hoch leb unser Fränsem, de Herrgott erhalts«.

Freinsheim, wegen seiner mittelalterlichen Ringmauer und historischen Altstadt oft auch als pfälzisches Rothenburg apostrophiert, begeht immer übers dritte Juli-Wochenende von freitags bis montags sein Stadtmauerfest. Es ist ein Weinfest an ausgewählten idyllischen Plätzen vor malerischer Kulisse. Wie viele ungezählte Gäste, ist auch der Jahrbuch-Mitarbeiter Roland Fischer dem Flair dieser besonderen Veranstaltung verfallen.

Ein Ehrenhain ist geblieben

Vor 90 Jahren Freie Turnerschaft Lambrecht gegründet
von Karl Heinz Himmler

Vor 90 Jahren, am 12. Mai 1906, ist im Saal der damaligen Gaststätte Karl Bitsch in der Wallonenstraße die Freie Turnerschaft Lambrecht gegründet worden. Erster Vorsitzender war Karl Bitsch, zweiter Jean Wilhelm, Turnwarte waren Daniel Merkel, Georg Bitsch und Jakob Schneid, Kassier war Reinhard Müller, Schriftführer Heinrich Hartmann, Zeugwart Heinrich Heller, Kneipwart Georg Hindenberger, und Beisitzer waren Adolf Merkel und ein nicht mit Vorname bekannter Turner namens Vogel.

Der Verein wurde sehr aktiv und hatte bis zur Machtübernahme durch die Nationalsozialisten Bestand. Er wurde 1933 von einem Tag auf den anderen verboten. Sein Vermögen ging zunächst an die Stadt, dann auf den nach dem Zweiten Weltkrieg gegründeten Turn- und Sportverein über, der es in den ausgehenden siebziger Jahren an die Stadt zurückveräußerte, die es daraufhin teils zum Bau seiner Sportanlage dem Tennis-Club überließ, teils zu Bauplätzen parzellierte. In der ursprünglichen Form erhalten geblieben ist ein kleiner Ehrenhain mit Brunnen und Ehrenmal zum Gedächtnis an die im Ersten Weltkrieg gefallenen 29 Turner jenes Arbeitersportvereins, der sich doch kurz zuvor erst unter dem schimären Leitbild friedlicher internationaler Solidarität eigenständig organisiert hatte.

Als die Überlebenden und Nachfolger 1924 den Grundstein zu ihrer Fest- und Turnhalle im Beerental legten, hielten sie darin für eine von ihnen sicher später gedachte Zukunft fest, wie

ihr Verein sich bis dahin entwickelt hatte. Aus jener mehrseitigen Schrift stammen die folgenden leicht gerafften Auszüge:

Um die Mitte des vorigen Jahrhunderts wehte noch in der deutschen Turnbewegung ein freiheitlicher Zug: Mit den Bestrebungen auf die Freiheit, Gleichheit und Brüderlichkeit »*eines einigen deutschen Volkes*«. Im Jahre 1868 auf dem Turntag in Weimar wurde die deutsche Turnerschaft gegründet.

Wie revolutionär dieselbe war, davon zeugt ein Gedicht des damaligen Geschäftsführers Dr. Ferd. Götz, in dem nachstehenden kräftige Verse enthalten sind:

>Es starret die Welt von Soldaten,
>selbst Sachsen hat welche gekriegt.
>Sie mögen von hinten nur laden,
>den Fortschritt erschießen sie nicht.
>Sie werden der Freiheit nicht Meister,
>trotz aller Kasernen, so groß,
>das ewige Ringen der Geister
>geht flott auf die Zukunft los.
>
>Der Krieg hat im Lande gewütet,
>manch prächtige Faust brach er ab.
>Manch Sohn, der die Mutter behütet,
>sank früher als nötig ins Grab.
>Macht's anders und werdet gescheiter
>und gebt euch zum Krieg nicht mehr her,
>denn fehlen zum Kriege die Streiter,
>dann streiten die Fürsten nicht mehr.

Aber ein völliger Umschwung trat nach dem Kriege von 1870/71 ein. Denn zum größten Teil sprang die deutsche Turnerschaft in das Lager des Militarismus und der Volksausbeutung über. Da war es für die in der deutschen Turnerschaft organisierten Arbeiter, die doch vorwiegend Sozialdemokraten waren, Zeit, den Kampf aufzunehmen gegen die Unterdrückung der Fortschrittsbestrebungen der deutschen Turnsache. Viele Arbeiter traten aus der deutschen Turnerschaft aus, der Arbeiter-Turner-Bund wurde ins Leben gerufen, und am 21./22. Mai 1893 fand dessen erster Turntag in Gera statt.

Auch in Lambrecht bestand bis 1906 ein Turnverein, welcher der deutschen Turnerschaft angehörte (Anmerkung: dieser TV 1860 bestand bis zur Gründung des TSV nach dem Zweiten Weltkrieg und ist darin aufgegangen), und die Mitglieder bestanden meistens aus organisierten und sozialistisch gesinnten Arbeitern. »*Dann traten die meisten Turner aus dem heutigen Turnverein 1860 aus*«, heißt es in dieser bis hierher den weltanschauichen Hintergrund des neuen Vereins beleuchtenden Schrift, »*und gründeten am 12. Mai 1906 einen Arbeiterturn-Verein mit dem Namen Freie Turnerschaft Lambrecht, dem sogleich 180 Mitglieder beitraten. Als Turnlokal wurde uns der Tanzsaal des Wirtes Karl Bitsch in der Wallonenstraße zugesprochen, welcher sich aber alsbald als viel zu klein erwies.*«

Jener Karl Bitsch war übrigens 1909 als erster Sozialdemokrat in ganz Bayern zum Bürgermeister gewählt worden - aber die Regierung hatte ihn »wegen fehlender Unabhängigkeit« nicht in sein Amt eingesetzt, sondern nach Neuwahlen Max Neu, von dem noch zu reden sein wird.

Die Freien Turner hatten auf drei Jahre einen Platz am Ende der Klostergartenstraße beim damaligen Schlachthaus gepachtet, verlagerten aber 1908 ihre Übungsstunden aus finanziellen Gründen in den Schulhof, wo bis 1912 geturnt wurde. Der Erste Weltkrieg brachte die unausweichliche Unterbrechung und den schmerzlichen Verlust von 29 Turnbrüdern, deren Namen auf dem Denkmal erhalten geblieben sind: Bentz Heinrich, Bossle Karl, Claus Heinrich, Elsässer Hch., Ermark Karl, Ermark Wilhelm, Groell Georg, Grohell Ph., Hirschbül Friedrich, Hirschbül Johannes, Hirschbül Karl (waren Brüder), Hirschbül Ludwig, Hepp Daniel, Huppmann Hch., Hartweck Otto, Holz Jakob, Kölsch Ludwig, Kimmel Hch., Link Hermann, Merkel Arnold, Moser Christian, Rabus Hch., Ohler Karl, Pfaffmann Wilhelm, Selinger Georg, Seibert Karl, Strauch Otto, Schlosser Friedrich.

1919 umfaßte der Verein 68 Mitglieder. Es gab Bestrebungen, sich mit der Turngemeinde zu verschmelzen, einem zweiten Arbeiter-Turnverein, den man nach ihrem Übungslokal »die Stallturner« nannte. Am 4. Mai 1919 entschloß man sich zum Kauf eines Ackers im Beerental, der zum Spiel- und Turnplatz umgestaltet wurde. 1600 Mark der Kaufsumme wurden mit 1166 Anteilscheinen aufgebracht, den Rest streckte Bürgermeister Neu aus eigener Tasche vor. 1922 allerdings hatte man Grund zu beklagen, daß er »seine Zusagen nicht einhält«. Ebenfalls 1919 wurde eine Frauen-Turnabteilung ins Leben gerufen.

Mit dem Sportplatzbau scheint es anfangs nicht so zügig vorangegangen zu sein. Denn die für 1920 vorgesehene Einweihung mußte zurückgestellt werden und erfolgte an Pfingsten 1921 mit Festcommers, einem Gruppenturnfest und große Preisturnen. Der Platz wurde, wie im Grundstein-Dokument zu lesen ist, von den Turnern selbst gebaut, und zwar nach Feierabend uns sonntags. Auf dem Platz wurde ein kleiner Geräteschuppen aufgestellt, von wo aus er »in Regie« bewirtschaftet wurde. Das Holz stellte die Stadtverwaltung. Den damaligen Protokollen ist zu entnehmen, daß der Verein 1922 genau 292 Mitglieder plus 146 Kinder registriert hatte und daß der »Bergsportplatz« fertig wurde und am 18. September in Verbindung mit der Aufstellung des Gefallenen-Denkmals mit einem Abturnen in Dienst gestellt worden ist. 1923 wurde der Radfahrerverein als Abteilung in die Freie Turnerschaft einbezogen.

Über die Zeit bis zur Turnhallen-Einweihung wird in der im Grundstein hinterlegten Schrift be-

SPIELBANK
BAD DÜRKHEIM

Klassisches Spiel *Automatenspiele*

täglich ab 14.00 Uhr *täglich ab 14.00 Uhr*
im Kurhaus *im Haus Pfalzgraf*
- Roulette *- Slotmaschinen*
- American Roulette *- Elektronisches Roulette*
- Black Jack *- Video-Poker*
- Elektronisches Pferderennen »World Derby«

*Führungen und Spielerklärungen für Gruppen ab 10 Personen
nach Vereinbarung.*

Schloßplatz 6-7 - 67098 Bad Dürkheim - Tel. 06322/9424-0 - Fax 06322/9424-33

richtet: »*Die Entwicklung der Freien Turnerschaft ist jetzt wieder in ein anderes Stadium eingetreten. Das Spielen (Fußball, Faustball, Schlagball usw.) steht in hoher Blüte, das Turnen an Geräten und Leichtathletik sind heute stark gepflegt, auch das Turnen der Damen-Abteilung und Schüler und Schülerinnen schreitet rüstig vorwärts, so daß heute der Verein weit über 400 Mitglieder buchen kann.*

Aber der Turnrat hatte immer noch das Bestreben noch weiter vorwärts zu kommen und beschloß daher, im Bärenthal neben dem Sportplatz noch eine Festhalle zu erbauen. Unter großen Schwierigkeiten und großer Arbeit ist es dem jetzigen 1. Vorstand gelungen, mit Unterstützung des Freien Sportkartells an die Stadtverwaltung heranzutreten um ihre Unterstützung und wurde durch den Stadtrat bewilligt, dazu zu dem Bau Steine und alles Bauholz kostenfrei geliefert werden, und wurden die Arbeiten sofort in Angriff genommen.

Die Mitglieder des freien Sportkartells bewältigten die große Grundarbeit selbst. der passive Widerstand des besetzten Gebietes gegen Frankreich unter der Regierung Cuno, wo alle Geschäfte ruhten, hat unsere Arbeit sehr begünstigt, so daß wir heute, am 20. Juli 1924, den Grundstein zu dieser Halle legen können, mit dem Wunsche, daß wir auch bald zur Einweihung der neuen Festhalle (Turnhalle) schreiten können und hoffen, daß sich die Freie Turnerschaft Lambrecht weiter entwickelt und weiter gedeiht im Arbeiter Turner-Bund mit dem Programm Einigkeit macht stark. Mit Turngruß... Frei Heil

1. Vorstand Friedr. Walther
2. Vorstand Weber Jakob
1. Kassier Reinhard Müller
2. Kassier Heinr. Weber
Schriftführer Emil Kimmel
1. Turnwart Hch. Morell
2. Turnwart Brickmann Ludwig
3. Turnwart Ludwig Küchel
Schülerturnwart Ferdinand Merkel
Damen-Turnwart Hch. Morell
Damen-Turnwartin Hedwig Ohler
1. Zeugwart Peter Raquet
2. Zeugwart Heinrich Brickmann
1. Kneipwart Alfred Kölsch
Beisitzer J. Schneid, Gg. Bitsch, Fuchs Georg,
Vereinsdiener Fritz Raquet
Für die Akrobaten zeichnet Jakob... (unleserlich)«

Die Halle kostete 38 000 Mark und wurde am 28. Juni 1925 eingeweiht. Die Freien Turner erfreuten sich ihres mühsam geschaffenen Besitzes nur neun Jahre.

1925 wurde durch die Stadt nahe der Turnhalle am Schorlenberghang ein ursprünglich als Reparationsleistung bestimmt gewesenes »Serbenhaus« erstellt, 1929 unter das Turnhallen-Niveau ein Keller, 1930 daneben eine Gaststätte gebaut. 1933 wurde der Verein, wie schon gesagt, verboten. Sein Besitz wurde durch die Stadt dann als Festhalle, Festplatz, Gefangenenlager und schließlich durch den TSV als Campingplatz und, was die Halle betrifft, wieder als Turnhalle genutzt und vor dem Bau des Gemeinschaftshauses an andere örtliche Vereine zu Veranstaltungszwecken vergeben. Schließlich trennte sich der TSV von diesem kostenintensiven Besitz.

Die Halle wurde 1980 abgerissen.

Festumzug in Grandvilliers: Der Bockenheimer Beitrag.

Konzert bringt Partner

Bockenheim und Grandvilliers in der Picardie

von Emil Wagner

Von der Gemeinde Grandvilliers wurde über eine Agentur in Saarbrücken der Spielmannszug Bockenheim eingeladen, im September 1982 am dortigen Patronatsfest teilzunehmen. In Gesprächen zwischen dem damaligen 1. Beigeordneten von Grandvilliers, M. Bibaut, und dem Vorsitzenden des Spielmannszuges und gleichzeitig Ratsmitglied, Herrn Martin, wurde der Gedanke geboren, eine Partnerschaft zwischen beiden Gemeinden in die Wege zu leiten.

Am 1. September 1983 wurde in Grandvilliers die Partnerschaftsurkunde unterschrieben von den Bürgermeistern Guy Bouvier und Erich Mattern, im Beisein von Abgeordneten beider Gemeinden. Grundgedanke dieser Urkunde ist der Wunsch, daß »*die Bürger beider Partnergemeinden, insbesondere die Jugend, durch enge freundschaftliche Kontakte in allen sich bietenden Bereichen dazu beitragen, das gegenseitige Verständnis zu vertiefen und die Lebensformen unserer beiden Völker zu achten*«.

Es wurde vereinbart, daß man sich jährlich zu Pfingsten trifft, abwechselnd in Grandvilliers und Bockenheim. Schon bald führte der Gedanke der Partnerschaft, von Bürgern beider Gemeinden getragen, zum Erfolg und es entwickelten sich freundschaftliche Bande.

Zu Pfingsten 1993 wurde in Grandvilliers das 10jährige Jubiläum der Partnerschaft gefeiert. Aus diesem Anlaß startete von Bockenheim aus eine Abordnung der Radsportgruppe, organisiert und betreut durch die Familie Manfred Wiessner, zur »Tour de Grandvilliers«. Am Zielort wurde von dieser Gruppe eine mitgeführte Eiche gepflanzt.

Doch man trifft sich nicht nur zu diesen offiziellen Festen. Familien beider Gemeinden treffen sich zu Hochzeiten, besonderen Geburtstagen, Kommunion und Konfirmation. Auch zum Pa-

Vertragsunterzeichnung durch Bockenheims Bürgermeister Erich Mattern und seinen Kollegen Bouvier aus Grandvilliers.

Grandvilliers

Der Name der Stadt in der Picardie (Departement Oise) kommt wahrscheinlich von einer großen Stadt, die von den Hunnen im 5. Jahrhundert zerstört wurde. Reste wurden nicht mehr gefunden. Im 13. Jahrhundert gehört Grandvilliers dem Kloster St. Lucien bei Beauvais, es folgt eine stürmische Entwicklung. 1680 wurde die Stadt durch ein Großfeuer fast völlig zerstört. Der Wiederaufbau erfolgte mit Mitteln der Kirche St. Jean. Bombenangriffe zerstörten die Stadt drei Jahrhunderte später im 2. Weltkrieg 1940 und 1944. Bis 1954 war der Wiederaufbau (heute 2000 Einwohner) vollendet. Der Grundstein des neuen Rathauses wurde 1956 gelegt. C.L.

tronatsfest im September in Grandvilliers, bzw. zum Winzerfest im Oktober in Bockenheim gehen immer mehrere Familien auf die Reise und haben auch schon an den Festzügen teilgenommen.

Grandvilliers ist ländlich geprägt, doch es sind auch einige Industriebetriebe angesiedelt.

Die Partnergemeinde von Obrigheim, Crevecoeur-le-Grand, ist von Grandvilliers nur wenige Kilometer entfernt. Somit sind zwei Pfälzer Nachbargemeinden mit benachbarten Orten in Frankreich freundschaftlich verbunden.

Der Mann für alle Fälle

von Otmar Fischer

Der Herrgott ist kein Christ, Buddhist,
Kein Moslem, Zarathustra-Mann,
Und eigenständig wie er ist,
Stellt nicht er sich als Jude an.
Der Shintoschrein mag ihn wohl ehren,
Sich tausend Religionen mehren,

Der Herrgott nur, so kann ich es sehn,
Ist jedem gut und läßt geschehn,
Was alle miteinander brauchen,
Die kommen, wieder untertauchen.
Er ist der Mann für alle Fälle,
Wenn du ihn suchst, ist er zur Stelle.

Spielmann wurde Ehrenbürger
Partnerschaft Hettenleidelheim und Blanzy/Burgund
von Manfred Stumpf und Wolfgang Heiss

Es war im Juli 1974, da trafen sich in Blanzy (Saone et Loire) auf der Terrasse des Restaurants »Le Plessis« (unterhalb von Schloß und Stausee gleichen Namens), ein Franzose und ein Deutscher. Diese Begegnung sollte erfreuliche Folgen haben.

Blanzy

Blanzy, damals eine Gemeinde mit etwa 5.000 Einwohnern, liegt an der N 70, direkt bei der Stadt Montceau les Mines, am Canal du Centre. Seine Bewohner arbeiten in den Minen von Montceau, in der Reifenfabrik von Michelin, in dem großen Stahlwerk von Le Creusot oder in den vielen Dienstleistungsbetrieben und Verwaltungen von Montceau. Blanzy liegt in Südburgund, am Rande des Morvan und der Cote Chalonaise.

Das Treffen fand zwischen *Bernard Mazoyer,* dem Patron des Restaurants und gleichzeitig Mitglied des Conseil Municipal (Ratsmitglied der Gemeinde Blanzy) und *Manfred Stumpf*, Ratsmitglied der Gemeinde Hettenleidelheim statt. Die feste Absicht von *Manfred Stumpf* war es, eine Partnerschaft mit Blanzy zustande zu bringen. Diese Gemeinde paßte in das Konzept der Partnerschaft Rheinland-Pfalz/Burgund, sie war, wie Hettenleidelheim, vom Bergbau geprägt und die Nachbargemeinde Eisenberg hatte bereits eine Partnerschaft mit dem naheliegenden Sanvigne les Mines. Bei einer Flasche Burgunder kam man sich bald näher und nach einigen Tagen Aufenthalt war man sich einig, daß es noch zu vielen Besuchen und zur persönlichen Freundschaft kommen würde.

Rücksicht auf »Alte Veteranen«

Viele Gespräche in den Jahren 1974 und 1975 fanden in Blanzy statt, der dortige Bürgermeister Andre Quincy beteiligte sich ebenfalls daran. Die Partnerschaft zwischen den beiden Orten wurde vorbereitet. In Blanzy mußte das Problem behutsam angegangen werden. Rücksicht mußte auf die »Alten Veteranen« genommen werden, die in zwei Weltkriegen ihr Vaterland gegen Deutschland verteidigen mußten, aber auch auf die Männer des Widerstandes die unter den Deutschen gelitten hatten.

Bei der Einweihung der Gemeinde-Festhalle in Blanzy 1975 platzte schließlich der Knoten und Bürgermeister Quincy gab grünes Licht für offizielle Verhandlungen zwischen den beiden Gemeinden. In Hettenleidelheim machte *Manfred Stumpf* in einer Ratssitzung im Mai 1975 eine Andeutung über einen möglichen Jugendaustausch mit einer französischen Gemeinde.

Nach vielen positiven Gesprächen im Gemeinderat Hettenleidelheim und in Abstimmung mit Blanzy, fuhr am 15.4.1976 eine erste offizielle Delegation zu Verhandlungen nach Blanzy. Dabei waren: Bürgermeister *Werner Mittrücker,* Beigeordneter *Manfred Stumpf* und die Ratsmitglieder *Gerold Stumpf, Ewald Held* und *Günter Terbach*. Die Gesprächspartner in Blanzy waren: Bürgermeister *André Quincy,* die Beigeordneten *Emorine, Daillet, Marizy,* sowie *Bernard Mazoyer* und *Bernard Tremeau*.

Bei diesem ersten Besuch vereinbarte man einen Austausch von Jugendlichen. In der Zeit vom 1. bis 14. August 1976 hielten sicherstmal fünf Jugendliche aus Blanzy mit ihrem Betreuer *Bernard Tremeau* in Hettenleidelheim auf. Anschließend (vom 15. bis 28. August 1976) fuhren

13 Jugendliche aus Hettenleidelheim mit ihrer Betreuerin *Gabriele Mittrücker* und *Manfred Stumpf* als Repräsentant der Gemeinde nach Blanzy. Damit begann eine dauerhafte, schöne und ereignisreiche Partnerschaft.

Um dem Bürgermeister (Maire) von Blanzy, *Quincy,* einen Eindruck von seiner zukünftigen Partnergemeinde zu geben, war er mit seiner Frau und seinen vier Kindern für eine Woche Gast im Hause von *Manfred Stumpf.* Maire *Quincy* erhielt bei seinen Besichtigungen verschiedener örtlicher Einrichtungen einen sehr positiven Eindruck von Hettenleidelheim. Besonders angetan hatte ihm das samstägliche »Gasskehren« der Hettenleidelheimer Bürger. Die Sauberkeit der Ortsstraßen begeisterte ihn und er soll dies später seinem Gemeinderat als lobenswertes Beispiel empfohlen haben. Noch im gleichen Jahr weilte das Volksbildungswerk mit *Herbert Brauer* und einer Gruppe Hettenleidelheimer in Blanzy.

Das Jahr 1977 brachte im Vorfeld der Partnerschaft schon mehrere Aktivitäten. Der Jugendaustausch fand wieder statt und die Fußballer des VfR, sowie Vorstände von Vereinen und Organisationen besuchten Blanzy. Verstärkt durch weiter Partei-Mitglieder fuhr die SPD-Gemeinderatsfraktion über Ostern 1977 in offizieller Mission nach Blanzy. *Manfred Stumpf* wollte endgültig die Weichen für die Besiegelung der Partnerschaft stellen. Bei einem gemeinsamen Abendessen mit Bürgermeister *Quincy, B. Mazoyer, B. Tremeau* und Vertretern des Rates von Blanzy wurde die offizielle Partnerschaft festgemacht. *A. Quincy* damals wörtlich: »*Die Gemeinde Blanzy will die bisherige Freundschaftsbasis zwischen beiden Gemeinden durch das Besiegeln einer offiziellen Partnerschaft mit Hettenleidelheim verankern. Im kommenden Jahr ist die Zeit dazu reif.*«

Im März 1978 fuhr auch die Hettenleidelheimer CDU nach Blanzy, um sich über die zukünftige Partnergemeinde zu informieren. Da Blanzy damals von dem Sozialisten *Quincy* mit einer sozialistischen Mehrheit im Rat regiert wurde, merkte der CDU-Fraktionsführer *Ewald Held* an: »*Unter Demokraten, die in Freiheit leben, darf die politische Grundeinstellung kein Hindernis im Zusammenleben sein*«. Im Februar 1978 wurden in Blanzy Termin und Festlichkeiten für die offizielle Verbrüderung festgeschrieben. Die Hettenleidelheimer Delegation be-

Offizielle Verschwisterung mit Blanzy in Hettenleidelheim, stehend Bürgermeister Werner Mittrücker. Foto: Stumpf

stand aus: *Manfred Stumpf, Withold Hallmann und Herbert Brauer.* Für Blanzy waren anwesend: Bürgermeister *Quincy,* der Beigeordnete *Marizy* sowie die Ratsmitglieder *Tremeau, Mazoyer, Coquelle* und *Daillet.*

Der Hettenleidelheimer Gemeinderat faßte am 7. April 1978 folgenden Beschluß:
»*Mit der Stadt Blanzy in Burgund/Frankreich, wird eine Partnerschaft geschlossen. Die Partnerschaft soll im Geiste der Freiheit und Freundschaft durch die Pflege einer persönlichen Verbindung zwischen den Bürgern und der Jugend von Blanzy und Hettenleidelheim einer friedlichen Zusammenarbeit zwischen Frankreich und Deutschland dienen*«.

Am 4. Mai 1978 war es dann soweit. Die Partnerschaft zwischen Hettenleidelheim und Blanzy wurde im Rathaus von Blanzy offiziell besiegelt. Bürgermeister *W. Mittrücker* und Bürgermeister *A. Quincy* unterschrieben die Urkunden für die beiden Gemeinden. Etwa 160 Bürger aus Hettenleidelheim waren angereist um bei der feierlichen Besiegelung dabei zu sein.

Bürgermeister *Quincy* damals in seiner Rede: »*Eine Partnerschaft soll nicht nur die Unterzeichnung eines Diploms sein, sondern ist eine Einladung an unsere Bürger, die offiziellen und privaten Kontakte zu fördern*«. Bürgermeister *W. Mittrücker* wertete die Partnerschaft als logische Konsequenz der bisher gepflegten Freundschaft. Er verband die Besiegelung mit dem Wunsch: »*Mögen unsere beiden Gemeinden in einer friedvollen Zukunft zu einer echten und bleibenden Freundschaft finden*«.

Im Anschluß an die Besiegelung der Partnerschaft dankte *A. Quincy* den »Pionieren« der Partnerschaft *Bernard Mazoyer* und *Manfred Stumpf.* Die Wiege der Partnerschaft stand auf der Terrasse von »Le Plessis«. Das Kind war die jetzt besiegelte Jumelage, die Väter waren diese Beiden. Drei Tage lang wurde in Blanzy gefeiert, gegessen, getrunken und musiziert. Über diesen ersten Akt der Partnerschaft freuten sich alle Beteiligten. *Theo Rörig,* der Steinmetz aus Hettenleidelheim, hatte als Festgeschenk einen Bergmann aus Keramik geschaffen. Die Inschrift auf dem Sockel lautet: »*Partnerschaft Blanzy-Hettenleidelheim 4. Mai 1978*«.

Am 28. April 1979 wurde dann die Partnerschaft in Hettenleidelheim besiegelt. Fast 200 französische Gäste waren angereist. In der Festhalle »Gut Heil« vor hunderten von Gästen besiegelten die Bürgermeister beider Gemeinden, *Mittrücker* und *Quincy,* durch Unterschrift und Urkundenaustausch, daß Hettenleidelheim und Blanzy fortan in Partnerschaft und Freundschaft verbunden sind. Auch in Hettenleidelheim gab es ein großes Programm, mit Gottesdienst, Chorgesang, Blasmusik, Essen, Trinken und Feiern.

1980 wurde *Alfred Schattner* Nachfolger von *W. Mittrücker* als Bürgermeister. Schon früh

Withold Hallmann vom Hettenleidelheimer Bergmanns-Blasorchester wurde Ehrenbürger von Blanzy. Foto: W.M. Schmitt

ist *Schattner* in die Verhandlungen mit Blanzy eingebunden gewsen. Bei ihm handelte es sich um einen großen Befürworter der Partnerschaft und unter seiner Ägide hatte sie viele Höhepunkte. Besonders bei den Feiern zum 10. Jahrestag der Besiegelung im Oktober 1988, in Blanzy und am 29. September 1989 in Hettenleidelheim war er der hervorragende Repräsentant der Gemeinde Hettenleidelheim.

Schattner damals: »*An der Notwendigkeit, den Weg der Brüderlichkeit und Partnerschaft weiterzubeschreiten gibt es keinen Zweifel. Wer den Verlauf der Partnerschaft in den zurückliegenden Jahren aktiv mitgestaltet hat, der hat hautnah verspürt, daß der Geist der Aussöhnung, die Würde des Menschen, gegenseitiger Respekt und Anerkennung zu festen Brückenpfeilern dieser Partnerschaft geworden sind.*«

Bürgermeister *Jakob Dormann* (seit 1994) steht, was die Partnerschaft betrifft, fest in der Tradition seiner Vorgänger. Auch er baut insbesondere auf die Jugend, die durch jährlichen Austausch die Partnerschaft erhalten soll. Hohen Stellenwert räumt er jedoch den ortsansässigen Vereinen ein, die in erster Linie die Partnerschaft mit Leben erfüllen. Er hat erkannt, daß nicht durch Reglementierung durch einen kommunalen Ausschuß der Partnerschaft geholfen ist, sondern daß die Vereine selbst ihre Aktivitäten bestimmen müssen. Deshalb wurde der kommunale Partnerschaftsausschuß durch ein Partnerschafts-Komitee ersetzt. Dort sind die Vorstände aller örtlichen Vereine und Organisationen vertreten. Die Leitung des Komitees hat *Dormann* seinem 1. Beigeordneten *Raimund Hoffmann* übertragen, einem erfahrenen Aktiven, was Feste und Feiern betrifft. Damit wird auch durch den dritten Bürgermeister seit Besiegelung der Partnerschaft garantiert, daß diese in einer neuen Generation weiterlebt.

Nicht vergessen werden soll, daß *Withold Hallmann,* der Leiter des Spielmannszug des ASV Hettenleidelheim, wegen seiner Verdienste um die Partnerschaft vom Bürgermeister *A. Quincy* von Blanzy im Jahr 1991 zum Ehrenbürger der Gemeinde *Blanzy* ernannt wurde.

Vereine sind die Säulen

Bis zu 200 Personen reisen zu jeweiligen Begegnungen
von Manfred Stumpf

VfR Hettenleidelheim

Die Fußballer des VfR waren die ersten, die als Vertreter ihres Vereins Blanzy besuchten. Im September 1978 nahmen die beiden aktiven Mannschaften an einem Fußballturnier teil und hatten mit einem ersten und einem dritten Rang gute Erfolge. Auch 1979 wurde ein Freundschaftsspiel in Blanzy ausgetragen. 1980 kam der Gegenbesuch des »Etoile sportive Blanzy« in Hettenleidelheim. 1981 waren die VfRler erneut in Blanzy. 1983 und 1984 besuchten Jugendmannschaften des VfR die Partnerstadt, auch 1987 und 1988 kam es zu gegenseitigen Besuchen. Die letzte Begegnung war 1990, wobei Jugendmannschaften und Aktive Spiele austrugen.

ASV Spielmannszug (Bergmanns-Blasorchester)

Der Spielmannszug hatte seine erste Begegnung mit Blanzy bei der Partnerschaftsfeier 1978. Der Spielmannszug des ASV unter der Leitung von Withold Hallmann und die Fanfare Municipal aus Blanzy unter der Leitung von Richard Pietriga wurden zu den Grundpfeilern der Partnerschaft. An Withold Hallmann wurde die Ehrenmedaille des Französischen Musikverbandes verliehen. Das gleich gute Verhältnis wurde auch fortgesetzt unter dem neuen Leiter der »Fanfare Municipal«, Jean Marionnet.

In all den 17 Jahren Partnerschaft hat es kaum eine offizielle Begegnung der beiden Gemeinden gegeben ohne die beiden Musikzüge. Auch beim 80. »Geburtstag« des ASV durften die Fanfare Municipal nicht fehlen.

Der Kirchenchor St. Peter

Einen weiteren musikalischen Beitrag zur Partnerschaft hat der Kirchenchor St. Peter aus Hettenleidelheim geleistet. Beim Kirchenchor von Blanzy, dem »Choral d'Arpege« ist es seinem Dirigenten Jean Labaune durch sein großes Engagement für die Partnerschaft gelungen, einen ähnlichen Stellenwert zu erhalten wie W. Hallmann für die Hettenleidelheimer Musik.

Sängerbund Frohsinn

Auch der Sängerbund Frohsinn unter der Leitung seines Dirkgenten Richard Schwalb war von der ersten Stunde mit dabei. In zahlreichen Vorstellungen haben sich seine Sänger in die Herzen der französischen Freunde gesungen.

Karnevalverein »Feuerio«

Was wäre in Blanzy die Fastnacht, hätte nicht eine Delegation aus Blanzy 1985 die »Hettrumer Fastnacht« besucht. Es gäbe sie nicht und Blanzy wäre um eine Attraktion ärmer. Der Delegationsleiter Maurice Martin meinte, man habe ein großes Volksfest hautnah erlebt und dabei sehr viel Freude empfunden. Er lud den Karnevalverein Feuerio spontan für das Jahr 1986 nach Blanzy ein. Nach der Campagne 1986 reisten die Hettrumer Narren in die Partnergemeinde, um dort im Salle des Fetes vor über 500 Besuchern »Carneval de Blanzy« auf »Hettrumer Art« zu feiern. Anschließend gab es den ersten Fastnachtsumzug in Blanzy. Der Feuerio ist aus Blanzy nicht mehr wegzudenken. Sein Präsident Hans von Beckonien ist eine Symbolfigur der Partnerschaft geworden. Sein Nachfolger Peter Scholl ist der Garant für die Kontinuität der gegenseitigen Narrenfeste.

Es müssen auch die Personen genannt werden, die nicht so im Vordergrund stehen, aber für die Partnerschaft wertvolle Dienste leisten. Für die notwendigen Übersetzungen stehen stets Wolfgang Mittrücker, Karl Herrbach, Reinhold Kerwer und Sabine Reißig zur Verfügung. Besonderes Lob hat sich Mariett Mittrücker verdient, die unermüdlich ist, wenn es darum geht, Unterkünfte für Besucher aus Blanzy zu finden.

Nicht vergessen werden darf Erna Kaiser, die 1988 aus gesundheitlichen Gründen aus dem Partnerschaftsausschuß ausgeschieden ist. Auch heute noch hält Frau Kaiser privat enge Kontakte zum Präsidenten des französischen Partnerschaft-Komitees, Bernard Tremeau.

Beim offiziellen Empfang der Gäste in Blanzy im September 1995 wurde Hettenleidelheims Bürgermeister Jakob Dormann überraschend die Ehrenmedaille der Gemeinde Blanzy von seinem französischen Amtskollegen André Quinzy verliehen. Mit der Auszeichnung können neben verdienten Bürgern Blanzys auch Personen geehrt werden, die sich besonders um die partnerschaftlichen Beziehungen verdient gemacht haben. Bisher wurde sie nur an zwei Hettenleidelheimer Bürger, Rudolf Karst und Withold Hallmann, verliehen. Jakob Dormann betonte in seiner Festansprache, er nehme diese Auszeichnung stellvertretend für alle Hettenleidelheimer an, die sich in der Partnerschaft engagieren. Er beglückwünschte André Quinzy zu dessen kürzlich erfolgter Wiederwahl. Besonders begrüßte Dormann die Entwicklung der Partnerschaft in den letzten Jahren, alleine in diesem Jahr finden acht Begegnungen statt. Ein besonderer Erfolg sei der Jugendaustausch gewesen, bei dem im Juli elf Jugendliche zwischen 14 und 18 Jahren in Blanzy waren.

Im Urlaub in den Vinschgau verliebt

25 Jahre Partnerschaft Kleinkarlbach mit Partschins

von Wolfgang Niederhöfer

Der damalige Landrat des Landkreises Ludwigshafen, Dr. Herrmann Scherer, lernte Anfang der 60er Jahre während des Urlaubs im deutschen und ladinischen Sprachgebiet Norditaliens die von der Sonne verwöhnte und durch seine Fruchtbarkeit und einmalig schöne Bergwelt gesegnete Landschaft Südtirols kennen, aber auch die Probleme von Land und Leuten sowie die Autonomie-Bestrebungen infolge der Benachteiligung durch Italien den anderen Regionen gegenüber. Hier etwas tun zu dürfen, um Tradition und Brauchtum in dem südlich der Alpen liegenden deutschen Kulturgebiet zu erhalten, im Bewußtsein zur Europäischen Einheit durch wirtschaftliche Hilfestellung (z.B. Förderung des Fremdenverkehrs durch den Partnerschaftsgedanken) und gegenseitiger Kulturaustausch durch Musik und Sprache, fachspezifische Informationen im Wein- und Obstanbau, im Handel sowie handwerklichen Bereichen beizutragen, waren Dr. Scherer ein Anliegen. Es müßten doch manche wertvollen Anregungen über die Grenzen hinweg austauschbar sein.

Schon lange vor der angekündigten rheinland-pfälzischen Verwaltungsreform fand 1961/62 die erste Südtiroler Woche in Ludwigshafen statt, bei dem Gegenbesuch 1964 des Landkreises Ludwigshafen in der Südtiroler Region kamen schon die ersten Patenschaften zustande. Angeregt durch das gute und sinnvolle Gelingen folgten die ehemaligen Landkreise Speyer 1966 und Neustadt 1968. Durch die 1969 aufgelösten Landkreise Frankenthal und Neustadt kam es durch territoriale Grenzkorrekturen auch zu wirtschaftlichen und politischen Strukturveränderungen.

Die an der rheinhessischen Grenze bei Bockenheim beginnende Deutsche Weinstraße bis kurz vor die Weinhauptstadt Neustadt (dem Krönungsort der deutschen Weinköniginnen), auch der Bau einer Weinpforte oder eines Weintores (1995 verwirklicht) sowie die an der Weinstraße liegenden Dörfer (meist weinbautreibende Gemeinden) zu einer Edelwein-Region mit Erholungsfunktion zusammenzuschließen - das waren die zukunftsorientierten Gedanken von Dr. Scherer, als er zum ersten Landrat des neu geschaffenen Landkreises Bad Dürkheim gewählt wurde.

Der neue Zuschnitt bietet an Weinbau rund 8000 ha, Obstanbau fast 1300 ha und ungefähr 33.000 ha Wald und Naherholungsgebiete; all dieses dürfte auch für eine Partnerschaft zur Südtiroler Weinstraße bedeutend gewesen sein. Als die Südtiroler der ersten Einladung folgten, die Schlemmereien, den erlesenen Weingenuß und die Pfälzische Art und Aufgeschlossenheit auch beim Besuch des größten Weinfestes der Welt, dem Dürkheimer Wurstmarkt, kennenlernten, waren diese Leute sofort dazu bereit. Ein Grund mehr, mit der Bitte an die Gemeinden

Ansicht von Partschins.

durch gegenseitiges Kennenlernen Partnerschaften abzuschließen. Bei einem Besuch der Partnerschaftsgemeinden besichtigte der Landrat unter anderem den Rohbau des Kulturhauses in Kurtatsch, der kleinsten und finanzschwächsten Gemeinde an der Südtiroler Weinstraße. Dabei wies der Bürgermeister Virgil Peer darauf hin, daß die Finanzierung dieses Baues noch nicht gesichert wäre, da von Seiten des italienischen Staates keine Zuschüsse gewährt würden. Aus Kenntnis dieser Situation bat der Landrat alle Gemeinden seines Kreises schon im Jahre 1969, vor der Erstellung des Haushaltsplanes kleinere Beträge ab 50 DM aufwärts einzustellen, um einen kleinen Betrag zur Erhaltung der Sprachkultur im »Überetsch«-Gebiet zu leisten.

Einmal verbrachte der damalige Bürgermeister Geißler seinen Urlaub in Partschins im Südtiroler Vinschgau, seine überaus gewinnende Art ließ ihn Kontakte mit dem Bürgermeister von Partschins, Dr. Tappeiner, aufnehmen und er konnte nach seiner Rückkehr dem damaligen Gemeinderat darüber berichten und fand offene Ohren. Der Gemeinderat von Partschins hatte den einstimmigen Beschluß gefaßt, mit Kleinkarlbach eine Partnerschaft einzugehen. Dr. Tappeiner hatte dies in einem Brief an Bürgermeister Geißler mitgeteilt.

Der Gemeinderat von Kleinkarlbach sprach sich nun dafür aus, schon bald engere Verbindungen zu suchen und zu diesem Zweck den Bürgermeister, die Ratsmitglieder und die Trachtenkapelle aus Partschins einzuladen. Ihrerseits wollten die Kleinkarlbacher Gemeinderäte nach Südtirol fahren.

Der Ort ist Ausgangspunkt für Wanderungen nach Meran, nach Dorf und Schloß Tirol, nach den Orten Schenna, Lana, Naturns und zum Vigiljoch. Außerdem ist es von hieraus nicht weit in die Dolomiten, ins Passeier- und Ultental. Auch Hafling, Heimat der bekannten Pferderasse, ist nicht weit entfernt.

Die Absicht Kleinkarlbachs, mit Partschins freundschaftliche Bande zu knüpfen, hat in Landrat Dr. Scherer einen engagierten Befürworter gefunden. Am 8. Mai 1970 wurde mit der Südtiroler Gemeinde Partschins bei Meran die Partnerschaft offiziell geschlossen. Mit der Einweihung der Schulturnhalle in Kleinkarlbach am 11. August 1990 wurde die Jubiläumsfeier »20 Jahre Partnerschaft mit Partschins« verbunden. Der musikalische Rahmen von der 60köpfigen Musikkapelle aus Partschins, begeisterte die Anwesenden mit feierlichen Hymnen und flotter Marschmusik. Landrat Georg Kalbfuß, Verbandsbürgermeister Werner Beyer, Ortsbürgermeister Claus Potje, Regierungsschuldirektor Moßbacher und TV-Vorstand Weber lobten in ihren Reden das gelungene Werk. Als erster Gratulant sprach Bürgermeister Dr. Robert Tappeiner im Namen seiner Gemeinde aus Partschins. Die Schlüsselübergabe erfolgte durch den Planer Diplom-Ingenieur Mielke an den Verbandsbürgermeister Beyer.

Es wurden verschiedene Aufführungen durch die Schulkinder und die Gymnastikabteilung der Jugendturnriege zum Besten gegeben. Die 1995 fällige 25-Jahr-Feier wurde wegen der Kommunalwahlen in Italien verschoben.

Partschins

Etwa fünf Kilometer nordwestlich von Meran gelegen, auf einer Höhe von 626 Metern am Fuß der Ötztaler Alpen, hat der Besucher von Partschins eine prächtige Aussicht auf das Meraner Becken mit seinen Obstgärten und Weinbergen. Mit den Ortsteilen Töll und Rabland hat Partschins etwa 2000 Einwohner. Neben dem Fremdenverkehr sind das Dienstleistungsgewerbe und der Obstbau die Haupteinnahmequelle der Bevölkerung. Die Gemeinde ist der Geburtsort von Peter Mitterhofer, der 1864 die erste Schreibmaschine konstruierte. cl

Einer sang sieben Jahrzehnte

Aus der Geschichte des Gesangsvereins 1846 Lambrecht
von Karl Heinz Himmler

»*Zwischen Bergen tief im Tal, von dem Speyerbach durchflossen*« beginnt die längst außer Mode gekommene Lambrechter Hymne. Sie ist am Hang des Luhrbachtals in Stein gemeißelt und war von unseren Eltern und Voreltern in der Schule zu lernen. Ihr Lehrer Karl Kissel hatte den Text und die zunächst noch einstimmige Vertonung hinterlassen, ein am Ende rührseliges Herz-Schmerz-Ereignis im Empfinden seiner Zeit, als er hier nicht nur Lehrer der protestantischen Kinder, sondern von 1905 bis 1919 auch Dirigent des Gesangvereins 1846 war, der in diesem Jahr mit einem Festakt am 22. März im Gemeinschaftshaus, der Schubert-Messe in der katholischen Kirche am 24. März, einem Freundschaftssingen am 6. und 7. Juli in der Sporthalle und einem Festkonzert am 3. November im Gemeinschaftshaus sein 150jähriges Bestehen feiert.

Einen Monat nach dem Pfälzischen Musikfest auf Burg Landeck wirkte im Programm des er-

---

150 Jahre Pfälzer Gesangvereine

Allein zwischen 1834 und 1848, dem Jahr der Pfälzischen Revolution, haben sich in der Pfalz 50 Gesangsvereine gebildet. Ihre erste Aufgabe war die Unterstützung der Gottesdienste. Daneben lebten sie aber auch in der Tradition *Carl Friedrich Zelters* und *Hans Georg Nägelis*. Der erstere, von Beruf Maurer, dann Geiger, Dirigent, Komponist und Orchestererzieher, hatte 1909 in Berlin die auf 24 auserwählte Stimmen begrenzte erste Liedertafel gegründet. Letzterer, ein Schweizer, hatte sich bei seinem ein Jahr jüngeren Zürcher Männergesangsverein der volkstümlichen Chormusik verpflichtet und deren Ausübung allen Schichten geöffnet.

Im bayerischen Rheinkreis tat man sich mit der Organisation des Chorgesangs lange schwer. In den Augen der Münchener Obrigkeit galt nahezu jeder organisierte Zusammenschluß meist als politisch suspekt. Es dauerte bis 1827, bis sich die ersten weltlichen Chöre zu einem »Centralverein« zusammentun konnten mit dem Ziel, damit die Musik zu beleben und die musikalische Ausbildung zu ordnen. Ein erster Nachweis dieses Bemühens war 1828 die Aufführung von Haydns Oratorium »Die Schöpfung«.

Als politisch belastend sollte sich erweisen, daß unter den Initiatoren des »Central-Verbandes« jener *Dr. Philipp Jakob Siebenpfeiffer* war, der sich 1832 auf dem Hambacher Fest als Hauptredner hervortat und in den Augen der königlichen Regierung zur Unperson herabsank. So werden erst 1836 wieder Impulse zur musikalischen Wiederbelebung der Pfalz registriert. Sie kamen diesmal vom Bayerischen Staatsministerium des Inneren, und führten zur Aufnahme der Musik als Unterrichtsfach. Dazu mußte auch die Lehrerausbildung betrieben werden. Ist es Zufall, daß seitdem die weitaus meisten Chorleiter, auch in weltlichen Vereinen, aus dem Lehrerstand kommen?

Der richtige Durchbruch vollzog sich wohl mit dem ersten Pfälzischen Musikfest am 9. Juli 1860 auf der Burg Landeck. Nachdem die Regierung in Speyer gebürgt hatte, daß es nicht zu Ausschreitungen rebellischer Pfälzer komme, gab sich sogar *König Ludwig I.* die Ehre seines Besuchs.

K. H. Himmler/W. Heiss

sten pfälzsichen Sängerfests in der Fruchthalle Kaiserslautern unter 17 Chören auch der Gesangsverein 1846 Lambrecht mit einem Chorbeitrag von Conradin Kreutzer mit. Im Jahr darauf wurde der Pfälzische Sängerbund gebildet. Dirigent des Lambrechter Einzelchors in der Fruchthalle war ein »Herr« März. In den alten Protokollen trugen alle Dirigenten diesen ehrerweisenden Vornamen und keinen anderen. März war Lehrer in Lambrecht und wurde 1866 nach Kaiserslautern versetzt. Es fand sich für ihn dann trotz Auslobung eines Jahreshonorars von hundert stolzen Gulden viele Monate lang kein geeigneter Nachfolger. Er wurde schließlich in einem Musiker namens Fritz aus Neustadt gefunden.

Insgesamt waren im »alten Gesangsverein«, wie er sich zur Abgrenzung gegen die um die Jahrhundertwende am Ort auch tätige Singgemeinschaft »Liedesfreiheit« und zum 1893 als Arbeitergesangsverein »Sängerlust« gegründeten Volks-Chor auch nannte, bisher 21 Chorleiter tätig, zwei von ihnen - Heinrich Schanz von 1888 bis 1905 und 1922 bis 1923 und Walter May von 1955 bis 1978 und 1984 bis 1989 - gleich zwei Phasen lang. Seit 1989 steht der Chor unter der musikalischen Leitung von Oberstudienrat Hagen Wolff aus Neustadt. Unter den 37 Vereinsgründern vom 1. September 1846 bezeichneten sich 32 als Tuchmacher. Ein Zeichen jener Zeit, über die Karl Kissel in der zweiten Strophe seines Liedes textete: »*Was Wallonen einst gebracht, blüht noch heut' als teures Erbe. Viel Fabriken Tag und Nach treiben emsig ihr Gewerbe, und ihr Tuch ist weitbekannt in dem deutschen Vaterland.*« Neben den klassischen Tonschöpfungen und dem Volkslied gehörten quer durch die Jahrzehnte gerade auch patriotischer Geist und Literatur immer wieder zur Arbeit in den Gesangvereinen. Sie waren von Menschen beseelt und nie losgelöst vom Zeitgeist zu führen, was sich in besonderer Weise vor den beiden Weltkriegen und nach der Gleichschaltung im Dritten Reich in den alten Protokollen nachvollziehen läßt.

Wer in den Gründerjahren die Vorsitzenden des Gesangsvereins 1846 waren, läßt sich nicht

Deckblatt der Einladung zur Feier des 50jährigen Bestehens 1896 beim Gesangsverein Lambrecht.

Erwin Kölsch (90) sang 70 Jahre und war 40 Jahre Schriftführer. *Foto: Lintz*

ermitteln. Das erste Protokollbuch ist verlorengegangen. Erst ab 1864 lassen sich die »Vorstände«, »Vereinsleiter«, »Vereinsführer« und »Ersten Vorsitzende« nachweisen. Die längste Amtsperiode hat der heutige Ehrenvorsitzende Hans Müller (1957-1976) ausgeübt, seit 1982 wird der Verein von Karl Bauer geleitet. Auf die längste Amtszeit innerhalb der Vorstandschaft blickt der heute 90jährige Erwin Kölsch zurück. Er hat nicht nur sieben Jahrzehnte lang aktiv gesungen, sondern auch nahezu vier Jahrzehnte lang das Amt des Schrift- und Protokollführers ausgeübt.

Nach stolzen Leistungshöhen und weit über 250 Mitgliedern ist der Verein seit geraumer Zeit von Überalterung und zahlenmäßiger Auszehrung bedroht gewesen. Bisher immer eifrig auf die Pflege rein männlichen Chorgesangs ausgelegt, haben sich die Sänger ab 1992 den fachlich qualifizierten Argumenten ihrer letztendrei Dirigenten geöffnet. Sie haben deshalb zunächst und vorübergehend zur Gestaltung dessen Jubiläumskonzerts eine Chorgemeinschaft mit dem Volks-Chor gebildet, dann aber 14 Frauenstimmen geworben und einen eigenen gemischten Chor geformt. Damit hofft der traditionsreiche Verein seinen eigenen Fortbestand zunächst sichergestellt zu haben, ist aber für Neuzugänge frischer Stimmen nach wie vor offen.

Fahnen erzählen Geschichte

Aus der Geschichte des Liederkranz Sausenheim
von Albert Kohl

In Sausenheim wurde der »MGV Liederkranz« 1846 von 46 Bürgern gegründet. Daß sich auch die Honoratioren des Dorfes engagierten, beweist die älteste vorhandene Mitgliedsliste vom 05. August 1847. Wir finden hier die Namen Wilhelm Hahn und Ludwig Tisch. Wilhelm Hahn war von 1845 bis 1858 evangelischer Pfarrer in Sausenheim. Ludwig Tisch arbeitete von 1826 bis 1853 als Lehrer in unserem Dorf. Wahrscheinlich wurde er 1853 aus politischen Gründen entlassen und er wanderte ebenso wie der damalige Dirigent des Grünstadter Männerchores Chr. Mayer nach Amerika aus. Es wird angenommen, daß Tisch der erste Dirigent des Vereins war.

Die erste Fahne des MGV wurde am 02. Juli 1848 durch Pfarrer Hahn im Saale Bär geweiht. Sie mußte aber bald darauf auf dem Turm der evangelischen Kirche versteckt werden, da sie nämlich in den damals revolutionären Farben schwarz-rot-gold gehalten war. In der Mitte ist eine Lyra aufgstickt, die als Symbol der Chöre gilt. Eichenblätter bilden die Umrahmung als Zeichen der Tapferkeit und des Sieges. 1989 wurde die Fahne in Infolgstadt für DM 4.500,— renoviert und sie hat nun in einer Spezialvitrine im Sängerheim einen Ehrenplatz gefunden.

Wie fast alle Sport- und Gesangsvereine wurde auch der Sausenheimer Verein nach 1849 verboten. Er konnte erst in den 60er Jahren seine Tätigkeit weider aufnehmen. Aus dieser Epoche stehen uns keine Unterlagen zur Verfügung, doch finden wir entsprechende Informationen in der Festrede von Ludwig Kuntz aus dem Jahre 1921.

Als nach dem Krieg 1870/71 Deutschland vereinigt wurde, ging auch der politische Einfluß im Verein weiter zurück. Der Aufdruck der Jahreszahlen 1846-1870 auf der ersten Fahne soll zum Ausdruck bringen, daß das politische Ziel der Patrioten hiermit erreicht war.

Nachdem der Sausenheimer Männerchor bis 1871 ein vorwiegend evangelischer Verein war, öffnete er sich ab diesem Zeitpunkt allmählich auch den Katholiken. Auffallend ist die Tatsache, daß eine ganze Reihe jüdischer Mitbürger zu den Gründern des Vereins zählte. Die jüdische Gemeinde Sausenheims löste sich durch Abwanderung nach 1871 bis 1900 total auf.

Da die erste Fahne in einem denkbar schlechten zustand war, beschaffte man 1896 zum 50. Vereinsjubiläum eine zweite Fahne. Diese Fahne, vom Sausenheimer Maler Erhard Schmeißner entworfen, von der Grünstadter Firma Schilling gefertigt, wrude von Pfarrer Karl Munzinger (von 1896 bis 1901 Pfarrer in Sausenheim) am 14. Juni 1896 bei einem Sängerfest auf dem Platz vor der evangelischen Kirche geweiht.

Die zweite Sausenheimer Fahne.
Foto: K. Schmitt

In Freud und Leid zum Lied bereit

Die Farben schwarz-rot-gold wurden von creme-blau abgelöst. Lyra, Trompete und Notenblatt dokumentieren die Verbundenheit zwischen Musikern und Sängern. Neben den Jahreszahlen 1846 und 1896 sind auch bei dieser Fahne Eichenblätter in das Motiv eingearbeitet worden. Auf die Rückseite ist das Motto zahlreicher Vereine dieser Zeit gestickt: »*In Freud und Leid zum Lied bereit*«

Diese Fahne konnte 1985 ebenfalls durch Renovierung vor dem Verfall gerettet werden. Die Fahnenfabrik in Speyer übernahm diese schwierige Arbeit. Unserer Nachwelt haben wir ein kostbares Dokument der Zeitgeschichte erhalten.

Nach Kriegsende wollte man den Männerchor wiederbeleben, doch die französische Besatzung

Das Sängerheim Sausenheim, ausgebaut 1960/61. *Archivfoto: K. Schmitt*

machte große Schwierigkeiten. Und so trat der Chor an Weihnachten 1948 erstmals nach dem Kriege wieder auf.

Da man 1946 das hundertjährige Bestehen des Vereins nicht feiern konnte, plante man, 1956 das 110jährige Jubiläum festlich zu begehen. In der heute nicht mehr vorhandenen Dreschhalle Jung wurde ein Sängerfest gestaltet, das als einmalig gelungen in die Vereinsgeschichte einging. Der damalige Pfarrer Trapp (von 1936-1983 in Sausenheim) verfaßte die inhaltsvolle Festansprache, die vom 1. Vorstand Kuno Herrmann vorgetragen wurde. Der mit Sausenheim eng verbundene Dessauer Pfarrer Erich Elster dichtete den Prolog, den Gerud Gölbert sprach. Mittelpunkt des Festes war die Weihe unserer dritten Vereinsfahne aus dem Hause Püttmann, Speyer. Die Symbolik dieser Fahne entspricht ganz dem heutigen Wahlspruch des Vereins »*Dir meine Heimat klingt mein Lied*«.

Dieser Satz umrahmt die Lyra. Die Rückseite ziert das seit dem 15. Jahrhundert nachweisbare Ortswappen »Petrus mit Schlüssel«. Es wird umrahmt von Weintrauben und der Umschrift: *Männergesnagsverein Liederkranz Sausenheim.*

Auch diese Fahne ist in den Farben creme-blau gehalten. Schon 1959 schaffte der MGV einen geräumigen Fahnenschrank aus Eichenholz an, in dem alle Fahnen der Sausenheimer Vereine aufbewahrt werden.

Bis 1961 mußte der MGV in verschiedenen Räumen seine Singstunde abhalten. Mit Hilfe von Gemeinde, Kreis, Bezirksregierung und mit beträchtlichen Eigenmitteln wurde 1960 zusammen mit der Bauern- und Winzerschaft unser Sängerheim geschaffen, das heute auch dem katholischen Kirchenchor als Übungsraum dient.

Es ist zur Zeit schwer, junge Sänger für den Chorgesang zu begeistern. Doch hoffen die 35 Sänger unter der Leitung von Klaus Schmitt, daß im traditionsreichen Sausenheimer Männerchor die Lieder auch in Zukunft nicht verstummen mögen.

Dod un Erwe

von Albert H. Keil

Do bei uns Kerwe,
Ärwet un Brot,
Alles im Lot.
Glickliche Erwe.

Woi trinke, herwe,
Raache wie 'n Schlot,
All in ämm Boot.
Brot dut ve(r)derwe.

Moslems un Serwe:
Hunger un Not,
Faier un Sterwe.

's Land dut sich färwe:
Bludich un rot.
Glicklich dorch Scherwe?

Schrittmacherfunktion im ÖPNV

Landkreis Bad Dürkheim reaktiviert Bahnlinien - Modernisierung

von Werner Schreiner

Mit dem 24. September 1995 wurde die Bahnstrecke von Winden nach Bad Bergzabern nach vierzehnjähriger Schließung wieder für den Personennahverkehr geöffnet und in den Rheinland-Pfalz-Takt einbezogen, so daß, neben dem Staatsbad Bad Dürkheim in der Pfalz jetzt auch das Staatsbad Bad Bergzabern wieder über einen »Anschluß« im Schienenverkehr verfügt.

Der Leser des Heimatjahrbuches des Landkreises Bad Dürkheim wird sich fragen, was die Ereignisse im Landkreis Bad Dürkheim mit der Reaktivierung der Bahnstrecke zwischen Winden und Bad Bergzabern zu tun haben. Eine genauere Analyse der Entwicklung des Öffentlichen Personennahverkehrs macht jedoch deutlich, daß ohne die Bemühungen im Landkreis Bad Dürkheim auch zwischen Winden und Bad Bergzabern keine Züge fahren würden und daß die Bahnstrecken im Landkreis Bad Dürkheim und die wiedereröffnete Strecke im Süden der Pfalz inzwischen durch die Synergieeffekte des Rheinland-Pfalz-Taktes ganz eng miteinander verbunden sind.

Als im Mai 1994 die Bahnstrecke von Grünstadt nach Eisenberg wieder in Betrieb genommen wurde und auf der Strecke Neustadt-Bad Dürkheim-Grünstadt der kommunal finanzierte Sonntagsverkehr durch einen Wochenendverkehr im Rheinland-Pfalz-Takt abgelöst wurde und auf der Strecke Freinsheim-Frankenthal erstmals seit 1974 der Wochenendverkehr wieder eingeführt wurde, konnte niemand ahnen, daß hiermit ein wesentlicher Grundstein für den Erfolg des vom Land Rheinland-Pfalz propagierten Rheinland-Pfalz-Taktes gelegt wurde.

Im Herbst 1994 erfolgte die Einführung des Rheinland-Pfalz-Taktes in Rheinhessen. Schon zu diesem Zeitpunkt war die Reaktivierung der Bahnstrecke von Grünstadt nach Monsheim eine beschlossene Sache, die lediglich noch an der Tatsache scheiterte, daß die Deutsche Bundesbahn in Abstimmung mit der Straßenbauverwaltung zur Erbauung der Umgehungsstraße in Monsheim (B 47) eine Unterbrechung der Bahnlinie nördlich von Hohensülzen vereinbart hatte. Die Bemühungen des Landes Rheinland-Pfalz führten letztlich dazu, daß diese Lücke durch eine neue Brücke geschlossen wurde. Parallel zu diesen Bemühungen um einen Lückenschluß zwischen den Bahnnetzen der Pfalz und Rheinhessens gab es den Wunsch der Verbandsgemeinde Eisenberg, die Bahnlinie von Grünstadt nach Eisenberg über Eisenberg hinaus bis nach Ramsen weiterzuführen. Der Donnersbergkreis finanzierte diese Maßnahme zusammen mit der Verbandsgemeinde, so daß im Mai 1995 mit einer Fahrt von Ramsen

Zur Ankunft des ersten Zuges seit vielen Jahren präsentierte sich Bockenheims Ortsbürgermeister Eugen Ackermann als Bahnhofsvorsteher. Foto: G. Morczinczyk

über Grünstadt und Monsheim nach Worms zwei bisher für den Personenverkehr stillgelegte Bahnstrecken in den Rheinland-Pfalz-Takt aufgenommen werden konnten. Gleichzeitig wurden Ramsen und Eisenberg in den Tarifbereich des Verkehrsverbundes Rhein-Neckar integriert.

Mit der Einführung der Vorstufe des Rheinland-Pfalz-Taktes im Mai 1995 konnte eine jahrelange Negativentwicklung im Öffentlichen Personennahverkehr gestoppt werden. Zwar hatte die im Jahr 1986 zwischen dem Land Rheinland-Pfalz und der Deutschen Bundesbahn unterzeichnete Vereinbarung eine gewisse Stabilisierung der Verhältnisse im Schienenpersonennahverkehr gebracht, doch es zeichnete sich noch keine Trendwende ab. Insofern ist es verständlich, daß sich die Nachfragesteigerungen im Juni und Juli 1994 nur zögernd einstellten. In den folgenden Monaten kamen jedoch immer mehr neue Fahrgäste in die Züge. In vielen Bereichen waren zusätzliche Triebwagen zur Erhöhung der Platzkapazität notwendig, lokbespannte Züge wurden mit zusätzlichen Wagen versehen.

Besonders interessant verlief die Entwicklung auf der zuerst wieder für den Personalverkehr reaktivierten Bahnstrecke von Grünstadt nach Eisenberg. Nach der Stillegung der Bahnstrecke für den Personenverkehr konnte man mit einer schon vorher in Konkurrenz zur Bahnstrecke eingeführten Buslinie von Grünstadt aus (Linie 6722) durch das Eistal direkt über Asselheim, Mertesheim und Ebertsheim nach Eisenberg fahren. Darüber hinaus war Eisenberg im Busverkehr durch eine Linie über Hettenleidelheim (6721) erreichbar. Auf beiden Buslinien wurden im Jahr 1994 an Schultagen insgesamt 1479 Personen zwischen Grünstadt und Eisenberg befördert. Auf der Linie 6721 - über Hettenleidelheim - waren es durchschnittlich 297 Fahrgäste, die übrigen Fahrgäste wurden auf der »direkten« Linie befördert.

Nach der Wiederaufnahme des Schienenverkehrs hat die Deutsche Bahn AG im Jahr 1995 eine Fahrgastermittlung für die Strecke von Grünstadt nach Eisenberg durchgeführt. Dabei wur-

Vertragsunterzeichnung zur Eröffnung der Strecke Ramsen-Grünstadt-Monsheim mit Landrat Winfried Werner (Donnersbergkreis) und Verkehrsminister Rainer Brüderle (von links) sowie Landrat Georg Kalbfuß (rechts) und Vertretern der Bahn-AG.   *Foto: Morczinczyk*

BUSSE & BAHNEN IM RHEIN-NECKAR-DREIECK

Wir brauchen nur eins!

TICKET 24 PLUS

„Freizeitspaß mit der Familie?
Ganz einfach mit dem **TICKET 24 PLUS:**
Das ist **ein** Ticket, mit dem **alle** fahren! Sicher, streßfrei, umweltfreundlich und dazu noch superpreiswert! Es paßt einfach zu uns, das **TICKET 24 PLUS.** Jetzt ausprobieren, Leute!"

Das TICKET 24 PLUS vom VRN:

- Mobil bis 24 Stunden montags bis freitags, bis 48 Stunden an Wochenenden!
- Gültig für bis zu 2 Erwachsene und 3 Kinder – oder 5 Kinder! Und das von Montag bis Freitag ab 9.00 Uhr, Samstag, Sonntag und an Feiertagen ganztags.

- Die Reichweite des Tickets bestimmen Sie:
  - **bis zu 3 Waben   8,50 DM**
  - **bis zu 5 Waben   12,50 DM**
  - **Gesamtnetz VRN: 17,00 DM**

TICKET 24 PLUS. Das Familien- und Freizeit-Ticket.

Noch Fragen? Einfach anrufen....
**Auskünfte zu den Tarifen:
06 21/1 07 70-13/-14/-15**
Auskünfte zum Fahrplan:
06 21/1 07 70-28

Verkehrsverbund Rhein-Neckar
VRN
DIE KLARE LINIE

Busse und Bahnen im
Rhein-Neckar-Dreieck
Baden/Hessen/Pfalz

Fahrpreise Stand 4/95
Verkehrsverbund Rhein-Neckar GmbH
B1, 3-5 · 68159 Mannheim
Tel.: (06 21) 1 07 70-0

den an Schultagen 1065 Fahrgäste gezählt. Im Busverkehr fuhren nach der Reaktivierung der Bahnlinie Grünstadt-Eisenberg auf der Buslinie 6721 an Schultagen insgesamt durchschnittlich 369,5 Fahrgäste, d.h. rund 72,5 Fahrgäste mehr als vor der Reaktivierung des Personenverkehrs. Auf der Buslinie 6722 der sogenannten »direkten« Bahnlinie mußte erwartungsgemäß die Nachfrage zurückgehen. Hier fahren heute an Schultagen durchschnittlich noch 584,5 Fahrgäste. Addiert man die Fahrgastzahlen der beiden Buslinien, so kann man feststellen, daß an Schultagen insgesamt noch 954 Personen den Busverkehr benutzen. Fügt man dem die Nutzerzahlen des Schienenverkehrs hinzu, so kommt man nach der Wiedereinführung des Schienenverkehrs im »Korridor« zwischen Grünstadt und Eisenberg im Spätjahr 1994 auf 2019 Fahrgäste Öffentlichen Personennahverkehr (ÖPNV) gegenüber 1479 Fahrgästen vor der Eröffnung der Bahnstrecke. An Schultagen benutzen also täglich 540 Fahrgäste mehr den ÖPNV, der jetzt durch Bus und Schiene angeboten wird.

Diese erfreulichen Zahlen begannen sich im Spätjahr 1994 abzuzeichnen und wurden auch durch in anderen Landesteilen festgestellte Entwicklungen bestätigt. Vor allem im Raum zwischen Alzey und Mainz wurde nach der Einführung des halbstündlichen Rheinland-Pfalz-Taktes eine große Nachfragesteigerung verzeichnet, so daß zahlreiche Züge durch zusätzliche Triebwagen und Wagen verstärkt werden mußten. Ende des Jahres 1995 wird das Ministerium für Wirtschaft, Verkehr, Landwirtschaft und Weinbau erste Ergebnisse der vom Land durchgeführten Fahrgastzählungen vorlegen, die sicherlich den hier beschriebenen Trend bestätigen werden.

Für die zweite im Landkreis Bad Dürkheim reaktivierte Bahnstrecke zwischen Grünstadt und Monsheim lassen sich nach wenigen Monaten noch keine konkreten Zahlenwerte vorlegen, interessant ist jedoch, daß bei zufälligen, in unregelmäßigen Abständen vorgenommene Bereisungen sich die Eröffnung des Hauses der Deutschen Weinstraße in Bockenheim als belebender Faktor für den Bahnverkehr herausgestellt hat. Viele Gruppen beginnen in Bockenheim ihre Wanderungen entlang der Weinstraße oder unternehmen einen Besuch des neuen Ausflugszieles.

Momentan wird im Rahmen der Planungen für den Rheinland-Pfalz-Takt überlegt, wie der Bahnverkehr im Norden des Landkreises Bad Dürkheim noch schneller an die Knoten in Neustadt und Monsheim »angebunden« werden kann, um im Rahmen der Verbindungen von Mainz über Alzey an die Weinstraße eine Verkürzung der Reisezeiten zu erzielen. Letztlich ist es das Ziel, sowohl den Raum Bingen und das Rheintal, als auch den Raum Mainz schneller mit dem Bereich der Weinstraße zu verbinden.

Die mit der Einführung des Rheinland-Pfalz-Taktes eingeführten Verbesserungen des Fahrplanes und die bei der Reaktivierung im Landkreis Bad Dürkheim gewonnenen Erfahrungen waren Grundlage für die im Landkreis Südliche Weinstraße aufbereiteten Pläne für die Reaktivierung der Bahnstrecke von Winden nach Bad Bergzabern. Entscheidend für die Angebotsqualität war auch hier, daß die Vernetzung des neuen Bahnangebotes mit dem bestehenden Rheinland-Pfalz-Takt gelang. Von Grünstadt kommend, kann man jetzt stündlich mit Umstieg in Neustadt und Winden nach Bad Bergzabern fahren. Somit ist fast die gesamte Weinstraße per Bahn erreichbar. Offen bleibt noch die Verbindung zum südlichen Ende der Weinstraße beim Deutschen Weintor in Schweigen, das knapp 1000 Meter vom elsässischen Bahnhof Weißenburg entfernt ist.

Nach schwierigen Verhandlungen wurde am 6. Juli 1995 die Reaktivierung der Bahnstrecke von Winden nach Weißenburg per Staatsvertrag zwischen dem Land Rheinland-Pfalz und der Region Elsaß vereinbart. Die Strecke soll bei Wiederaufnahme des Verkehrs bis Weißenburg in den Rheinland-Pfalz-Takt einbezogen werden. Angestrebt wird zuerst alle zwei Stunden eine Umsteigeverbindung in der Relation Neustadt-Weißenburg-Straßburg. In der Folge wirll auch die Region Elsaß eine Verdichtung des Bahnverkehrs zwischen Weißenburg-Hagenau und Straßburg einführen, so daß eventuell stündlich Verbindungen geschaffen werden können. Gleichzeitig wird die Einführung durchgehender Verbindungen zwischen Neustadt und Straßburg geprüft. Nachdem die Verhandlungen über die Ausbaumaßnahmen im Bahnhof Weißenburg abgeschlossen sind, ist für den 26. November 1995 die Unterzeichnung des sogenannten »Bauvertrages« zwischen dem Land Rheinland-Pfalz und den Französischen Staatsbahnen (SNCF) in Weißenburg/Elsaß vorgesehen.

Spätestens zum Winterabschnitt des Jahresfahrplanes 1996/97 sollen dann Züge zwischen der Pfalz und dem Elsaß verkehren, so daß neben der deutschen Weinstraße in Weißenburg auch die elsässische Weinstraße stündlich mit dem Rheinland-Pfalz-Takt aus dem Landkreis Bad Dürkheim erreichbar ist. Auch bei diesem Bauvorhaben werden die Erfahrungen eingebracht, die im Landkreis Bad Dürkheim bei der Reaktivierung der Bahnstrecken gewonnen wurden.

Die Einbeziehung auch der reaktivierten Bahnstrecken in das Projekt Rheinland-Pfalz-Takt macht deutlich, daß es sich bei den Bemühungen des Landes Rheinland-Pfalz im Schienenverkehr um ein abgestimmtes Konzept handelt, das durch seine Vernetzung für alle bedienten Regionen Verbesserungen bringt.

Um die Attraktivität der Bahn weiter zu steigern, hat das Land Rheinland-Pfalz die Kommunen aufgefordert, sich besonders der Umgestaltung des Bahnhofsumfeldes zu widmen. Als vorbildlich gelten dabei die im Landkreis Bad Dürkheim mit Unterstützung der Gemeinden, des Landkreises und des Landes umgebauten Bahnhöfe in Deidesheim und Weisenheim am Sand sowie die Haltepunkte in Herxheim am Berg und Wachenheim.

Nach schwierigen Verhandlungen will hier der Landkreis Bad Dürkheim 1996 weitere Vorhaben in Angriff nehmen. Es handelt sich dabei um den Bahnhof in Freinsheim und den Haltepunkt in Erpolzheim. In Neidenfels soll ein neuer Haltepunkt errichtet werden, der später auch von der S-Bahn nach Kaiserslautern bedient werden kann. Ebenfalls umgestaltet werden soll der Bahnhofsbereich in Lambrecht, wo durch die Einführung des Rheinland-Pfalz-Taktes kein Parkraum mehr zur Verfügung steht. Zusammen mit dem im Mai 1995 in Betrieb genommenen Haltepunkt »Neustadt-Böbig«, an dem die Fahrgäste der Linie Mannheim-Neustadt jetzt in die Züge nach Bad Dürkheim umsteigen, hat somit das Umfeld der Bahn im Süden des Landes Rheinland-Pfalz ganz wesentliche Verbesserungen erfahren.

Kein Wunder, daß sich Besuchergruppen aus dem In- und Ausland in den Landkreis Bad Dürkheim begeben, um die Entwicklungsmöglichkeiten im ÖPNV in Augenschein zu nehmen. Dabei geht es nicht nur um vertaktete Fahrplanangebote, in die im Landkreis Bad Dürkheim auch der Busverkehr immer stärker einbezogen ist, sondern vor allem auch um die Bahnsteiganlagen, die im Lande Rheinland-Pfalz als mustergültig gelten.

Zukunftsplan: Zentrales Stellwerk in Bad Dürkheim

Das Jahr 1996 soll, wenn es nach Landrat Georg Kalbfuß geht, endlich auch den Startschuß für ein weiteres Zukunftsprojekt des ÖPNV im Landkreis Bad Dürkheim bringen. Der Landrat hofft, daß die Bahn AG mit dem Bau eines Zentralstellwerkes in Bad Dürkheim beginnen wird. Der Landkreis hat hierzu durch die Erstellung eines Gutachtens wesentliche Vorarbeiten geleistet. Dem Land Rheinland-Pfalz und dem Landkreis wurde dazu inzwischen von der Firma Siemens ein technisches Konzept vorgestellt, dem jetzt die Bahn AG noch zustimmen muß. Da das Land Rheinland-Pfalz im neuen Konzept ein Pilotprojekt für weitere Zweigstrecken des Landes sieht, erwartet man eine kurzfristige Umsetzung der Maßnahme, um dann an den übrigen Strecken ähnliche Rationalisierungsmaßnahmen vorzunehmen.

Heimatmuseum Haßloch 100 Jahre

Erweiterungsnotwendigkeit im Nachbaranwesen Gillergasse 14

von Ernst Lintz

Das Heimatmuseum in Haßlochs Ältestem Haus in der Gillergasse 11 rüstet zur Geburtstagsfeier. 1996 wird es 100 Jahre alt, wirkt aber lebendiger denn je. Schönstes Geburtstagsgeschenk wäre für Museumsleiterin Marianne Wittmann der Beginn des Umbaus am Nachbargebäude in der Gillergasse 14. »*Denn hier platzen wir aus allen Nähten und bräuchten die Erweiterung dringend*«, sagte die pensionierte Grundschuldirektorin, die sich um das aus dem Jahre 1599 stammende Älteste Haus, seinen Erhalt und das darin untergebrachte Heimatmuseum zusammen mit ihrem Mitarbeiterteam, vor allem Dorle und Roland Dorsch, Hans Freundlich und Günter Ohler große Verdienste erwarb.

Immer wieder waren es Haßlocher Pädagogen, die sich um die Sammlung und Aufbewahrung von Zeugnissen vergangener Zeiten bemühten. Oberlehrer Gottlieb Wenz gründete als Heimatforscher 1896 eine ortsgeschichtliche Sammlung mit zahlreichen Funden aus Forschung und Ausgrabungen auf gemeindeeigenem Boden, zunächst untergebracht im Turm der Christuskirche und später auf dem Speicher der großen Schule auf dem Schillerplatz. Damals schon bedacht darauf, alte bäuerliche Geräte, Handwerkszeuge und andere volkskundliche Objekte zusammenzutragen, hat er vieles vorm Wegwerfen bewahrt. Er gab auch 1925 im Verlag der Haßlocher Buchhandlung Paul Curth die ersten »Beiträge zur Geschichte der Pflege Haßloch« heraus.

Fortgeführt wurde sein museales Wirken später durch seinen unermüdlichen Mitarbeiter,

Im Haßlocher Heimatmuseum: Räder an einem Mistkarren (links oben), am Leiterwagen und der Schubkarre sowie unten am Kastenwagen und am Pflug-Karren dokumentieren Transportmittel der Landwirtschaft.
Foto: Lintz

Oberlehrer Otto Frank. Seine Pflege heimatlichen Kulturgutes setzte dann Rektor Oswin Backe in Räumen der Schillerschule fort. Wegen der Schulraumnot dann ausgelagert in ehemalige Kindergartenräume im Brühl, machte ein kleiner Kreis ehrenamtlicher Museumsbetreuer die Sammlung in den freigewordenen Räumen des Hauses Kirchgasse 2 vorübergehend zugänglich. 1986 zog das Museum dann um in das bereits 1978 von der Gemeinde erworbene und mit hohem Kostenaufwand durch Renovierungsmaßnahmen in seiner historischen Substanz erhaltene Älteste Haus.

Ebenfalls auf Betreiben Marianne Wittmanns hat die Gemeinde nach dem Tod des Besitzers auch das Nachbarhaus in der Gillergasse 14 erworben. Für dieses Anwesen wurde von der Gemeinde eine Planung erarbeitet. Bei Voruntersuchungen war der Kaiserslauterer Professor Dennhardt zu der Überzeugung gelangt, daß die Ausbaukosten des Anwesens bei rund einer Million Mark liegen, vorausgesetzt es gebe entsprechende Zuschüsse und der Ausbau könne im Rahmen von Arbeitsbeschaffungsmaßnahmen durchgeführt werden. Dagegen seien für ein Bürgerhaus nach Ansicht von Bürgermeister Hanns-Uwe Gebhardt Kosten in zweistelliger Millionenhöhe erforderlich. Für das Nachbargebäude des Ältesten Hauses mit entsprechender Verbindung durch einen Mauerdurchbruch ist eine Sanierung in drei Bauabschnitte ins Auge gefaßt.

Den Auftakt soll die Scheune bilden, ausgestattet mit Bühne und Galerie und rund 250 Sitzplätzen, zusammen mit der Remise, umgestaltet zum Aufenthaltsraum mit Mehrzweckfunktion, etwa einer Garderobe, könnte sie für Veranstaltungen eine Ergänzung darstellen zu den Freilichtaufführungen und Konzerten im Hof des Ältesten Hauses. Im zweiten Bauabschnitt ist vorgesehen, die Stallungen für Museumszwecke umzugestalten und im Raum über der Re-

Frühere Wasserleitungsrohre - aus Blei (links) und Ton (daneben) sowie ein Teil eines hölzernen Rohres dahinter - dazu die ersten Elektro-Utensilien im Haßlocher Museum. Foto: Lintz

mise einen Mehrfachnutzungsraum herzurichten. Und mit einem dritten Bauabschnitt schließlich soll das eigentliche Vorderhaus an der Gillergasse so umgestaltet werden, daß es die Museumsleitung mit Büro und Archiv aufnehmen kann. Schließlich wäre auch eine Museumsschänke möglich. So wird das Kulturzentrum, zu dem sich das Heimatmuseum Ältestes Haus entwickelte, ausgeweitet werden.

Dokumentationen ländlich-bäuerlicher Lebensweise

Daß dieses weit über die Grenzen Haßlochs hinaus bekannte Heimatmuseum mit seiner vorzüglichen Dokumentation ländlich-bäuerlicher Lebensweise, handwerklichen Wirkens und der Ortsgeschichte sehr lebendig geblieben ist, beweist sein Start in die Saison 1995. In unermüdlichem Einsatz hat Museumsleiterin Marianne Wittmann die notwendigen Utensilien einer gut ausgestatteten Schusterwerkstatt zusammengetragen, die im Dachgeschoß gegenüber dem intensiv genutzten Versammlungs- und Veranstaltungsraum eingerichtet wurde. Da fehlt weder die Schusterlampe mit der, den Raum erhellenden Glaskugel, noch das Dreibein oder die unterschiedlichsten Leisten. Lederpresse, Rahmenmaschine, Schusternähmaschinen verschiedener Alter, aber auch das Nagelkarussell, die Leimdose und die Holzstifte fehlen nicht. Und am Pfosten hängt die Schusterschürze, als wäre sie gerade mal zum Frühstück abgelegt worden. Auch hier der Bezug zum Menschen, Bilder und Texte von Haßlocher Schustern, die ehemals und im einen oder anderen Fall heute noch - wenn auch maschinell anders ausgestattet - im Großdorf wirken. Und neben all dem ein Schusterhandwerkssiegel, eine besondere Rarität, wie sie nirgends sonst in weitem Umkreis zu finden sei, so Marianne Wittmann.

Vorausgegangen war in Zusammenarbeit von Gemeinde, Museumsleitung und einer Gruppe von Volkskundestudentinnen und Studenten der Johannes-Gutenberg-Universität Mainz und ihrer wissenschaftlichen Leiterin Vera Deißner die Neukonzeption der landwirtschaftlichen und landhandwerklichen Gerätesammlung in Scheune und Weinkeller. Dabei wurden die Ausstellungsobjekte nach thematischen Schwerpunkten besuchergerecht aufbereitet und präsentiert.

Die Schwere der menschlichen Arbeit

Begonnen im August 1992 war diese wissenschaftliche Arbeit, die auch Interviews mit Leuten umfaßte, die noch mit den landwirtschaftlichen oder handwerklichen Geräten gearbeitet haben. Durch Leittafeln und O-Ton-Berichte auf Zusatztafeln ist es seitdem Besuchern möglich, sich auch ohne sachkundige Führung jeweils ein Bild zu machen vom Einsatz der ausgestellten Objekte. Sie gehören seitdem nicht mehr nur »der guten alten Zeit an«, sondern dokumentieren auch die Schwere der menschlichen Arbeit mit ihrem Einsatz. Die Verflechtung der Landwirtschaft mit dem Handwerk und dessen zunehmender Mechanisierung wird ebenso verdeutlicht, wie etwa die Transportmittel in Landwirtschaft und Handwerk.

Inzwischen ist auch ein Ausstellungsbereich Häfnerei in Haßloch und der Region hinzugekommen, und zu den Ausstellungsstücken zählen die ersten Wasser- und elektrischen Installationsrequisiten. Jetzt könnte Marianne Wittmann einen kompletten Backofen von anno dazumal aus einer ehemaligen Haßlocher Bäckerei bekommen - wenn sie Platz dafür hätte. Ein Beispiel für den berechtigten Wunsch nach rascher Realisierung der Baumaßnahmen im Anwesen Gillergasse 14, auch mit Freilegung des verputzten Fachwerks.

Beharre stets auf Deinem Recht, Du selbst zu sein.
Ansonsten: armes Schwein. (Otmar Fischer)

Vereinssitzung der Wachenheimer Ruanda-Freunde.

Schulen in Ruanda finanziert

Ein junger Wachenheimer Verein engagiert sich

von Walter Brändlein

Als Zeichen der Weltoffenheit und Solidarität mit der Dritten Welt rief Rheinland-Pfalz 1992 zur Partnerschaft mit dem zentralafrikanischen Land Ruanda auf, einem meist hügeligen, dicht besiedelten, vorwiegend landwirtschaftliche genutzten Hochland ohne nennenswerte Bodenschätze und ohne Zugang zum Meer. Die Amtssprachen sind Kinyaruanda und Französisch.

Im Rahmen dieser rheinland-pfälzischen Partnerschaft bestehen seit 1984 Beziehungen zwischen der ruandischen Gemeinde Kanama und den Wachenheimer Ruanda-Freunden. Kanama gehört zur Präfektur Gisenyi am Kivu-See im Nord-Westen Ruandas und liegt am Fuße der bis zu 4000 m hohen Virunga-Vulkane.

Bereits 1984 besuchten Vereinsmitglieder Ruanda und knüpften Beziehungen mit Gemeindevertretern und Schulen. Nach dem Motto »Wissen ist das Brot der ruandischen Kinder von morgen« konnte zusammen mit dem Land Rheinland-Pfalz bald das erste Schulprojekt im Sektor Bisizi, der bis dahin keine eigene Grundschule hatte, finanziert werden. Acht Klassenzimmer entstanden dort in echter Gemeinschaftsarbeit. Die Gemeinde Kanama stellte das Grundstück, die Frauen formten die Ziegel, die Männer schafften das Bauholz herbei, die Facharbeiten und die Schuleinrichtung wurden im Rahmen der Partnerschaft finanziert, die Besoldung der Lehrer übernahm der ruandische Staat. All dies wurde vom Rheinland-Pfalz-Büro in Kigali überwacht und koordiniert.

Bald folgte die Erweiterung der Schule in Mukondo, die Renovierung der Grundschule in Nyakiliba wurde ins Auge gefaßt. Handwerkliche Erzeugnisse, vor allem kunstvoll gestaltete

Weihnachtskarten der Handwerkergruppe in Kiaka wurden auf Basaren und Weihnachtsmärkten verkauft. Die höhere Schule St. Wenzeslas konnte mit Schulmaterial unterstützt werden. 1990 nahmen zwei Vereinsmitglieder an einer Reise der Kolpingjugend teil und installierten die elektrische Versorgung von Gemeinschaftshäusern. Ausstellungen im Wachenheimer Rathaus 1994 und im Pfalzmuseum für Naturkunde 1995 gaben Einblick in die Vereinsarbeit.

1990 wurde die Wachenheimer Initiative unter der Nr. VR 492 im Vereinsregister des Amtsgerichtes Ludwigshafen eingetragen. Das Finanzamt Neustadt erteilte die Anerkennung als gemeinnütziger Verein.

Die wirtschaftliche und politische Entwicklung Ruandas

Die wirtschaftliche und politische Entwicklung setzte die Rahmenbedingungen für Ruandas Zukunft. Der starke Verfall der Preise für Kaffee, dem wichtigsten Exportgut, das enorme Bevölkerungswachstum sowie der 1990 aufflammende Bürgerkrieg mit der Ruandischen Patriotischen Front (RPF), die - vorwiegend aus Flüchtlingen früherer Jahrzehnte der Volksgruppe der Tutsi bestehend - mit Unterstützung Ugandas ihr Recht auf Rückkehr erzwingen wollte, stürzten das Land in große Probleme. So waren 1993 zeitweise 1 Million Menschen (von insgesamt ca. 7 Mio.) in Ruanda auf der Flucht, vor allem im Süden herrschte Hungersnot. Zusätzlich stellte die Forderung der westlichen Entwicklungshilfegeber (vor allem USA, Frankreich, Belgien und Deutschland) nach Demokratisierung alle damals bestehenden Macht- und Verwaltungsstrukturen in Frage. Im Vertrag von Arusha sollte 1993 eine neue demokratische Ordnung und Machtverteilung verwirklicht werden, für die RPF ein Sieg, für das bestehende Regime eine Niederlage. Doch zum Vollzug dieses Vertrages sollte es nicht mehr kommen.

Ein Attentat auf das Flugzeug des ruandischen Präsidenten löste am 6. April 1994 schwere Auseinandersetzungen aus, die von den Medien zunächst als »ethnische Konflikte« dargestellt wurden. In Wirklichkeit vollzogen Extremisten der damaligen ruandischen Regierung einen Völkermord an den Tutsis, geduldet von den UN und den maßgeblichen westlichen Mächten.

Statt dem Morden Einhalt zu gebieten und die UN-Truppen in Ruanda zu verstärken, wurden

Schulbau in Bisizi; stolze ruandesische Kinder inspizieren »ihr« Haus.

Ruandesische Kinder malen für die Partnerschaft

Eine Auswahl von Schülerzeichnungen zu verschiedenen Themen haben wir hier abgedruckt. Zahlreiche Schulen suchen Partnerschulen in Deutschland. Welche Schule hat Interesse ?

Arbeit im Bananenhain

Traditionelles ruandesisches Rundhaus

Krankentransport mit Bahre

Beim Schulsport

Wachenheimer Partnerschule Bisizi

die Blauhelme fast vollständig abgezogen. Ausgerechnet 50 Jahre nach Ende des Zweiten Weltkrieges mit zahlreichen Gedenkfeiern und der Forderung »Nie wieder Krieg« fand in Ruanda ein Völkermord statt, der quasi »im Fernsehen übertragen« wurde, ohne daß die notwendigen politischen Konsequenzen gezogen wurden.

In der folgenden Auseinandersetzung mit der RPF flohen die Initiatoren des Völkermordes und mit ihnen Millionen Ruander in die Nachbarländer, vor allem Tansania und Zaire. Erst als dabei die Cholera ausbrach, kamen internationale Hilfsaktionen in Bewegung, für viele zu spät. Ein erheblicher Teil Hilfsgelder wurde von den geflohenen ruandischen Machthabern abgezweigt und zur Wiederaufrüstung mißbraucht, die Flüchtlinge werden an der Rückkehr gehindert. Da auch in Ruanda die Menschenrechte durch Racheakte verletzt werden, leben immer noch Millionen von Menschen in Flüchtlingslagern außerhalb des Landes.

2000 Unterschriften für Frieden und Menschenrechte

In dieser Situation flohen auch die Bewohner Kanamas ins nahegelegene Zaire, wurden teilweise ausgeplündert und verbrachten Monate der extremen Unsicherheit in kleinen Plastikzelten, versorgt mit Maismehl und wenig Wasser, einer Mangelsituation, die viele, vor allem Kinder, nicht überlebten. Der Wachenheimer Verein sammelte 2000 Unterschriften für Resolution für Frieden und Menschenrechte, vor allem an das Auswärtige Amt und Parlamentarier gerichtet und organisierte zusammen mit den Wachenheimer Kirchengemeinden einen Sternmarsch nach Friedelsheim zugunsten der Flüchtlinge in Tansania (Erlös ca. 12.000,— Mark). Für die zahlreichen Waisenkinder, vor allem in Kanama, konnten 10.000,— Mark zur Verfügung gestellt werden. In Rundfunk, Fernsehen und der Presse wurden Frieden und Menschenrechte für Ruanda gefordert.

Ein deutlich erhöhtes Spendenaufkommen unterstützte diese Bemühungen. Mit der Bonner Initiative »Frieden für Ruanda«, der Organisation Oxfam in Berlin und der französischen

Am fertigen Schulprojekt in Bisizi, im weißen Hemd der Bürgermeister.

Die größeren Schüler der höheren Schule St. Wenzeslas in Ruanda; sie suchen eine Schulpartnerschaft in Rheinland-Pfalz.

Gruppe »Agir Ici« besteht Informationsaustausch und Zusammenarbeit. Eine umfangreiche Dokumentation der jüngsten Geschichte Ruandas steht zur Verfügung.

Der deutsche Bundestag bestätigte am 22. Juni 1995 mit einer einstimmig verabschiedeten Resolution aller Fraktionen das Ziel einer konsequenten Friedens- und Entwicklungspolitik in Ruanda. Ausdrücklich positiv bewertet und als Vorbild genannt wurde in diesem Zusammenhang die Partnerschaft Rheinland-Pfalz. Der Bundestag beauftragte damit die Bundesregierung, endlich die entsprechenden Maßnahmen (bei EU und UN) einzuleiten. Der UN-Gerichtshof zur Bestrafung der Verantwortlichen des Völkermordes hat seine Arbeit aufgenommen, eine wichtige Voraussetzung für eine rechtsstaatliche Entwicklung.

Die Wachenheimer Schulprojekte haben die Wirren des letzten Jahres gut überstanden. Lediglich Türen und Schulmöbel fehlen teilweise. Die geplante Renovierung der Grundschule Nyakiliba kann in Angriff genommen werden. Der Bürgermeister von Kanama dankte in seinem letzten Brief mit bewegten Worten für die Hilfe und bat, die Beziehungen nicht abreissen zu lassen. Sein Dank sei hiermit an alle Spender (insbesondere den Verein »Badehaisel« und die protestantische Pfarrgemeinde) weitergeleitet.

Der Vorstand von Partnerschaft Ruanda e.V. Wachenheim besteht 1995 aus folgenden Persönlichkeiten: 1. Vorsitzender Walter Brändlein (Wachenheim), 2. Vorsitzender Robert Herrmann (Wachenheim), Schatzmeister Thomas Eckert (Schifferstadt), Beirat Andrea Kischkat (Schifferstadt), Beirat Helmut Reineck (Ludwigshafen). Ein Spendenkonto ist bei der Volks- und Raiffeisenbank Wachenheim (BLZ 54691200), Kto.-Nr. 6160301 und bei der Kreissparkasse Wachenheim (BLZ 54651240), Kto.-Nr. 152074. Die Anschrift des Vereins: 67157 Wachenheim, Burgunderweg 9.

Wein und Bier - das lob ich mir
Dirmstein pflegt Beziehungen zu Neuötting in Bayern
von Albert H. Keil

Kurz nach dem Zweiten Weltkrieg wurden Gemeindepartnerschaften noch innerhalb der Bundesrepublik Deutschland abgeschlossen und firmierten auch anders, z.B. unter Weinpatenschaft. Eine solche vereinbarte 1952/53 Dirmstein im Leiningerland mit dem oberbayerischen Städtchen Neuötting. Dirmsteiner Bürgermeister war zu dieser Zeit Roland Bengel. Leider gibt die lokale Überlieferung nichts dazu her, wie sich die Weinpatenschaft in den ersten Jahren ausgewirkt hat.

Für das Jahr 1969 verzeichnet die örtliche Chronik ein »Wiederaufleben«: Eine hochrangige Delegation aus Neuötting weilt im April im Dirmsteiner Weingut Steigner-Wencel. Gäste der Gemeinde, die damals verteten wurde durch Bürgermeister Erich Otto, sind u.a. Seban Dönhuber (SPD), 1. Bürgermeister von Neuötting, Mitglied des bayerischen Landtages und heute Landrat des Kreises Altötting, Rupert Klauber (FWG), der inzwischen verstorbene 2. und damalige 1. Bürgermeister von Neuötting, sowie die Stadträte Hermann Vimmer (SPD), mittlerweile MdB, und Hans Haugeneder (CSU).

1969 wurde vereinbart, alljährlich abwechselnd in Neuötting ein Pfälzer Weinfest und in Dirmstein ein Bayerisches Bierfest zu veranstalten. Diese Tradition hat sich gehalten - 1995 fand ein Weinfest statt, 1996 steht das nächste Bierfest auf dem Programm. Damit hat sich gewissermaßen auch ein Kreis geschlossen: Zwar wird nicht mehr wie im 19. Jahrhundert die Pfalz als bayerische Rheinprovinz von den »Zwockeln« regiert, doch für jeweils zwei Tage des Jahres sind wenigstens Dirmstein in bayerischen bzw. Neuötting in pfälzischen Händen, und diese üben sich im Heben der »gegnerischen« Trinkgefäße, nämlich der Maßkrüge und der Schoppengläser. Bayern und Pfalz, Gott erhalt's!

Besuch zum Wiederaufleben der Weinpatenschaft Neuötting 1969, an der Spitze 1. Bürgermeister Seban Dönhuber (mit Hut) und Bürgermeister Erich Otto, dazw. Ratsmitglied (MdB) Hermann Wimmer und weitere, links Hans Haugeneder, rechts Walter Bachmaier.

Eine Hochzeit im gräflichen Hause
Partnerschaft Grünstadt-Westerburg mit geschichtlichem Ursprung
von Walter Lampert

Weithin sichtbar beherrscht noch heute die Westerburg, das Schloß der Grafen zu Leiningen-Westerburg, deren letzter Sproß, Graf Konrad, im vergangenen Jahr im Alter von 100 Jahren verstarb, die Landschaft. Erstmals 1219 urkundlich erwähnt, gab die Burg der Stadt Westerburg ihren Namen. Schon 1292 hatte der deutsche König Adolf von Nassau, der um die Burg entstandenen Siedlung Stadtrechte verliehen. Westerburg hat heute rund 6.000 Einwohner, ist Sitz der gleichnahmigen Verbandsgemeinde und Mittelpunkt einer attraktiven Ferienlandschaft im schönen Westerwald.

Diese, durch die Geschichte mit Grünstadt verbundene Stadt, hatte im Oktober 1983 den Wunsch für eine partnerschaftliche Beziehung zum Ausdruck gebracht. Der Stadtrat von Westerburg ist in seiner Sitzung vom 24. Oktober davon ausgegangen, *»daß sich die Stadt Westerburg damit einer Beziehung 'auf Gegenseitigkeit' widmen will, die der Geschichtsforschung der beiden Städte, dem kulturellen Schaffen, dem Vereinswesen, der Jugendförderung und der Heimatpflege zugute kommt und beiderseits von Nutzen sein wird. Damit wird gleichzeitig klargestellt, daß es uns darauf ankommt, daß sich die Partnerstädte aus ihrer Vergangenheit und Geschichte* zusammenfinden mögen, sie in ihrem Wesen und Denken kennen und verstehen lernen, um die 'Gemeinsamkeiten' danach zu gestalten, zu entfalten und unseren kommenden Generationen zu überliefern.«

Weithin sichtbar überragen die Westerburg und die Schloßkirche (die Grablege der Grafen) die Landschaft. Repro: Lampert

Die Gräfin Margarethe in Höningen begraben

Daraufhin weilte im November 1983 eine Delegation von Kommunalpolitikern und Mitgliedern des Altertumsvereins aus Grünstadt erstmals in Westerburg, um Kontakte mit dem Ziel einer Städtepartnerschaft aufzunehmen.

Der Grünstadter Stadtrat beschloß am 31. Januar 1984 einstimmig seine Zustimmung. Es sei richtig, nicht nur mit einer französischen Stadt, sondern auch mit Westerburg eine Partnerschaft einzugehen, einer Stadt, mit der uns viele geschichtliche Dinge verbinden. Es sei unsere

Stadtwappen von Westerburg.   Repro: Lampert

Aufgabe, Gemeinsamkeiten festzustellen, aufzuarbeiten, zu vertiefen und weitere Forschungen zu betreiben.

Bei einem Empfang am 6. Oktober 1985 in der Stadthalle besiegelten Bürgermeister Herbert Gustavus und Stadtbürgermeister Bernhard Nink die Partnerschaft, wobei Nink ausführte: »Ursprung aller geschichtlichen Gemeinsamkeiten sei eine Hochzeit im Jahre 1423 im gräflichen Haus zu Westerburg gewesen.« Damals heiratete der Westerburger Graf Reinhard III. die Leininger Gräfin Margarete, die 1467 Grünstadt erhielt, 1470 verstarb und in Höningen begraben ist. Ihre Erben haben die Linie Leiningen-Westerburg gegründet. Nun, sagte Nink, fünf Jahrhunderte später, werde erneut eine Ehe geschlossen - die zwischen Grünstadt und Westerburg. Eine 30köpfige Delegation aus Westerburg hatte zuvor persönliche Kontakte geschlossen, die historischen Stätten der Stadt kennengelernt und im Weingut Siebert den Grünstadter Wein probiert.

Nun war der Bund geschlossen und es begannen zahlreiche Kontakte, Begegnungen und Partnerschaftsveranstaltungen, von denen wir die wichtigsten in Erinnerung rufen wollen. Im Jahre 1985 wurde das neu erschienene Buch »Das Leininger Land« durch den Mitautor Dr. Joseph Rüttger in Westerburg vorgestellt. Alljährlich veranstaltet der Westerwaldverein seine Jahreswanderung im Raume Grünstadt und die Westerburger Volkstanzgruppe ist beim Sommertagsfest mit der Winterverbrennung in Grünstadt ein gern gesehener Gast. Viele Grünstadter besuchen alljährlich das traditionelle Petermännchenfest in Westerburg, wobei auch der Winzerkeller Leiningerland mit seinem Weinstand einen Beitrag leistet.

Im September 1988 weilte eine Delegation aus Westerburg in Grünstadt. Informationen über die Grünstadter Infrastruktur, eine Besichtigung der Burgruine Hardenburg und eine Weinprobe im Weingut Fritz Kohl standen auf dem Besuchsprogramm. Der Westerburger Maler Ernst Schuster stellte im November 1989 eine Anzahl seiner Werke, überwiegend Ölgemälde mit Motiven aus Westerburg und Umgebung, im Grünstadter Rathaus aus.

Der Grünstadter Altertumsverein,

Die Bürgermeister Nink (rechts) aus Westerburg und Gustavus besiegeln am 6. Oktober 1985 in der Grünstadter Stadthalle die Partnerschaft der beiden Städte. Mit dabei auch Dr. Pierre Bourson (links), Bürgermeister der französischen Partnerstadt Carrières sowie Weingräfin Renate Siebert.   Repro: Lampert

der ursprünglich die Anregung zur Partnerschaft gegeben hatte, hielt wiederholt durch seine Mitglieder bei Heimatabenden in Westerburg Vorträge über Pfälzer Brauchtum und Pfälzer Mundart. Der frühere Vorsitzende, Horst Wilhelm, sprach über die historischen Verbindungen zwischen Leiningen und Westerburg, und über die Grünstadter Malerfamilie Seekatz, deren Vorfahren aus Westerburg stammen.

Einen besonderen Höhepunkt bildete die Westerburger Feier - 700 Jahre Stadtrechte - im Sommer 1992, an der sich auch die Grünstadter, darunter die Weingräfin Sandra I. aus Asselheim (in einer Pferdekutsche), beteiligten. Beigeordneter Hans Jäger nahm als Vertreter der Stadt an der historischen Ratssitzung in Westerburg teil. 19 Radrenner aus Grünstadt, Asselheim und Sausenheim fuhren in zwei Tagesetappen im Juni 1993 zu einem Besuch nach Westerburg. Sie wurden vom Westerburger Stadtoberhaupt Kurt Nink und der Musikkapelle des örtlichen Schützenvereins auf dem Rathausplatz empfangen. Nach einer Besichtigung des historischen Städtchens und einer Floßfahrt ging es am nächsten Tag wieder auf die etwa 160 Kilometer lange Rückreise.

Einen bedeutenden Beitrag zur Partnerschaft trugen die Gesang- und Musikvereine der beiden Städte durch wiederholte Begegnungen bei. Ein unvergeßliches Erlebnis für die zahlreichen Zuschauer in der Grünstadter Stadthalle bildete das erste gemeinsame Konzert der TSG-Blaskapelle mit der Stadtkapelle Westerburg im März 1995. Die Westerburger unter Leitung ihres Dirigenten Rienhold Sedlacek und die einheimische Blaskapelle, unter der Leitung von Stefan Glöckner, brannten in einem dreistündigen Konzert ein Feuerwerk bekannter und beliebter Melodien aus drei Jahrhunderten ab, die die Zuhörer begeisterten. Den krönenden Abschluß gestalteten beide Kapellen mit annährend 100 Musikern gemeinsam mit den Kompositionen »Der Jäger aus Kurpfalz«, »Preußens Gloria« und »Alte Kameraden«.

Einen vorläufig letzten Höhepunkt bedeutete der Besuch des Gesangvereins »Harmonie« im Mai 1995 in Westerburg. Samstags wirkte der Chor bei einem Konzert der Sängervereinigung Westerburg zusammen mit vier weiteren Chören und der Stadtkapelle Westerburg mit. Sonntags beteiligten sich die 30 aktiven Sänger der »Harmonie« an einem Freundschaftssingen, bei dem auch die Westerburger Sänger und neun weitere Chöre auftraten. Für die Grünstadter Besucher, die bei dieser Gelegenheit auch Stadtbesichtigungen in Limburg und Westerburg unternahmen, war die gebotene Gastfreundschaft und das gemeinsame Erleben einmalig und beim Abschied on den Westerburger Sängern floß manche kleine Freudenträne.

Palmberg-Rezept
von Albert H. Keil

Am Palmberg wachst en Spitzewoi
Uff Pälzer Boddem, leicht un sandig.
Bloß, kummt nooch Laamersche mer noi,
Dann sinn die Winzer zimmlich grantig:

Am Palmberg licht en Spitzesand
Fär unner daitsche Audobahne.
Un's find't sich immer wer im Land,
Wann's gilt, mol orntlich absesahne.

    Wie kännt mer do, frooch ich mich druff,
    Velleicht doch Äänichkeit bewahre? -
    Bau ab de Sand, fill Schutt noot uff:
    Beim Woi duuscht kinfdich 's Spritze spare!

Freunde nennen mich Stani

»Eheanbahnung« mit Stettin in Dirmstein?
von Albert H. Keil

Als im Herbst 1994 bei der Gemeinde Dirmstein ein Brief aus Polen eintraf, konnte Beigeordneter Theo Halama nicht ahnen, was da auf ihn zukam. Rentner sei er und Deutschlehrer, schrieb der Absender, und während des Zweiten Weltkrieges fünf Jahre als Zwangsarbeiter in Dirmstein gewesen. An die Zeit seiner Kriegsgefangenschaft in der Pfalz habe er nur gute Erinnerungen. Sein Wunsch sei es, zur Verständigung zwischen seinen Landsleuten und den Deutschen beizutragen. Ob es möglich sei, daß er mit einer Gruppe von Schülern zu einem Besuch nach Dirmstein komme? Die jungen Leute seien gerne bereit, in Stall und Wingert, auf den Feldern oder »bei den Pferdefuhrwerken« zu helfen.

Der Kulturausschuß empfahl die Einladung, der Ortsgemeinderat segnete sie ab und ging Halama ans Organisieren. Da waren Quartiere zu besorgen, Helfer zu suchen und ein dreiwöchiges Besuchsprogramm zu planen. Ende Juli 1995 war es soweit - Stanislaw Swiatek kommt. Genau nach einem halben Jahrhundert schließt sich für ihn der Kreis. Beim Empfang im Gemeindesaal läßt er die Zuhörer in gewähltem Hochdeutsch seine Geschichte nachempfinden.

Mit dem Kriegsende geht sein Aufenthalt in Dirmstein zu Ende, das für ihn fast eine zweite Heimat geworden ist. Als unreifer Junge von knapp zwanzig Jahren war er 1940 aus Österreich hierher verlegt worden, erlebt hier erstmals anstrengende körperliche Arbeit, aber auch seinen ersten Kuß und seine erste Liebe. Amüsant seine Schilderung, wie sein Bauer Georg Roland Sauer ihn vom Wassertrinken zum Weingenuß bekehrt hat: *»Woi sollscht trinke, schunscht kriegscht blohe Därm!«* Sogar seine Schüler - sieben Mädchen und vier Jungen zwischen 14 und 18 Jahren aus Szczecin, dem früheren Stettin - lernen ihren Lehrer von einer neuen Seite kennen. Das ist nicht mehr der ehemalige kaufmännische Angestellte, der im Ruhestand sein Hobby zum Nebenberuf gemacht hat und es als Berufung ausübt. Swiatek (*»Meine Freunde nennen mich Stani«*) präsentiert sich als hochgebildeter Sprachwissenschaftler, der sich nicht nur mit deutschen Mundarten auskennt, sondern auch fließend Englisch spricht und jedes gängige Wort auf seine indogermanischen Wurzeln zurückzuführen versteht.

In freier Rede erzählt Swiatek, wie er sich als 19jähriger nach Hitlers Überfall auf Polen zum Militär gemeldet hatte. Er erinnert an die von Pferden gezogenen polnischen Geschütze und betrachtet es als glückliche Fügung, daß er an die Front kam, als es schon keine mehr gab. Heute, mit 75 Jahren, wirbt er für die Völkerverständigung und möchte seinen Schülern unter besseren Bedingungen vermitteln, was er als Kriegsgefangener erleben durfte: Menschliche Nähe zwischen den Angehörigen zweier Nationen, die eine lange Grenze miteinander und eine vielhundertjährige gemeinsame Geschichte haben.

An zahlreichen Veranstaltungen und Unternehmungen konnten die polnischen Gäste teilnehmen. Neben den Gasteltern war vor allem die Landjugend mit ihrem Vorsitzenden Jörg Jokisch dem Beigeordneten eine große Hilfe. Höhepunkt war das Musikfestival der Landjugend, doch auch Ausflüge und ein Grillabend sorgten für Gelegenheit zur Begegnung zwischen Polen und Pfälzern. Und selbst wenn man die Gäste hätte arbeiten lassen wollen, die Hilfe bei den Pferdefuhrwerken wäre nicht mehr möglich gewesen - in Dirmstein gibt es keine mehr.

Die Dirmsteiner hoffen, daß »Stanis« Wunsch in Erfüllung geht und der Besuch keine Eintagsfliege bleibt. Bei Redaktionsschluß dieses Buches jedenfalls wurde schon ernsthaft der Gegenbesuch in Stettin geplant. Vielleicht bahn sich da eine »Ehe« an zwischen der polnischen Großstadt und dem pfälzischen Weindorf.

Iggelbacher Glocke für Kamerun

Entwicklungshilfe im Kleinen — Elmsteiner Presbyter Initiator

von Karl Heinz Himmler

Auf der Kuppe östlich von Iggelbach ist tief im Wald ein früherer Schießplatz der Forstverwaltung. Er wird - nomen est omen - Treffnix genannt. Immer am letzten Sonntag im August findet dort ab 10.30 Uhr ein Waldgottesdienst statt. Wenn anschließend die Kollekte gezählt wird, ist bald darauf eine kleine Kirchengemeinde in Kamerun um eben diesen Betrag reicher. Denn die Sammlung dient wie so manche andere Spende auch schon seit Jahren zur Unterstützung der presbyterianischen Christen in Mom-Makak. Entwicklungshilfe im kleinen!

Begonnen hat alles mit einem 1980 im Kirchenboten abgedruckten Hilferuf. Ein kleines Dorf im fernen Afrika hatte sich ein Kirchlein gebaut und keine Glocke dazu. Die Jesus-Bruderschaft im hessischen Gnadenthal - es liegt im Taunus bei Bad Camberg - hatte zu einer Glockenspende aufgerufen. Sie unterhält in der Kreisstadt Makak eine Kommunität, ursprünglich auch mit Brüdern, inzwischen nur noch mit Schwestern der Mission Eglise presbyteriaine de Cameroun besetzt, und kennt deshalb die Verhältnisse vor Ort. In Iggelbach hing zu dieser Zeit eine kleine Glocke nutzlos im Turm herum. 1931 aus Bronze gegossen, paßte sie nicht zu den beiden Gußstahlglocken, die 1954 für die Dorfkirche angeschafft worden waren. Die Bronzglocke hatte als einzige den Krieg überlebt; ihre beiden Schwestern waren wie so viele andere auch im Krieg eingezogen und eingeschmolzen worden.

»O Land, o Land - höre des Herrn Wort!« ist die Glocke umschrieben. Gilt dieser Sinnspruch nicht gerade auch für die Mission und damit bei denen, die den Hilfe-Aufruf der Jesus-Bruderschaft ausgelöst haben? Also faßte man auf Iggelbacher Betreiben im Presbyterium der Elmsteiner Kirchengemeinde einen entsprechenden Beschluß, nahm Kontakt auf mit Gnadenthal, empfing von dort eine Abordnung zur Glocken-Inspektion und wurde sich schnell einig. Das Geschenk wurde willkommen geheißen.

Ein maßgeblicher Initiator war von Anfang an Herbert Fuchs gewesen. Er ist seit langem Presbyter in der Kirchengemeinde Elmstein, zu der die 1931 erbaute Iggelbacher Kirche gehört. Mit einigen Helfern holte er die Glocke vom Turm, schaffte sie zur Überholung in eine Glockengießßerei nach Karlsruhe und sorgte anschließend für deren Verschiffung auf Kosten der Bruderschaft. Im Mai 1981 traf sie an ihrem Bestimmungsort ein. Aber sie blieb dort noch lange stumm. Ein Glockengestell oder Kirchturm fehlte. Inzwischen hatte sich eine Korrespondenz entwickelt. Die Leute aus Iggelbach schrieben in Deutsch, die aus Mom in Französisch, jede der beiden Seiten richtete die Post zunächst nach Gnadenthal. Dort wurde übersetzt. So blieb man auf dem laufenden, und bald wurde in Iggelbach wieder gesammelt. Diesmal für einen kleinen Turm. Kollekten wurden herangezogen, aus dem Kirchenetat wurde etwas beigesteuert, ein erster vierstelliger Betrag von einem ungenannten Spender floß (es sollten von der gleichen Seite noch weitere folgen). 1985 hatte die Kirche in Kamerun endlich auch ihren Turm. Seitdem läutet, von Hand gezogen, die alte Iggelbacher Glocke im fernen Afrika.

1989 hatte der dortige Geistliche Paul Pouth in Verbindung mit einem Aufenthalt in Gnadenthal Gelegenheit zu einer Visite in Iggelbach. Er wohnte bei Herbert Fuchs und sprach in den protestantischen Kirchen in Elmstein und Iggelbach. Dabei zeigte sich, daß er weitere Wünsche hatte. Er fand auch dafür offene Ohren. Ausgestattet mit einer neuerlichen Geldspende und beladen mit gesammelten Kleidungsstücken trat er die Heimreise an. Weitere Kleiderspenden wurden ihm nachgeschickt.

Auch anschließend sind die Kontakte nie abgebrochen. Sie entwickelten sich zu einer mitmenschlich-christlichen Patenschaft. Die Kreisstadt Makak zählt 3000 Einwohner und liegt zwischen der Hafenstadt Douala und der Hauptstadt Yaunda. Die klimatischen Verhältnisse sind gut. Mais, Maniok, Erdnüsse, Hirse und Bananen gedeihen. Fleisch fehlt. Das für eine gesunde Ernährung wichtige tierische Eiweiß ist Mangelware. Pouth gründete deshalb eine christliche Gesellschaft gegen den Hunger, knüpfte Verbindung zu den dortigen zuständigen Behörden, bereitete den Bau einer kleinen Futtermittelfabrik vor und will mit deren Produkten Hasen, Hühner und Schweine züchten. Sein Büro sollte zur Mühle mit Laden umgebaut, ein alter Lkw für die Transporte in die Stadt instand gesetzt und die Anbaufläche vergrößert werden. 4500 Mark wurden dafür veranschlagt.

Ob Iggelbach wieder helfen kann? Das Prebyterium stellte sich erneut hinter die Sache und fand die schon praktizierte Lösung: Kollekte und Etatmittel, zudem wurde ein Spendenkonto eröffnet. Da traf es ich gut, daß Herbert Fuchs und sein Jahrgang gerade Goldene Konfirmation feierten. »*Für Spenden muß man die Leute ansprechen*«, ist seine Erfahrung, »*sonst läuft so gut wie gar nichts*«. Mit dieser Methode und eigenem Zutun kam auch dieser Betrag wieder zusammen und obendrein noch ein Fünfhunderter, mit dem der Pfarrer sein Haus an die Stromversorgung anschließen konnte.

Kommunikation findet zwischen den Partnergemeinden nicht nur auf schriftlichem Weg statt. Es gibt dort eine Schwester Gisela (Bühler), die aus Neustadt an der Weinstraße stammt. Bei einem Heimaturlaub hat Herbert Fuchs sie gesprochen und erfahren, daß man in Kamerun nicht mit europäischen Zeitmaßstäben mißt. Begriffe wie Zeitdruck oder Zeitmangel kennt man nicht. Alle Mühlen laufen etwas langsamer. Aber in diesem Jahr, denkt man, kommt die Kameruner Partnergemeinde mit der landwirtschaftlichen Produktionsgesellschaft in die Gänge. Die Iggelbacher Entwicklungshilfe ist gut angelegt bei Partnern, die man kennt und mag.

Herbert Fuchs ist schon wiederholt aus Mom-Makak eingeladen worden. Die Zeit dazu hätte er, als Rentner. »*Aber das kostet einen Haufen Geld*«, wägt er ab, »*und wenn ich ihnen das hinschicke, haben sie mehr davon*«.

Herbstbeginn

von Wilhelm Neureuther

Staunend nahm ich's wahr:
Keine Schwalbe mehr
segelt um mich her,
streift mir Wang' und Haar!

Wehte Windesbraus
jüngst die Schwalben fort
aus dem sichern Hort
ihres Nesterbaus?

Kaum vom Herbst berührt,
ward die Vogelbrust
sich des Drangs bewußt,
der zum Süden führt.

Wie mein Weg nun schon
so vereinsamt ist!
Nur das Herz ermißt,
daß ein Glück entflohn...

In Thüringen, im Allgäu und in USA...

... sowie im Odenwald - Bad Dürkheimer Freunde im In- und Ausland
von Manfred Letzelter

Die europäische Komponente mit Partnerschaften in England (Wells) und Paray-le-Monial (Frankreich) wird in der Kreisstadt Bad Dürkheim durch eine ganze Reihe weiterer Freundschaften zu Städten innerhalb Deutschlands, aber auch zu einem US-amerikanischen Ort im deutsch besiedelten Pennsylvanien ergänzt.

Die jüngste Partnerschaft der Stadt entstand nach der »Wende« 1991. Die rheinland-pfälzischen Städte, Kreise und Gemeinden waren aufgerufen, in Thüringen Verwaltungshilfe zu leisten und Partnerschaften zu knüpfen. Bad Dürkheim fand nahe Weimar eine kleine Kurstadt: Bad Berka im mittleren Ilmtal.

Verwaltungshilfe in Bad Berka zunächst im Vordergrund

Die ersten Kontakte wurden 1990 im Januar geknüpft. Im Rahmen einer Studienreise in den Bezirk Erfurt besuchte eine Gruppe aus Bad Dürkheim im Februar auch Bad Berka, wo es zu Gesprächen über freund- und partnerschaftliche Beziehungen kam. Ein Arbeitskreis DDR-Partnerschaft nahm die Arbeit auf. Bereits im März reiste eine thüringische Delegation aus Bad Berka nach Bad Dürkheim. Bürgermeister Horst Sülzle und die Fraktionsvertreter des Stadtrats zeigten den Gästen die Stadt und die Sehenswürdigkeiten.

In erster Linie ging es in den Anfängen dieser Beziehung um Verwaltungshilfe, wozu auch die hessischen Städte Bad Wildungen und Friedrichsdorf beitrugen. Von Seiten der Stadt Bad Dürkheim wurde Wert gelegt auf die Hilfe im Aufbau der Finanzverwaltung, Schwerpunkt

Bad Berka: Kur- und Erholungsort im mittleren Ilmtal.

Beliebtes Wanderziel bei Bad Berka: der Paulinenturm.

Der Goethe-Brunnen in Bad Berka.

war das Aufstellen des Haushaltsplans. Daneben gaben Bad Dürkheimer Beamte ihre Erfahrungen im Hochbau und bei der Stadtsanierung vor Ort in Thüringen weiter. Umgekehrt kamen Bürgermeister, Beigeordneter und Sachbearbeiter in die Pfalz, zur Schulung in der Stadtverwaltung in der Mannheimer Straße. Neben der personellen Unterstützung leistete Bad Dürkheim aber auch materielle Hilfe zum Aufbau der Verwaltung in Bad Berka. Zum Beispiel schickte Bad Dürkheim einen Lieferwagen (für »Essen auf Rädern«), Kopiergerät und Schreibmaschinen. Vom 1. Juli 1991 ab wurden in Bad Dürkheim zwei Inspektorenanwärterinnen aus Bad Berka ausgebildet.

Inzwischen waren auch weitere Kontakte entstanden. Sportlich, sozial- und kommunalpolitisch, kulturell und wirtschaftlich kam es zu Begegnungen, die weiter aktiv gepflegt werden. 1993 erklärte Bürgermeister Sülzle am »Tag der Deutschen Einheit« (3. Oktober) in Bad Berka (»gekommen, um die Wirklichkeit zu sehen, damit Verständnis entsteht«), daß die thüringische Kleinstadt nach seiner Meinung nach »auf einem guten und richtigen Weg« sei, was die »Thüringische Allgemeine Zeitung« (TA) sogar als Titelzeile brachte. Zwar verlegte der »Ilmtalbote« die Partner damals noch nach Hessen, nahm aber ebenfalls die »positiven Äußerungen« des Verwaltungsfachmannes Sülzle in den Text auf. Horst Sülzle machten den Partnern Mut zur zukunftsorientierten Planung. Stadtarchivar Ludwig Häfner zeigte den Pfälzern die Stadt Bad Berka. »Partnerstadt verwöhnte Gaumen und Magen«, schrieb die TA. Wie andere Medien nahm sie Bezug auf die Einladung der Dürkheimer zu Weinprobe und Saumagen in der Gaststätte der Zentralklinik. Zehn Proben kredenzte Wurstmarktwinzermeister Kurt Freund.

Weinpatenschaft zu Kempten

Mit der 1950 begründeten Weinpatenschaft zur alten Römerstadt Kempten hat der Pfälzer Wein bereits Heimatrecht im Allgäu. Auch in den 90er Jahren sind die Delegationen aus Bad Dürkheim gern gesehene und willkommene Gäste. Die Allgäuer freuen sich jedes Jahr auf den Besuch aus der Pfalz zu ihrer Wirtschaftsfestwoche. Kein Wunder, der Wein schmeckt ihnen. Umgekehrt trinken ihn die Kemptener auch gerne vor Ort: Regelmäßig auf dem Bad Dürkheimer Wurstmarkt nämlich.

Initiator der Weinpatenschaft war der Bund der Pfalzfreunde, hier der Kemptener Ortsbeauftragte Kurt Weber. Die Pfalzfreunde hatten 1950 beschlossen, sich um eine Patenstadt in der Heimat zu bemühen, damit könne gleichzeitig auch die heimische Weinwirtschaft unterstützt werden. Am 25. Juni 1951 schrieben die Pfalzfreunde nach Bad Dürkheim, im August kam es innerhalb der Allgäuer Festwoche zum ersten »Pfälzer Weintag«. Im Jahr darauf kommt erstmals eine Delegation aus Kempten in die Kurstadt.

Rathaus von Kempten mit Stadtkapelle.

Der Begriff Patenstadt Kempten und Patenkind Bad Dürkheim taucht erstmals in einem Brief des damaligen Kemptener Oberbürgermeisters Fischer im September 1952 auf. In einer Notiz der Stadtverwaltung Bad Dürkheim vom 30. September 1952 steht folgender Satz: »*Stadt und Landkreis Kempten haben bekanntlich die Weinpatenschaft für Bad Dürkheim übernommen. Die überaus herzlichen Aufnahmen, die die Bad Dürkheimer stets in Stadt und Landkreis Kempten gefunden haben, verpflichten auch uns zu herzlicher Gastfreundschaft*«.

In über 40 Jahren wurden auf vielen Ebenen Kontakte geknüpft. Es kam zu Treffen von Läufergruppen und Radlern, zu Fußballspielen in beiden Städten sowie zu Begegnungen im kulturellen Bereich (z.B. Musikschule und Gemäldeausstellungen). Selbst die Philatelisten besuchten sich. Die wirtschaftlichen Beziehungen dokumentieren sich in der Teilnahme von Winzern an den Allgäuer Festwochen mit Wirtschaftsausstellung, das

Kemptener Klosterherrlichkeit, bis 1803 die Residenz der Fürstäbte.

Allgäuer Brauhaus und ein Käsestand sind auf dem Wurstmarkt vertreten. Kommunalen Gedankenaustausch pflegen die Ratsmitglieder beider Städte bei den jährlichen Festen am Rande.

Kemptens Oberbürgermeister Dr. Wolfgang Roßmann erklärte beim »Vierzigjährigen«, dies sei ein »Geflecht von Beziehungen, das über den Tag hinaus Bestand« habe. 1992 pflanzte Bad Dürkheims Bürgermeister Horst Sülzle gemeinsam mit seinem Kollegen einen Tulpenbaum als »eine Erneuerung des Patenschafts-Versprechens«. Es sei eine Pflicht, diese über mehr als eine Menschengeneration bestehende Freundschaft weiter zu pflegen.

Schüleraustausch zu Emmaus/USA

Seit 1978 kam es zu regelmäßigen Austauschbegegnungen zwischen den Schülerinnen und Schülern der Carl-Orff-Realschule Bad Dürkheim und der Emmaus High School in Pennsylvania/USA. Im Februar 1989 wurde seitens der Stadt Emmaus der Wunsch nach einer offiziellen Partnerschaft geäußert, die deren Stadtrat auch am 1. Juni 1989 beschloß. Am 28. November 1989 beschloß der Stadtrat in Bad Dürkheim ebenfalls, aufgrund der langjährigen und guten freundschaftlichen Beziehung zwischen Schülerinnen und Schülern sowie vielen Bürgerinnen und Bürgern partnerschaftliche Beziehungen aufzunehmen. Dies wurde durch Austausch von Briefen und Urkunden besiegelt.

Römischer Meilenstein bei Kempten »11 Meilen bis Cambodunum«.

Die »Proklamation 89/6 des Rats von Emmaus hat folgenden Wortlaut:

»In Anbetracht dessen, daß die Borough von Emmaus für viele Jahre Austauschschüler aus der Stadt Bad Dürkheim in Westdeutschland aufgenommen hat; und
in Anbetracht dessen, daß die Stadt Bad Dürkheim Austauschschüler aus der Borough von Emmaus aufgenommen hat; und
in Anbetracht dessen, daß verschiedene Bürger aus Emmaus, einschließlich einer Abordnung der Freiwilligen Feuerwehr, Bad Dürkheim besucht haben; und
in Anbetracht dessen, daß am 1. Juli 1989 eine Gruppe von Bürgern der Stadt Bad Dürkheim die Borough von Emmaus besuchen wird; und
in Anbetracht dessen, daß die Beziehungen zwischen den Gemeinden von Emmaus und Bad Dürkheim immer freundschaftlich waren und die Bürger jeder dieser Gemeinden immer wärmstens empfangen werden, wenn sie zu Besuch sind
erkläre ich, Richard P. Keim, Ratspräsident der Borough von Emmaus dehsalb, daß mit Wir-

kung vom 1. Juli 1989, die Borough von Emmaus eine Partnerschaft mit der Stadt Bad Dürkheim in Westdeutschland initiiert und begründet, in der Hoffnung und mit dem Ziel, daß diese partnerschaftliche Verpflichtung für immer bestehen möge.
Beschlossen am 19. Juni 1989 während der Sitzung des Rates der Borough von Emmaus.«
(Übersetzung: P. Brodhag)

Emmaus

Emmaus liegt im Lehigh-Valley nahe Allentown im östlichen Pennsylvanien, etwa 90 Kilometer nördlich von der Hauptstadt Philadelphia. Die Gründung des Ortes geht ins Jahr 1723 zurück, als ein Siedler namens Peter Trexler, mit vielen »gottesfürchtigen Menschen aus Deutschland wegen Kriegen und religiöser Verfolgung ausgewandert, an diesem Platz baute, der bekannt war als Manguntsche (heute Macungie), später Salzburg und noch später Emmaus. 1738 siedelten sich weitere Menschen hier an. Die erste Kirche wurde 1742 errichtet. den Namen Emmaus erhielt die Gemeinde nach dem biblischen Ort nahe Jerusalem etwa um 1830. Die High School wurde 1954 gegründet, 7000 Schüler und 350 Lehrer arbeiten dort. 1960 wurde ein neuer Flügel angebaut.

Städtefreundschaft zu Michelstadt im Odenwald

Wenn auch nur 100 Kilometer von einander entfernt, soll die Freundschaft zwischen Bad Dürkheim und Michelstadt im Odenwald gepflegt werden wie die Partnerschaften zu Paray oder Kempten oder Wells. Das beschloß der Haupt- und Finanzausschuß der Kurstadt am 21. November 1978 einstimmig. Der Stadtrat traf am 27. August 1979 die Entscheidung für die Aufnahme freundschaftlicher Beziehungen.

Die offizielle Gründung der Städtefreundschaft datiert vom 13. September 1979. Der damalige Bürgermeister von Michelstadt, Erwin Hasenzahl, hatte dies nach über zwölf Monaten zwangloser Besuche angeregt, nachdem dort ein Schubkarchstand auf Anregung des ehemaligen Verkehrsamtsleiters Harnischfeger Pfalzwein offerierte. Bürgermeister Georg Kalbfuß unterzeichnete gerne diesen »Vertrag«, den man anschließend auf dem Wurstmarkt begoß.

Die örtlichen Vereine, die Weinwirtschaft und die Verwaltungen sollten diesen Kontakt im wesentlichen halten. Gelegentliche Besuche zum Michelstädter Bienenmarkt und dem Bad Dürkheimer Wurstmarkt festigten die Freundschaft.

In die tiefsten Tiefen Deines Glückes,
Deiner Einsamkeiten, begleitest Du dich ganz allein.

* * *

Liebe dich selbst wie deinen Nächsten,
Dies ist nicht vermessen.
Denn wer darf sich schon selbst vergessen.

Otmar Fischer

Über Generationen und Grenzen
Partnerschaftliche Bande der Familie Rings aus Weisenheim/Berg
von Karl Georg Ruppersberger

Freundschaft und Verwandtschaft, das lehrt das Leben, sind zweierlei Stiefel. Manchmal passen sie trotzdem zueinander, fügen sich zu einer guten Partnerschaft. Ganz selten kommt es vor, daß dies zugleich über Generationen- und Ländergrenzen hinweg geschieht. So wie bei der Familie Rings.

Wenn Georg Karl Rings das Fotoalbum aufschlägt, ist der Hintergrund der Bilder zumeist die gute Stube seiner Bad Dürkheimer Wohnung. »*Hier, das ist Professor Dr. Howard Raid*«, zeigt er auf einen würdigen Herrn, »*er ist der Enkel der Amerikanerin Maria Rings*«. Der Professor hatte ihn schon 1984 besucht, weil er an der Familiengeschichte interessiert war. Ein anderer war Dwayne Rings, ein Ingenieur aus West-Virginia. Er war bereits mehrere Male zu Besuch - zuletzt 1994. Inzwischen leben Abkömmlinge der Rings-Familie in 11 Staaten der USA.

»*Und hier hatte ich Besuch aus Rußland*«, zeigte der Dürkheimer auf ein anderes Bild. »*Dahin muß ein Rings vor etwa 150 Jahren ausgewandert sein.*« Genau ließe sich das nicht nachvollziehen, denn leider seien die Unterlagen in Königsberg im letzten Krieg vernichtet worden. Ein neues Foto: »*Dies' hier sind Heini und Anna Rings, das Peter und Lydia, sie waren 1992 hier*«. Während sie ein wenig steif vor der Kamera auf dem Rings'schen Sofa posierten, zeigte ein anderes Bild das Ehepaar Abraham und Lena Rings vor ihrem stolzesten Besitz, einem Auto. Sie leben in Sibirien, bei Omsk. Ein Motorrad hätten sie auch, es gehe ihnen gut, hatten sie auf die Einladung des Dürkheimers geantwortet. Sie wollten nicht nach Deutschland, Abraham sei zu alt für die weite Reise. Andererseits hatte Georg Karl Rußland lange genug auf »Staatskosten« bereisen müssen - auch ihm war Sibirien zu weit entfernt. Also blieb es bei der Brieffreundschaft.

Angefangen hatte die Kontaktaufnahme mit der Verwandtschaft durch die Schwäche des Pfälzers Rings für Familienforschung. Er wollte die Verwaltungslaufbahn einschlagen und begann 1940 eine Lehre in Weisenheim am Berg. Man schickte den »Stift« gelegentlich ins Archiv. Die alten Schriften erweckten seine Neugier. »*Mein Vater hat immer gesagt, die Ringse wären aus der Schweiz eingewandert. Ich wollte wissen, ob das stimmt*«, erzählte der alte Herr. Doch der Krieg beendete vorerst seinen Forschungsdrang. 1943 wurde er eingezogen und kam erst 1949 aus russischer Kriegsgefangenschaft beim.

Zunächst besuchte Rings die Verwaltungsschule in München, legte mit Erfolg seine Prüfung ab. Aber: »*Es war damals nicht anders als heute - die Finanzlage der Behörden bedingte Einstellungsstops*«. Er schlüpfte bei der BASF unter, baute 1957 für seine Familie ein Häuschen in Bad Dürkheim. »*Zeit zur Ahnenforschung blieb mir nicht viel*«, so Rings, »*richtig hineinstürzen konnte ich mich erst nach meiner Pensionierung*«. Von da an aber war keine Bibliothek mehr sicher vor ihm. Er zog vom Landesarchiv Karlsruhe zum Fürstlich Leiningschen Archiv nach Amorbach, fand Hinweise, die ihn zum Haupt-Staatsarchiv von Nordrhein-Westfalen nach Düsseldorf trieben, forschte in Brühl, Zweibrücken, Bonn und so fort.

Zunächst einmal fand er heraus, daß die Rings nicht aus der Schweiz stammten. Die meisten Ahnherren waren in Diensten des Adels, vermehrten deren Vermögen als Verwalter. Den ersten, nämlich Peter Rings, entdeckte er kurz nach 1500 in Oberdollendorf bei Bonn. Er war Verwalter des Guts »Die Sülz«, das zur Gerichtsbarkeit des Herzogtums Jülich-Berg gehörte.

Sein Enkel Tillmann Rings fiel bei den hohen Herren in Ungnade. Er war der Glaubensgemeinschaft der Wiedertäufer beigetreten und wurde prompt ausgewiesen. Die tolerante Kurpfalz nahm die Mennoniten auf. Was Georg Karl Rings rund 350 Jahre später zu 14 Tagen Aktenstudium im Mennoniten-Archiv Weiherhof veranlaßte. Tillmann starb 1666 in Osthofen an der Pest. Nachfahren tauchten in Rodenbach bei Grünstadt (heute zu Ebertsheim gehörend) auf, dann gab es wieder einen Verwalter Rings in den Freiherr von Wamboltschen Gütern in Kleinkarlbach. Von Battenberg kommend, ließ sich Johannes Rings dann 1872 in Weisenheim am Berg nieder.

Oft fand Georg Karl Rings Hinweise auf ausgewanderte Familienangehörige. So nahm er Kontakt mit Archiven in den USA auf und entdeckte in Pennsylvania einen »Micl Rings«, der Anfang des 19. Jahrhunderts dort hingeraten war. Sein Sohn John Rings zog später weiter nach Ohio, rodete Wälder und gründete eine Farm. Sie war der Ursprung des Städtchens »West Unity«, in dem John auch Friedensrichter, Posthalter und Sägemühlenbesitzer war. Er nahm an den amerikanischen Befreiungskriegen als Offizier teil. Nicht nur eine Straße, auch ein Friedhof tragen noch heute seinen Namen - der »Rings Cemetery«.

Ob vom Schwarzen oder vom Faulen Meer, ob aus Florida oder Oregon - Georg Karl Rings und seine Frau bewirten in jedem Jahr Besucher, die irgendwo in der Geschichte der gleichen Wurzel entstammen. So hat sich hier eine echte Familienpartnerschaft entwickelt.

Herzlich willkommen in der
Verbandsgemeinde Wachenheim an der Weinstraße
mit den Ortsgemeinden Ellerstadt, Friedelsheim, Gönnheim und der Stadt Wachenheim

Wandern in mediterraner Landschaft
Herrliche Wanderwege führen durch weltbekannte Weinbergslagen, im Frühjahr umsäumt von blühenden Mandelbäumen. In diesem von der Sonne verwöhnten Landstrich reifen Feigen, wachsen Zitronenbäume, stehen prachtvolle Edelkastanien am Haardtrand und im Pfälzer Wald. Ein gesegnetes Fleckchen Erde, eine Idylle wie in südländischen Gefilden.

Eine Wanderung durch Gottes Natur ermüdet. Anheimelnde Weinlokale mit ihrer urigen Gemütlichkeit sorgen für den notwendigen Ausgleich. Ein Gläschen Wein und dazu die deftigkräftigen Spezialitäten der Pfälzer Küche lassen Ihr Herz höher schlagen.
Ein besonderer musikalischer Genuß ist der Besuch der Wachenheimer Serenade.
Über unsere jährlich stattfindenden Wein- und Heimatfeste brauchen wir keine Worte zu verlieren. Erleben Sie selbst.
Probieren Sie unsere Weine und Sekte, ihre Qualität begeistert.
Unter dem Motto »Sonne, Sekt, Wald und Wein, Wachenheim lädt herzlich ein«, heißen wir Sie bei uns willkommen.

Weitere Auskünfte erteilt das Verkehrsamt Wachenheim/Weinstraße,
Weinstraße 16, Telefon (0 63 22) 6 08-32, Telefax (0 63 22) 6 08 59

Vor 150 Jahren ausgewandert

Ruppertsberger Familie Strehl lebt in Viamao/Brasilien

von Raymund Rössler

Weder die Gemeinde Ruppertsberg noch Vereine pflegen Kontakte nach Brasilien. Jedoch einige Familien, auch aus Königsbach. Eine Verbindung zu Brasilien blieb wach, nämlich die Heimattreue zum ehemaligen Vaterland Deutschland, der Pfalz, die von Generation zu Generation übernommen und beibehalten wurde. Zeugt doch die Einstellung von dem hohen Respekt ihrer Vorfahren, da diese nicht aus Abenteuerlust in eine fremde Welt auswanderten, sondern die Not sie dazu zwang.

Kriegerische Unruhen, die Pfälzische Revolution, Hunger und Armut, veranlaßten auch Heinrich Strehl aus Ruppertsberg mit Frau Philippine Vogt aus Königsbach im Jahre 1846 zur langen Überfahrt von Antwerpen nach Santa Cruz. Ein Jahr vor der Auswanderung wurden den Strehls noch Zwillinge geboren, das vierte Kind kam auf der Überfahrt mit einem Segelschiff zur Welt.

Wie es auf einem solchen Auswandererschiff zuging, welche Bedingungen erfüllt werden mußten, ist auf einer Passagier- und Zahlliste/Überfahrtsvertrag noch ersichtlich, den die »Deutsch-Brasilianer« ihren »Ruppertsberger Verwandten« vor drei Jahren geschenkt haben.

Im neuen Land fanden die Auswanderer menschenleere Einöden, die sie unter großen Entbehrungen mit Frau, Kind und Kindeskinder in fruchtbare Felder verwandelten. Dabei haben sie trotz ihrer Eingliederung über Generationen hinweg nie ihre Muttersprache verlernt. Heute leben die Nachkommen jener von Ruppertsberg/Königsbach stammenden Familien im Staate Rio Grande do Sul. In der jetzigen Familie Strehl leben noch die Mutter und neun ihrer Kinder. Zwei davon sind Ordensgeistliche, drei Ordensfrauen (alle mit Hochschulabschluß).

Eine Tochter, die Biologin Dr. Teresia Strehl, hatte von 1978 bis 1980 in Deutschland studiert und promoviert und war 1991 für drei Monate im Rahmen eines Forschungsauftrages nochmals in Stuttgart tätig, konnte dadurch in ihrer Freizeit Unklarheiten ihrer Ahnenreihe in kirchlichen Archiven ergänzen, wurde fündig, ermittelte ihre »Verwandten«.

So konnte Teresia's Bruder, Pater Fridolino Jose Strehl, sein lang gehegtes Vorhaben verwirklichen, die Familienchronik vervollständigen und als Buch veröffentlichen. Dieses mit vielen Familienfotos bereicherte Buch »Wege der Hoffnungen« und dem Untertitel »Der Zeitenlauf der Familie Strehl - Schilderung einer deutschen Einwandwerung« zeigt neben Aufnahmen bei dem späten Start in Brasilien, auch viele Bilder aus der Pfalz, darunter sieben Fotos von Ruppertsberg und vier von Königsbach. Ferner viele Briefe von Königsbacher Verwandten von 1851 und die Stammbäume. So auch den Militär-Entlassungsschein von Heinrich Jakob Strehl vom 7. April 1938 aus dem Königlich Bayerischen Infantrie Regiment in Landau, der nachweist, »*daß der Vorzeiger dieses Scheines sechs Jahre als Gemeiner im Regiment gedient und während seiner Dienstzeit eine augezeichnete Aufführung gepflogen hat*«.

Heute sind die »Deutsch-Brasilianer« über Land und Leute ihrer Vorfahren gut informiert. Schließlich sorgen die Ruppertsberger wie Königsbacher Verwandten für stete Nachrichtenübermittlungen in Wort und Bild.

Auch dies ist - obwohl bescheiden und im kleinsten Umfang - ein Beitrag zur Völkerverständigung. Für die »Pfalz-Brasilianer« jedoch ein ganz entscheidender: Zu wissen, wie es in der Heimat ihrer Ur-Ur-Ur-Großeltern zugeht.

Das Mirrheloch bei Forst

Vom Müllplatz zur Bauschutt-Recycling-Anlage
von Walter Lucas

Das Mirrheloch oder das Märreloch, wei es schon seit vielen Jahrzehnten im Volksmund genannt wird, ist kein katasteramtlich eingetragener Flurname der Gemeinde Forst. Es wird für ein Grundstück bezeichnet, welches in der Gewanne Mirrhe liegt und zwar östlich der Eisenbahnlinie Neustadt-Bad Dürkheim am Friedelsheimer Weg. Um seine Namensgebung zu ergründen, müssen wir in das Jahr 1863 zurückblicken.

Die Eisenbahnlinie Neustadt-Bad Dürkheim wurde in den Jahren 1863-1865 von der »Pfälzischen Nordbahn-Gesellschaft« gebaut. Sie kommt von Wachenheim und durchquert das Wiesenbruch in südlicher Richtung nach Deidesheim. Grund und Boden für die Aufschüttung des Bahndammes auf der Mirrhe erwarb die Pfälzische Nordbahn von dem Gutsbesitzer Christoph Biebel, der in der Gewanne Mirrhe mit Ackerland und Wiesen begütert war.

1863 wurde mit dem Bau der Bahnstrecke begonnen. Den Grund entnahmen sie aus dem von Biebel angekauften Flurstück mit der Plan-Nr. 1958. Er wurde mit der Schaufel von Hand abgetragen und mit einer provisorisch angelegten Feldbahn oder Eisenbahnwaggons an die Baustelle befördert. So schritt der Bau des Bahndammes Meter für Meter voran. Es wurden insgesamt ca. 50.000 cbm Erde versetzt, um den Bahndamm von ca. 200 Meter zu errichten. Das so entstandene Aushubloch westlich begrenzt durch den Bahndamm, nördlich durch den Friedelsheimer Weg, südlich durch den Rödersheimer Weg und östlich durch die noch in alter Höhe befindliche Flur Merrhe, hatte eine Breite von ca. 75 Meter, eine Länge von ca. 100 Meter und eine Tiefe von ca. 8 Meter, wurde als Märreloch und richtig geschrieben Mirrheloch bezeichnet.

Im November 1874 erfolgte durch das Vermessungsamt in Bad Dürkheim eine nochmalige Nachvermessung des ehemaligen Grundstücks von Christoph Biebel. Der Bahnkörper hat die Plan-Nr. 1622 und der noch vorhandene Grundbesitz des Christoph Biebel die

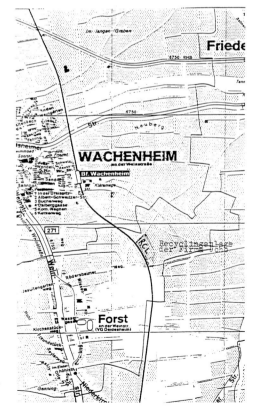

Südöstlich von Wachenheim liegt an der Bahnlinie Richtung Forst das »Mirrheloch«.

Plan-Nr. 1958 erhalten. Der Erbfolger des Grundstücks war dessen Sohn Emil Biebel, verstorben 1921. Es wurde als Wiesen- und Weideland bewirtschaftet. Den Jägern diente es als Ansitze zur Ausübung der Jagd.

So schlummerte das Mirrheloch durch den 1. und 2. Weltkrieg. Hasen, Karnickel, Fuchs und Dachs und sonstiges Kleingetier, selbst Rehe gaben sich in diesem Flurstück seit Jahrzehnten ein Stelldichein. Neuer Besitzer wurde das Weingut Bürklin-Wolf, Wachenheim.

Nachdem der Anfall von Schutt und Müll in den Jahren nach dem 2. Weltkrieg so stark zunahm und hierfür keine geeigneten Schuttabladeplätze vorhanden waren, beschloß der Gemeinderat 1949, das Angebot von Dr. Bürklin-Wolf in Wachenheim aufzugreifen und das sogenannte Mirrenloch für die Gemeinde Forst als Schuttabladeplatz in seiner ganzen Ausdehnung käuflich zu erwerben.

Wunsch des Verkäufers war, daß die Stadt Wachenheim Gelegenheit erhalten soll, am Mirrenloch für längere Zeit anfallenden Schutt abzuladen. Der Ankauf des Grundstückes wurde vom Gemeinderat im Jahre 1949 beschlossen. Als Anerkennungsgebühr für die Anfuhr von Schutt von den Bürgern von Wachenheim soll die Stadt jährlich 10 Mark bezahlen und dafür Sorge tragen, daß der angefahrene Schutt auch wirklich in den vorgesehenen Platz eingeräumt wird. Auch darf der Weg durch die Abfuhr nicht beeinträchtigt werden. Der Bürgermeister wird beauftragt, entsprechende Verhandlungen mit Dr. Bürklin zu führen.

Folgenden Gemeinden wurden ebenfalls die Anfuhr von Schutt in das Mirrenloch vertraglich genehmigt: Deidesheim ab 1950, Ruppertsberg ab 1951, Niederkirchen ab 1961. Dementsprechende Anerkennungsgebühren wurden je nach der Häufigkeit der Schuttanfuhr gesondert festgesetzt. Für private Schuttanfuhren war eine besondere Genehmigung durch die Gemeindeverwaltung Forst erforderlich.

Die Anfuhr von Schutt und Müll nahm derart zu, daß die Kosten der Planierung weiter in die Höhe stiegen, daß eine Erhöhung der Anfuhrgebühren von den Gemeinden beschlossen werden mußte. Die bestehenden Verträge wurden gekündigt und neue Gebührensätze unter anderen Voraussetzungen festgelegt. Ferner wurde der Schuttplatz eingezäunt und

In Form eines Dreiecks zeigt sich das »Mirrheloch« von Forst auf der Karte.

mit einem Schlagbaum versehen. Bestimmte Anfuhrzeiten wurden mit der Gemeinde Forst vereinbart.

Beim Ankauf des Mirrenloch ging der Gemeinderat davon aus, für eine sehr lange Zeit eine Ablagerungsmöglichkeit für Schutt und Müll zu haben. Aber der Schuttplatz wurde von Jahr zu Jahr immer voller, so daß eines Tages durch die Kreisverwaltung Bad Dürkheim der Müllplatz geschlossen werden mußte.

Montage einer Bauschuttaufbereitungsanlage

Das Abbruchunternehmen Joho (Neustadt) hat 1991 im ehemaligen Mirrheloch und Schuttabladeplatz in Forst eine Bauschuttaufbereitungsanlage erstellt. Die Anlage ist seit Februar 1991 in Betrieb. Hier wird der angefahrene Bauschutt in einer Brechanlage zerkleinert, gemahlen und nach Größe und verschiedenen Sandarten aussortiert. Der Unternehmer hat der Verbandsgemeinde Deidesheim angeboten, gegen eine Bearbeitungsgebühr auch Bauschutt der Gemeinden innerhalb der Verbandsgemeinde anzunehmen. Ab Anlage erhältlich: Kies, Riesel, Rheinsand, Mutterboden, Mauersand und Recyclingmaterial.

Des weiteren bietet sich dem Bürger die Möglichkeit, auch seine Gartenabfälle wie Astmaterial usw. solange dorthin zu bringen, bis in Deidesheim die Schredderanlage der Firma Altvater zur Verfügung steht.

Die offizielle Einweihung der Anlage fand im April 1991 statt. Verbandsbürgermeister Stefan Gillich sagte der Ortsgemeinde Forst Dank für die Unterstützung bei der Standortfrage der Anlage. Ortsbürgermeister Edmund Lucas gab der Hoffnung Ausdruck, in der Firma Joho einen Partner gefunden zu haben, der auch in Sachen Umweltschutz handelt.

Die Firma Joho hat im »Mirrheloch« bei Forst eine moderne Bauschutt-Recycling-Anlage errichtet.
Foto: Lintz

Sarkastisch satirischer Humor

Heinrich Böll gewinnt 1951 in Bad Dürkheim den Preis der Gruppe 47

von Georg Feldmann

Nach dem letzten Krieg hatte sich eine Gruppe von Schriftstellern, die alle noch vom Krieg und der Nachkriegszeit geprägt waren, unter Hans Werner Richter, dem Fischersohn aus dem Ostseebad Bansin auf Usedom, zusammengefunden. Man veranstaltete alljährlich in jeweils wechselnden Orten Zusammenkünfte, bei denen die Teilnehmer aus ihren Werken vorlasen, anschließend wurde das Gehörte besprochen und Kritik geübt. Die lose Verbindung nannte sich Gruppe 47. 1950 wurde für die beste Arbeit erstmals ein Preis vergeben. Eine Firma hatte 1.000 Mark als Förderpreis gestiftet. Er wurde damals erstmals an Günter Eich in Inzigkofen vergeben. Alle Anwesenden entschieden in geheimer Wahl, welche Lesung sie für die beste hielten.

1951 wählte man als Tagungsort Bad Dürkheim. Im Mai dieses Jahres fand die dreitägige Zusammenkunft in der Pfälzischen Kinderheilstätte statt.

Auf Empfehlung von Alfred Andersch hatte Richter erstmals auch Heinrich Böll eingeladen. Richter berichtete: »*Ich sitze in einer Glasveranda und streiche auf einer Liste der von mir Eingeladenen jene ab, die gerade eintreffen... Da kommt ein Mann herein, den ich für einen Monteur, Klempner oder Elektriker halte, er soll vielleicht im letzten Augenblick vor der Tagung noch etwas reparieren. Ich finde das ärgerlich und sage zu meiner Frau neben mir: 'Was will denn der hier?'*«. Richter berichtet dann weiter, Böll sei etwas irritiert gewesen und habe gefragt, ob er hier richtig sei. Auf die Frage, was er hier wolle, habe er gesagt, er solle hier vorlesen. Auf die Frage, wer er sei, habe er im rheinischen Tonfall geantwortet: »*Böll, Heinrich*«. Nun hatte sich Richter an die Einladung erinnert.

Nach einer ausgelassenen Nacht hatten am nächsten Vormittag um 10 Uhr die Vorlesungen begonnen. Böll kam fast als Letzter an die Reihe. Er habe eine Erzählung über seinen Onkel gelesen mit dem Titel »Die schwarzen Schafe«. Schon nach den ersten zehn Sätzen habe leises Lachen eingesetzt, dann zweitweise ein befreiendes Gelächter. Richter fand die Geschichte teils schwach, teils gut, er war aber beeindruckt von dem »sarkastischen satirischen Humor«. Die Äußerungen nach der Lesung seien teils kritisch, teils lobend gewesen, aber sie hätten sich auf einen Nenner bringen lassen: Eine neue Begabung, aus der noch etwas werden kann.

Es kam dann zur Wahl des Preisträgers. Milo Dor und Heinrich Böll erreichen die höchste Stimmenzahl. Es kommt zur Stichwahl und Böll gewinnt mit einer Stimme vor Milo Dor. Richter: Die Zustimmung sei nicht einheitlich gewesen. Die einen hätten gratuliert, die andern seien mit deprimierten Gesichtern herumgelaufen. Einer habe gesagt, das sei das Ende der Gruppe 47, eine schlimme Fehlentscheidung. Richter verteidigte sich mit dem Satz: »*Eine Wahl ist eine Wahl, sie ist hinterher nicht anfechtbar.*« Richter hatte die 1.000 Mark in Scheinen in seiner Tasche und zahlte den Betrag an Böll bar aus.

Nun erfährt Richter, daß beide Kandidaten vor der Stichwahl vereinbart hatten, daß jeder den anderen anpumpen kann, wenn er nicht gewinnt. Beide haben kein Geld und sind arm, Böll sogar bettelarm. »*Meine Kinder schlafen im Kohlenkasten und haben Hunger, ich muß sofort zur Post und das Geld einzahlen*«. An Milo Dor hat er noch vorher 100 Mark geliehen.

Richter erzählt weiter, daß mit dieser Tagung in Bad Dürkheim die Bedeutung der Gruppe 47 für die Öffentlichkeit wuchs. Durch die Teilnahme des NWDR-Intendanten Ernst Schnabel hätten sich Kontakte zu den großen Rundfunkstationen ergeben, sie brachten die Erzählungen, die in Bad Dürkheim gelesen wurden und so sei in den folgenden Jahren mit Günter Eich, Wolfgang Hildesheimer, Ingeborg Bachmann und anderen das literarische Hörspiel entstanden.

Heinrich Böll hat später über die Bad Dürkheimer Tagung folgendes geschrieben:
Für Hans Werner Richter (und Toni natürlich)

Denk ich an Dürkheim
denk ich an die Rückfahrkarte
der französischen Militärregierung
denk ich an Maiengrün
an Eich (der schon ein Auto besaß) und
Ilse und mich zur Messe fuhr
unliterarisch
unliterarisch auch
Erinnerungen an Sinzig
im Auto ausgetauscht mit Eich
über allem und jedem auch
ein Hauch von prisoner-camp
flüchtig noch
keiner dachte ans Bleibende
und blieb doch etwas
denke an Wiss-Verdier, an Wintzen
und immer wieder: an Sinzig
wo wir erfuhren
was zu erfahren war:
Eich, andere, ich
denke immer wieder an die
Rückfahrkarte von der
französischen Militärregierung
ich kaufte als erstes Spielzeug
für die Kinder
ein, Uhr für Annemarie
kaufte Zigaretten für mich
verpumpte Geld
und bekam es wieder!
stellte in späteren Jahren fest:
Autoren sind die zuverlässigsten
Schuldner - gegenüber Autoren
(und auch die zuverlässigsten Untermieter
korrekt - Eich und Janker in Müngersdorf)
an Maiengrün in Dürkheim
denke ich
an unkorrigierbare Mythen
und die Rückfahrkarte der Kulturpolitik
einer ausländischen Macht.

Literatur und Quellen: Neunzig Hans A., Hans Werner Richter und die Gruppe 47, Nymphenburger Verlagsbuchhandlung, München 1979, hier S. 96-99; Hilgenstock Andrea, Kahlschlag und neue Poesie, Ausstellung in Berlin über das Wirken der Gruppe 47, in »Rheinpfalz« vom 12.11.1988; Scheller Wolfgang, Der Gruppenvater - Zum heutigen 80. Geburtstag von Hans Werner Richter, in »Rheinpfalz« vom 12.11.1988.

Frisch, fromm, fröhlich, frei

Turn- und Sportverein (TSV) Neuleiningen 100 Jahre
von Bernhard Freyland

Traditionen pflegen, heißt Ehrenamt übernehmen. Das wiederum bedeutet, ein gerütteltes Maß an Arbeit für andere zu leisten. Ein fast unmögliches Verlangen in einer Zeit, die vielen, wenn auch nicht allen, einen gewissen Wohlstand beschert hat, aber doch auch in zunehmendem Maße von schädlichem Egoismus belastet ist.

Umso erfreulicher ist es, wenn ein Verein, dessen Ziel es ist, der Jugend eine sportliche Aufgabe zu bieten, 100 Jahre alt ist und noch bestens funktioniert. Die Vereinsführung im Jubiläumsjahr führt eine bemerkenswerte Tradition fort, für welche die Neuleininger Bürger dankbar sind. 1. Vorsitzender ist Franz Adam (seit 6. Januar 1973), 2. Vorsitzender Reinhard Eitelmann, Schatzmeister Reiner Beck und Schriftführer Axel Frommherz.

Die Gründungsversammlung

Turnen war die Hauptaktivität des Vereins, der bei der Gründung 1896 bereits 36 Mitglieder aufwies, wie das Gründungsprotokoll aufzeigt:

»Protokoll über die erste Hauptversammlung bei der Gründung des Turnvereins Neuleiningen am 16. Juli 1896 wobei 36 Mitglieder anwesend waren.
Die Hauptversammlung eröffnete unser jetziger Vorstand H. Pfahler. Sodann stellte er den in der Versammlung Erschienenen den 2. Gauturnwart Herrn Mappes von Grünstadt vor. Dieser sprach seine Freude aus, daß auch Neuleiningen beschlossen hat, einen Turnverein zu gründen und sei gerne bereit, an demselben mitzuwirken. Er legte dann den Zweck eines Turnvereins in verschiedener und erfreulicher Art aus und zu welchem Ziel ein Turnverein gelangen kann, indem er das Blühen mehrerer in der Umgegend bestehender Turnvereine klarlegte, aber auch zugleich das Bedauern solcher Turnvereine aussprach wie z.B. in manchen Orten, welche nach Gründung durch Ortsparteilichkeiten wieder auseinandergefallen waren. Das letztere aber wolle er nicht von uns hoffen, sondern daß wir frisch, fromm, fröhlich, frei an die uns unternommene Arbeit gehen und zu der Sache halten sollen, um zu dem Zweck des § 1 zu gelangen. Hierauf folgte die Vorlesung der Satzungen, welche von Herrn Mappes, sowie den anwesenden Mitgliedern gutgeheißen wurden. Dann wurde zur Wahl der Vorstandschaft geschritten, welche nachstehendes Resultat ergab.

Zum 1. Vorstand wurde H. Heinrich Pfahler mit 33 Stimmen gewählt. Zum 2. Vorstand wurde H. Gustav Singling 27 Stimmen gewählt. Zum Stellvertreter wurde H. Heinrich Berg mit 28 Stimmen gewählt. Zum Kassenwart wurde H. Jakob Berg mit 26 Stimmen gewählt. Zum Schriftwart wurde H. Rud. Wedel mit 18 Stimmen gewählt. Zum Zeugwart wrude H. Karl Mäder mit 13 Stimmen gewählt. Zum 1. Turnwart wurde H. Ed. Nördeshäuser mit 20 Stimmen gewählt. Zum 2. Turnwart wurde H. Friedrich Dahlmann mit 30 Stimmen gewählt.

Der 1. Vorstand, der 1. Turnwart und Kassenwart ist ein jeder allein schriftlich gewählt worden. Die übrigen fünf zur Vorstandschaft gehörigen Personen wurden in einem Wahlgange gewählt. Die ganze Vorstandschaft ist schriftlich gewählt worden.

Herr Karl Beck wurde mit 25 Stimmen zum Vereinsdiener gewählt, derselbe hat diese Stellung aber kostenlos zu versehen bis zur nächsten Vorstandswahl.

Dann forderte Herr Mappes den neugegründeten Turnverein auf und im Namen des Grünstadter Turnvereins, sowie des pfälzischen Turngaues mit in ein dreifaches »Gut Heil« einzustimmen zum Wachsen und Gedeihen desselben. Zum Schlusse erhob sich unser 1. Vorstand und sprach Herrn Mappes für seine freundliche Mitwirkung bei der Gründung des Turnvereins seinen Dank aus, sowie im Namen des Turnvereins ein kräftiges »Gut Heil« auf Herrn Mappes, sowie auf die ganze pfälzische Turnerschaft. Dies bildete den Schluß der ersten Hauptversammlung.
Der Schriftwart Rud. Wedel

Die Einrichtung eines Turnplatzes, der 1936 dem Autobahnbau weichen mußte, wurde umgehend in Angriff genommen. Vorübergehend diente jedoch ein freier Platz in der Burg als Ausweichgelände, wie die »Grünstadter Zeitung« Anzeiger für den Canton Grünstadt und Umgebung (Verleger: Emil Sommer) am 10. August 1896 mit folgendem Text zu berichten wußte:

»... auch hier wurde in jüngster Zeit zur Pflege der edlen Turnerei ein Turnverein gegründet, dem bereits über 50 Mitglieder, davon 28 Aktive angehören. Als Turnplatz dient dem Verein für die schöne Jahreszeit ein hübscher, freier Platz in der Ruine der dem H. Grafen Karl-Emich zu Leiningen-Westerburg gehörigen Burg Neuleiningen, wofür dem Verein die bei dem Grafen nachgesuchte Erlaubnis sicher nicht fehlen wird. Während des Winters werden die Übungen dann in dem geräumigen Saal der Rüttger'schen Wirtschaft abgehalten werden. ...«

1. Weltkrieg brachte Zwangspause

Der 1. Weltkrieg unterbrach die fruchtbare Tätigkeit des Vereins, die dann am 24. März 1918 mit einer ersten Versammlung wieder neu belebt wurde. Die Unsinnigkeit eines Krieges wurde den Versammlungsteilnehmern einmal mehr bewußt, denn 14 Mitglieder verloren dort ihr junges Leben.

Trotz der schweren wirtschaftlichen Notzeit wurden neben den Turnern noch die Faustballer aktiv. Es würde den Rahmen sprengen, alle dafür Verantwortlichen zu nennen. Mit Beginn des »Dritten Reichs« wurde auch die Tätigkeit des Vereins eingeschränkt bzw. umfunktioniert, bevor der 2. Weltkrieg 1939 dessen Funktion gänzlich zum Erliegen brachte.

Der Wille zur sportlichen Gemeinsamkeit führte jedoch am 9. Januar 1951 wieder zur Neubelebung des Vereins. Hauptziel sei die Errichtung eines Sportgeländes, wie der damalige 1. Vorsitzende Johannes Geyer betonte. Dieses Vorhaben konnte bereits 1953 verwirklicht werden.

Neben dem beliebten Faustballspiel wurde dem Fußball zunehmend Interesse gewidmet, aber der Platz war für diese Tätigkeit zu klein.

Ein Meilenstein in der Geschichte des Vereins war deshalb der Erwerb eines Geländes auf dem »Eisenkopf« durch den Südwestdeutschen Fußballverband, dessen Nutzung durch den Verein 1962 vereinbart wurde.

Umständlich war es natürlich für die Sportler vom Vereinslokal im Dorf (Burggraf), zum Sportplatz zu kommen und wieder zurück. Ein entsprechendes Gebäude war das nächste Ziel. Wie schon in der Vergangenheit mehrmals bewiesen, wurde auch dieses Vorhaben mit viel Energie angegangen und 1976 zum Erfolg gebracht. Stellvertretend für die große Zahl der Helfer sei hier Paul Ober genannt, der sozusagen als »Bauleiter« für das 270.000,— DM Projekt fungierte. Neben den Finanzhilfen von Land, Kreis und Gemeinde war die Eigenleistung der Mitglieder im Wert von 93.000,— DM beispielhaft.

Heute ist der Fußballsport, neben der Gymnastikabteilung der Frauen, dominierend im Verein. Neben der 1. Fußballmannschaft, die in der Kreisklasse Frankenthal spielt, existieren 1996 folgende Mannschaften: »Bambini« bis sechs Jahre, F-Jugend sechs bis acht Jahre, E-Jugend acht bis zehn Jahre, D-Jugend zehn bis zwölf Jahre.

Die Vorstandsmitglieder des Sportvereins Neuleiningen 1995 (von links): 1. Vorsitzender Franz Adam, Kassenwart Reiner Beck und 2. Vorsitzender Reinhard Eitelmann vor der reichbestückten Pokalwand im Vereinsheim.   *Foto: W. M. Schmitt*

Wo die närrischen Sandhasen hoppeln

22 Jahre Fastnachtsumzug in Weisenheim am Sand

von Roland Fischer

Die Bürgerschaft der Gemeinde Weisenheim am Sand hatte Grund stolz zu sein, ihren Besuchern Großartiges bieten zu können: *Den großen Umzug am Fastnacht-Sonntag, bereits zum 22. Mal. Ein Jubiläumsumzug.*

Längst hat sich dieses Spektakel weit über Weisenheims Grenzen hinaus herumgesprochen und konnte gerade in den letzten Jahren jährlich weit über 25 000 Besucher anlocken.

50 bis 60 Zugnummern, mehrere Musikkapellen und eine Menge närrischer Mitläufer sorgten wieder für ein buntes Straßenbild. *»Zum Jubiläumsumzug gibts viele Überraschungen«* sagte Horst Rohrer, der 1. Vorsitzende der Bürgerinitiative die närrischen Sandhasen.

Horst Rohrer, Karl-Heinz Diehl und Armin Neckerauer organisierten den ersten Weisenheimer Fasnachtsumzug, an dem alle Vereine und Gruppen aus Weisenheim am Sand teilnahmen. Wer hätte eigentlich am Fasching-Sonntag 1974 beim närrischen Fußballspiel der AH des SV Weisenheim am Sand im entferntesten daran gedacht, daß sich diese Gemeinde zur Narrenhochburg der Verbandsgemeinde Freinsheim entwickeln würde. Eben bei diesem spektakulären Fußballspiel wurde die Idee zur Weisenheimer Straßenfasnacht geboren.

Per Pkw fuhr man nach Lambsheim und von dort mit dem Zug zurück nach Weisenheim am Sand, jetzt aber verkleidet als Damenfußball-Mannschaft, als »die Busentaler vom FC-Rio«. Selbst überrascht war man, als am Weisenheimer Bahnhof eine große Menge Bürger der Ankunft der Grazien harrte und diese mit Hallo begrüßten.

Eine besondere Gaudi war es für die Kinder, die zum ersten Mal am Faschingssonntag einen Riesenspaß hatten. Der große Zuspruch bei der Bevölkerung und vor allem die herzliche Freude bei den kleinen Weisenheimern, ließ den Gedanken aufkommen, alle Vereine, Organisationen und Gruppen in der Gemeinde zu motivieren, sich an einem solchen Narrentreiben zu beteiligen. Der Leitgedanke, etwas für die Kleinen zu tun, gilt längst nicht mehr; entwickelte sich doch in den Jahren ein Umzug daraus, der nicht nur bei den Kindern, sondern auch bei den Großen überschwenglichen Anklang gefunden hat.

Originalität, Witz und Humor, standen Pate für eine Dorf-Fasnacht, die wohl im Umkreis ihresgleichen vergeblich suchen darf. Wieviel Anstrengungen, Freizeitstunden, Ideen und Mühen hinter dieser Großveranstaltung stekken, wissen eigentlich nur die Beteiligten. Da wird gehämmert und gestrichen, drapiert und aufgebaut, geplant, gezeichnet und diskutiert.

»Die Vorbereitungszeit ist die schönste Zeit«, sagen die Aktiven, *»wenn sie auch hart ist.«* Bei allem Ernst wird das Ganze als Gaudi aufgezogen.

Vor allem die zahlreichen Besucher sollten

Der Sandhasen-Orden, gestaltet von Josef Singler.   *Foto: Hößlein*

wissen, daß der Weisenheimer Faschingsumzug von den Akteuren selbst finanziert wird. Die einheimischen Winzerbetriebe spendieren Wein, ab und zu werden Geldspenden auf ein Konto bei der Raiffeisenbank überwiesen, zum Beispiel beteiligt sich immer die Jagdgenossenschaft.

Zur Zeit wird schon wieder schwer geschuftet. Auch in den umliegenden Orten beteiligt man sich mit Gruppen und Wagen.

Alle Gruppen scheuen keine Mühe, um ihr Motto wirklich originell wirken zu lassen. Zum Beispiel zogen die Weisenheimer »Schwalben«, als die Holzschuhe für ihre Hollandgruppe nicht termingerecht eintreffen wollten, non-stop gen Norden, um diese Requisiten stilecht zu besorgen. Eine andere Gruppe (Schirm-Club) fuhr nach Oberbayern, wegen der noch fehlenden Sonderanfertigung von T-Shirts. Der Clou natürlich war, daß die Palmwedel für die Gruppe »Karneval in Rio« (Liedertafel und AH) sogar aus Gran Canaria eingeflogen werden mußten. Mitglied Zartmann konnte sie anderweitig nirgendwo bekommen.

Seit Beginn dieses Spektakels haben ca. 93 Gruppen und Vereine teilgenommen, davon zahlreiche Teilnehmer aus den umliegenden Städten und Dörfern. Besonders sind zu erwähnen die Karnevalsvereine aus Maxdorf, Hessheim, Friedelsheim, Frankenthal, Bad Dürkheim, Birkenheide sowie der Landfrauenverein aus Maxdorf, die Verbandsgemeindeverwaltung Freinsheim und der CC Blau-Weiß Heidelberg. Jedes Jahr kommen große Gruppen aus der Allemannischen Fasnacht (Schwarzwald) und dem Rheinischen Karneval (Düsseldorf) nach Weisenheim am Sand.

Daß die Bürgerinitiative »Die närrischen Sandhasen« Weisenheim am Sand auch einen Orden haben, ist selbstverständlich. Über einen schönen individuellen Orden verfügen sie seit 1984. Der Orden zeigt einen springenden Sandhasen auf einer ovalen Platte. Das Gießmodell hat ein Mitglied der »Gönnheimer Woigorgler«, in Handarbeit geschaffen. Handarbeit ist in unserer

Tausende kommen jährlich zum Fastnachtsumzug nach Weisenheim am Sand. Foto: Hößlein

so schnellebigen Zeit doch sehr gefragt, wie man besonders an dem Interesse der »Ordensträger« feststellen kann. Die Anfangsserie von 20 Stück fertigte der Gönnheimer Karnevalist für die Funde aus Weisenheim. Inzwischen ging das Gießmodell in die Hände der Weisenheimer Narren über, die weitere Serien, je nach Gebrauch, auch in den eigenen Reihen fertigen lassen. Die Weisenheimer haben diesen Orden beibehalten.

»Fasnacht und Weinseligkeit«, »Rummel in Weisenheim«. So und so ähnlich hießen die Schlagzeilen in der heimischen Presse, die immer wieder über eine unübersehbare Menge lustiger, fröhlicher, singender und ausgelassener Menschen berichten konnte, die sich an der Weisenheimer Straßenfasnacht beteiligten um Fasnachtseligkeit und Weinseligkeit miteinander zu vereinen.

Schon lange vor dem Startschuß ist die Stimmung im Publikum bestens angeheizt, auch wenn der Wein in den Flaschen gefriert, wie im Jahr 1986.

Es wird getanzt und geschunkelt, Melodien wie »Warum ist es am Rhein so schön« und »Oh du wunderschöner deutscher Rhein« werden zum Tageshit und die Menge übt immer wieder das Helau-Rufen, auf daß der Umzug kommen möge. Und dann kommt er auch: Immer eine »Monsterschau« närrischer Ausgelassenheit, eine ansteckende Krankheit, die unvermittelt jeden Besucher befällt. Groß an Aufmachung und Ausstattung mit originellen Einfällen.

Alle Gruppen scheuen keine Mühe, um ihr Motto wirklich originell wirken zu lassen. Da Weisenheim am Sand an diesem Tag ab 11 Uhr für den gesamten Durchgangsverkehr gesperrt ist, sorgen die Mitglieder der Freiwilligen Feuerwehr Weisenheim am Sand sowie die Schutzpolizei Bad Dürkheim für einen reibungslosen Ablauf der riesigen Besucherlawine.

Für das leibliche Wohl ist natürlich ebenfalls bestens gesorgt. Acht bis zehn Verzehrstände warten im Zentrum des Trubels und auch die Gastronomie ist bestens gerüstet, denn nach dem Umzug gehts auch in den Vereinslokalen rund.

Übrigens: Über 50 Zentner Bonbons, hunderte von gekochten Eiern werden ausgeworfen und zwischen fünf- und sechstausend Liter ausgeschenkt.

Ansonsten geht es nach dem Motto »*Wenn's auch regnet bei den Städtern - die Sandhasen hoppeln bei allen Wettern*«.

mit ihren 8 Ortsgemeinden: Bobenheim am Berg, Dackenheim, Erpolzheim, Freinsheim, Herxheim am Berg, Kallstadt, Weisenheim am Berg und Weisenheim am Sand

Information: Verbandsgemeinde Freinsheim - Verkehrsamt - Bahnhofstr. 12, 67251 Freinsheim, Telefon 0 63 53 / 5 01 73, Telefax 0 63 53 / 5 01 70

De Keschelausfluuch

von Karl-Jörg Walter

De Keschelklub »Alle Neune« hot en Ausfluuch noch Hamburch uff die Reeperbahn gemacht, un nachts, so gesche äänse, hänn sich de Heiner, de Karl un de Philp uff de Weesch ins Hodel gemacht.

De Heiner hot nimmi ganz die Weesch-Steier g'hat un wie se an so 're Bar vorbeikumme, dabbt em doch der Portjé uff die Hand. De Heiner guckt den Deersteher a', der guckt zurick un schun hot der anner e bloes Aach. Was sich aus dem Riwwer- und Niwwergucke entwickelt hot, des hänn die Drei e paar Monert speder beim Gerischt verzehlt.

Zuerscht werd de Heiner g'froocht, wie's zu dem Zwischefall kumme is. Er saacht: Ich wääß net, wieso der Portjé uff äämol e Veilsche g'hat hot. Ich hab en doch norrebisel g'stumpt. Un iwwerhaupt, was dabbt mer dann der Dollborer uff die Hand?

De Rischder versteht bloß »Bah'hof«. De Heiner soll sich e bissel deitlischer ausdricke. Do määnt der: Wie ich den Dabbschädel a'gstumpft hab, will doch der mich verklobbe. Ich hab en gewarnt: »*Loß dei dreckische Griffel weg, sunscht schlach ich der die Huck voll, daß d' drei Daach rickwärts gehscht.*«

Der Kerl awwer kummt näher un will mer änni lange. Ich hab schnell ausg'holt un em a'stännischi änni g'salze, daß er geguckt hot wie e abg'stochnes Kälwel. Wie er mer änni wesche will, hab ich en im Klingel 'rumgewichst, daß er schier die glatte Wänd nuff wär.

Uff äämol kummt en Kolleesch vun dem aus em Lokal, so en steckebäänische. Do is es erscht rischdisch losgange: »*Bleib mer vum Leib, du Bohnestang*«, hab ich gekrische, »*Sunscht haach ich der die Bää am Hinnere ab*«, - Määnen Se, der het gheert? Kä Redd devun. Er holt pletzlich aus un...

Do hetten Sie awwer mol de Philp sähne solle, Herr Rischder. Wie's Gewitter hot er'n gedachtelt bis er märb war wie e Brezel. Der hot nimmi gewißt, ob er e Männel is odder e Weiwel.

Jetz will de Rischder wisse: »*Was tat denn ihr Freund Karl unterdessen?*«

De Karl hot so gut wie nix gemacht. Er hot bloß zu dem Därre g'sacht: »*Ich glaab, du hoscht heit noch net dei Fäng krischt. Wann d' net häämgehscht, werscht geduwwackelt wie dein Kumpel. Ich schlach der uff de Deez, daß d' durch die Rippe guckscht wie'n Aff durch de Kewwisch!*«

De Rischder scheint net aus de Palz gewest zu sei, dann er hot gemäänt: »*Ich kapiere nicht ganz, was Sie meinen.*«

Allo hot de Phil die Sach näher erklärt. Dodebei sin Ausdrick g'falle wie »änni bumbe, Knepp gewwe, 'rum schlache wie en Danzbär, leddere, die Härner dengle, vermeewle« un was es sunscht noch fer Erklärunge gibt vun so re klänne Hännlerei.

's muß änner schun ganz schä dabbisch sei, wann er do net wääß, wu de Has laaft.

Annerscht de Rischder. Der hot g'sacht: »*Ihre Einlassungen kann ja niemand verstehen. Die Verhandlung wird vertagt.*«

In Werklischkeit hot norre er nix verstanne un in de nägschde Daache en Pälzer Kolleesch um »Amtshilfe« gebede. Der hot em dann uff die Spring g'holfe.

Ja, so geht's, wann en Rischder Schwierischkeide mit de deitsche Sprooch hot!

Erster Besuch einer Weingräfin (Birgit Dejung aus Obrigheim) im März 1990 in Bonita Springs: Ingrid (links) und Jakob Hammerle, Weinhoheit Birgit und Hawaii-Mädchen beim Tomato-Snook-Festival. Foto: Laubersheimer

Weingräfin und Tomato-Queen

Auch der Atlantik ist für Grünstadter kein Hindernis

von Gerhard Laubersheimer

Als im Dezember 1989 beim Autor dieser Zeilen das Telefon klingelte, gab es zwischen Grünstadt und Carrieres-sur-Seine bei Paris sowie Westerburg bereits offizielle Städte-Partnerschaften. Am anderen Ende der Leitung meldete sich eine höfliche Damenstimme, die in exzellentem Hochdeutsch eine Einladung für die amtierenden Weingräfin servierte. Nach kurzem Zögern die Frage »*Wohin eigentlich?*«. Und sofort die Antwort: »*Zum Tomato-Snook-Festival nach Bonita Springs am Golf von Mexiko in Südwest-Florida!*«

Ingrid Hammerle, Ehefrau des seit vielen Jahren im südlichsten Staate der USA lebenden Alt-Grünstadters Jakob Hammerle, verdeutlichte, daß ihr Ehemann als Organisationsleiter des dortigen Festivals in Absprache mit der in Bonita Springs ansässigen Chamber of Commerce, vergleichbar mit der Industrie- und Handelskammer, als Attraktion aus der Bundesrepublik eine Weinhoheit einladen wolle. Was lag damals für den Grünstadter Jakob Hammerle näher, als die Weingräfin, die schon seit 1950 nicht nur die Weine, sondern auch die Landschaft der früheren Unterhaardt, des heutigen Leiningerlandes, repräsentiert.

Als ich diese Nachricht an die damalige Weingräfin Birgit Dejung aus Obrigheim weitergab, war ein »Schlucken« am Telefon nicht zu überhören. Sie schien dies nicht zu glauben. Am 7. März 1990 war es soweit: Birgit Dejung, Martin Lampert und ich landeten nach rund zwölfstündigem Flug auf dem Airport in Miami. Nach einer mehrstündigen Fahrt durch die Everglades erreichten wir das wunderschöne Haus von Ingrid und Jakob Hammerle im Citrus-Park in Bonita-Springs und wurden gleich herzlich von den Inhabern empfangen. »*Der erste Eindruck ist immer der beste,*« war unsere übereinstimmende Meinung und wir sollten auch recht behalten.

Bei allen offiziellen Empfängen und insbesondere von unseren Gastgebern Ingrid und Jakob Hammele wurde uns eine Herzlichkeit entgegengebracht, wie sie nicht intensiver sein kann. Immer wieder hieß es »The wine-queen of germany in Bonita Springs«. Die örtliche Tageszeitung, »Bonita Banner«, und auch mehrere Rundfunk- und Fernsehanstalten berichteten über den ersten offiziellen Besuch einer deutschen Weinhoheit. Bei der Begrüßung übergaben wir ein Schreiben des damaligen Grünstadter Bürgermeisters Herbert Gustavus. Darin stand unter anderem: »*Ich sehe in dieser Begegnung nicht nur eine Wein- und Fremdenverkehrswerbung, sondern insbesondere einen großen Beitrag zur Völkerverständigung. Unsere beiden Städte trennen zwar einige tausend Kilometer; trotzdem sieht man deutlich, daß auch die größte Entfernung kein Hindernis für angenehme Begegnungen und Freundschaften zwischen Menschen verschiedener Erdteile darstellt.*«

Vierzehn Tage dauerte dieser erste offizielle Kontakt mit Bonita Springs; Jakob Hammerle, übrigens Ehrenbürger des knapp 70.000-Einwohner zählende Städtchens, hatte ein reichhaltiges Programm zusammengestellt. Viele offizielle Empfänge und das Tomato-Snook-Festival (Snook ist eine Fischspezialität) sorgten für einen bis auf die letzte Minute ausgefüllten Amerika-Aufenthalt. Bereits im gleichen Jahr, letzmals wurde im Oktober das Grünstadter Weinfest in alter Form mit großem Festzelt gefeiert, lösten die Amerikaner ihren Gegenbesuch ein.

Ingrid und Jakob Hammerle, uns verbindet seither eine enge Freundschaft, brachten neben der »Tomato-Queen« Bobbie Runge auch den damaligen Präsidenten der Chamber of Commerce, Bob Brown, dessen Vize Paul Helbing und eine Nachwuchssängerin mit.

Attraktion des damaligen Weinfestes war am Montag abend im großen Festzelt deren Auftritt: Casey Hosack aus Naples, unweit von Bonita Springs, begeisterte mit Western-Country-Songs vor allem die jüngeren Weinfestbesucher. Übrigens ist die hübsche Sängerin heute in der amerikanischen Filmbranche tätig. Bei einem Empfang im Stadthaus würdigten Alt-Bürgermeister Herbert Gustavus

---

Wissenswertes über Bonita Springs

Bonita Springs liegt zwischen Fort Myers (335.000 Einwohner) im Norden und Naples (152.000) im Süden Floridas am Golf von Mexiko. Für viele Europäer ist dieser kleine Ort unbekannt. »Magnet« ist der einmalig schöne und saubere Strand, die Bonita Beach, der sich im Norden in den Lovers Key State Recreation Park fortsetzt und im Süden an die Barefoot Beach Preserve angrenzt. Beides sind staatlich geschützte Reservate, die nicht verändert oder bebaut werden dürfen.

Diese Abgrenzungen sind Garanten für viel Freiraum, wo man diese einmalig schöne Strände meilenweit entlang laufen kann, ohne dabei auf Menschenmassen zu treffen oder von »Betonklötzen« behindert zu werden. 1991 wurden in Amerika 650 Strände untersucht, Bonita Beach kam unter die besten fünf der Nation. Zur Chambers gehören 15.000 Mitglieder, im Umkreis von zehn Meilen des Old Bonita Centrums befinden sich rund 3.000 Geschäfte mit 20.000 Beschäftigten. Industrie gibt es in Bonita Springs nicht. Haupteinnahmequellen sind Farmland und das Meer: Tomaten, Wassermelonen, Erdbeeren, Citrusfrüchte, Rinderzucht und Fischfang. An zweiter Stelle der Einnahmequellen liegt der Tourismus.

Gerhard Laubersheimer

und sein Nachfolger, der damalige Erste Beigeordnete Ludwig Weber, diese noch »lockere« Städtefreundschaft, die allerdings enger und enger wurde.

Es gab seither kein Jahr, in dem Ingrid und Jakob Hammerle nicht in Grünstadt weilten. Und als die Grenze zum Osten fiel, ließ es ich Jakob Hammerle nicht nehmen, einen Baum vor dem Clubheim des Schwimmclubs »Delphin« zu pflanzen. Jakob Hammerle, sein vor Jahrzehnten verstorbener Vater war Gründungsmitglied des Luftsportvereines Grünstadt, sorgte auch für den ersten Jugendaustausch: Im Frühjahr 1992 flogen über 50 Mitglieder des Grünstadter Schwimmclubs »Delphin« nach Bonita Springs, erlebten unvergeßliche Tage. Darunter auch Weingräfin Rosemarie Lösch aus Bockenheim. Plötzlich war das Interesse der Bevölkerung Grünstadts geweckt, in Bonita Springs wehte erstmals die Grünstadter Fahne und der Name »Hammerle« wurde Stadtgespräch. Viele Grünstadter verbringen seitdem ihre Urlaubstage bei ihm, der im herrlich gelegenen Citrus-Park günstige Ferienbungalows vermittelt. Und immer wieder gibt es herzliche Gegenbesuche.

Schließlich nahmen diese Reisen, auch in größeren Gruppen, zu. Die Weingräfinnen Sandra Eibel aus Asselheim (1992/93), Katja Mauntz aus Obersülzen (1993/94) und Andrea Schmitt aus Dirmstein (1994/95) erlebten Bonita Springs. Höhepunkt in dieser jungen Städtefreundschaft bildete der Weinwettstreitauftakt 1992, als bei der Krönung von Weingräfin Sandra Eibel im Großen Saal der Stadthalle offiziell der Freundschaftsvertrag zwischen Bonita Springs und der »Sister-City« Grünstadt von der Chamber-Präsidentin Donna Biolchini, dem Executive-Director Bob Couch und Bürgermeister Ludwig Weber unterzeichnet wurde. Übrigens taufte 1994 der Grünstadter Luftsportverein sein neues Segelflugzeug auf den Namen »Bonita Springs«. So ist es schon fast normal, wenn es alljährlich immer wieder zu Begegnungen Einwohner beider Städte kommt.

Im letzten Jahr wurde ein neues Segelflugzeug des Luftfahrtvereins Grünstadt und Umgebung auf den Namen »Bonita Springs/Florida« getauft. V.li.: Bürgermeiter Ludwig Weber, Weingräfin Sandra Eibel aus Asselheim (1992/93), Clubpräsident Ernst Eymann und Jakob Hammerle.   *Foto: Laubersheimer*

Grünstadter
Qualitäts-Biokompost
mit besonders hohem Anteil an organischer Substanz

Der **ideale** Humuslieferant:
  ... **für den Weinbau, Obst- und Gemüseanbau**

- **sichert** den enormen Humusbedarf
- **wirkt** nachhaltig als Bodenverbesserer
- **sorgt** für erhöhte Wasserspeicherung
- **beugt** Erosionsschäden **vor**

  ... **für den Garten- und Landschaftsbau**
- sorgt **ALVAHUM** für einen gesunden Pflanzenstandort durch optimale Bodenverbesserung

  ... **für den Hausgarten**
- gibt es den umweltfreundlichen Bodenverbesserer im 50-Liter-Pfandsack

- Fragen Sie auch nach unserem preisgünstigen 10er-Abonnement (lose Ware) für Selbstabholer!

ALVAHUM ist eine Alternative zu Torf, die natürliche Ressourcen schont. Helfen auch Sie mit, unsere Natur zu schützen!

BioKompostwerk Grünstadt
Obersülzerstraße (Gewerbegebiet)
67269 Grünstadt
Tel. 06359/50-71, Fax 06359/50-72
Anwendungsberatung/Biokompost
Telefon 06237/42140
Telefax 06237/4225

Ihr Entsorgungsbetrieb und zuverlässiger Partner

Die Glyzinie oder »Blauregen« ziert viele Winzerhäuser. Foto: Frien

Girlanden der Freundschaft

Ein hellblaues Blumenband von der Pfalz nach Südtirol

von Oskar Sommer

Girlanden der Freundschaft sind meistens mit Blumen verbunden. So verhält es sich auch im vorliegenden Falle und es geht hier um eine sich windende Pflanze, die hier, wie dort vorhanden ist und zwar in üppigem Wuchs. Nicht immer sind Arten auf eine so weite Distanz in gleicher oder ähnlicher Weise anzutreffen. Und sieht man sie in der Pfalz, so denkt man an die Bestände in Südtirol, bewundert sie aber in Südtirol so freut man sich, sie auch in den heimatlichen Gefilden der Pfalz anzutreffen.

Während noch im beginnenden Frühjahr nur ein, wie es scheinen möchte, dürres Gerippe von Zweigen und Ästen, die sich gegenseitig im Wege sind und kreuz und quer, völlig unregelmäßig gewachsen waren und vom Herbst und Winter wohl übrig geblieben sein dürften, auf den Beschauer einen tristen Ein-

Im Winter nur dürres Gerippe. Foto: Frien

druck macht, dauert es nicht lange, bis die ersten grünen Triebspitzen erscheinen. Nach kalten Wintern, wenn ein Erfrieren eintrat, geschieht der Austrieb nicht so explosionshaft, wie in normalen Wuchsperioden. Dann schaut der Gartenbesitzer oft umsonst nach seinen Blumenzöglingen.

So geht es den Südtirolern, wie auch den Pfälzern, daß all die Sorge nichts nützt und statt Blütentrieben sich nur spärliche Blatt-Triebe einstellen. Doch plötzlich erscheint der begehrte, so eigentümlich »eingewickelte« Blütensproß und läßt Hoffnung aufkommen, in Kürze die ersehnte Traube vor sich zu haben. Jetzt ist der Monat Mai nicht mehr weit, nun überspannen dichte hellblaue Girlanden Innenhof und Mauer mit einem überwallenden, wogenden Schleier. Daß die gleiche Art sowohl in der Pfalz, als auch im schönen Südtirol, welche beide freundschaftlich verbunden sind, nun auch zur gleichen Zeit dieses Erleben haben, macht die Partnerstädte umso erfreuter, als da im Landkreis Bad Dürkheim sind Partschins, Plaus, Kleinkarlbach und Weisenheim am Berg. Wasserkaskaden gleich nehmen sich die ineinandergeschlungenen Blütentrauben aus, in feinem Farbkontrast zu dem Hellgrün der lockeren Blattrispen. Aus mehreren uralten Wurzelstöcken treiben diese rankenden Schönheitsköniginnen alljährlich aus.

Chinesische Glyzinie oder Blauregen

Einige wenige Arten gibt es unter diesen buntfarbigen Rankern. Da ist zum Beispiel die Chinesische Glyzinie (Wisteria sinensins). Sie wird auch Glyzine und eben Wistarie genannt. In vielhundertfacher Ausführung bringt sie ihre blauen Schmetterlingsblüten ans Licht der Welt. Dieser auch als Blauregen bekannte Schlingstrauch besitzt die Fähigkeit, sich an jeglichem Gegenstand, einer Mauer ebenso, wie zum Beispiel einem schmiedeeisernen Tor oder einer Fahnenstange linkswindend hochzuranken. Der aus China stammende Strauch besitzt über dreißig Zentimeter lange, hängende Trauben.

Zum künstlerischen Aussehen gesellt sich noch ein starker Duft, der weithin ausströmt. Bei dieser Art von Blauregen eröffnen sich die Blüten ziemlich gleichzeitig, während andere Arten dies von oben nach unten besorgen. Ganz aus der Nähe besehen hat man ja eine ganz typische Schmetterlingsblüte vor sich mit rundlich aufgestellter Fahne, deren Farbe von dem überall gegebenen Hellviolett, in einen fast weißen Mittelteil überläuft, der mit zwar winzigen, aber zarten, schlanken, strahlenförmig sich ausbreitenden Adern durchzgoen ist. Filigran, wie die Blütentraube, ist auch das Blattwerk, das aus etwa einem Dutzend unpaariger Fiederblättchen besteht. Jedes dieser einzelnen, ungefähr fünf Zentimeter langen, seidenhaarigen Laubblättchen besitzt eine zunächst abgerundet erscheinende Form, die aber dann plötzlich nach vorne zugespitzt ist, was das typische Unterscheidungsmerkmal darstellt.

Die Chinesische Wistarie gedeiht am besten auf lockeren, kalkarmen Böden, die feucht, aber zugleich warm sind. Wenn jemand einen Stock neu anlegen will, dann sei ihm geraten, auf feuchtem Sand in Südlage zu pflanzen. Die Glyzinie wächst sehr langsam, ungeduldig wartet man auf ihre ersten Regungen. So fängt sie erst im zweiten oder dritten Jahr an, zu schlingen und es dauert fünf Jahre bis sie zu blühen beginnt. Ihr Alter schätzt man auf siebzig Jahre. Da sie zu dem sogenannten Baumwürgern gehört, kann sie Bäumen und Holzbauten gefährlich werden. Während die Rinde das Glukosid Wistarin enthält, sind die junge Blättchen reich an Anthozyan, welche an den Nerven der Unterseite reichlich süßen Nektarsaft ausscheiden, der von Ameisen, Bienen und Wespen gerne genascht wird.

Der Name der Glyzinie weist auf den süßen Duft der Blüten hin. Sie ist die Lieblingsblume der Japaner, welche die langtraubige Art mit meterlangen Blütensträußen sehr effektvoll in Lauben über kleinen Teichen kultivieren, sodaß die Blüten sich im Wasser spiegeln, was viele anregt, diese Pracht zu bewundern. So schreibt doch schon vor tausend Jahren der japanische

Dichter Mitsune über eine an seinem Hause blühende »Fuji«-Pflanze, wie die Glyzinie bei den Japanern heißt: »*So wie die Woge am Strand - so kehren die Leute stets wieder - wandelnd am Hause vorbei - Staunen die Fuji sie an!*«

Die Wistarie ist benannt nach Kaspar Wistar, der von 1761 bis 1818 lebte, und ein hervorragender Anatom in Philadelphia war. Diese rankende Pflanze blüht normal von April bis Juni, oft noch einmal im Spätsommer. Besonders häufig und auch regelmäßig fruchtend wird sie im Mittelmeergebiet und bis in die Südalpentäler angetroffen. Interessant ist, daß sie nördlich der Alpen erst seit der zweiten Hälfte des neunzehnten Jahrhunderts kultiviert wurde, vor dem Jahre achtzehnhundert jedoch überhaupt nicht, doch ist sie selbst in Norddeutschland ziemlich winterhart.

Der Literatur ist zu entnehmen, daß sie zum Beispiel im Wildpark von Groß-Lichterflede bei Berlin halbverwildert auftrat, hier und nördlich der Alpen aber höchst selten fruchtete. Mit dem Beginn des Monats Juni geht die Blütenpracht aber schon ihrem Ende entgegen, dann entwickeln sich ganz andere Gebilde, die garnicht zu den filigranen Girlanden passen wollen. Es sind lederige Hülsen, welche leicht behaart sich dem Beschauer zeigen und dann aufspringen, um ihren vielsamigen Inhalt zu entleeren.

Setzt der Laubfall ein, steht unsere Glyzinie, die übrigens neben dem Namen Blauregen auch als Blaue Akazie bezeichnet wurde, wieder in ihrem ursprünglichen »Knochengerüst« vor uns, mit welchem unsere Betrachtung eröffnet wurde. Dann werden auch die herrlichen Blütentrauben, welche in Naturns, Algund, Schlanders oder im Dorf Tirol, Hafling oder Eppan oder wo auch immer an der Südtiroler Weinstraße erfreuten, ebenso wie die in der Pfalz gewundenen, in Bad Dürkheim, an der Deutschen Weinstraße oder sonstwo, für dieses Jahr verschwunden sein, - doch das hellblaue Freundschaftsband zwischen Pfalz und Südtirol, wobei die Glyzinie zum Symbol dieser Liaison wurde, bleibt bestehen!

Ve(r)lor'ni Zukunft

von Albert H. Keil

Zwelf Ve(r)wandte nie gekennt.
War'n halt doot, wie ich gebore.
G'sichder blääch, bloß Aache, Ohre -
Alde Foddos an de Wänd.

Zwelf Ve(r)wandte nie gekennt.
In ämm drin dun Frooche bohre:
Zukunft? Domols schunn ve(r)lore.
Trauer? Oh(n)macht, leere Händ.

Zwelf Ve(r)wandte nie gekennt.
G'schichdelcher vun zwelf Ve(r)wandte
Dut die Omma als ve(r)zehle:

Nichde Horda(n)s, Bas Adele,
Doode Kussängs, Unkel, Dande.
Erscht ve(r)gast un noot ve(r)brennt.

Wurzeln in byzantinischer Kultur?
Der Hansel Fingerhut aus Forst in neuer volkskundlicher Deutung
von Karl Heinz Himmler

Zur 275. Wiederkehr ihres »Hansel Fingerhuts« am Sonntag Lätare 1995 wollten es die Leute aus Forst an der Weinstraße genau wissen. Sie beauftragten deshalb den aus Queichhambach stammenden Volkskundler Helmut Seebach zu erforschen, was es mit ihrem alljährlichen Sommertagspiel auf sich hat und insbesondere mit dessen Hauptperson, dem Hansel Fingerhut.

Sein Urbild ist nach landläufiger Meinung ein Vagabund gewesen, ein heruntergekommener Außenseiter, der sich das Jahr über im Forster Bruch herumtrieb, wo die Deidesheimer ihre Schafe hüteten. Einmal im zeitigen Frühjahr sticht ihn der Hafer, nämlich immer dann, wenn sich mit den Stroh- und Efeukegeln des Winters und des Sommers, mit Blechmusik und Zuschauern am Nordende des Dorfs der Sommertagsumzug aufstellt. Schwarz im Gesicht und von Gestalt, im bunten Flickenkleid und mit randloser Kappe, mischt er sich unter die Schaulustigen und treibt mit ihnen hemmlungslos sein Unwesen - mit den Mädchen und Frauen am liebsten. Sie waren und sind bis heute vor seinen rußigen Küssen und Streichen mit dem Rußbeutel nicht sicher.

Er ist als zusätzliches Element in den auch an vielen anderen Orten üblichen Wettstreit zwischen Sommer und Winter eingebunden, der sich in Forst auf eine rein verbale Auseinandersetzung beschränkt. »*Halleramei, der Winter ist fein*«, ist dort aus dem Strohkegel zu hören, und

---

DEIDESHEIM

Prospektmaterial über die Tourist-information

Postfach 220
67143 Deidesheim
Tel. 06326/5021
Fax 06326/5023

Das Urlaubsgebiet **Deidesheim** liegt im Herzen der Deutschen Weinstraße, eine kleine Welt, in die sich der Gast verlieben kann. Mit dazu gehören die traditionsreichen Orte **Forst, Meckenheim, Niederkirchen** und **Ruppertsberg.** Unsere Gäste lieben Wandern, Radfahren, Tennis, Schwimmen, Spazierengehen, Weine probieren, Museen besuchen, sich verwöhnen lassen, sich erholen, Faulenzen.

Deidesheim liebt Gäste, die das Besondere Lieben.

»Halleramei, der Sommer ist fein« hält der Widerpart aus dem Blättergestell entgegen. Jeder preist in traditionellen Versen seine Vorzüge, dann duellieren sie sich symbolisch und vertragen sich wieder. Gemeinsame Sache mit Hansel Fingerhut machen drei weitere historische Figuren: Der Scherer, der ihm den Bart rasiert und ihn zur Ader läßt, der Landsknecht Hennrich Fähnrich, der ihm zur Wiedererweckung den Degen in die Seite stößt, und die Nudelgret, von der er zum guten Schluß verköstigt und gestärkt wird.

Es war nicht immer einfach, die entsprechenden Rollen zu besetzen. Aber die Verantwortlichen im Dorf sind sich sicher, daß sie dieses älteste Sommertagsbrauchtum der Pfalz auch bis ins nächste Jahrtausend bewahren. Das wird um so besser gelingen, je mehr man über den Ursprung dieses seit 275 Jahren nachgewiesenen Brauchtums weiß. Daß es von Flüchtlingen aus dem Oberdeutschen und aus der Schweiz nach Forst gebracht worden ist, war schon länger bekannt. Jetzt wollte man gerne aus berufenem Mund mehr darüber erfahren, was es mit dem Hansel Fingerhut auf sich hat. Denn die bisherige Quellenlage ist von Albert Becker (1908) über Otto Bertram (1939) und Ilse Stoll (1966), Hermann Bausinger (1949 und 1969) bis Ernst Christmann (gestorben 1974) und Viktor Carl (1986) eher dürftig.

Seebach setzte sich zu Hause in Mainz an seinen Schreibtisch und schlug nach bei allen Altvorderen. Ergebnis: Der Hansel ist eigentlich eine Figur aus der Fastnacht und hat seine Urahnen im Orient und in der Antike. Fündig wurde Seebach in acht Wochen langer Arbeit hauptsächlich bei dem schwedischen Kollegen Waldemar Liungman und dessen 1941 verfaßter Studie »Der Kampf zwischen Sommer und Winter«. Wie es Bertrams Verdienst ist, den Brauch nicht wie sonst damals zeitgemäß aus der germanischen Mythologie interpretiert zu haben, spricht Seebach dem schwedischen Wissenschaftler zu, im pfälzischen Material ein bedeutendes Potential gsehen zu haben, das er durch Vergleich der Texte und Heischesprüche systematisch ordnete. Dabei trat zutage, daß die Wanderrichtung der Fastnachtsheischelieder - der nur drei Wochen später im Kalender stehende Sonntag Lätare wird damit vermischt - von Süden und Südwesten nach Norden und Nordosten verläuft, die meisten dieser Verse sich in einer Wormser Gruppe sammeln und daß sich die Variante des Forster Hansel-Fingerhut-Spiels in großer Häufigkeit dort wiederfindet.

Liungmans Arbeit blieb in Deutschland lange unbeachtet. Das lag nach Seebach am das Jahr 1945 weit überdauernden Zeitgeist. Liungman hatte den Sommertagsbrauch dem orientalischen Kulturkreis zugeordnet, und das stand im Widerspruch zu der noch von den volkskundlichen »Vorvätern« Ernst Christmann und Albert Becker in »nibelungenhafter Treue« und unbelehrbarer Weise als einzigem Erklärungsmodell vertretenen germanischen Mythologie. Mit seinem am 16. März 1995 in Forst vorgetragenen Referat verknüpft Seebach die Liungmansche Interpretation mit neuesten Ergebnissen von Werner Metzgers Fastnachtsforschung und kommt in bezug auf den Forster Hansel Fingerhut zu eigenen Schlüssen: Die Wurzeln zum Hansel-Fingerhut-Spiel liegen im Fastnachtsbrauchtum und führen über Zeit und Raum zurück in die Antike und bis zum orientalisch-islamisch-byzantinischen Kulturkreis.

»Hansel« ist eine vielerorts vorkommende Fastnachtsfigur im Flickenkleid, »Fingerhut« könnte in der lautsprachlichen Entwicklung mit Filzhut gleichzusetzen sein, auf den der Hansel Fingerhut in seinen tradierten Sprüchen auch heute noch verweist, obwohl er ihn als solchen nicht mehr trägt. Ein Spitzhut aber, wie ihn noch heute Clowns benutzen, war im Mittelalter ein Kennzeichen des Juden und des Narren, wie es, was den Narren anbelangt, beispielsweise auch die schwarze menschliche Hautfarbe war. Solche Hüte, Pilos, wurden schon im antiken Mimosspiel von den Spaßmachern der Wanderbühnen getragen, die von Konstantinopel über Venedig den oberrheinischen Raum erreichten. Was dort davon in der Veritkalbewegung über Fürstenhöfe und Bürgertum ins Volksgut einfloß, mag in den Zeiten der Neubesiedlung der entvölkerten Pfalz nach dem Dreißigjährigen Krieg als Urbestandteil heutigen Brauchtums auch zu uns gekommen sein. Damit folgt Seebach Bertrams These der brauchtümlichen Kontinuität durch Einwanderung aus schwäbisch-alemannischem Kulturraum, die zur absoluten Absicherung aber noch der historischen Fundierung bedürfte. *»Solange aber immer noch keine Standardwerk vorliegt über die Schweizer - oberdeutsche Einwanderung in die Pfalz und eine begleitende Beschreibung ihrer Folgen - was schon längst vom Institut für Pfälzische Geschichte und Volkskunde hätte initiiert werden müssen - und auch die Heimatgeschichtsforschung auf diesem Gebiet bisher keine Früchte zeigt, solange werden wir Bertrams Erklärungsmodell lediglich als hilfreiche, wenngleich glaubwürdige These ansehen müssen«.* Was speziell Forst betrifft, gab er den Rat zu gezielter Archivsuche.

Im Scherer, dem Fähnrich und in der Nudelgret im Forster Sommertagsspiel sieht Seebach deutliche Hinweise auf Standardrollen aus dem Mimosspiel des römisch-orientalischen Kulturkreises, wo Liungman in seinem Werk »Traditionswanderungen Euphrat-Rhein. Studie zur Geschichte der Volksbräuche« die Wurzeln der europäischen Neujahrs- und Fastnachtsbräuche und mehrerer anderer Volksbräuche sieht. Bei der Verbreitung spielten in den Untersuchungen der Volkskundler die nördlich der Alpen ab dem 12. Jahrhundert bezeugten Maskenumzüge und dann die italienischen Schauspielgruppen der Commedia dell'arte des 16. und 17. Jahrhunderts als Parallele zum antiken Mimos eine belebende Rolle, wobei eine »vehemente« soziale Wanderung von den adligen Hofbühnen der Renaissance hinunter bis zur Dorfstraße stattgefunden haben müsse.

In den Forster Sommertag ist als weiteres Element morgens nach dem Gottesdienst die Verteilung von Spitzwecken an die Dorfjungend eingebunden. Aber das ist ein ganz anderes Thema, das auf eine alte Stiftung zurückgeht und mit Hansel Fingerhut nichts zu tun hat. Hier geht es um das Vermächtnis des kaiserlichen Kammerlesers, heute würde man sagen Notars, Felix Christoph Traberger zu Speyer mit zweitem Wohnsitz in Forst aus dem Jahr 1600, der mit Weitblick dafür sorgte, daß am Sommertag im weinfrohen Forst nicht nur Papa Süffiges zu trinken, sondern auch der Nachwuchs etwas Kräftiges zu beißen bekommt.

Gestörte Muse

von Wilhelm Neureuther

Silberflug der Taubenschar
lachte mir, mein Haupt umflatternd;
hinterrücks ein Rebhuhnpaar
schreckte mich, vom Acker knatternd.

Ach, wie lyrisch hochgestimmt
streift' ich durch belenzte Auen;
doch nun bin ich leicht ergrimmt
trotz dem Lerchenlied im Blauen.

Zartes Reis der Poesie:
hoffnungslos auf hoffnungsgrüner
Flur verdirbts in Agonie
dank dem Streich profaner Hühner!

Fürsorge für die Bevölkerung
Aller Anfang war schwer - Die Verwaltung nach Kriegsende
von Claudia Klemm

Die Geschichte im Schulunterricht ist meist die Geschichte der großen Ereignisse und berühmter Persönlichkeiten. Der Blick auf den Alltag, das scheinbar Normale, wird nicht gewagt, gilt vielleicht als uninteressant. Doch gerade für meine Generation, die sich in der glücklichen Lage befindet, ohne schwerwiegende Entbehrungen aufgewachsen zu sein, stellt sich die Frage nach der Situation der Bevölkerung nach der Beendigung des Krieges.

Der fünfzigste Jahrestag der bedingungslosen Kapitulation gibt auch hier Anlaß zum Nachforschen und Nachfragen. Wie gelang es der Verwaltung in dieser Zeit, in der es für vieles keine Regelungen gab, das scheinbar Normale und Alltägliche zu regeln? Kann man überhaupt die heutige Vorstellung von Verwaltung auf die damaligen Strukturen anwenden, oder muß man nicht zu dem Schluß kommen, daß die Aufgaben in ganz anderen Bereichen lagen?

Es soll hier versucht werden, das Bild, das durch Befragung von Zeitzeugen und Einsicht in alte Akten entstanden ist, in wichtigen Bereichen am Beispiel der Stadt Lambrecht nachzuzeichnen. Dann gelingt es vielleicht, neben all den großen historischen Ereignissen auch einen kurzen Ausschnitt des alltäglichen und doch so außergewöhnlichen Lebens zu zeigen.

Bald nach dem Einzug der Amerikaner in Lambrecht am 20. März 1945 machte man sich Gedanken darüber, wer von nun an die Geschicke der Stadt Lambrecht und der Talgemeinden (Bürgermeisterei Lambrecht) lenken soll. So wurde am 5. April der Lehrer Ludwig Knoll von

Wanderparadies im Naturpark Pfälzerwald

Verbandsgemeinde Lambrecht

mit den Fremdenverkehrs-Gemeinden
**Elmstein
Esthal
Frankeneck
Lambrecht
Lindenberg
Neidenfels
Weidenthal**

Urwüchsige Wälder, stille Täler, Bergwanderungen auf gut markierten Wanderwegen (bis 600 m ü. M.).

Interessante Burgruinen, bewirtete Wanderhütten.

Gut bürgerliche Gaststätten und preiswerte Übernachtungsmöglichkeiten.

67466 Lambrecht (Pfalz)
Telefon (0 63 25) 1 81-0
Telefax (0 63 25) 1 81-200

Außenstelle
67471 Elmstein, Tel. (0 63 28) 2 34

Fordern Sie Prospekte mit Zimmernachweis an.

der amerikanischen Militärregierung zum Bürgermeister ernannt. Der Wechsel zur französischen Besatzungszone änderte daran nichts.

Schon in seiner ersten Rede wird deutlich, daß sich die Verwaltung in nächster Zeit vor allem um die Lage der Bevölkerung kümmern muß. Dazu gehörte nicht nur die Sicherstellung der Vorsorge mit Lebensmitteln, sondern auch die Wohnungsbeschaffung sowie die Sorge um Brennmaterial für den kommenden Winter. Knoll stellte heraus, daß nur wenn all dies gewährleistet sei, sich ein gesundes Gemeinwesen entwickeln könne.

Die Organisation der Verwaltung

Die Militärregierung stellte dem Bürgermeister ein aus sechs Mitgliedern bestehendes Bürgerkomitee zur Seite, das nicht die Aufgaben eines Stadt- oder Gemeinderates wahrnahm, für die Organisation der vielfältigen Arbeiten jedoch dringend nötig war. Die Mitglieder sollten ein ausgewogenes, in Ansätzen parteipolitisches Spektrum repräsentieren, das alle Bevölkerungsschichten widerspiegelt. Auf diese Art war versucht worden, bis zu den ersten Wahlen die Interessen aller zu berücksichtigen. Die eigentliche Verwaltungsarbeit wurde größtenteils von denen verrichtet, die dies auch schon zu Kriegszeiten getan hatten; hauptsächlich Frauen, denn die Männer waren an der Front. Nach und nach kamen auch die Kriegsgefangenen wieder zurück, und es wurden zusätzlich Leute eingestellt, um die anfallende Arbeit zu erledigen.

Die Lebensmittelversorgung

Das Wirtschaftsamt organisierte auch in der unmittelbaren Nachkriegszeit die Lebensmittelversorgung mit Hilfe von Lebensmittelkarten und Bezugsscheinen für Kleidung, Schuhe, Fahrradmäntel usw. Schon bald stellten die Mitarbeiter der Verwaltung fest, daß zugesagte Kartoffellieferungen nicht oder nur teilweise erfolgten. Da hieß es, selbst nach Mitteln und Wegen suchen, um die Bevölkerung vorm Hunger zu bewahren. Die Lage verschlimmerte sich noch dadurch, daß die Militärregierung für die Soldaten die Lebensmittel der Bevölkerung beschlagnahmte, und die Ernten schlecht ausgefallen waren. Immer wieder stößt man auf Hinweise, daß es fraglich sei, wie lange die Versorgung noch gesichert werden könne, bzw., daß verschiedene Lebensmittel nur noch wenige Tage ausreichen. Zusätzlich stellte die mangelnde Infrastruktur ein Problem dar. Für die wenigen Autos gab es kaum Benzin, so daß diese bald mit Holzgas betrieben wurden. Auch relativ lange nach Kriegsende mußten Bedienstete der Stadt zu den Bauern in die Vorderpfalz fahren, um die dort beschlagnahmten Lebensmittel (insbesondere Kartoffeln) nach Lambrecht zu bingen. Dies war, wie ein Zeitzeuge berichtete, beileibe keine angenehme Aufgabe, da den Bauern ein Teil ihrer Existenz genommen wurde.

Die Errichtung einer Volksküche für alte, kranke und alleinstehende Personen sollte die Not etwas lindern. Daß dies nicht so einfach war - es mußten immerhin 150 - 200 Menschen versorgt werden - zeigt die häufige Erwähnung des Projekts in den Akten. Schließlich mußten genügend Lebensmittel zur Verfügung stehen, die ebenfalls von der Verwaltung beschafft wurden. Hilfe erhielt man teilweise durch die Industrie des Ortes, die Waren für Tauschgeschäfte (z.B. Tuche und Wolle) zur Verfügung stellte. Weiterhin mußte geprüft werden, welche Personen berechtigt waren, das Essen aus der Volksküche zu erhalten. Leicht gefallen ist es damals sicher nicht, jemandem das Essen aus dieser Einrichtung zu verwehren.

Die Wohnungsnot

Durch die Bombenangriffe waren viele Häuser zerstört (23) oder beschädigt (149). Zusätzlich waren 360 Ausgebombte aus den Ballungsgebieten nach Lambrecht gekommen, und auch die französischen Besatzer (ca. 20 Familien) wollten untergebracht werden. All diese Faktoren erschwerten die Arbeit der Wohnungskommission, die dafür Sorge tragen sollte, daß jeder ein Dach über dem Kopf hatte. Deshalb mußten zuerst die kaputten Gebäude zumindest notdürftig repariert werden. Nachdem es gelungen war, das entsprechende Baumaterial zu besorgen, wurde vieles ausgebesert. Dadurch war es möglich, daß schon im August 1945 von 134 Wohnungssuchenden 64 eine Unterkunft beziehen konnten.

Die französischen Offiziere und Unteroffiziere mit ihren Familien suchten sich ihre Wohnungen selbst aus, die dann von der Verwaltung beschlagnahmt und geräumt werden mußten. Dafür kamen nur die schönsten und größten Häuser in Frage.

Um auch den anderen Wohnungssuchenden, zu denen bald auch noch fast dreihundert Flüchtlinge kommen sollten, eine Bleibe zu beschaffen, unternahm die Wohnungskommission Wohnungsbesichtigungen, bei denen festgelegt wurde, wo noch Menschen unterzubringen waren. Auch dies stellte keine angenehme Aufgaben dar, denn wer war schon erfreut darüber, daß der ohnehin schon knappe Wohnraum bald noch von anderen mitgenutzt werden sollte. Das ging sogar so weit, daß frisch Verheiratete nicht die Möglichkeit hatten, eine eigene Wohnung zu beziehen, da diese zuvor für Wohnungssuchende beschlagnahmt worden war.

Die Beschlagnahmungen

Eine weitere traurige Aufgabe war es, die Beschlagnahmungen für die Militärregierung durchzuführen. Neben Einrichtungsgegenständen und Lebensmittel (z.B. Hasen und Hühner) waren dies auch Autos, Lastwagen und Fahrräder. Positiv wurde das Verhältnis zu der Besatzungsmacht dadurch sicherlich nicht beeinflußt, doch Bürgermeister Knoll wies darauf hin, daß eine »total geschlagene Nation« sich jeder Forderung fügen müsse. Die Requirierung der Fahrräder hatte zur Folge, daß viele, die in Neustadt arbeiteten, keine Möglichkeit mehr hatten, zur ihrem Arbeitsort zu gelangen. Die Verwaltung griff helfend ein, indem sie mit der Bahn darüber verhandelte, morgens, mittags und abends die Züge so verkehren zu lassen, daß die Arbeiter rechtzeitig mit der Arbeit beginnen, bzw. nach Hause kommen können.

Die Brennholzversorgung

Ein für die Zukunft wichtiger Arbeitsbereich war die Beschaffung von Brennmaterial, galt es doch, den kommenden Winter zu überstehen. Zwar waren Kohlelieferungen zugesagt, diese seien aber, wie Knoll damals erklärte, kaum durchführbar. Glücklicherweise befindet sich Lambrecht in der günstige Lage, von Wald umgeben zu sein. Aber auch hier mußte man mit den Ressourcen sorgältig haushalten. Zunächst einmal wurde anhand von Fragebögen der Holzbedarf der Familien ermittelt. Danach wurde den Arbeitsfähigen gezeigt, wo sie welches Holz schlagen könnten, das natürlich bezahlt werden mußte. Diese schwere Arbeit erledigten für Alte, Kranke und Witwen mit Kindern Männer, die dafür eingestellt worden waren.

Die Umstellung von Kriegs- auf Friedensproduktion in den Industriebetrieben verlief relativ problemlos, so daß die Verwaltung zumindest nicht auch noch gegen Arbeitslosigkeit zu kämpfen hatte. Auch in finanzieller Hinsicht mußte geplant werden. Dies gestaltete sich hauptsächlich dadurch sehr schwierig, daß noch nicht feststand, welche Einnahmen die Stadt in den nächsten Jahren haben würde. Deshalb wurde von Anfang an zum Sparen aufgerufen. Die Koordination der unterschiedlichen Aufgaben wurde in den Ausschüssen geleistet, die oft tagelang Lösungen für die vielen Probleme suchten.

Vor den ersten Gemeinderatswahlen im Herbst des Jahres 1946 unterstrich Knoll in seiner Abschiedsrede, daß man in einer schwierigen Zeit sachlich gehandelt habe. Die Probleme hinsichtlich Nahrung, Wohnung und Brennholzversorgung könnten nur gemeinsam gelöst werden. Diese schon so früh getroffene Aussage charakterisiert meines Erachtens die Arbeit der Verwaltung in den ersten Jahren der Nachkriegszeit.

Die Ehrsame Bau- und Hammerzunft

Vor 270 Jahren Gründung in der Grafschaft Leiningen-Heidesheim

von Wolfgang Heiss

Durch Schenkung aus Privatbesitz ist nach jahrhundertelanger Irrfahrt ein wichtiges, kulturgeschichtliches Dokument wieder an seinen Ursprungsort - Obrigheim - zurückgekehrt. Es handelt sich dabei um das Zunftbuch einer im Jahr 1726 für die Landgrafschaft Leiningen-Heidesheim gegründeten Zunft aller Handwerker die mit dem Bauwesen im weiteren Sinn zu tun hatten, bzw. wie die Küfer mit dem »Hammer« arbeiteten. Der Sitz dieser Zunft war der Mühlheim, heute ein Ortsteil der politischen Gemeinde Obrigheim. In Colgenstein, einem weiteren Ortsteil dieser Gemeinde, hatte die Zunft ihre Herberge.

Die Zünfte waren in hohem Maße wirtschaftliche Zweckverbände, die dem Schutz des Handwerks dienten, also Vorläufer der heutigen Arbeitgeber- und Arbeitnehmerverbände. Sie regelten den Wettbewerb, die Ausbildung des Nachwuchses und den Fortbestand der Werkstätten und führten einen fortlaufenden Kampf gegen die nichtzünftigen »Stümper« und somit Störer des Handwerks.

Mit strenger Ordnung zum Erfolg

Ohne diese strenge Ordnung wäre das Handwerk wohl kaum zu jener Blüte und so manche Stadt kaum zu jener wirtschaftlichen Bedeutung gelangt, wie wir heute rückwirkend feststellen und bewundern könne. Daß die oft engherzigen Zunftverfassungen auch berufliche und menschliche Einschränkungen und Härten mit sich brachten, kann nicht verschwiegen werden. Das steife Beharren auf den traditionellen Statuten führte dann schließlich auch zum Niedergang der Zünfte.

Die Bau- und Hammerzunft im Eistal wurde sehr spät gegründet, eigentlich schon in der Schlußphase des Zunftwesens. Die Bedeutung desselben war bereits stark im Abnehmen. Warum sie dennoch im Jahr 1726 gegründet wurde, darüber kann nur spekuliert werden. Vermutlich spielte dabei das damals noch bestehende Schloß der Landgrafen von Leiningen-Heidesheim eine gewisse Rolle.

Es dürfen zwar die Belastungen der Untertanen eines solchen Duodezfürstentums, wie es diese Landgrafschaft darstellte, nicht unterschätzt werden, doch brachte aber auch diese »Kleinsthofhaltung« Arbeit und Verdienst für die Handwerker durch die Schloßherrschaft. Vielleicht

Herrliches Weinland — sonnige Reben

Verbandsgemeinde

Grünstadt-Land
mit 16 Ortsgemeinden

- am Beginn der Deutschen Weinstraße und am Rande des Pfälzer Waldes -
19.780 Einwohner, 2.350 ha Rebfläche
Idyllische Winzerdörfer mit hervorragenden Weinen warten auf Ihren Besuch. Besichtigung zahlreicher Weingüter und Großkellereien sind möglich. Preisgünstige Hotels für Besucher des niederschlagärmsten Gebietes Deutschlands. Burgen aus dem Mittelalter in Neuleiningen und Umgebung.
Auskunft erteilt: Verbandsgemeindeverwaltung Grünstadt-Land, Industriestraße 11, 67269 Grünstadt, Telefon 06359/8001-0

auch bedingt durch die relative Ruhe im Land konnte man zur Gründung dieser Zunft schreiten. Die fortwährenden kriegerischen Ereignisse seit Beginn des 30jährigen Krieges im Jahr 1618 bis hin zum Spanischen Erbfolgekrieg (1701 bis 1714) waren beendet und damit konnte man sich auch wieder dem weiteren wirtschaftlichen Fortschritt zuwenden.

Zu der Zunft gehörten die Berufe Dreher, Glaser, Küfer, Maurer, Schlosser, Schmiede, Wagner, Zimmerleute. Auffallend ist, daß die Lehrlinge teilweise von weither kamen, wie aus Mannheim und aus dem Fürstbistum Kempten im Allgäu (heute Bayerisch Schwaben).

Die feierlichen Handlungen der Meisteraufnahme, Gesellenfreisprechung und Lehrlingsaufdingung fanden für gewöhnlich am Jahrtag der Zunft, wir würden heute sagen, bei der Generalversammlung statt. Man versammelte sich entweder in Colgenstein oder in Mühlheim. In ersterem Ort hatte die Zunft auch ihre Herberge, in der die Zunftlade mit den für die Zunft wichtigen Urkunden sich befand. Sehr oft findet man im Zunftbuch dabei die Formulierung »*bey offener Lade*«. Dies bedeutete, daß die Zunftmeister die Zunftlade geöffnet hatten und solange dies der Fall war, herrschte ein feierliches Zeremoniell. Der gewählte Zunftmeister und ein Zugeordneter führten den Vorsitz. Zum Zunftmeister wurde jedes Jahr ein anderer Meister gewählt.

Der erste Zunftmeister war Johannes Stein, »Schultheiß und Küffer Meister«. Ihm zur Seite stand Alexander Hauser, »Zimmermeister zu Wormbs, erwehlter erster Zugeordneter«. Die insgesamt 287 Einträge des Buches sind immer mindestens vom Zunftmeister und einem Beisitzmeister unterschrieben. Selbstverständlich hatten die neuaufgenommenen Meister das Meistergeld zu bezahlen, in der Regel 10 Gulden, dazu kam noch die Gebühr für das Meisterstück in Höhe von 6 Gulden. Weitere Abgaben waren noch 1 Gulden »Einschreibgeld« und 1 Gulden und 4 Kreuzer für ein »Viertel Wein« (8 Liter). Dazu kam ab 1776 noch als Sonderabgabe jeweils 1 Gulden für das Landwaisenhaus in Heidesheim und ab 1787 zusätzlich ein Gulden für die »Leiningen-Heidesheimische Armenkasse«. Der »Zunftherr« war die Herrschaft im Schloß zu Heidesheim. Öfters nahm dann ein leiningischer Beamter als »Zunftschreiber« den Eintrag in das Zunftbuch vor, dies kostete nochmals 1 Gulden »Schreibgeld«.

Meistersöhne zahlen die Hälfte

Meistersöhne kamen mit der Hälfte des Meistergeldes davon. Die Väter der Lehrlinge hatten Lehrgeld zu zahlen, dabei war meistens die Hälfte sofort und der Rest entweder in der Mitte der Lehrzeit oder bei der Freisprechung fällig. Gegen Ende des 18. Jahrhunderts mußten die Lehrlinge des Maurerhandwerks kein Lehrgeld zahlen, sie erhielten von ihren Meistern jährlich einige Gulden als Lohn!

Nachstehend einige besonders interessante Einträge:
»*Actum Heidesheim, den 11. April 1782*
Nachheme Georg Conrad Pflüger von Wiesbaden gebürtig, seiner Profession ein Kiefer von gnädigster Herrschaft als Unterthan zu Kolgenstein gnädigst aufgenommen worden; als wurde derselbe dato auch vor offener Ladte E. E. Bau- und Hammer Zunft als Meister aufgenommen und zugleich gegenwärtigem Meister Buch einverleibet. Und hat derselbe zu bezahlen an
a) Meister Geld, an 10 fl die Hälfte, weil er eines Meisters Wittib heurat mit   5 fl
b) vor das Meister Stück   6 fl
c) Vor 1 Viertel Wein   1 fl 4 Kreuzer.
Ferner hat derselbe zu bezahlen: Einschreibegeld 1 fl, vor das Waysenhaus 1 fl.
Th. Pfeiffer, Zunftschreiber, Johann Paul Anton, Zunftmeister, Johann Wilhelm Wittner, Zunftmeister, Daniel Stein als Mit Meister«.

Bei Georg Conrad Pflüger handelte es sich um den Begründer der im 19. Jahrhundert im Ort teil Kolgenstein der heutigen Gemeinde Obrigheim, so bedeutsamen Familie Pflüger. Ihr gehörte der »Herrenhof«, ehemaliger Besitz des Klosters Werschweiler im Saarland.

»*Actum Kolgenstein auf der Herberg, den 20. February 1787. Nachdem der Maurer Anton Koch aus dem kaiserlichen Reichsstift Ottobeuren vermög herrschaftlichen Decret d.d. Heidesheim den 18. September zum hiesigen Unterthan gnädigst auf- und angenommen, auch demselben das Meisterwerden von gnädigster Herrschaft Anteil geschenkt worden, hat derselbe sich bei E.E. Bau- und Hammerzunft zum Meister werden angemeldet. Als wurde derselbe auf vorheriges Gebott hetue bey offener Lade als ein Meister eingeschrieben. Somit dieser Actus hiermit beschlossen und unterschreiben.*
Th. Pfeiffer, Zunftschreiber, Georg Michael Ludwig, Zunftmeister, Daniel Stein, Zunftmeister, Spieß als Mit Meister«.

Dem Eintrag ist zu entnehmen, daß die Herrschaft ggf. die Einschreibung als Meister befahl.

Lehrlingsaufnahmen: »*Actum Mühlheim, den 24ten Augusty 1743. Ist vor offener Ladten Joachim Friedrich Hallbusch, Herrschaftlicher Hoff Küffer, sein Lehrjung nahmens Wilhelm Jacoby gebürtig zu Grünstadt auf zwey Jahre lang das Kieffer-Bier Brauer Handwerck zu erlernen eingeschrieben und verspricht gemelter Lehrjung sein Herr Vatter nahmens Johann Friedrich Jacoby von Grünstadt ihme Meister Hallbusch an Lehr geld zu zahlen fünfzehn Reichs Thaler und sogleich bey dem Aufdingen die Halbscheidt abzutragen, den Überrest aber nach Verfließung der halben Lehrzeit. Hingegen verspricht auch Meister Hallbusch von gemeltem Lehrgeldt den Jungen frey- und lossprechen zu lassen, das Aufdingen aber soll gemelter Herr Vatter tragen und bezahlen.*
Johann Amelung, Zunft Meister, Johann Georg Raudenbusch als Zunft Meister, Sebastian Schmidt als Mit Meister, Johann Georg Schneyder«.

Der herrschaftliche Hofküfer im Schloß Heidesheim hatte offensichtlich einen sehr guten Ruf

als Lehrmeister, wenn er das enorme Lehrgeld fordern konnte.

»Anno 1733 den 24ten July
Wurde Frantz Koch, gebürdig von Kruck Zell aus dem Stift Kempten, als ein Lehrjung auf drei Jahr bei Meister Ludwig Lesch, Maurer Meister von Hohensülzen aufgedingt«.
Bei diesem jungen Mann aus Krugzell im bayerischen Allgäu handelte es sich vielleicht um einen Verwandten des obigen Meisters Anton Koch.

Zum Schluß noch Freisprechungen von Lehrlingen:
»Heute dato 15. März 1740.
Wurde vorhero eingeschriebener Lehrjung, welcher bey Meister Friedrich Paul auf 3 Jahr aufgedungen gewesen seine Lehrzeit nicht vollkommen ausgehalten, Ursach weillen obgedachter Schloßer Meister alhier bei Nachtzeit ohne ehrlichen Abschied von hier hinweggezogen. Dahero obgedachter Lehrjung Johann Georg Becker, mit Consenz des löblichen Handtwercks seine Lehrzeit bey unserem Mit Meister Johannes Röß von Hohensülzen vollkommen ausgestanden wird deswegen vor offener Lade frey- und losgesprochen.
Johann Daniel Ehringer als Zunftmeister, Sebastian Schmidt als Zunftmeister, Johannes Wagner als Mit Meister, Johann Georg Raudenbusch als Beysitzmeister«.

Im vorstehenden Falle hatte der Meister sich auf »französisch« empfohlen und der Lehrling mußte seine Lehre bei einem anderen Meister beenden.

»Actum Mühlheim, den 6ten January 1753.
Wurde Johann Conrad Muth, Johann Conrad Muthen, Bürger und Gerichtsverwandten zu Colgenstein, ehelicher Sohn, welcher bey Herrn Hof Kiefer Nast zu Heydesheim das Kiefer Handwerk erlernet und während seiner Lehrjahren sein Handwerk so begriffen und erlernet hat, daß nicht nur sein Lehrmeister, sondern auch Jedermann darum ein vollkommenes Vergnügen gehabt, so wurde selbiger dato vor offener lade als ein Lehrjung frey und zu einem Kiefer Knecht losgesprochen.

Dieser Lehrling scheint sich besonders gut und tüchtig aufgeführt zu haben.

Quellen und Literatur: Roth Hans: »Von alter Zunftherrlichkeit«, Verlag Alfred Förg, Rosenheim, 1981. Gemeindearchiv Obrigheim: »Der Ehrsamen Bau- und Hammer Zunft Meister Buch, worinnen alle neu angenommenen Meister, Gesellen, aufgedingte und freigesprochenen Lehrjungen, namentlich eingetragen sind«.

August

von Roland Fischer

Plötzlich, wenn man sich mal grad besinnt,
merkt man wie ein Jahr so schnell verrinnt.
Heimlich zieht Bedauern durch die Brust,
kaum begonnen - wieder mal August.

Wieder ist die Ernte voll im Gange
und es dauert sicher nicht mehr lange,
bis auch die letzte Frucht der goldnen Reben,
in den Winzerkeller ist gegeben.

Wieder zieht der Wind durch Stoppelflächen,
letzte Ähren gilt es aufzurechen.
Gestern hat das junge Grün sich aufgebäumt.
Heute wird schon wieder alles abgeräumt.

So vergehen Monate und Tage
und der Mensch stellt sich die bange Frage:
warum alles - das so blühend mal begonnen,
so schnell vergeht - bevor man sich besonnen?

Stiftung von König Dagobert?

Zum Kapellenbau auf dem Michelsberg in Bad Dürkheim
von Georg Feldmann und Karl Heinz Himmler

Ist wie das Kloster Blidenfeld-Klingenmünster etwa auch die Vorvorgängerin der Michaelskapelle über dem Bad Dürkheimer Gradierbau vielleicht eine Stiftung des legendären Merowingerkönigs Dagobert? »*Der gute König Dagobert*« war bekanntlich der, der von einem getreuen Bauern auf seiner Flucht aus der Burg Landeck vor seinen Widersachern in einer Weißdornhecke bei Frankweiler versteckt und damit gerettet wurde und sich dafür mit der Schenkung der Haingeraide-Waldungen revanchiert haben soll. Georg Feldmann, Bad Dürkheim, ist dieser Frage nachgegangen und stellt fest:

Die Vorvorgängerin der seit 1990 den Michaelsberg zierenden Kapelle ist wie die meisten diesem Heiligen gewidmeten Bau- und Örtlichkeiten sehr alt. Es gibt Forschungen von Ernst Zinck, welche die Entstehung des 1601 abgetragenen Sakralbaus mit dem Kloster Limburg in Verbindung bringen. Andere Historiker verzichten auf die Benennung des Gründers und beschränken sich auf den vagen Hinweis auf sein hohes Alter. Feldmann beruft sich auf Dr. J. H. Albers aus Metz (1884), der das sogenannte und bei mehreren Fachleuten in seinem Wahrheitsgehalt höchst umstrittene Testament König Dagobert I. in der Fassung des kurpfälzischen Amtsschreibers Jacobus Beyerlin aus Weingarten aufführt.

Andere wiederum billigen der Quelle Glaubwürdigkeit zu. So der Volkskundler August Becker, wenn er bei allen Vorbehalten einen mit der Geschichte der Stadt Weißenburg befaßten Historiker mit dessen positiver Meinung zum Testament zitiert, und Ludwig Graf, den Autor der »Geschichte des Gemeinschaftsgebiets der Mark Dürkheim Freinsheim und Lambsheim«, die nach dessen Schlußfolgerung nichts anderes als die 6. Haardtgeraide einschließlich der dazugehörigen Orte war, von der bei Beyerlin geschrieben steht. (Die erste Haardtgeraide war die Hambacher und Lachen-Speyerdorfer, die weiteren schlossen sich nach Norden an.)

Für Feldmann geht es um zwei Sachverhalte in jenem Testament: Einmal wird dort Dagobert als Stifter von Klöstern und Kirchen genannt, dann als solcher der Haingeraiden, wie eingangs erwähnt. Davon sind für ihn die Aussagen zu den Kirchen und Klöstern die wichtigeren. Was sie betrifft, werden im Testament Kirchen im Elsaß, darunter in Weißenburg, genannt, wobei es heißt: »*Das Gotteshaus zu Weißenburg vor der Stadt, in der Ehr St. Pauli gestiftet*« und als weitere Beispiele: »*Das Gotteshaus Clingenmünster, stiftet er eine güldene Pforte, so jährlich auf den Heyling Ostertag soll geöffnet werden*« - »*Das Gotteshaus Eußerthal...*« - »*Ein Gotteshaus zu Neustadt, dieser Zeit der Claus genannt...*« - »*Eine Kirch zu Haßloch*« - »*Ein Gotteshaus auf der Haard, die Ehr St. Michaelis..*« - »*Eine Kirch zu Dürmstein*«. Die Reihenfolge der Beispiele verläuft von Süden nach Norden, woraus Feldmann schließt, daß mit dem Gotteshaus auf der Haardt St. Michael die Erstausfertigung der Bad Dürkheimer Michaeliskapelle gemeint sein kann.

Feldmann schließt daraus: »*Da in dem sogenannten Testament Dagoberts Geschichtliches, Legendäres und Sagenhaftes vermischt sind, können wir nicht mit letzter Gewißheit sagen, Dagobert - er regierte von 622 bis 638 - war der Stifter der Michaeliskapelle. Wir müssen uns leider nach dem gegenwärtigen Stand der Forschung begnügen mit der Feststellung: Man kann nur vermuten, daß König Dagobert der Stifter der Kapelle war. Die Vermutung erfährt eine gewisse Erhärtung durch die Tatsache, daß das in der Nähe befindliche Dorf Ungstein - seit 1972 nach Bad Dürkheim eingemeindet - sich schon 626, also zur Zeit König Dagoberts I. nachweisen läßt. Hier hatte auch das Kloster Weißenburg reichen Besitz*«.

Der große Durst des Bischofs von Straßburg

Vor 325 Jahren in Gerolsheim passiert

von Wolfgang Heiss

Ein sehr merkwürdiges Schicksal widerfuhr im Jahr 1671 dem Dorf Gerolsheim. Der Bischof von Straßburg gab zwei Drittel der Ortschaft, die in seinem Besitz waren, an Kurpfalz ab. Dafür erhielt er für alle Zeiten das Recht, jährlich 24 Fuder Wein den Rhein hinunter zollfrei nach Köln transportieren zu lassen.

Wir fragen uns, wie kam dieses seltsame Geschäft denn zustande? Hierzu muß man wissen, daß die Herrschaftsverhältnisse in Gerolsheim damals etwas verwickelt waren. Die Herren von Ettendorf, ein elsässisches niederadeliges Geschlecht, verkauften 1398 ihre Herrschaft dem Bistum Straßburg. Der letzte seines Geschlechts, Boehmund von Ettendorf behielt sich aber bis zu seinem Tode die Nutznießung seines Besitzes vor. Was Gerolsheim betrifft, so gehörten zwei Drittel des Ortes den Herren von Ettendorf und ein Drittel den Grafen von Leiningen-Dagsburg. Die Ettendorfer hatten ihren Anteil an die Ministerialenfamilie der Smutzel von Dirmstein verlehnt.

Wie die Ettendorfer zu der von ihrem Stammsitz nordwestlich von Straßburg weit entfernt liegenden Besitzung in der Rheinebene gekommen waren, konnte bisher noch nicht geklärt werden. Aus den Traditionen des Klosters Weißenburg im Elsaß geht hervor, daß das Kloster in Gerolsheim einen Frohnhof mit umfangreichem Besitz (15 Anwesen und eine gutgehende Fischerei) hatte.

Nach dem Aussterben der Ettendorfer wurden die Smutzel von Dirmstein nun direkte Vasallen des Bistums und des Bischofs von Straßburg. Die Smutzel kamen vermutlich in Geldschwierigkeiten und verpfändeten das schöne Dorf für 500 Gulden wiedereinlöslich an Georg von Hohenstein (1473). Dieser war der Vormund der Kinder der Anna Heux von Nierstein, einer geborenen Smutzel von Dirmstein. Georg von Hohenstein muß 1488 verstorben sein, denn 1488 gab Bischof Albrecht von Straßburg seine lehensherrliche Zustimmung, daß Hans von Ingelheim das Dorf Gerolsheim für 500 Gulden von der Anna Heux von Nierstein auslöste, er verlieh ihm die Ortschaft als ein Mannlehen.

Der Ritter Hans von Ingelheim hatte schon 1435 vom Leininger Landgrafen Hesso das leinigische Drittel an Gerolsheim erhalten und 1482, nach dem Übergang der halben Grafschaft Leiningen-Dagsburg an Kurpfalz wurden die Ingelheimer durch Kurpfalz in ihrem Gerolsheimer Lehen bestätigt. Nach der Einlösung der Pfandsumme von 500 Gulden befand sich Hans von Ingelheim voll und ganz im Besitz von Gerolsheim. Dieser Ritter hatte keinen Sohn, dafür aber vier Töchter, die als Erben an Gerolsheim beteiligt waren. Sowohl von Kurpfalz als auch von Straßburg wurde immer ein Familienmitglied als Lehensträger bestätigt. So kam es, daß im Laufe der Jahrzehnte sich schließlich drei Familien die Ortsherrschaft teilten:

Die Herren von Helmstatt, die Kämmerer von Worms genannt von Dalberg und die Herren von Katzenellenbogen. An das Recht der Wiedereinlösung der zwei Drittel der Ortsherrschaft durch das Bistum und den Bischof von Straßburg um 500 Gulden dachte niemand mehr. Jedoch bei jeder neuen Belehnung stand diese Klausel im Lehensbrief. Die Gerolsheimer Untertanen hatten unter der geteilten Ortsherrschaft und den Forderungen der adeligen Vasallen zu leiden. Es gab nicht nur Streit um die Abgaben als solche, auch die Verwalter der drei Besitzerfamilien stritten untereinander. Die Leidtragenden waren letztlich die abgabepflichtigen Bauern. In Gerolsheim wohnten auch viele kurpfälzische »Wildfänge«. Dabei handelte es sich um neu zugezogene Personen, die keinen Herren hatten und damit nach altem Recht, nach einem

Jahr, Kurpfalz als Leibeigene verfielen. Offensichtlich wurde man in Heidelberg auf die Zustände im Dorf aufmerksam und stellte fest, daß man dem Bischof von Straßburg nur 500 Gulden zu geben brauchte, um damit die volle Herrschaft über d as Dorf zu erlangen. Da kam es gerade recht, daß der Bischof von Straßburg im Oktober 1669 den Kurfürsten von der Pfalz gebeten hatte, jährlich 16 Fuder Wein zollfrei den Rhein hinab bis Köln führen zu dürfen. Kurfürst und Bischof hatten dann am 29. September 1669 verabredet, daß der Bischof seinen Anteil an Gerolsheim, für den Transport von 20 Fuder bischöflichen Weins zollfrei den Rhein hinunter, an Kurpfalz abtreten werde.

Der kurpfälzische geheime Regierungs- und Kriegsrat, Hofmarschall Casimir Heinrich von Stein-Kallenfels erhielt den Auftrag, den Bischof von Straßburg zum Abtreten seines Anteils an Gerolsheim zu bewegen. Stein-Kallenfels traf den Bischof auf der Jagd und erinnerte ihn an seine Bitte und sein Versprechen. Der Bischof stellte sich anfangs etwas taub, konnte sich an nichts erinnern und meinte »*er möchte vielleicht beim Rausch im Diskurs davon gesprochen haben*«.

Doch Stein-Kallenfels gab nicht auf und rechnete dem Bischof vor, daß die Ersparnis beim Zoll jährlich 173 Gulden betrage und in jeweils drei Jahren hätte er dann den Pfandschilling von 500 Gulden erwirtschaftet. Das Domkapital wollte an dem Geschäft auch seinen Anteil haben und so einigte man sich letzlich darauf, daß der Bischof 16 Fuder und das Domkapitel 8 Fuder jährlich zollfrei den Rhein hinabführen dürften.

So weit so gut. Doch für die adeligen Vasallen, die Ortsherren, von Helmstatt, Kämmerer von Worms genannt von Dalberg und von Katzenellenbogen, gab es ein böses Erwachen. Kurpfalz bot die Zahlung des Pfandschillings in Höhe von 500 Gulden den Vasallen an und diese sollten dafür das Dorf räumen. Natürlich versuchten die drei Familien den Verlust der Ortsherrschaft abzuwehren, aber Kurpfalz blieb hart. Am 17. Januar 1671 wurden die Vasallen vom kurpfälzischen Lehensprobst vom Inhalt des Vertrages in Kenntnis gesetzt und zur Abholung der 500 Gulden aufgefordert. Diese weigerten sich und Kurpfalz ließ kurzerhand das Geld beim Rat der Stadt Speyer deponieren mit der Aufforderung an die Vasallen, das Geld innerhalb von sechs Wochen abzuholen. Es ist nicht bekannt, ob die Vasallen das Geld doch noch abholen ließen.

Auf jeden Fall gehörte Gerolsheim seit dem Jahr 1671 zur Kurpfalz und war dem Unteramt Dirmstein zugeteilt. Kurpfalz hatte für die an sich geringe Summe von 500 Gulden einen »fetten Bissen« erhalten. Man zog auch nicht in Erwägung, daß dieser Betrag in der ersten Hälfte des 15. Jahrhunderts eine wesentlich größere Kaufkraft hatte wie im Jahr 1671. Vertrag war Vertrag und in den Lehensbriefen stand nichts von einer Anpassungsklausel. Die drei Familien waren die Ortsherrschaft los. Eine von ihnen, die Familie der Kämmerer von Worms gen. von Dalberg gelang es im Jahr 1726, die volle Ortsherrschaft über Gerolsheim zu erhalten. Das Dorf verblieb ihnen bis die französischen Revolutionskriege und der Friede von Luneville (1801) aller Adelsherrschaft links des Rheins ein Ende macht.

Quellen: Braun K.O.: »Wie Gerolsheim am Palmberg dem Bischof von Straßburg untertänig war und an die Kurpfalz verschachert wurde«. In: Monatsschrift des Frankenthaler Altertumsvereins XXXVI, 1928. Dette Christoph: »Liber Possessionum Wizenburgensis«, Mainz 1987. Heiss Wolfgang: »Obrigheim Grafschaft Leiningen«, Hrsg. Gemeinde Obrigheim 1991. Kraemer Dr. Alex und Metz Bernhard: »Die Lehensmannschaften der Herren von Ettendorf«, In: L'Outre-Foret Nr. 7, 1989. Landesarchiv Speyer: Bestand A 2, Nr.: 635.

Fünfzehn Pfennig für Wasser

Partnerfund beim Parkplatzsuchen

von Christel Hartmann

Vier Buben, höchstens zwölfjährig, vier Augenpaare nehmen mich wahr, zwei Ausländer und zwei Deutsche sind in Bewegung als suchten sie etwas auf dem Asphalt und sie verlassen, woran ich bereits zweifelte, die einzige freie Parklücke auf dem Parkplatz vor dem Einkaufszentrum.

Verdammt! Der Tag ist noch jung, und ich bin schon schweißgebadet: Fast bedaure ich, diesen Augen nur Ruhe und Gelassenheit aber keine Provokation unterstellen zu können und wünsche, wieder ruhig und gelassen, wie sie zu werden. Mein Gefühl, die Lücke wurde für dich, bewußt, füßescharrend freigehalten, verdränge ich.

Ich verlasse und sichere mein Auto und stoße beim Umdrehen, wie zufällig, mit einem standfesten, der harte Kern steht zwei Schritte hinter ihm, fragenden Buben zusammen: »Haben sie 15 Pfennig für mich?« Verblüfft mustere ich sprachlos die Vier von Kopf bis Fuß, wundere mich, daß ihren Gesichtern fehlt was Erwachsene zeichnet und staune, daß ich sie bereits vergessen hatte, mit meiner Einkaufsliste beschäftigt war. In meinem Kopf herrscht ein wildes Durcheinander: Satzfetzen jagen Schlagworte. Fehlen ihnen werktagsmorgens tatsächlich nur 15 Pfennig? Ist Kinderglück so preiswert?

Was wollen sie wirklich von mir? Noch spielen ausländische und deutsche Kinder friedlich —! Kinder aller Nationen sind friedvoll bis —? Ob sie die Schule schwänzen? Mir scheint als kämen sie aus ordentlichen Verhältnissen: Sie sind weder schmutzig noch total sauber. Es ist Fe-

Zum Wohl. Die Pfalz.

im Leiningerland an der Deutschen Weinstraße, rd. 14.000 Einwohner, attraktive Innenstadt, romantische Weinbauorte Asselheim und Sausenheim, renommierte Weinbaubetriebe mit Spitzenweinen.

Ein Städtchen an der Deutschen Weinstraße, ideal für Urlaub, Sport, Freizeit und Ausflüge.

Nutzen Sie die günstigen Bahntarife, zum Beispiel bis Bahnhof Asselheim (Bahnwandern zur Weinwanderhütte auf den Asselheimer Goldberg, ein Erlebnis nicht nur für Familien und Gruppen, sondern auch für Vereine, Kegelclubs usw.).

Auskünfte erteilt:

Stadtverwaltung Grünstadt

Bekannte Weinfeste:
Weinwettstreit am Jakobimarkt (4. Wochenende im Juli)
Weinkerwe Asselheim (3. Wochenende im August)
Weinkerwe Sausenheim (3. Wochenende im September)

TOURIST i INFORMATION
67269 Grünstadt - Kreuzerweg 2+7
Tel. 06359-805203 - Fax 06359-85688

rienzeit und regnerisch mild, trotzdem haben die Buben Durst: man muß sie gießen und schützen unsere kleinen Partner, wie junge Bäume, damit etwas Rechtes aus ihnen wird. Ohne Kinder gibt es keine Zukunft und, gesund sollten sie auch sein. Warum betteln sie? Ist betteln »in« in diesem Alter? Weder um ihre Jugend noch um ihre Zeit will ich sie beneiden, ihnen auch nicht sagen, euren Mut, eure Unvoreingenommenheit dürft ihr nicht verlieren. —

Zögernd weichen sie zurück: Hat mein Gesicht meine Gedanken verraten, ihnen aus meiner Kindheit, dem Hunger, der Geldnot, von meinen Schwächen erzählt? Plötzlich weiß ich, erkenne beschämt, diesen Augen darfst du glauben, mußt du eine Chance geben.

»Wofür benötigst du 15 Pfennig? Dafür bekommst du so gut wie nichts!?«
»Wir wollen uns eine Dose Wasser kaufen.«
»Zu viert!? —«
»Natürlich.«

Ich erröte, wie schon lange nicht mehr: denn das kleine Wort hätte nicht verwunderter oder wahrer aus dem Kindermund schlüpfen können.

»Wieviel kostet eine Dose?«
»40 Pfennig. Aber uns fehlen nur noch 15 Pfennig. Wenn sie uns die bitte geben wollen —?«
bittet der gleiche Mund, leise, ohne die kleinste Spur Ängstlichkeit zu zeigen.

Ich lächle: Die Buben haben mich und ich habe sie unterschätzt. Ich gebe das Geld für vier Dosen passend, befürchte nicht mehr, hinter meinem Rücken belächelt zu werden, muß es ihnen aufdrängen, freue mich an ihrer Verblüffung, genieße die Vierfachüberrumpelung und das zweifelnde Besitzwollen in ihren Augen als ich, wie aus einem Mund, zu hören bekomme, *»das ist zuviel, 15 Pfennig hätten uns gereicht.«* Rückwärts gehend und einander zuwinkend trennen wir uns - und noch vor dem Kaufhauseingang höre ich ihr vierstimmiges *»Danke! Vielen Dank! Vielen herzlichen Dank!«*

Mein Geld ist ausgegeben, nicht alle Besorgungen sind gemacht. Die Zeit ist noch schneller vergangen. Die Buben habe ich auch vergessen. Aber als ich den Parkplatz verlasse, da stehen sie doch tatsächlich alle vier grinsend, rechts zwei und links zwei an der Parkplatzausfahrt, winken mit ihren Wasserdosen, weisen mir den Weg, wie kleine Schutzengel halten sie mir erneut die Bahn frei, strahlen mich immer noch an und mir nach. Erst in diesem Moment bin ich glücklich für diesen schönen Start in den neuen Tag in dieser oft aneinandervorbeigelebten Zeit, weiß, daß meine Partnerschaft den Kindern aller Nationen gehört - auch dann, wenn sie sich klug und stark schätzen.

Betrachtung im März

von Wilhelm Neureuther

Treibt im Wirbel dicker Flocken
Winter seinen letzten Scherz? -
Gerne ließ' ich felderwärts
mich nun aus dem Zimmer locken!

Doch so sitz ich hinter Scheiben,
dürren Gründen streng verbannt -;
dennoch blick ich unverwandt
in das Schnee- und Regentreiben!

Aber noch sind nicht die Tage
winterlichen Drangs geschwunden -,
alles ist noch märzgebunden!

Drum ein andermal ich wage
ein beherztes Untertauchen
in Gequirl und Windefauchen!

Unser Dorfbach — der Eckbach

Kirchheim vom Schmutz befreit
von Willi Jakobs

An unserem Dorfbach habe ich in meiner Jugendzeit manche schöne Stunde verbracht. Stets hat er mich zu sich gezogen. Er vertrieb mir zu allen Jahreszeiten die Langeweile. Im Frühjahr waren es die jungen Weidenkätzchen, die an seinen Ufern blühten und seltene Gräser, während mich sein frisches Wasser, das plätschernd talabwärts eilte, in der Sommerzeit zum Baden anlockte. Allerlei Getier weckte mein Interesse, Krebse, Frösche, Salamander, Libellen und Wasserflöhe tummelten sich emsig in seinem sandigen Bett. Die vom Herbstwind von Erlen und Weiden geschüttelten Blätter trieben wie kleine Schiffe dem Rheine zu, woran ich meine helle Freude hatte. Und wenn es Winter wurde und der Frost die Pflanzen erstarren ließ, waren es die kristallenen Eisverzierungen, die in der Sonne funkelten. Manchmal wurde der Bach von einer dicken Eisdecke überzogen, auf der die Dorfjugend mit Schlittschuhen fahren konnte.

In langer Trennung von Dorf und Familie kam oft Heimweh bei mir auf und dabei nahm unser Dorfbach stets eine zentrale Stelle ein. Ich erinnerte mich an vieles, was wir in unserer Jugendzeit im Dorf so getrieben haben und immer wieder zog es meine Gedanken hin zum Bach. Er war Dreh- und Angelpunkt meines Denkens und meiner Träume, die mich auf hartem Lager in Rußlands Weiten quälten. Mit hungrigem Magen und kranker Seele schrieb ich in kalter Winternacht die Erinnerung an einen solchen Traum auf Zementtütenpapier:

Heimattraum

Es hat ein Traum mich heute Nacht
gar weit entrückt von diesem kalten Land
und meine Seele flog mit Macht,
bis sie ein kleines Dörflein fand.

Wie war die Straße mir vertraut,
durch die ich schritt, wie alt gewohnt
und übern Bach hat mir gebaut
ein goldnes Brücklein schnell der Mond.

Es war so still, ich hörte laut
vom Kirchturm her den Glockenschlag
und jedes Haus und jeder Baum
die träumten vom vergangnen Tag.

Wie gern blieb ich die ganze Nacht
an diesem mir so lieben Ort,
doch wenn das stille Dorf erwacht,
dann müßt' ich ohne Abschied fort.

Drum schlafe wohl in Deinen Mauern,
muß ich auch gehn im Augenblick.
Ich scheide von Dir ohne Trauer;
mein Herz bleibt doch bei Dir zurück.

Und als ich nach vielen Jahren wieder nach Hause kam, zum Dorfbach eilte, um sein klares, munteres Waser mit den vielen Tieren und Pflanzen zu suchen, da war er mir plötzlich fremd. Schwer und träge bewegte er sich dahin. Aus seinem stumpf gewordenen Gesicht quollen Hilflosigkeit, Klagen und auch Bitten. Ohnmacht, Mitleid und Zorn überkamen mich wegen seines erbärmlichen Zustandes. Meine Gedanken suchten nach Abhilfe. Immer und immer wieder führte mich mein Weg zu ihm. Seine eigene Reinigungskraft reichte nicht mehr aus, klares und gesundes Wasser zu schaffen. Menschen mußten helfen.

Die, die ihn so gedankenlos verschmutzt haben, erkannten das Gebot der Stunde. Sie errichteten Kläranlagen, brachten den Stauweiher im Tal wieder in Ordnung und regulierten seinen Lauf. Befreit von Unrat und schmutzigen Abwässern fließt er nun wieder in seinem uralten Bett, an der tiefsten Stelle des Tales, munter dem Rheine zu. Langsam wachsen Bäume und Sträucher an seinem Ufer und vorsichtig geben grüne Algen in seinem Bett Zeugnis davon, daß unser Dorfbach auf dem Weg der Besserung ist.

Absturz über Laumersheim
Schicksal der Bomberbesatzung weitgehend geklärt
von Peter Menges

»*Der kommt ja direkt auf uns zu...*« so schrien einige zu Tode erschrockene Bürger der Gemeinde Laumersheim, als ein brennender, viermotoriger Bomber in der Nacht zum 3. Dezember 1942, vor ca. 53 Jahren, von südlicher Richtung kommend, im Tiefflug über den Turm der »alten Laumersheimer Mühle« hinwegdonnerte. Die Bewohner befürchteten schon einen Absturz in ihr Dorf, was zu einer Katastrophe für die dort lebenden Menschen geführt hätte.

Bei Tagesanbruch bot sich den Neugierigen an der Absturzstelle, einem Weinberg in unmittelbarer Nähe, 300 Meter linkerhand des Gemeindefriedhofes, ein schauriges Bild: Die Maschine war fast total ausgebrannt und zwei der Besatzungsmitglieder tot. Die Augenzeugen wußten von dem Absturz, doch offizell ist darüber auch heute noch nichts bekannt. Weder in den damaligen Zeitungen, noch im Sterberegister des örtlichen Standesamtes durfte auch nur eine Silbe über diesen Vorfall erscheinen. Schnell war auch ein Bergungskommando der deutschen Luftwaffe eingetroffen, das die Absturzstelle sofort abriegelte.

Meine hartnäckigen Recherchen hatten Erfolg. Über einen Zeitzeugen konnte in Erfahrung gebracht werden, daß bei der Erstbestattung der beiden toten Besatzungsmitglieder der Royal Air Force auf dem Friedhof von Laumersheim, der damals amtierende evangelische Pfarrer W. Jung mitgewirkt haben könnte. Tatsächlich konnte im Landeskirchlichen Archiv der evangelischen Kirche der Pfalz in Speyer, die Beurkundung des Todes der beiden Air Gunners Edward und Pope unter Nr. 13 und 14 vom 7. Dezember 1942 um 8 Uhr gefunden werden. Dieses Engagement des Pfarrer Jung, war zu der damaligen Zeit sehr mutig, für ihn war ein großes Risiko für Leib und Leben damit verbunden. Abgeschlossene Flieger wurden als »Terror-Flieger« bezeichnet und für »vogelfrei« erklärt.

Hierzu eine kurze Erläuterung: Die verstärkten Luftangriffe auf die deutschen Städte hatten zur Folge, daß Hab und Gut der Bevölkerung verloren ging und viele tausende Menschen dabei umkamen. Unter der Bevölkerung machten sich immer mehr Furcht und Angst bemerkbar und die Emotionen wurden immer größer. Ausgerechnet in dieser Phase wurde von dem Leiter der NSDAP Reichskanzlei, Martin Bormann, am 30. Mai 1944 in einem geheimen Rundschreiben an die Untergliederungen der NSDAP eine Weisung erlassen, wonach an den abgesprungenen alliierten Bomberbesatzungen an Ort und Stelle ihrer Festnahme durch die deutsche Zivilbevölkerung »Lynchjustiz« ausgeübt werden sollte. Die Beteiligten wurden nicht bestraft. Nach dem Einmarsch der Amerikaner mußten sie jedoch mit strafrechtlicher Verfolgung durch die Besatzungsmacht rechnen.

Nach langjährigen Forschungen konnte der Ablauf der Ereignisse in Laumersheim rekonstruiert werden. Laut dem Bomber »Command RAF 1939-1945« waren in der Nacht vom 2. zum 3. Dezember 1942 112 Bomber der Royal Air Force von ihren Air-Basen in England aufgestiegen, um die Stadt Frankfurt am Main zu bombardieren. Die falsche Beleuchtung und Markierung der Bodenziele hatte zur Folge, daß sich der Schwerpunkt des Angriffs nicht auf Frankfurt am Main, sondern südlich der Main-Linie zur Bergstraße bis nach Darmstadt verlagerte. Bei dieser fehlgeschlagenen Operation gingen auf dem Rückflug nach England sechs Maschinen verloren.

Anhand der Einträge im evangelischen Sterberegister gelang es, die Unterlagen von dem Bomber, dem Edwards und Pope angehörten, von den zuständigen britischen Behörden zu bekommen. Die Maschine, die bei Laumersheim vor 53 Jahren abstürzte, war eine Handley Page

Halifax MK. II, Serial No.: »W 7884« von der 102. Squadron der 4. Gruppe, stationiert in Pocklington, Grafschaft Humber-Side (England). Besetzt war die Maschine mit:

a) dem Flugzeugführer F/Stg. Charman, H. A.	- I 330 642 -
b) dem Navigator F/O Mckim, D. W.	- J 9 776 -
c) dem Bordfunker W/O Nutter, G. E.	- I 376 209 -
d) dem Mechaniker W/O Netlson, E. N.	- 920 448 -
e) dem Bomben-Schützen F/Sgt. May, F. S.	- R 95 152 -
f) dem Bord-Schützen F/Sgt. Pope, C. J.	- I 578 663 -
g) dem Bord-Schützen F/Sgt. Edwards, J. M.	- R 97 583 -

Auf dem Laumersheimer Friedhof wurden die beiden toten Air Gunners Pope und Edwards rechts neben dem Gefallenen-Ehrendenkmal erstbestattet. Es handelt sich um das Grab, in dem jetzt Erich Schroth seine letzte Ruhe gefunden hat. 1947 überführte eine alliierte Umbettungskommission die beiden jungen Männer, damals 20 und 22 Jahre alt, auf den britischen Militärfriedhof Rheinberg. Dort haben sie ihre letzte Ruhestätte in den Einzelgräbern Parzelle 20 Reihe a, Gräber Nr. 26 und 27 gefunden.

Durch umfangreiche Sucharbeit konnte der Verfasser die Ehefrau des damals 20jährigen Bordschützen Cyril Pope, ausfindig machen und ihr dadurch das seinerzeitige Geschehen über den Absturz der Halifax und den Tod ihres Mannes berichten. Die Witwe, die inzwischen wieder geheiratet hat und nunmehr Atkinson hieß, erklärte: »*Es war mir eine große Beruhigung, nach all diesen Jahren endlich jemand zu finden, der mir etwas über die letzten Stunden im Leben meines Mannes mitteilen konnte.*« Am 11. Mai 1991 wurden ihr die Einzelheiten über den Tod ihres ersten Mannes mitgeteilt und wenige Monate später am 30.9.1991 ist sie an einem Herzanfall verstorben. Welch eine Tragik!

Auch Angehörige des gefallenen Air Gunners, F/Stg. Edwards Theodore Ian Mordon, Service-Nr. R/97 583 konnten über das National Archiv von Canada in Ottawa gefunden werden. Es meldete sich der Bruder des Gefallenen, Mister J. R. G. Edwards, aus Powell River, British Columbia, Canada. In einem Schreiben teilte er mit, daß nach der Erstbestattung seines

---

Einer, der die zertrümmerte Maschine mit eigenen Augen sah, war der damals 14jährige Peter Menges aus Freinsheim, der heute als Rentner in Ludwigshafen-Edigheim lebt. Das Geschehen kam ihm wieder in den Sinn, als er vor einigen Jahren einen Bericht über eine kanadische Familie las, die im November 1978 nur unter größten Schwierigkeiten das Grab eines Angehörigen der Familie Stuart finden konnte, der bei einem Angriff auf die Stadt Worms in der Nacht vom 21/22 Februar 1945 beteiligt war und dessen Maschine zwischen Kirchheim/Weinstraße und Kleinkarlbach abstürzte. Menges stelle Nachforschungen über den Laumersheimer Absturz an, den er selbst miterlebt hatte und mußte erschreckt feststellen, daß es ihn offiziell nicht gegeben hat.

Menges: »*Nur die Augenzeugen wissen, was da passiert und die sterben jetzt langsam weg. Aber die nachfolgenden Generationen müssen über so etwas Bescheid wissen, als Mahnung, daß es so einen Krieg niemals wieder geben darf.*«

Mit diesem Bericht will der Verfasser auch ans Licht bringen, was unter der NS-Herrschaft nicht bekannt werden durfte und damit zwangsläufig droht der Vergessenheit anheim zu fallen. Ab dem Kriegsjahr 1943 durfte von den deutschen Standesämtern keinerlei Dokumentation über tote feindliche Soldaten in den Personenstandsregistern geführt werden. Menges will auch eine Hilfestellung für Familien bieten, die vielleicht heute noch nach dem Schicksal von Angehörigen forschen.

Bruders am 7. Dezember 1942, von dem Doppelgrab »F/Sgt's Pope und Edwards« durch einen Unbekannten Photoaufnahmen gemacht worden waren und nach Canada gelangt sind. Die Aufnahmen zeigen das Doppelgrab mit zwei Holzkreuzen. Das rechte weist den Namen Edwards Eduard, Sergeant und das linke Holzkreuz den Namen Pope Cecil, Sergeant, aus. Im Hintergrund steht anstelle eines Grabsteines ein Teil der Luftschraube der Halifax, ein »Propeller-Blatt« und davor ein zylinderartiger Gegenstand. Das Grab war mit Blumenschmuck versehen und hatte eine Umrandung von Pfalnzen.

Ein weiteres Photo zeigt in Nahaufnahme das Holzkreuz von Sergeant Eduard Edwards. Daher ist anzunehmen, daß speziell das Grab von Edwards gesucht worden war. Es besteht kein Zweifel daran, daß die Photos auf dem Friedhof von Laumersheim aufgenommen worden sind. Sie gelangten nach der Erstbestattung der beiden Soldaten nach England und wurden von dort den Angehörigen der beiden Gefallenen zugeleitet. Die Art und Weise der Übermittlung der Photos konnte nicht geklärt werden.

Der Air-Gunner F/Sgt., Edwards, J. M. wäre heute 72 Jahre und der Air-Gunner F/Sgt. Pope, Cyril wäre heute 70 Jahre alt geworden.

Auch zu den fünf, unter a) bis e) aufgeführten Besatzungsmitgliedern, die ihr Leben durch Fallschirmabsprung retten konnten, versuchte der Verfasser Verbindung aufzunehmen. Sie wurden im Bereich von Heßheim gefangengenommen und bis Kriegsende in deutschen Kriegsgefangenenlagern untergebracht. Die Offiziere kamen in das STALAG LUFT II in Sagan, damals Niederschlesien, heute Polen. Zunächst aber waren alle abgesprungenen Besatzungsmitglieder im DULAG LUFT in Oberursel vernommen worden. Während dieser Zeit saßen sie acht Tage in Einzelhaft.

Der Navigator, F/O, McKim lebt heute in Canada und mit ihm steht der Verfasser in schriftlichem Kontakt. Der Bombenschütze, F/Sgt. May, ist 1957 verstorben. Der Pilot, der Bordfunker und der Mechaniker, konnten trotz mühevoller Sucharbeiten nicht gefunden werden. Abgeschossen wurde die Halifax durch den deutschen Jagdflieger Leutnant Heinz Hadeball, vom 8. Nachtjagdgeschwader 4. In seiner Abschuß-Meldung ist vermerkt: »*Abschuß einer Halifax am 3.12.1942 bei Laumersheim in einer Höhe von 4.400 Meter*«.

Heimat

von Roland Fischer

Grüne Wiesen,
kühle Wälder,
bunte Vögel in der Luft,
ein alter Bauer pflügt die Felder
und man spürt der Erde Duft.

Alte Schlösser,
Rebenhänge,
Trutz'ge Burg auf hohem Berg.
Abends ruft der Glocken Klänge
uns vom schweren Tagewerk.

Dieses schöne Fleckchen Erd'
wohlgeschaffen aus Gottes Hand,
hat für uns besondren Wert,
denn es ist das Heimatland.

Erste Friedensweihnacht 1945

Et in terra pax hominibus bonae voluntatis
von Raymund Rössler

Als jene amerikanische C-Kompanie vom 1263rd Engineer Combat Battalion, die vom 20. Juni bis Ende Juli 1945 in Deidesheim stationiert war, anschließend an verschiedenen herrlichen Flecken Oberbayerns ihre Sonderdienste vollzog und - wie im Heimatjahrbuch 1995 ausführlich veröffentlicht - in regen Arbeitsphasen am Kriegstagebuch der 3rd. US-Army unter General Georg Patton mitwirkte, war auch der Verfasser dieses Berichtes dabei.

Als eine Art Ordonanz, hauptsächlich den Offizieren zugeordnet, war ich oftmals mit ihnen im Jeep unterwegs oder diente den GI's als Wegweiser für schöne Touren zu den bekannten bayerischen Kirchen und Klöstern, den Schlössern und Bergen. Andererseits gab es für mich jungen »Deutschamerikaner« (was ich ja garnicht war, sondern nur so genannt wurde, weil er unter den Amerikanern jener war, der sehr gut deutsch sprach, wie umgekehrt er als 16 Jahre junger Deutscher völlig in dieser US-Kompanie integriert war, mit allem Drumherum, Uniform - jedoch ohne jegliche Rang- und taktische Zeichen - trug, berechtigt war die wöchentliche PX-Ration - Zigaretten, Kaugummi und Süßigkeiten, wie Kosmetikartikel - abzufassen, wie vieles mehr) aber auch Fahrten, die sehr peinlich, erschreckend waren. Zwei solcher Fahrten endeten im Konzentrationslager Dachau. Diese Besuche, die ich nie vergessen kann, zumal ich als junger Bub Zeuge judenfeindlicher Ausschreitungen in Deidesheim wurde, prägten noch mehr meine spätere Einstellung, nachdem ich diese Vernichtungsstätte gesehen habe. *»Damit du siehst, was deine Landsleute mit uns angerichtet haben«* - sagte mir mit eindringlichen Worten der jüdische Sergeant Salamon von der C-Companie - *»habe ich dir Dachau gezeigt. Wir Amerikaner kamen als Befreier. Mit dem großen Unterschied: Ihr lebt - meine jüdischen Glaubensbrüder sind tot!«*.

Das amerikanische Leben im Freistaat Bayern, - der neben den bitteren Nachkriegswirren noch zusätzlich unter den vielen Heimatvertriebenen, Flüchtlingen und ehemaligen Deportierten aus den Oststaaten, die es aus gewissen Gründen nicht mehr heimwärts zog, schwer zu leiden hatte, - wurde intensiver. Überall suchten die Soldaten Kontakt zur deutschen Bevölkerung, bestaunten die nach und nach wieder aufkeimenden Sitten und Bräuche. Und all dies, obwohl das Fraternationsgesetz den Besatzern jegliche Annäherung »zum Feind« verbot.

Gesetz und Befehle blieben allerdings Theorie. Wo immer möglich, kam es zunächst zu offiziellen Zusammenkünften. So gab es in dem bekannten Künstlerdorf Icking im Isartal immer wieder Liederabende unter dem Aufhänger: »For US-Personal only«. Irgendwie wurde ein Opernsänger »verpflichtet«, um bekanntes, internationales Liedgut zu singen. Applaus gab es reichlich, doch keine Gage. Die wollten die Künstler auch nicht. Auf der Heimfahrt im Jeep, denn es war ja schon längst Sperrstunde, hielt der junge Deutschamerikaner auf dem Rücksitz ein Paket mit Kaffee, Zucker und Mehl, Zigaretten und Süßgikeiten parat, was für die stets hungrigen Sänger Reichtümer waren. Solche Beigaben erhielten zwischenzeitlich auch die vielen Hausfrauen von den GI's, als Entgelt für das Waschen und Bügeln ihrer Uniformhemden und sonstigen Wäsche. Auch wurde es stillschweigend geduldet, daß nach dem Frühstück oder Mittagessen der 280 Mann starken C-Companie, das restliche aufgeschnittene Weißbrot, geöffnete Butter- oder Marmeladedosen, der Bohnenkaffee, wie Fleisch und Beilagen u.v.m. nicht in die großen Abfallbehälter wanderten - sondern in die Milchkannen und Behältnisse von wartenden Kindern, die dadurch zu täglichen Sonderrationen kamen.

Zwischenzeitlich wurde von höherer Ebene immer wieder an das Fraternationsgesetz erinnert.

Denn überall wo Amerikaner zugegen waren, wurde ihr Soldatendeutsch besser, wie auch bei der Bevölkerung »a little bit english« verstanden und gesprochen wurde.

Schneller als erwartet war im Isartal auch schon der Advent eingezogen. Überall flammten in den Häusern Kerzen auf, nahte nach sechs schrecklichen Kriegsjahren die erste Friedensweihnacht. Dennoch herrschte in Stadt und Land immer noch Armut, in vielen Familien Hunger und Elend. Viele Väter und Söhne waren noch nicht aus der Gefangenschaft heimgekehrt. Andere kamen überhaupt nicht mehr. Sie waren vermisst oder den »Heldentod« gestorben.

In diesen Tagen, die von einer sonderbaren Stille umgeben waren, was auch bei den Amerikanern anzumerken war, da sie zehntausende Kilometer von ihren Familien entfernt in Europa sein mußten, schickten sich zwei Sergeanten der C-Companie an, im Hauptquartier der 3. US-Armee in Bad Tölz vor den gefürchteten General Patton zu treten, um eine Erleichterung in der Auslegung des Fraternationsgesetzes zu erbitten. Obwohl viele ihrer Vorgesetzten von diesem Bittgang abgeraten hatten, da überall bekannt war, welch gefürchtete Persönlichkeit der Befehlshaber war, fuhren die beiden jungen Soldaten nach Bad Tölz. »*Sir, - Frauen und Kinder, deren Männer und Väter gefallen sind oder sich noch in Gefangenschaft befinden, darf man nicht mit Kriegsverbrecher gleichstellen.*« General Patton soll nach kurzem Zögern lediglich gesagt haben: »*You can go / Sie können gehen*«.

Da jedoch keinerlei Nachwirkungen zu vermelden waren, war dies für die C-Companie das Signal, am Heiligen Abend ungeahndet Familien beschenken zu dürfen. Ray hatte den Auftrag erhalten, den Dorfbürgermeister zu unterrichten, er möge den Familien bestellen, daß am Heiligen Abend um 15 Uhr die Mütter mit ihren Kindern vor ihren Häusern stehen sollen. Mit Wagen würde man sie zur C-Companie bringen, um »Christmas« zu feiern.

Seit dem Vormittag des Heiligen Abends schneite es. Das Isartal glich einer langen Schneerolle. Oben am Berg versanken die Häuser von Icking und Irschenhausen immer tiefer im Schnee. Mühsam bahnten sich die Trucks ihre Wege zu den einzelnen Häusern. Und sieh da: Da und dort standen Frauen, ihre Kinder auf dem Arm oder an der Hand haltend. Etwas ängstlich und verlegen schauten sie um sich, wußten nicht recht, was sie machen sollten. Erst als die Fahrer auflachten, »hello« riefen, die Begleitmannschaften Frauen und Kinder auf die Wagen halfen, huschte ein stilles Lächeln den Soldaten entgegen.

Aus der großen Speisehalle der Kompanie ertönten amerikanische Weihnachtsweisen den Gästen entgegen, warteten GI's auf ihre Besucher. Jeder Soldat nahm sich ein Kind und führte es in den lichtumfluteten Raum. Während der eine Teil der heimatlichen Ostküste angepaßt war, mit Tannenbäumen wie nach deutscher Art geziert, wurde am anderen Ende symbolisch die Westküste angedeutet, mit farbenprächtigen Bändern und Lametta. In der Mitte des großen Raumes hatten die Soldaten die Tische zu einem Gabentempel zusammengebaut, wie es die Frauen - geschweige die Kinder - noch nie gesehen hatten. Berge von Orangen waren pyramidenförmig aufgebaut, überall lag Kaugummi und Schokolade, standen Dosen mit eingemachten Aprikosen, Feigen oder Birnen. Dazwischen ergänzten kleinere Spielsachen, wie Teddybärchen, Püppchen und Tennisbälle, die großartige Tischdekoration.

Mit strahlenden Augen durften sich die Kinder davon nehmen. Anschließend luden die Köche die Mütter zu Kaffee und Kuchen ein. Die Kinder erhielten Orangensaft und jene typischen amerikanischen Frühstückspfannkuchen mit Sirup, was für die Kleinen Leckerbissen waren. Plötzlich herrschte Stille, die Lichter waren erloschen. Nur noch wenige Kerzen flackerten in der warmen Messhalle. Nun sprach Sergeant Louis McGuinness mit ruhiger und warmer Stimme, was der kleine Ray übersetzen durfte: »*Liebe Mütter und Kinder. In dieser Stunde ist überall Weihnachten. Hier in Bavaria wie über weite Strecken entfernt auch in den Staaten von Amerika. Wir Soldaten können nicht daheim Christmas feiern. Dies ist bitter. Für uns, wie für unsere Angehörigen. Sie in »Old-Germany«, das ein »Neues Germany« werden muß, haben furchtbare Kriegsjahre hinter sich. Heute wollen wir bei dieser ersten Friedensweihnacht einen neuen Anfang wagen. So wie es in Bethlehem hieß: 'Friede den Menschen auf Erden, die guten Willens sind.'«*

Bevor die Frauen und Kinder - sichtlich dankbar und freudvoll gestimmt - beladen mit diesen nicht erwarteten Köstlichkeiten - wieder heimgefahren wurden, war noch die Nachricht ausgegeben worden, daß am Heiligen Abend die Sperrstunde aufgehoben sei, um 22 Uhr Christmette im nahen Kloster Schäftlarn stattfände. Wer mit den US-Trucks mitfahren wolle, möge an bestimmten Stellen warten.

Während unten im Isartal die Klosterglocken die Christnacht einläuteten, schlängelten sich über die Serpentine mit Lichterketten behängte Lastwagen herab, Soldaten und Einwohner an Bord. Die große Klosterkirche war dicht gefüllt. Zwischen den Einheimischen, viele amerikanische Soldaten, wie Flüchtlinge, so auch die immer noch Unentschlossenen, die es noch nicht gewagt hatten, in ihre Herkunftsländer zurückzukehren. Die Christmette feierte der Abt des Klosters in Konzelebration mit einem amerikanischen Feldkaplan und einem polnischen Priester. Die erhabene Feierlichkeit dieser Mitternachtsmesse steigerte sich beim ergreifenden liturgischen Höhepunkt des Glorias. Trotz der verschiedenen Landessprachen der Priester erklang wie ein mahnender doch zugleich freudvoller Ausruf im gemeinsamen lateinisch: »*Gloria in excelsis Deo - et in terra pax hominibus - bonae voluntatis*« = »*Ehre sei Gott in der Höhe und auf Erden Friede den Menschen, die guten Willens sind*«. Als dann das Weihnachtslied der Welt »Stille Nacht - heilige Nacht« intoniert wurde und jeder Gottesdienstbesucher gleich welcher Nationalität es mit tränenunterdrückter Stimme mitsang, fühlte und spürte jeder den großen Moment dieser erhabenen Stunde: der ersten Friedensweihnacht.

Anmerkung: General Patton, zunächst kommandierender Befehlshaber der 7. US-Armee in Italien, dann der 3. US-Armee in Frankreich/Deutschland, war zwar ein sehr erfolgreicher, aber umstrittener Heerführer. Als Chef der amerikanischen Besatzungszone erklärte General Dwight D. Eisenhower, daß ehemalige Nationalsozialisten nur einfache Arbeiter sein dürfen. Anders reagierte in Bayern der eigenwillige General Patton. Er sprach sich nachdrücklich gegen Entnazifizierung aus, da viele Deutsche zum Eintritt in die NSDAP gezwungen wurden, nicht alle Parteimitglieder Kriegsverbrecher waren. General Patton erlebte die erste Friedensweihnacht nicht. Völlig überraschend ist er drei Tage davor, im Alter von 60 Jahren, verstorben.

Als sechsjähriges Mädchen gehörte Marianne Lehr, seit 1958 in Speyer wohnend, 1945 in Icking/Bayern zu den zahlreichen Kindern, denen US-Soldaten ein unvergeßliches Weihnachtsfest bereiteten. »*Erstmals in meinem Leben hielt ich damals eine volle Sprudelflasche in der Hand. Die Soldaten schenkten mir auch einen weißen Teddybär, Schokolade und eine Orange*« erzählte sie an Weihnachten immer wieder ihren Kindern.

Weihnacht

von Roland Fischer

Wenn Weihnachtsglocken überall erschallen,
wenn weiße Flocken aus dem Himmel fallen,
wenn Kinderaugen freudig, leuchtend strahlen,
wenn allen Menschen ist ein Wohlgefallen,
wenn Friede herrscht, auch im Familienkreise,
wenn sanft ertönt des Weihnachtsliedes Weise,
wenn Kerzen schimmern und ihr Licht verstreuen,
wenn grame Nachbarn sich mal wieder freuen,
wenn sind verflogen kummer, Leid und Harm,
wenn's wird in kalter Seele wieder warm...
dann kann man sagen und ums Herz wirds leicht,
das Weihnachtsfest hat seinen Zweck erreicht.

Richtigstellung

von Dr. Kurt Lembach

Zu den Berichten über das Kriegsende im Lambrechter Tal im Heimat-Jahrbuch 1995 (S. 169ff) ist festzustellen:

1. Der umfangreiche Bericht S. 169-173 »Zehn Fliegerangriffe auf Lambrecht, von Dr. Kurt Lembach« (so im Inhaltsverzeichnis) bzw. »von Wolfgang Heiss« (so S. 169) ist abgesehen von wenigen Umformulierungen wörtlich ohne Genehmigung meiner im Lambrechter Verlag der Talpost 1989 erschienen Broschüre »Als im Lambrechter Tal die Kinder starben / Der 2. Weltkrieg im Tal des Speyerbachs und des Hochspeyerbachs« entnommen worden. Die Überschrift ist zudem falsch, da Lambrecht nicht 10, sondern - wie aus meiner Broschüre ersichtlich - mindestens 22 Luftangriffe erleiden mußte.
2. Im Bericht über Weidenthal ist der Abschnitt »Tragödie im Haus Dittsteg 6: Neun Menschen starben« (S. 174) wörtlich meiner Broschüre entnommen.
3. Auch der Bericht »Das Elmsteiner Tal im Feuer der Jabos« (S. 177-178) ist wörtlich und ohne Genehmigung meiner Broschüre entnommen, ebenso
4. das Kapitel »Frankeneck: Drei Bombenopfer« (S. 183) und
5. die Schilderung »Eine Phosphorbombe fiel auf Lindenberg« (S. 191).
6. Die Überschrift zu dem Zitat aus der Neidenfelser Chronik »Elf Kinder starben in Neidenfels« (S. 184) verbreitet - wie aus der Neidenfelser Chronik selbst ersichtlich ist - völlig falsche Fakten: Neidenfels zählte zwar einige Jabo-Opfer, darunter befand sich aber kein einziges Kind!

Die Redaktion bedauert, daß das Einholen der Genehmigung zur Verwendung der Textpassagen versäumt wurde. Es war keinesfalls Absicht von Wolfgang Heiss, sich mit fremden Federn zu schmücken, die falsche Autorenzeile kam durch ein Mißverständnis zustande; allerdings war die Quelle (Talpost) bei jedem Aufsatz genannt. Dafür wie für die sachlichen Fehler bittet die Redaktion den wirklichen Autor, Dr. Kurt Lembach aus Lambrecht, um Entschuldigung.

Lichtbegierde

von Otmar Fischer

Sieh nur, wohin sich alle Blätter wenden.
Die Blüten aller Blumen sehnen nach Licht und Sonne.
Voller Begierde, einzig darin aufzugehn,
Und auch Du selbst willst darin stehn.

Denn dazu dünkt es allem Leben,
Ist es in diese Zeit gegeben.
Selbst der Nächte mächtig Dunkel
Prägt und wägt noch Sterngefunkel.

So bin ich sicher, Tag und Nacht,
Glänzen im Lichte gleicher Pracht.
Das des Tages wie erwartet
Geheimnisvoll wie abgekartet.

Doch kräftiger der Nächte Licht,
Die Macht der Finsternis zerbricht,
Es, in Raum und Zeit vergeudet,
Gegen den Tod das Leben läutet,

Es, wie die Glocken neuem Leben,
Nimm es, wo es dir gegeben.
Licht - Leben.

Dankbesuch in der Hauptschule Grünstadt bei der Computer-AG (von rechts): Rektor Rudolf Walther, Fachlehrerin Eva-Maria Hübert, Landrat Georg Kalbfuß und Kreis-Medienreferent Manfred Letzelter.   *Foto: W. M. Schmitt*

Register für Heimatjahrbücher entsteht

Computer-AG der Hauptschule Grünstadt hilft

von Manfred Letzelter

Mit dem 15. Band der Reihe der Heimatjahrbücher des Landkreises Bad Dürkheim, der für 1997 im November 1996 erscheinen soll, wird es erstmals ein Register geben. Die Arbeit an diesem umfangreichen Werk, aus 15 Jahren hunderte von Artikeln aufzulisten, geordnet nach Sachgebieten, Autoren und Verbandsgemeinden bzw. Städte, hat begonnen.

Schülerinnen und Schüler der bisherigen 8. und 9. Klasse der Hauptschule Grünstadt haben unter Leitung von Frau Hübert als Arbeitsgemeinschaften die umfänglichen Vorarbeiten geleistet, die für ein Register der bisherigen Heimatjahrbücher notwendig sind.

Die Idee dazu entstand so: Die AG's befaßten sich mit dem Thema »Katalogisieren am PC«. Jahrbuch-Autor Wolfgang M. Schmitt, Lehrer an der Hauptschule, ist auch Fachbereichsleiter für »Informationstechnik Grundbildung« an der Schule. Als die AG's Probleme hatten, eine gute Aufgabe für ihr Arbeitsthema zu finden, schlug W. M. Schmitt das Katalogisieren der Artikel in den Heimatjahrbüchern des Landkreises vor - eine Arbeit, die von den Autoren schon lange angeregt und auch wichtig für den Überblick ist. Sie konnte bisher in der Redaktion nicht geleistet werden.

Ein gutes halbes Jahr beschäftigten sich die AG's damit, arbeiteten die Inhaltsverzeichnisse durch und legten so den Grundstock zu einem Register, das jetzt schon nach Autoren, Gemeinden und Themen gegliedert ist. Die Feinarbeit muß nun für das 15. Buch folgen.

Landrat Georg Kalbfuß und Medienreferent Manfred Letzelter als Leiter der Jahrbuch-Redaktion, kamen zum Danke sagen in die Hauptschule. Als Dankeschön gab es für die Teilnehmer der AG einen Tag im Pfalzmuseum für Naturkunde in Bad Dürkheim, spendiert von Direktor Flößner. Außerdem erhielten alle ein Jubiläumsbuch des Kreises.

Die Mitglieder des Kreistages 1995/96

Landrat: Georg Kalbfuß (SPD)
1. ehrenamtl. Kreisbeigeordneter: Stefan Gillich (CDU)
2. ehrenamtl. Kreisbeigeordneter: Hanns-Uwe Gebhardt (SPD)
3. ehrenamtl. Kreisbeigeordneter: Carola Kreis-Raquet (CDU)

CDU

Bartnik Gabriele, Deidesheim
Bertram Herbert, Lindenberg
Brittinger Eugen, Bad Dürkheim
Gillich Stefan, Deidesheim
Grohe Hans, Haßloch
Held Ewald, Hettenleidelheim
Joritz Hans-Jürgen, Bobenheim am Berg
Kreis-Raquet Carola, Haßloch
Laubersheimer Gerhard, Grünstadt
Oestreicher Artur, Grünstadt
Rau Alfons, Niederkirchen
Sauer Werner, Dirmstein
Scholz Marcus, Wachenheim
Seelmann Peter, Lambrecht
Siegel Elke, Grünstadt
Stölzel Reinhard, Bad Dürkheim
Dr. med. Weisbrod Achim K., Haßloch

FDP

Dr. Brodhag Wolfgang, Bad Dürkheim
Langensiepen Heidi, Bad Dürkheim

FWG

Brodhag Martha, Friedelsheim
Nagel Arnold, Wachenheim
Reuther Hans, Deidesheim
Schraut Jürgen, Battenberg
Stepp Kurt, Bad Dürkheim

SPD

Beyer Werner, Grünstadt
Dietz Wiltrud, Bad Dürkheim
Dormann Jakob, Hettenleidelheim
Eberle Armin, Bad Dürkheim
Gebhardt Hanns-Uwe, Haßloch
Gustavus Herbert, Grünstadt
Hauser Brigitte, Weisenheim/Bg.
Hobrack Bernhard, Bad Dürkheim
Kaffka Brigitte, Grünstadt
Klug Rudolf, Carlsberg
Merkel Erna, Lambrecht
Niederberger Ernst, Weidenthal
Pawlowski-Armbrust Brigitte, Haßloch
Quante Wolfgang, Freinsheim
Rentz Helmut, Ellerstadt
Prof. Dr. Schreiner Hans-Robert, Haßloch
Weber Ludwig, Grünstadt
Wöhrle Christa, Bockenheim

Grüne/Unabhängige

Dahm Guido, Ebertsheim
Ockenfuß-Boese Eva, Lambrecht
Ratter Ruth, Deidesheim
Welsch Oranna, Bad Dürkheim